애프터 이펙트
CC 2024

한빛미디어
Hanbit Media, Inc.

지은이 **이수정**(피치파이)

- 이화여자대학교 생활미술학과 전공
- Parsons School of Design MFADT, New York
- KBS 한국방송 특수영상팀 디자이너/아트디렉터
- JTBC 브랜드 디자인팀 팀장
- 인하대학교, 이화여자대학교, 한국예술종합학교 강의
- 현 미토리 스튜디오 대표

《맛있는 디자인 프리미어 프로&애프터 이펙트 CC 2024》
《맛있는 디자인 프리미어 프로&애프터 이펙트 CC 2023》
《모션 그래픽 디자인을 위한 애프터 이펙트 실무 강의》
《맛있는 디자인 프리미어 프로&애프터 이펙트 CC 2022》
《맛있는 디자인 프리미어 프로&애프터 이펙트 CC 2021》
《맛있는 디자인 프리미어 프로&애프터 이펙트 CC 2020》
《맛있는 디자인 프리미어 프로&애프터 이펙트 CC 2019》
《맛있는 디자인 프리미어 프로&애프터 이펙트 CC 2018》
《맛있는 디자인 애프터 이펙트 CC 2023》
《맛있는 디자인 애프터 이펙트 CC 2022》
《맛있는 디자인 애프터 이펙트 CC 2021》
《맛있는 디자인 애프터 이펙트 CC 2020》
《맛있는 디자인 애프터 이펙트 CC 2019》
《맛있는 디자인 애프터 이펙트 CC 2018》
《모션 그래픽 디자인 강의 + 애프터 이펙트》
《맛있는 디자인 애프터 이펙트 CS6 & CC》
《영상 디자이너를 위한 모션 그래픽 아트워크》
《After Effects Professional Training book 모션 그래픽 실무 예제집》

이메일 | fundesignlee@gmail.com

맛있는 디자인 **애프터 이펙트 CC 2024**

초판 1쇄 발행 2024년 3월 8일

지은이 이수정 / **펴낸이** 전태호
펴낸곳 한빛미디어(주) / **주소** 서울특별시 서대문구 연희로 2길 62 한빛미디어(주) IT출판1부
전화 02-325-5544 / **팩스** 02-336-7124
등록 1999년 6월 24일 제25100-2017-000058호 / **ISBN** 979-11-6921-208-3 13000

총괄 배윤미 / **책임편집** 장용희 / **기획 · 편집** 오희라
디자인 이아란 / **전산편집** 오정화
영업 김형진, 장경환, 조유미 / **마케팅** 박상용, 한종진, 이행은, 김선아, 고광일, 성화정, 김한솔 / **제작** 박성우, 김정우

이 책에 대한 의견이나 오탈자 및 잘못된 내용에 대한 수정 정보는 한빛미디어(주)의 홈페이지나 아래 이메일로 알려주십시오.
잘못된 책은 구입하신 서점에서 교환해 드립니다. 책값은 뒤표지에 표시되어 있습니다.

한빛미디어 홈페이지 www.hanbit.co.kr / **이메일** ask@hanbit.co.kr / **자료실** www.hanbit.co.kr/src/11208

지금 하지 않으면 할 수 없는 일이 있습니다.
책으로 펴내고 싶은 아이디어나 원고를 메일(writer@hanbit.co.kr)로 보내주세요.
한빛미디어(주)는 여러분의 소중한 경험과 지식을 기다리고 있습니다.

맛있는  디자인

가장 완벽한
디 자 인
레 시 피

애프터 이펙트
CC 2024

이수정(피치파이) 지음

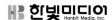 한빛미디어
Hanbit Media, Inc.

영상 제작을 원하는 모든 사람들의
길라잡이가 되었으면 좋겠습니다!

좋아하세요? 그렇다면 무엇을 망설이세요?

손으로 무언가를 만드는 것이 가장 즐겁고, 새로움에 대한 호기심이 가득한 저에게 디자인과 테크놀로지가 결합된 '모션 그래픽' 장르는 그야말로 눈이 번쩍 뜨이는 신세계였습니다. 끊임없이 발전하는 기술력과 시시각각 변하는 트렌드, 새롭고 환상적인 영상의 향연은 즐거움의 연속이었습니다. KBS 한국방송에서 영상 디자이너로 첫 번째 커리어를 시작하였고, 10여 년 후에는 JTBC 방송사에서 브랜드 디자인팀 팀장으로 근무하며 다양한 영상을 제작, 감독하면서 치열한 시간을 보냈습니다. 퇴사 후에는 그동안 경험해보지 못했던 뮤직비디오, 전시 영상, 미디어 아트, 모바일 게임, 캘리그래피 등 다양한 분야에서 창작의 즐거움을 경험하고 있습니다. 모든 활동이 성공적이기만 한 것은 아니었지만, 그 안에 배움과 즐거움이 존재했으므로 저는 만족합니다.

이 책을 선택한 독자 여러분은 '애프터 이펙트'라는 프로그램에 대해, 더 나아가 '모션 그래픽'에 대해 관심이 있을 것이라고 생각합니다. 더불어 너무 어려울 것 같다는 두려움도 가지고 있을 것입니다. 그러나 필자의 경험에 따르면 애프터 이펙트를 배우는 것은 어렵지 않습니다. 다만, 훌륭한 모션 그래픽 아티스트가 되는 길은 프로그램을 다룰 수 있는 능력과는 다른 차원의 문제라고 생각합니다. 모션 그래픽 또한 창작의 영역이므로 타고난 감각이 도움 되는 것은 사실이지만, 많은 시간과 열정을 투자해 재미있게 작업한다면 얼마든지 좋은 디자이너가 될 수 있다고 생각합니다.

독자 여러분은 영상 분야에 관심이 있나요? 좋아하나요? 그렇다면 무엇을 망설이나요? 중간에 포기하면 시간이 아까울 것 같아서 망설여지나요? 시간은 중요한 자원이지만, 좋아하는 것에 투자한 시간은 결코 낭비한 것이 아니라고 생각합니다.

영상 제작을 더 쉽게 배워보세요!

영상 제작은 더 이상 소수의 전문가만 할 수 있는 영역이 아닙니다. 바야흐로 영상의 시대라고 불러도 무방한 요즘, 영상 제작을 경험하고 싶은 입문자도 수없이 많을 것입니다. 이 책은 애프터 이펙트의 기본 메뉴 설명부터 전문 영역인 캐릭터 애니메이션에 이르기까지, 영상 제작과 모션 그래픽의 핵심적인 내용을 다양한 관점에서 다루고 있습니다. 이 책이 모션 그래픽 디자이너의 꿈을 키우는 독자 여러분뿐만 아니라 영상 제작이라는 새로운 경험을 원하는 모든 사람들에게 망망대해 같은 항해 속 길라잡이가 되었으면 좋겠습니다.

차근차근 따라 해보세요!

애프터 이펙트는 학습하기 쉬운 프로그램이 아닙니다. 하지만 이 책의 기본편부터 차근차근 따라 해보세요. 낯선 작업 환경에 적응하고 생소한 용어들을 쉽게 이해하면서 따라 할 수 있도록 자세한 설명을 수록했습니다. 두려움을 버리고 차근차근 따라 해보면 영상 제작과 모션 그래픽 작업에 즐거움을 느끼면서 TV에서 보던 멋진 영상을 스스로 제작할 수 있는 날이 올 것이라고 생각합니다.

무료 온라인 강의도 많은데 왜 책으로 공부해야 할까요?

책을 통한 학습보다 영상 강의를 통한 학습이 훨씬 더 익숙한 분들이 많을 겁니다. 글을 읽는 것 자체가 불편할 뿐 아니라, 화면을 보면서 공부하는 게 더 명확하고 효율적으로 보일 수 있습니다. 하지만 책을 통한 학습은 학습법이 체계적이며, 전문가 그룹이 오랜 시간 동안 함께 고심하여 제작한 고품질 콘텐츠로 공부할 수 있다는 큰 장점이 있습니다. 학습자 입장에서는 잘 모르거나 막혔던 부분을 북마크 해두었다가 언제든 복습할 수 있고, 중요한 부분을 체크해두고 수시로 그 부분만 볼 수도 있습니다.

이 책에서는 영상 강의를 선호하는 독자 여러분을 위해 텍스트만으로는 이해가 어려운 예제들은 동영상 강의로 제작하여 QR 코드를 수록했으니 학습에 도움이 되었으면 좋겠습니다.

독자 여러분에게 당부드립니다!

자주 쓰는 필수 단축키는 실습을 진행할 때마다 언급하여 저절로외울 수 있도록 구성했습니다. 급한 마음에 예제만 따라 하지 말고 목차에 따라 차근차근 학습해보세요. 필수 기능에 관한 내용을 더욱 보강하여 기본 예제만 잘 학습해도 영상 작업을 어느 정도 할 수 있도록 구성했습니다.

대부분의 준비 파일을 열어보면 프로젝트 패널에서 [시작] 컴포지션과 [완성] 컴포지션이 함께 수록된 것을 확인할 수 있어 학습하는 데 매우 편리합니다. 따라 하기 학습 과정 중 잘 진행되지 않는 부분은 [완성] 컴포지션을 열고 확인할 수 있어 효과적입니다. 학습을 시작하기 전에 완성 동영상을 먼저 확인하고 머릿속으로 제작 과정을 구상한 후에 본격적인 실습을 시작하는 것도 매우 좋은 방법입니다.

준비 되었나요? 자, 이제부터 달려봅시다!

SPECIAL THANKS TO ....
한 권의 책이 출간되기까지 정말 많은 분의 수고가 녹아 있습니다. 제 이름이 저자로 새겨져 출간되지만, 오롯이 제 책이라고 생각하지 않습니다. 보이지 않는 곳에서 애써주신 모든 분들과 독자님들에게 감사드립니다. 오랜 시간 함께 해온 한빛미디어 장용희 팀장님, 이번에 새로 함께하게 된 오희라 선임님 감사합니다. 항상 응원해주는 내 짝꿍도 고맙고 사랑합니다.

이수정

맛있는 디자인 6단계 레시피

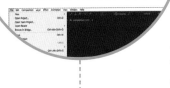

간단 실습 · 레이어드 포토샵(Layer

하나 이상의 레이어를 포함한 포토샵 파일(psd)을 불러
수행하는 작업이 많이 달라지기 때문에 유의하여 설정해

[File] 메뉴로 불러오기

01 ❶ 메뉴바에서 [File]-[Import]-[File] Ctrl + I
나타나면 원하는 psd 파일을 선택하고 ❸ [Import]를

f 포토 슬라이드쇼 만들기

준비 파일 기본/Chapter 02/[photos] 폴더

니다. ❷ [Import File] 대화상자가 나타나면 여러
. ❸ [Create Composition]에 체크하여 컴포지

저자 직강 영상

중요한 내용은 저자가 직접 알려주는 동
영상 강의로 학습합니다. 스마트폰으로
QR 코드를 스캔해 확인할 수 있습니다.

Start — ① ——————— ② ——————— ③ ——————

간단 실습

왕초보도 따라 하기 쉬운 예제
로 애프터 이펙트 기능을 제대
로 익힙니다.

실습 예제

[간단 실습]에서 학습할 준비 파일을
제공합니다. 예제를 한 단계씩 따라
하며 기능을 익힙니다.

.aep 준비 파일을 엽니다. ❷ [Project]
된 컴포지션이 열립니다.

동영상 강의
확인하기

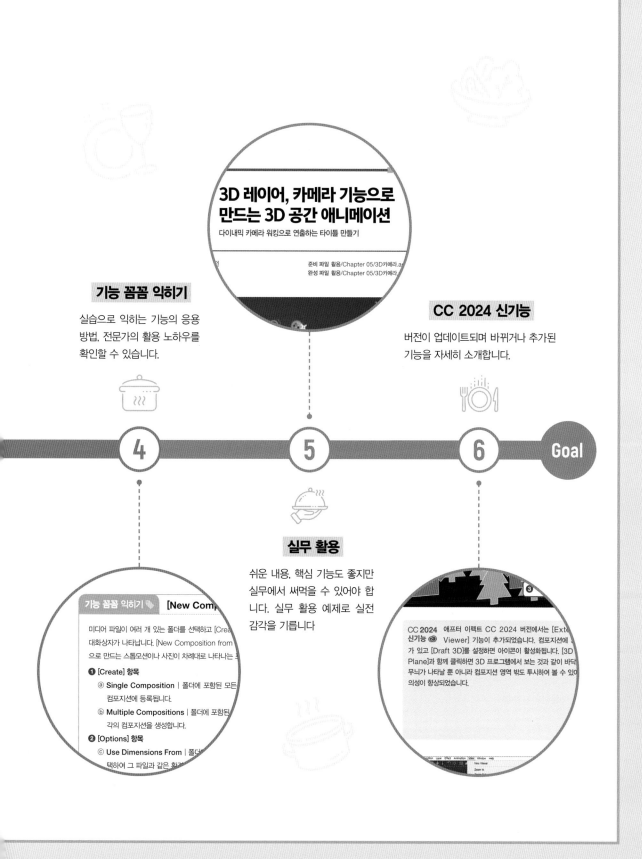

3D 레이어, 카메라 기능으로 만드는 3D 공간 애니메이션

다이내믹 카메라 워킹으로 연출하는 타이틀 만들기

준비 파일 활용/Chapter 05/3D카메라.a
완성 파일 활용/Chapter 05/3D카메라.

기능 꼼꼼 익히기

실습으로 익히는 기능의 응용 방법, 전문가의 활용 노하우를 확인할 수 있습니다.

CC 2024 신기능

버전이 업데이트되며 바뀌거나 추가된 기능을 자세히 소개합니다.

4   5   6   **Goal**

실무 활용

쉬운 내용, 핵심 기능도 좋지만 실무에서 써먹을 수 있어야 합니다. 실무 활용 예제로 실전 감각을 기릅니다

기능 꼼꼼 익히기 🖐️ [New Com

미디어 파일이 여러 개 있는 폴더를 선택하고 [Crea
대화상자가 나타납니다. [New Composition from
으로 만드는 스톱모션이나 사진이 차례대로 나타나는

❶ [Create] 항목

  ⓐ Single Composition | 폴더에 포함된 모든
    컴포지션에 등록됩니다.

  ⓑ Multiple Compositions | 폴더에 포함된
    각의 컴포지션을 생성합니다.

❷ [Options] 항목

  ⓒ Use Dimensions From | 폴더
    택하여 그 파일과 같은 환경

CC 2024 애프터 이펙트 CC 2024 버전에서는 [Exte
신기능 ◉ Viewer] 기능이 추가되었습니다. 컴포지션에
가 있고 [Draft 3D]를 설정하면 아이콘이 활성화됩니다. [3D
Plane]과 함께 클릭하면 3D 프로그램에서 보는 것과 같이 바닥
무늬가 나타날 뿐 아니라 컴포지션 영역 밖도 투시하여 볼 수 있어
의성이 향상되었습니다.

맛있는 디자인의
수준별 3단계 학습 구성

맛있는 디자인은 애프터 이펙트를 처음 다뤄보는 왕초보부터 어느 정도 다뤄본 사람까지 누구나 쉽게 학습할 수 있도록 구성되어 있습니다. 핵심 기능과 응용 기능을 빠르게 학습하고 실무 예제를 활용해 실력을 쌓아보세요.

1 단계

애프터 이펙트는 처음이에요!

애프터 이펙트 무료 체험판을 설치하고 기본 화면을 훑어보세요. 애프터 이펙트의 화면과 패널, 도구가 익숙해지면 [간단 실습]을 통해 기본&핵심 기능을 실습해보세요. 꼭 알아두어야 할 애프터 이펙트 기능을 실습하다 보면 어느새 실력이 쑥쑥 향상됩니다.

▶ **크리에이티브 클라우드 다루기**
p.010
▶ **기본편**   p.046

2 단계

애프터 이펙트 실행은 해봤어요!

기초가 탄탄하면 애프터 이펙트를 다루는 실력은 수직 상승합니다. 간단한 기본&핵심 기능 실습으로 기초를 다졌다면 이제는 저자의 동영상 강의를 보고 실습을 따라 하면서 실력을 다집니다. 입문자의 눈높이에 맞춘 친절한 설명과 구성으로 혼자 실습해도 어렵지 않습니다.

▶ **기본편**   p.082

3 단계

모션 그래픽 전문가로 거듭 나고 싶어요

이제는 모션 그래픽 전문가가 되기 위해 제대로 된 활용법을 배울 때입니다. 애프터 이펙트의 고급 애니메이션 활용 기능을 익혀 모션 그래픽 디자이너로 거듭나세요. 실무에 당장 써먹을 수 있는 기본 애니메이션부터 비디오, 이펙트, 3D 등 [실무 실습] 예제를 학습합니다. 더 나아가 작업 효율을 높이는 다양한 노하우와 CC 2024 신기능도 학습해보세요.

▶ **활용편**   p.280

◎ CC 2024 신기능만 빠르게!

애프터 이펙트 CC 2024의 신기능을 빠르게 학습하고 싶다면 017쪽에 있는 애프터 이펙트 CC 2024 신기능과 본문의 CC 2024 신기능 팁을 확인해보세요!

예제&완성 파일
다운로드

이 책에서 나오는 모든 예제 소스(준비 파일, 완성 파일)는 홈페이지에서 다운로드할 수 있습니다. 한 빛출판네트워크 홈페이지는 검색 사이트에서 **한빛출판네트워크**로 검색하거나 www.hanbit.co.kr 로 접속합니다.

01 한빛출판네트워크 홈페이지에 접속하고 [부록/예제소스]를 클릭합니다.

02 ❶ 검색란에 **애프터 이펙트 2024**를 입력하고 ❷ 검색 버튼을 클릭합니다. ❸《맛있는 디자인 애 프터 이펙트 CC 2024》가 나타나면 [예제소스]를 클릭합니다. 바로 다운로드됩니다. 파일의 압축을 해 제해 사용합니다.

▶ **빠르게 다운로드하기**
단축 주소 www.hanbit.co.kr/src/11208로 접속하면 바로 예제 파일 다운로드 페이지로 이동합니다.

무료 체험판 설치하기

애프터 이펙트 CC 2024 정품이 없다면 어도비 홈페이지(https://www.adobe.com/kr/)에 접속한 후 7일 무료 체험판을 다운로드해 설치할 수 있습니다. 무료 체험판은 설치 후 7일 이내에 구독을 취소하지 않으면 자동으로 결제가 진행됩니다.

어도비 회원가입하고 구독 신청하기(7일 무료 체험)

01 어도비 홈페이지에 접속한 후 [무료 체험하기]를 클릭합니다.

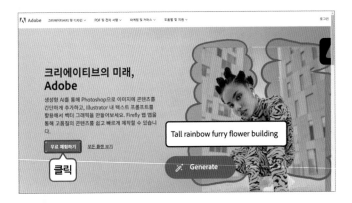

어도비 홈페이지 메인에 [무료 체험하기]가 나타나지 않는다면 오른쪽 상단의 [도움말 및 지원]-[다운로드 및 설치]를 클릭한 후 [Creative Cloud 모든 앱]의 [무료 체험판]을 클릭합니다.

02 첫 7일간은 무료라는 안내 문구가 나타납니다. 본인에게 알맞은 구독 유형을 선택하고 [계속]을 클릭하여 진행합니다.

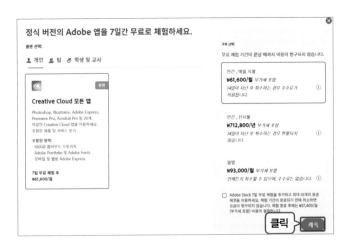

일반 취미용이라면 [개인]을 선택합니다. 교육 목적이라면 [학생 및 교사], 회사나 기업(비즈니스)에서 사용한다면 [팀]을 선택합니다. 각 목적에 따라 구독료가 달라집니다.

03 ❶ 이메일 주소를 입력합니다. ❷ 약관을 확인하여 동의 절차를 거치고 ❸ [계속]을 클릭합니다.

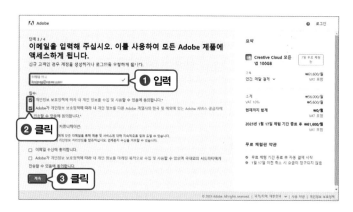

04 결제 정보를 업데이트합니다. ❶ 결제할 카드 정보를 입력하고 ❷ [무료 체험기간 시작]을 클릭합니다. 무료 사용 기간은 7일입니다. 이후 자동으로 결제가 청구됩니다. 결제를 원하지 않는다면 기간 내에 결제를 취소해야 합니다.

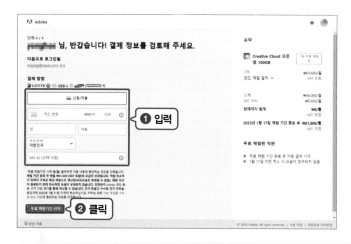

한 개의 카드 정보로는 무료 체험판 혜택을 한 번만 이용할 수 있습니다. 플랜 취소 및 구독 관련 내용은 어도비 Help(https://helpx.adobe.com/kr/manage-account/using/cancel-subscription.html)를 참고합니다.

크리에이티브 클라우드 데스크톱 앱&애프터 이펙트 영문판 설치하기

01 크리에이티브 클라우드 앱스 홈페이지(https://creativecloud.adobe.com/apps#)에 접속합니다.

어도비 홈페이지에 로그인되어 있지 않다면 로그인 화면이 나타납니다. 로그인 후 진행합니다.

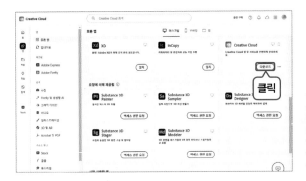

02 [내 구독에서 사용 가능]의 목록을 확인합니다. [Creative Cloud]의 [다운로드]를 클릭합니다.

만약 [Creative Cloud]의 [다운로드]가 활성화되지 않았거나 [열기]로 바뀌어 있다면 사용자의 PC 혹은 Mac에 크리에이티브 클라우드 데스크톱 앱이 설치되어 있는 것입니다. 이때는 크리에이티브 클라우드 데스크톱 앱을 실행한 후 업데이트합니다.

03 크리에이티브 클라우드 데스크톱 앱 다운로드가 시작됩니다. 다운로드가 완료되면 설치 파일을 실행합니다.

설치 파일의 다운로드 위치 및 실행 방법은 사용 중인 브라우저마다 다릅니다.

04 [Creative Cloud] 설치 프로그램이 실행되면 [계속]을 클릭해 설치를 진행합니다.

05 크리에이티브 클라우드 데스크톱 앱의 설치가 완료되면 자동으로 실행됩니다. 영문판 설치를 위해 환경 설정을 바꾸겠습니다. 오른쪽 상단의 을 클릭하고 [환경설정]을 클릭합니다.

> 기존에 한글판을 설치했다면 각 프로그램의 ···을 클릭한 후 [제거]를 선택해 한글판을 삭제합니다.

06 ❶ [앱]을 클릭합니다. ❷ [설치]–[기본 설치 언어]를 [English (International)]로 선택합니다. ❸ [완료]를 클릭합니다.

07 [파일]–[Creative Cloud 종료] 메뉴를 선택합니다. 크리에이티브 클라우드 데스크톱 앱이 종료됩니다.

08 크리에이티브 클라우드 데스크톱 앱을 다시 실행한 후 [After Effects]의 [시험 사용]을 클릭해 애프터 이펙트 설치를 진행합니다. 설치가 완료되면 설치 완료 메시지가 나타납니다.

스터디 그룹과 함께 학습하세요!

한빛미디어에서는 포토샵, 일러스트레이터, 프리미어 프로, 애프터 이펙트를 쉽고 빠르게 학습할 수 있도록 '맛있는 디자인 스터디 그룹'을 운영하고 있습니다. 혼자 학습하기 막막한 분이나 제대로 학습하기를 원하는 분, 신기능을 빠르게 확인하고 싶은 분이라면 맛있는 디자인 스터디 공식 카페를 활용하세요. 6주 커리큘럼에 맞추어 학습 분량을 가이드하고 미션을 제공합니다. 맛있는 디자인 스터디 그룹은 프로그램 학습의 첫걸음부터 기능이 익숙해질 때까지 든든한 서포터가 되어줄 것입니다.

스터디 공식 카페 100% 활용하기

제대로 학습하기

그래픽 프로그램의 핵심 기능만 골라 담아 알차게 익힐 수 있도록 6주 커리큘럼을 제공합니다. 학습 분량과 일정에 맞춰 스터디를 진행하고 과제를 수행해보세요. 어느새 그래픽 프로그램을 다루는 실력이 업그레이드된 것을 확인할 수 있습니다.

막히는 부분 질문하기

학습하다가 막히는 부분이 있다면 [학습 질문] 게시판을 이용하세요. 모르는 부분이나 실습이 제대로 되지 않는 부분을 질문하면 학습 멘토가 빠르고 친절하게 답변해드립니다.

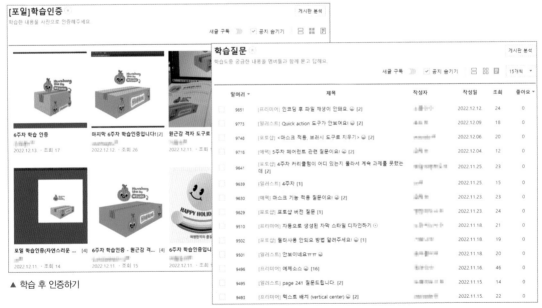

▲ 학습 후 인증하기

▲ 막히는 부분 질문하기

▲ 맛있는 디자인 스터디 공식 카페(https://cafe.naver.com/matdistudy)

먼저 스터디한 분들이 강력 추천합니다!

● 혼자였다면 작심삼일에서 끝났을 텐데 스터디 덕분에 책 한 권과 왕초보 딱지를 뗄 수 있었어요! _이로미 님

● 처음 공부하는 분들께 맛디 스터디 카페를 강력 추천합니다! 기초부터 실무에 적용할 수 있는 내용까지 뭐 한 가지 부족한 것이 없습니다. _박해인 님

● 혼자인듯 혼자 아닌 스터디 모임에 참여할 수 있어서 좋았습니다. 혼자서 공부 못 하는 분들이라면 부담 갖지 말고 꼭 참여하길 추천합니다! _ 김은솔 님

● 클릭하라는 대로 따라 하면 되니 처음으로 디자인이 쉽고 재밌었어요. 디자인 스터디 꼭 해보고 싶었는데 한빛미디어 덕분에 버킷리스트 하나 이뤘어요! _ 한유진 님

맛있는 디자인 스터디 그룹은 어떻게 참여하나요?

맛있는 디자인 스터디 카페를 통해 스터디 그룹에 참여할 수 있습니다. 100% 온라인으로 진행되는 스터디입니다. 학습 일정표에 따라 공부하면서 그래픽 프로그램의 핵심만 콕 집어 완전 정복해보세요! 한빛미디어 홈페이지에서 '메일 수신'에 동의하면 스터디 모집 일정을 메일로 안내해드립니다. 또는 맛있는 디자인 스터디 공식 카페(https://cafe.naver.com/matdistudy)에 가입하고 [공지사항]을 확인하세요.

예제 파일 에러 발생! 이렇게 해보세요!

01 **버전 변환** | 현재 설치된 애프터 이펙트보다 낮은 버전의 프로젝트 파일을 불러오면 아래 그림처럼 에러 메시지가 나타납니다. [OK]를 클릭하면 파일을 변환한 후 작업이 진행됩니다.

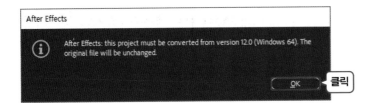

02 **연결이 유실된 미디어 파일 찾기** | 애프터 이펙트 파일과 기존에 삽입한 소스 파일의 위치가 맞지 않으면 경고 메시지가 나타납니다. [OK]를 클릭하면 연결이 해제된 상태에서 작업이 진행됩니다.

03 [Project] 패널을 확인하면 유실된 소스 파일에 🖳 아이콘이 표시됩니다. ❶ 유실된 소스 파일을 더블클릭하면 소스 파일을 교체하거나 위치를 다시 지정할 수 있는 대화상자가 나타납니다. ❷ 소스의 위치를 찾아 ❸ 파일을 선택한 후 ❹ [Import]를 클릭하면 미디어 파일이 연결됩니다.

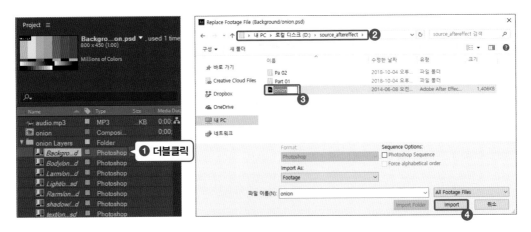

애프터 이펙트 CC 2024 신기능

2024년 12월에 업데이트된 CC 2024 버전에서는 한층 더 자연스러운 3D 작업이 가능해졌습니다.

3D 모델 GLB 활용

기본적으로 질감이 표현된 3D 모델인 GLB(Graphics Language Transmission Format Binary) 포맷과 GLTF(Graphics Language Transmission Format)를 가져와서 컴포지션 안의 다양한 레이어들과 하나의 장면을 연출할 수 있게 되었습니다. 로컬 시스템, 또는 Creative Cloud Libraries 에서 3D 모델 파일을 가져올 수 있습니다(OBJ 3D 모델은 24.1 버전의 경우 베타 버전에서만 가져올 수 있습니다).

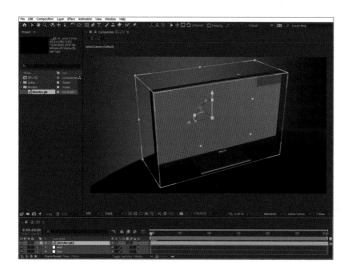

◀ Project 패널에 GLB 파일을 가져와 컴포지션에 삽입한 그림

기존의 네 개의 조명 타입에 새로운 [Environment] Light가 추가되었습니다.

High Dynamic Range Image(HDRI) 파일을 활용하여 이미지 베이스의 현실적인 조명을 생성할 수 있습니다. 이를 통해 보다 현실적인 3D의 장면을 연출할 수 있습니다.

▲ [Environment Light]에 [Source]를 [Default]로 설정한 경우

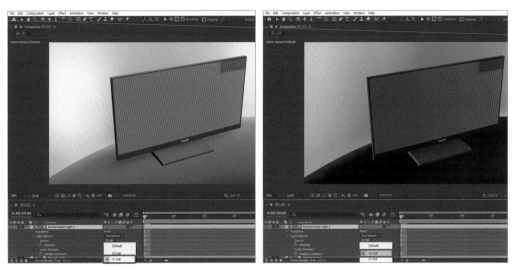

▲ [Environment Light]에 [Source]를 각기 다른 [HDRI] 이미지로 설정한 경우

Advanced Renderer

기존의 두 개의 렌더러에 새로운 [Advanced 3D] 렌더러가 추가되었습니다. 컴포지션 안에 GLB와 GLTF 포맷의 3D 오브제가 있을 경우에는 [Advanced 3D] 렌더러로 설정해야 합니다. [Renderer Options]에서 렌더 퀄리티나 그림자 해상도 등을 설정할 수 있습니다.

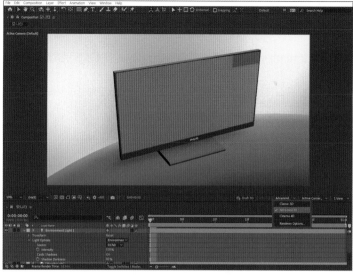

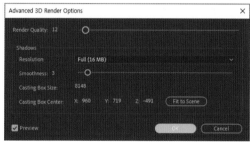

불러온 3D 파일과 에프터 이펙트에서 생성한 3D 텍스트 레이어, 또는 2D 레이어를 모두 하나의 컴포지션에서 융합적으로 배치하고 합성할 수 있습니다. 2D 레이어의 경우 레이어 블렌딩 모드도 사용할 수 있습니다.

3D 모델 기반 효과

레퍼런스 레이어를 활용하는 효과에서 3D 레이어를 레퍼런스로 사용할 수 있게 되었습니다. Displacement Map, Vector Blur, Calculations 등의 효과에서 Map Layer를 GLB 등의 3D 레이어로 설정할 수 있습니다.

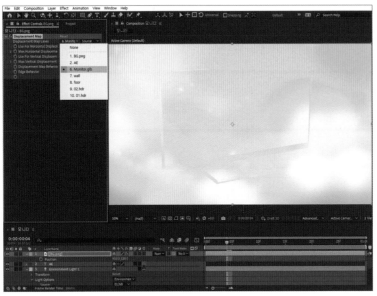

▲ Displacement Map 효과의 Map Layer를 GLB 포맷의 레이어로 설정한 그림

새롭게 추가된 애니메이션 프리셋 설정

[Animation Presets]에 [Adobe Express]가 새롭게 추가되었습니다. 특히 [Looping]에 수록된 다수의 프리셋의 경우 익스프레션이 포함되어 다소 난이도가 높았던 기능을 쉽고 빠르게 적용할 수 있어 매우 편리해졌습니다.

2023년 10월에 업데이트된 애프터 이펙트 2024 버전의 대표적인 변화는 새로운 AI 모델로 장착한 3세대 로토 브러시, OpenColorIO 워크플로우 개선, 그리고 텍스트 스크립트 지원이 있습니다.

향상된 로토 브러시

차세대 로토 브러시는 새로운 AI 모델로 구동되며 기존 버전보다 빠르고 정확하게 푸티지에서 선택한 오브젝트를 추출할 수 있습니다. 푸티지 안에서 서로 겹치는 개체를 추적하거나 머리카락, 깃털, 투명한 것 등 마스킹이 어려운 푸티지의 로토 브러시를 작업하는 경우에도 보다 쉽고 빠르게 합성 이미지를 만들 수 있습니다.

[Timeline] 패널에서 로토 브러시를 적용할 레이어를 더블클릭하여 [Layer] 패널을 엽니다. 로토 브러시 도구 ▨를 선택하여 고양이의 외곽선을 그린 후, 이어서 가장자리 다듬기 도구▨로 털 부분을 한 번 더 그려줍니다. [Composition] 패널로 돌아오면 푸티지 레이어에 [Roto Brush & Refine Edge] 효과가 적용되어 있고, 초깃값으로 [Version]이 [3]으로 설정되어 있습니다. 세부 옵션을 조절하여 좀 더 세밀하게 작업할 수 있습니다. 고양이 푸티지의 배경이 사라지고 [BG] 레이어와 합성 결과물을 확인할 수 있습니다.

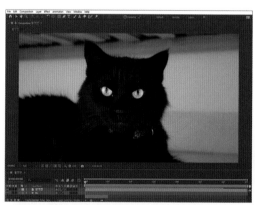

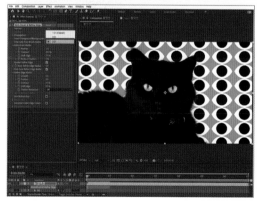

OpenColorIO 워크플로우 개선

애프터 이펙트에서 [File]-[Projects Settings] 메뉴를 선택하고 [Color] 탭을 클릭하면 [Color Engine]에서 기본값인 [Adobe color managed] 외에도 [OCIC color managed]를 선택할 수 있습니다. [OCIC color managed]를 선택하면 OpenColor 색상 관리가 활성화됩니다. [Color Setting]에서 다양한 [Preset]을 확인하고 선택할 수 있습니다.

다음 두 개의 푸티지에서 앵무새와 배경을 분리하고, 오른쪽 배경에 앵무새를 합성해보면 색상이 조화롭지 않습니다. 서로 다른 환경에서 촬영했기 때문입니다.

이때 [OCIC color managed]를 선택하면 색상이 자동으로 조절되며 [Composition] 패널에 [Display Color Space]를 선택할 수 있습니다.

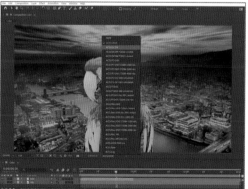

CC 2024 버전에서는 [Effects]-[Color Correction] 메뉴에 OpenColorIO를 사용하여 색상을 처리하는 효과로 [OCIO Look Transform]과 [OCIO CDL Transform]이 있습니다. 이 효과를 사용하기 위해 프로젝트에서 OpenColorIO 색상 관리를 활성화하지 않아도 됩니다.

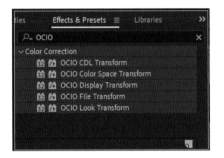

[Properties] 패널에 기본 속성 표시

새로운 [Properties] 패널에서 기본 속성에 더 쉽게 조절할 수 있습니다. 속성을 확인하고 설정할 수 있으며 키프레임을 설정하여 애니메이션 작업도 수행할 수 있습니다. 기본 속성이 있는 레이어를 선택하면 여러 패널을 열지 않고도 [Properties] 패널을 사용하여 기본 그래픽 패널에서 추가한 컴포지션 또는 사전 컴포지션의 기본 속성을 빠르게 편집할 수 있어 사용자의 편의가 크게 향상되었습니다.

특히 많은 속성을 가진 셰이프 레이어와 텍스트 레이어의 경우 이 패널을 활용하면 여러 레이어 계층 구조를 번잡하게 열거나, 다른 패널을 열 필요가 없습니다. 타임라인 내에서 선택한 텍스트와 모양 레이어의 중요한 속성에 빠르게 액세스할 수 있으므로 모션 그래픽을 더욱 쉽고 빠르게 만들 수 있습니다.

다음 그림과 같이 텍스트 레이어를 선택하면 [Layer Transform]의 기본 속성은 물론 기존의 [Character] 패널과 [Paragraph] 패널에서 표시되는 모든 속성이 하나의 패널에서 보입니다. 뿐만 아니라 스톱워치 ⏱ 를 클릭하면 즉각적으로 애니메이션 작업을 시작할 수 있습니다.

[Add Animator]를 클릭하여
[Add] 속성도 바로 추가할 수 있
습니다.

셰이프 레이어를 선택하면 [Layer
Transform]의 기본 속성은 물
론 [Layer Contents]와 [Shape
Properties] 속성이 모두 표시됩
니다. 특히 자주 사용하는 스트로
크 옵션의 [Line Cap]과 같은 속
성이 추가되어 보다 편리하고 빠르
게 작업을 수행할 수 있습니다.

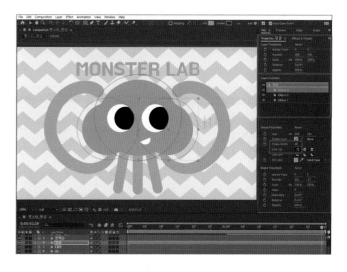

애니메이션 작업을 위하여 스톱워치를 클릭하면 [Timeline] 패널에서 해당 속성만 바로 열려 매우 편리합니다. 더 이상 해당 속성을 찾기 위해 패널을 여러 번 드래그하거나 검색하지 않아도 됩니다.

에센셜 그래픽 기능을 활용하여 제작한 모션 템플릿 프로젝트도 [Properties] 패널에서 더욱 쉽고 빠르게 설정할 수 있습니다. 기존의 버전에서는 [Timeline] 패널에서 마우스 오른쪽 버튼으로 클릭하고 [Edit]를 클릭하여 속성을 새로 입력해야 했으나, [Properties] 패널을 이용하면 등록된 다양한 속성을 즉각적으로 수정하고 키프레임을 설정하여 애니메이션 작업을 수행할 수 있습니다.

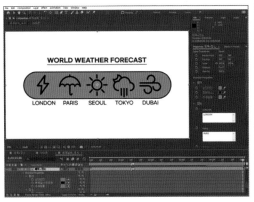
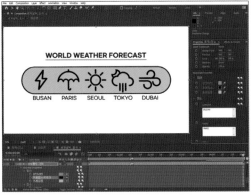

맛있는 디자인, 미리 맛보기

애프터 이펙트를 활용한 베이직 애니메이션

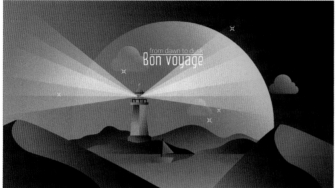
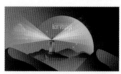
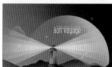

변형(Transform) 속성으로 완성하는 애니메이션   **p.280**

Animate 기능으로 완성하는 숏품 광고 프로젝트   **p.296**

애프터 이펙트의 다양한 기법을 활용한 애니메이션

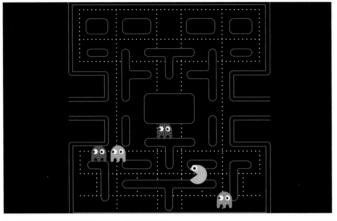
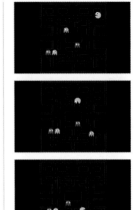

정확한 경로로 움직이는 패스 애니메이션 p.308

액체의 움직임을 표현하는 리퀴드 애니메이션 p.314

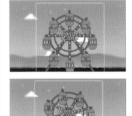
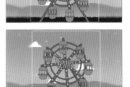

익스프레션(Expression)으로 기계적인 움직임 구현하기 p.324

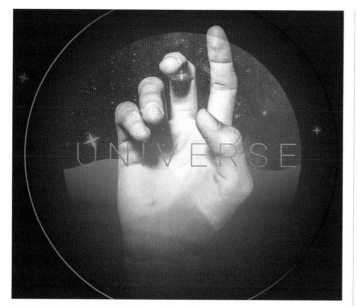
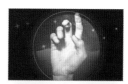

마스크와 매트 기법으로 연출하는 애니메이션   **p.332**

애프터 이펙트를 활용한 캐릭터 애니메이션

셰이프 레이어 기능으로 캐릭터 그리기   **p.346**

트랜스폼과 페어런트 기능으로 캐릭터 리깅하기 p.364

퍼펫 핀 도구로 만드는 캐릭터 애니메이션 p.376

움직이는 이모티콘 만들기 p.392

애프터 이펙트를 활용한 감성적인 이펙트 애니메이션

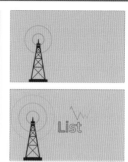

무에서 유를 창조하는 제너레이트(Generate) 효과　　　　　　**p.410**

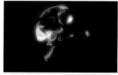

형태를 왜곡시키는 Distort 효과　　　　　　**p.421**

애프터 이펙트를 활용한 3D & VFX 테크닉

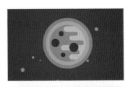

3D 레이어, 카메라 기능으로 만드는 3D 공간 애니메이션 p.436

Keying 효과와 Track Camera로 영상 합성하기 p.453

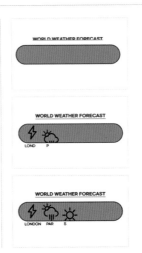

에센셜 그래픽 기능으로 애니메이션 템플릿 만들기 p.464

PART 01

기초가 튼튼해지는
애프터 이펙트 기본편

CHAPTER 01
애프터 이펙트
CC 2024 시작하기

LESSON 01
모션 그래픽 디자인 알아보기
모션 그래픽과 디자인 트렌드 알아보기

LESSON 02
모션 그래픽 실무 제작 과정
실무 워크플로 한눈에 이해하기

LESSON 03
애프터 이펙트와의 첫 만남
인터페이스와 주요 패널 알아보기

PART 02

지금 당장 써먹을 수 있는 애프터 이펙트 활용편

CHAPTER 01
기본기로 완성하는 모션 그래픽 프로젝트

CHAPTER 02
다양한 테크닉으로 완성하는 애니메이션

CHAPTER 03

캐릭터 그리기와
캐릭터 리깅

LESSON 03

퍼펫 핀 도구로 만드는
캐릭터 애니메이션
마법봉을 휘두르는 요정 캐릭터

LESSON 04

움직이는 이모티콘 만들기
움직이는 고양이 캐릭터 이모티콘

CHAPTER 04
디자인에 기술과 감성을 더하는
이펙트(Effect)

LESSON 01

무에서 유를 창조하는
제너레이트(Generate) 효과
소스 파일 없이 애프터 이펙트로 완성하는
레트로 스타일 애니메이션

애프터 이펙트에 처음 입문하는 독자라면

프로그램이 낯설고 생소해 막연한 두려움을 느낄 수도 있고

과연 이 프로그램을 잘 다룰 수 있을지 걱정이 앞설 수도 있습니다.

애프터 이펙트라는 프로그램을 독학으로 공부할 수 있는 것인지,

어떻게, 얼마나 공부해야 잘 다룰 수 있는지 문의하는 독자도 많습니다.

실력 있는 모션 그래픽 아티스트가 되는 길은 어렵습니다.

그러나 애프터 이펙트라는 도구만 얘기한다면

저는 이렇게 말하고 싶습니다. 목표를 세우되, 서두르지 마세요.

당장 멋져 보이는 효과나 트렌디한 스타일에 초점을 두는 것보다는

애니메이션 이론의 이해를 토대로 두고 자연스러운 키프레임 설정과 같은

기초부터 시작하는 것이 좋습니다.

유행하는 효과를 적용하는 프로젝트를 기획하는 것이 아니라

내 프로젝트에 어울리는 효과를 적용해야 합니다.

프로그램 학습이 다소 지루하더라도 중요한 내용이 많습니다.

자신감을 가지고 기초부터 탄탄히 학습한다면

애프터 이펙트는 절대 어렵지 않습니다.

PART 01

기초가 튼튼해지는
애프터 이펙트 기본편

완성도 높은 모션 그래픽을 디자인하기 위해 꼭 알아야 할
기초 지식을 소개합니다. 먼저 애프터 이펙트를 가장 많이 활용하는
모션 그래픽 분야의 트렌드와 작업 방법에 대해 알아보고
애프터 이펙트의 기본 인터페이스와 필수 패널, 도구 등을 살펴본 후
기능을 실습해보겠습니다.

애프터 이펙트
CC 2024 시작하기

모션 그래픽 디자인 알아보기

모션 그래픽과 디자인 트렌드 알아보기

모션 그래픽 디자인 트렌드 읽기

디자인 트렌드는 최근의 문화, 예술, 미디어, 기술 발전 동향에 큰 영향을 받습니다. 기본적으로 디자인 트렌드의 수명을 1~2년 정도로 보지만 디테일만 변할 뿐 큰 흐름은 그보다 오래 지속됩니다. 이러한 디자인 트렌드는 모션 그래픽을 포함한 다양한 미디어 디자인에 많은 영향을 미칩니다. 모션 그래픽은 방송 영역 외에도 비디오 프로덕션, 웹디자인, 광고는 물론, 모바일에 이르기까지 다양한 분야에 활용되며 트렌드를 주도하고 있습니다. 모션 그래픽은 작은 인 앱 애니메이션에서 프로모션 비디오에 이르기까지 모든 산업 및 비즈니스 유형에서 마케팅을 지배합니다. 모션 그래픽 분야의 트렌드는 계속 바뀌지만, 그 중심에는 언제나 '창의성(Creativity)'과 시각적 즐거움을 선사하는 '디자인' 그리고 참신한 '기술력'이 있습니다.

① 3D 디자인

모던 테크놀로지는 3D 그래픽을 보다 쉽고 빠르게 만들 수 있는 환경을 제공합니다. 영화 프로덕션이나 게임 제작 등에 활용되는 마야, 맥스 등과 같은 하이엔드급 3D 소프트웨어들은 비용은 물론 학습이나 경험에 많은 제약이 있었습니다. 하지만 최근에는 Spline과 같은 브라우저 기반의 3D 디자인 툴과 같이 누구나 쉽게, 무료 또는 저비용으로 3D 요소들을 만들 수 있는 환경이 되었습니다. 또한 어도비 소프트웨어에서도 3D 기능을 지속적으로 업데이트하거나 3D 소프트웨어와의 호환도 개선하고 있습니다. 3D 디자인에 대한 수요가 어느 때보다 높은 만큼 모션 그래픽 프로젝트에서도 간단한 3D 요소들이 활용되고 있음은 물론, 하이퍼 리얼리즘 3D도 다시금 부상하고 있습니다.

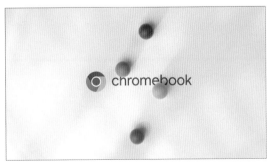
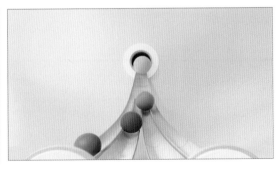

@VantageFilms / 이미지 출처 : https://vimeo.com/732144578

@LUMA iDEA/이미지 출처 : https://vimeo.com/726713371

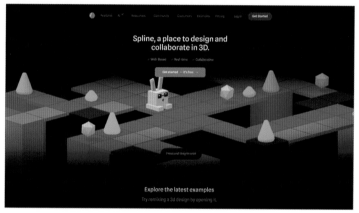

이미지 출처 : https://spline.design

② 믹스드 미디어(Mixed Media)

두 가지 이상의 제작 방식을 함께 사용하는 믹스드 미디어 방식은 유니크하고 재미있는 접근이 가능하기 때문에 창작자들이 선호하는 오랜 제작 방식 중 하나입니다. 2024년에는 보다 실험적이고 새로운 방식의 믹스드 미디어가 시도될 것으로 보입니다. 2D과 3D의 결합이 수월해졌을 뿐 아니라 휴대용 태블릿 장비의 보급으로 프레임 바이 프레임 애니메이션의 접근이 쉬워졌습니다. 그래서 두세 가지를 혼합한 기존의 제작 방식에서 풍부한 미디어를 제한없이 혼합해 리얼 라이프와 판타지 월드를 결합한 즐거운 상상을 마음껏 표현할 수 있습니다.

@1stAveMachine BA / 이미지 출처 : https://www.behance.net/gallery/173626265/Gatorade-The-Way-To-Be-Great

@1stAveMachine BA / 이미지 출처 : https://www.behance.net/gallery/178268337/ESPN-One-App-One-Tap-Phase-4

③ 전통적인 기술과 핸드메이드 애니메이션

전통적인 방식으로 제작한 일러스트레이션과 디지털 툴로 제작한 애니메이션의 결합은 오랜 시간 사랑받아
온 트렌드입니다. 좀 더 다양한 방식으로 두 개의 매체가 결합되어 애니메이터가 원하는 것은 무엇이든 만들
수 있으며 관객과 즐겁게 소통할 수 있습니다. 어린 시절 우리 모두를 즐겁게 해주었던 전통적인 방식으로
제작된 디즈니 애니메이션과 같은 2D 애니메이션과 새로운 매체의 결합을 통하여, 모션 그래픽은 애니메이
션을 흡수하고 확장된 방식을 보여주고 있습니다.

@We Are Alive/이미지 출처 : https://vimeo.com/448222743

④ 모어 앤 모어(more&more)

최근 몇 년 동안 모션 그래픽 시장에서 매우 큰 트렌드였던 미니멀리즘에 반대되는 방식이 눈에 띄기 시작합니다. 미니멀리즘의 기조는 좀 더 실험적이고 디테일이 추가된 형태로 유지되면서 헤비 디자인도 늘어나고 있는 추세로 보입니다. 2024년에는 화면 전체를 활용한 세밀하고 상세한 그래픽이 인기를 끌 것입니다. 이러한 헤비 그래픽을 조화롭게 잘 활용한다면 관객의 관심을 더 오랫동안 사로잡아 마케팅과 판촉의 목적을 향상시킬 수 있습니다.

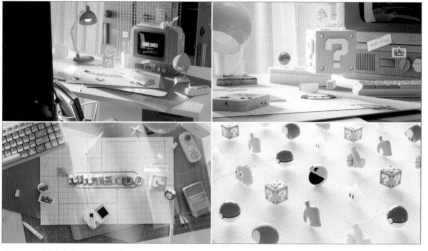

@Hye jin/이미지 출처 : https://www.youtube.com/watch?v=j8Jg4pbbEpk

⑤ 몰입형 체험 그래픽(Immersive Experinces)

인터렉티브 미디어나 인스톨레이션과 같은 영상은 예술적인 형태로 시작되었으나 근래에는 강력한 마케팅 툴로서 상업적인 형태로 진화하고 있습니다. 많은 기업이나 브랜드들이 이러한 몰입형 체험 프로젝트를 통하여 경험의 방식으로 소비자들에게 어필하고 있습니다.

@Nerea Sevillano/이미지 출처 : https://vimeo.com/674424367

⑥ 좀 더 밀접해진 AI

어도비 2024 업데이트에서 애프터 이펙트는 물론 대부분의 앱에서의 최대 화두는 역시 AI였습니다. 특히 생성형 채우기는 포토샵 출시 이후 가장 혁신적이라 불리는 업데이트 내용으로, Adobe Firefly를 기반으로 텍스트만 입력하면 자동으로 이미지와 배경을 생성할 뿐 아니라 이미지를 확장하거나 제거할 수 있습니다. 이를 활용하여 우리는 보다 적은 시간과 노력으로 수많은 상상의 나래를 펼치고, 다양한 실험을 통해 새로운 창작물을 구현할 수 있게 되었습니다. 2024년에는 이러한 AI 기반의 다양한 기술을 활용한 새로운 룩의 디자인이 많이 선보일 것으로 예측됩니다.

모션 그래픽 실무 제작 과정

실무 워크플로 한눈에 이해하기

개인 작업을 위주로 하는 작가주의적 모션 그래픽 디자이너도 있지만, 대부분의 모션 그래픽 디자이너들은 방송국이나 포스트 프로덕션 등에서 팀을 이루어 작업합니다. 이렇게 제작한 모션 그래픽 작품은 대부분 상업 예술로 활용되며, 다른 디자인 분야와 마찬가지로 클라이언트에게 작업을 의뢰받아 목적에 맞게 기획, 제작됩니다. 영상 콘텐츠 수요가 증가하면서 모션 그래픽 분야도 다양화되고 있습니다. 텔레비전 콘텐츠나 영화의 일부분, 또는 텔레비전 광고, 비디오 프로덕션이 주를 이루던 과거와는 달리 웹이나 모바일 등 다양한 플랫폼으로 적용 범위가 확대되고 있습니다. 따라서 프로젝트의 성격에 따라 제작 과정 또한 매우 다양합니다. 또 1인 제작인지, 팀 프로젝트인지, 2D와 3D의 협업인지, 비디오 프로덕션과의 협업인지에 따라서도 제작 과정은 달라집니다. 이번 LESSON에서는 뮤직비디오를 예시로 실무 워크플로를 Pre-Production(사전 제작)과 Production(제작) 단계로 나누어 알아보겠습니다.

> https://vimeo.com/15995539에서 예시의 〈필베이-샴푸를 마시면〉 뮤직비디오를 확인할 수 있습니다.

Pre-Production(사전 제작)

제작 회의

제작 회의에는 클라이언트와 제작 감독, 실무 제작자 등이 참석합니다. 클라이언트와 제작자 단 두 명만 참석하기도 하고, 클라이언트팀과 제작팀 등 여러 명이 참석하기도 합니다. 해당 프로젝트의 기본 자료를 조사하는 과정과 제안서 등이 있어야 회의를 원활하게 진행할 수 있습니다. 여기서 주의할 점은 클라이언트는 이미지를 만드는 디자이너가 아니라는 것입니다. 제작자끼리 전문 용어를 사용해도 충분히 의사소통이 가능하지만 클라이언트는 용어 자체를 이해하지 못할 수도 있습니다. 이를 고려하여 시각적으로 바로 보여줄 수 있는 다양한 자료를 준비하는 것이 좋습니다.

프로젝트 분석

영상을 섹션으로 나누고 핵심 키워드, 개념, 아이덴티티(Identitiy)를 정리합니다. 이를 통해 중요 키워드와 메타포(Metaphor) 등을 단어로 도출합니다. 명사와 형용사 등을 이용하여 구체적인 사물, 분위기, 감정 등을 단어로 도출하고 각 단어를 표현할 수 있는 방법도 기록하면 좋습니다. 이 프로젝트에서는 가사와 리듬을 기준으로 마커를 설정하여 섹션을 나눈 후에 장면을 그룹으로 묶고 연상되는 이미지를 서술하는 방식으로 작업했습니다. 애프터 이펙트에서 [Audio]–[Waveform] 메뉴를 선택하고 오디오 레벨을 보면서 정확한 타이밍에 맞춰 마커를 설정한 후 마커에 가사를 입력하여 구간을 명확하게 나누었습니다.

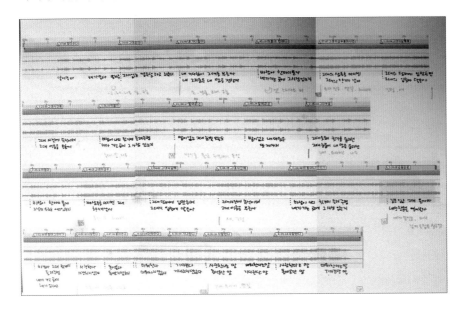

브레인스토밍(Brainstorming)

아이디어 도출을 위한 브레인스토밍을 통하여 마인드맵(Mind–map)을 제작합니다. 키워드, 메타포를 확장시키는 단계로 즉흥적으로 떠오르는 아이디어, 개념 등을 정리하여 주제를 설정하고 프로젝트의 콘셉트를 설정합니다.

이 프로젝트에서는 가사와 리듬에 따라서 섹션을 나누고 노래에서 느껴지는 감성 등을 떠올리며 작업했습니다. 브레인스토밍을 통하여 도출한 단어를 물체, 이미지, 색상, 감정, 장소와 같이 다섯 가지 섹션으로 분류하고 단어를 시각적으로 표현할 수 있는 방식을 설정했습니다.

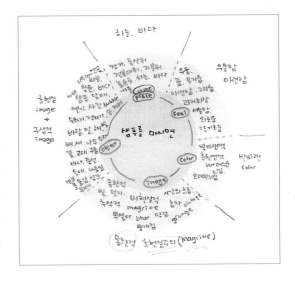

브레인스토밍을 통하여 마인드맵을 제작할 때 도움을 줄 수 있는 여러 가지 애플리케이션을 활용하면 보다 편리하게 진행할 수 있습니다.

Miro

무료 회원 가입 후 사용할 수 있으며 웹은 물론, 모바일 애플리케이션에서도 활용할 수 있습니다. 브레인스토밍 외에도 리서치나 플래닝 등 다양한 용도로 활용할 수 있습니다. 활용도 높은 템플릿들을 무료로 제공하고 있어 프레젠테이션용으로 활용하기에도 적합합니다.

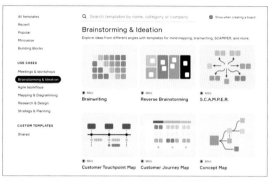

MIRO | https://miro.com/

Brainstorming & Ideation에서 다양한 템플릿을 활용

Mindmeister

한글 페이지를 지원하며 역시 무료 회원 가입 후 사용할 수 있습니다. 사용이 쉽고 간편하며 친구, 동료와 마인드맵을 공유하거나 실시간으로 협업할 수 있는 기능을 제공합니다. 내장 프레젠테이션 모드를 지원하므로 슬라이드쇼를 이용하여 쉽고 빠르게 프레젠테이션할 수 있습니다.

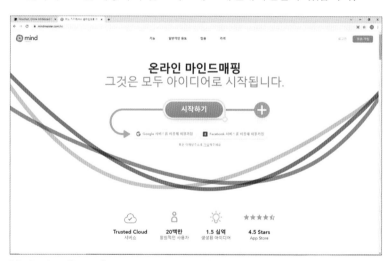

Mindmeister | https://www.mindmeister.com/ko

무드보드(Moodboard)

무드보드란 특정 스타일이나 개념을 한눈에 알아볼 수 있는 시각적 자료 모음입니다. 시각적 자료란 사진, 스케치, 일러스트, 회화, 건축물, 인쇄물과 같이 시각적으로 보여지는 것들을 말합니다. 디자이너, 일러스트레이터, 사진 작가, 영화 제작자 등 모든 유형의 크리에이티브 전문가는 아이디어의 '느낌'을 전달하기 위해 무드보드를 만듭니다.

무드보드는 디자인 기획에서 감정과 의도를 설명하는 데 도움될 수 있습니다. 특히 클라이언트에게 디자인 콘셉트를 이해시키기 위한 필수적인 단계이며, 전체적인 무드와 톤 앤 매너를 시각화하는 과정입니다. 무드보드를 만들면 생각, 아이디어, 폰트, 컬러 및 모드를 한곳에 수집하여 일관된 디자인 개념을 정의할 수 있습니다. 이렇게 정의된 시각 요소를 통해 컬러 팔레트를 만들고 제한된 컬러를 사용하면 디자인의 통일성을 연출할 수 있습니다. 다음과 같은 웹사이트나 모바일 애플리케이션을 활용하여 보다 쉽고 빠르게 무드보드를 제작할 수 있습니다.

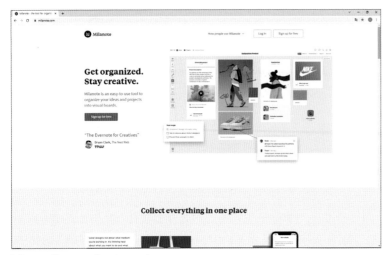

Milanote | https://milanote.com/

이 프로젝트에서는 브레인스토밍을 통해 도출한 단어와 무드, 작업 방식 등으로 섹션을 나누어 이미지 레퍼런스를 검색해 무드보드를 제작했습니다. 웹에서 검색한 이미지를 따로 저장하거나 정리할 필요 없이 드래그&드롭 방식으로 편리하게 삽입할 수 있습니다.

▲ 웹이나 잡지 등에서 서치한 이미지 레퍼런스 무드보드

스케치(Sketch)

모션 그래픽 프로젝트 제작 과정에서 스케치 과정이 항상 중요한 것은 아닙니다. 하지만 이 프로젝트와 같이 그래픽 이미지 제작이 필수적인 경우에는 꼭 필요한 과정입니다. 도출한 키워드, 콘셉트 아이디어, 무드보드를 통하여 시각화된 이미지를 프로젝트에 맞게 스케치하는 단계로 언어를 시각화하는 단계라고 할 수 있습니다. 완성 컷은 아니므로 연필이나, 기타 디지털 툴을 활용하여 자유롭게 그려보면 됩니다.

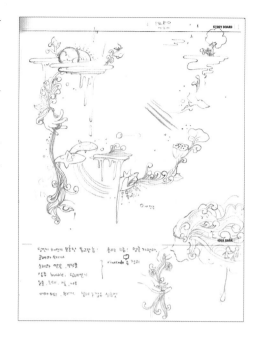

에프터 이펙트 시작하기

기본&핵심 기능 익히기

레이어 이해하기

모션&이펙트 적용하기

필수 기능 익히기

스토리보드(Storyboard)

스토리보드는 정보를 시각적으로 표시하는 강력한 방법으로 내러티브를 계획하는 그래픽 구성 단계입니다. 영화나 드라마, 또는 애니메이션과 같은 장르의 스토리보드는 확실한 양식을 가지고 있으나 모션 그래픽에서의 스토리보드는 프로젝트의 성격에 따라 비교적 자유롭게 그려도 좋습니다. 장면 연출에 대한 기록으로 접근하여 그래픽, 레이아웃, 카메라 무빙, 카메라 샷, 시간, 트랜지션과 효과 등 주요 정보를 글과 그림으로 기록합니다. 디테일한 비주얼 노트를 포함하면 더욱 좋습니다. 손으로 그리거나 컴퓨터 등에서 디지털 방식으로 제작할 수 있습니다.

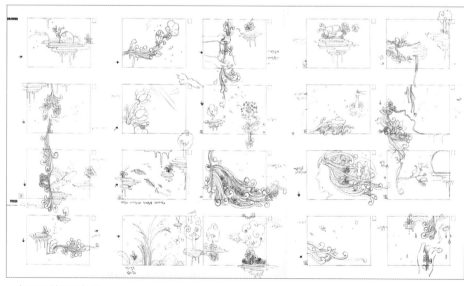

▲ 손으로 그린 스토리보드

스타일 프레임(Style Frame)

스타일 프레임이란 완성 영상의 스냅샷을 말합니다. 완성된 비디오를 어떻게 시각화할지 스틸 이미지(정지 이미지)로 제작해보는 단계입니다. 이 단계는 스케치 수준의 러프 컷이 아닌 풀 컬러의 완성 컷 수준으로 제작해야 합니다. 스토리보드의 모든 장면을 제작하는 것이 좋지만, 작업 일정상 어렵다면 인트로 장면과 주제가 잘 드러나는 가장 중요한 장면, 그리고 만약 타이틀 디자인이라면 로고가 삽입된 장면 정도를 작업하는 것이 좋습니다. 스타일 프레임은 일러스트일 수도 있고 렌더링된 이미지일 수도 있습니다. 따라서 일러스트레이터, 포토샵과 같은 프로그램으로 제작하거나 애프터 이펙트에서 직접 제작할 수도 있습니다. 이 프로젝트에서는 1차로 포토샵에서 제작하고, 애프터 이펙트에서 최종 완성했습니다.

▲ 포토샵에서 제작한 1차 스타일 프레임

▲ 애프터 이펙트에서 완성한 최종 스타일 프레임

스토리 릴(Story Reel)

스토리 릴은 원래 애니메이션 제작 용어입니다. 애니메이션에서의 스토리 릴이란 스토리보드의 그림들을 순차적으로 연결하되 적절한 시간을 부여하여 전체 타이밍을 조절하고 장면의 러프한 편집을 통하여 완성 애니메이션의 흐름을 살펴보는 과정입니다. 영화나 드라마와 같은 장르에서는 이러한 과정을 프리 비즈(Pre-Visualization)라고 하며, 촬영 전 머릿속으로 구상한 이미지를 컴퓨터로 러프하게 구현하여 제작 단계에서 시행착오를 최소화하는 작업 과정을 말합니다. 모션 그래픽 프로젝트에서 스토리 릴을 제작해보면 각 장면에 얼마만큼의 시간을 배분할지에 대한 힌트를 얻을 수 있습니다. 스토리보드의 장면, 스케치, 스타일 프레임 등을 시간의 흐름에 맞게 연결하고 필요한 경우 러프한 트랜지션을 삽입하여 동영상으로 제작해보면서 영상의 맥락을 맞춰봅니다.

Production(제작)

소스 이미지 제작

프로젝트의 기획에 맞는 제작 방식을 채택하여 그래픽 이미지를 제작합니다. 소스 이미지 제작에 다양한 프로그램을 활용할 수 있지만 애프터 이펙트와의 호환은 같은 어도비 프로그램인 일러스트레이터와 포토샵이 가장 좋습니다.

이 프로젝트에서는 수채화 물감으로 배경을 그리고, 일러스트 작가와 협업하여 포토샵에서 대부분의 그래픽 소스들을 제작했습니다. 카메라가 연결되는 장면은 하나의 파일에 레이어를 분리하여 세작합니다.

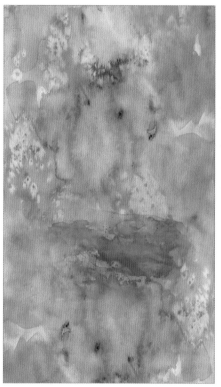

▲ 수채화로 그린 배경 이미지

▲ 포토샵에서 이미지 제작

애니메이션 및 시각 효과 프로덕션

제작한 소스 이미지를 애프터 이펙트로 불러와 애니메이션과 시각 효과를 작업합니다. 스토리보드와 스타일 프레임을 수시로 확인하면서 제작 계획에 따라 순차적으로 작업합니다. 이 프로젝트에서는 카메라의 무빙이 끊김 없이 연결되는 구성이기 때문에 소스 작업부터 애니메이션까지 다양한 방향의 카메라 무빙이 자연스럽게 연결되도록 하는 것이 중요했습니다. 몽환적인 무드를 살리기 위하여 다양한 글로우 및 파티클 효과 등을 활용했습니다.

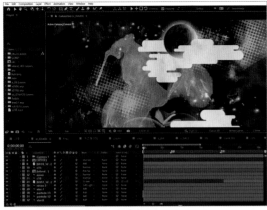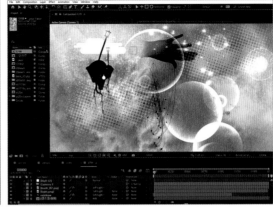

▲ 애프터 이펙트에서 애니메이션 작업

▲ 완성된 동영상의 스틸 컷

애프터 이펙트와의 첫 만남

인터페이스와 주요 패널 알아보기

애프터 이펙트 인터페이스

애프터 이펙트를 실행하면 ❶ 메뉴를 선택하는 메뉴바와 ❷ 도구를 선택하는 도구바, ❸ 프로젝트에 사용할 다양한 미디어 파일을 불러오고 관리하는 [Project] 패널, ❹ 컴포지션의 작업 결과를 확인하고 애니메이션 작업을 수행하는 [Composition] 패널, ❺ 레이어 형태로 배치한 미디어 파일에 키프레임을 설정하여 애니메이션 작업을 수행하는 [Timeline] 패널, ❻ 작업에 필요한 다양한 패널 등이 화면에 표시됩니다.

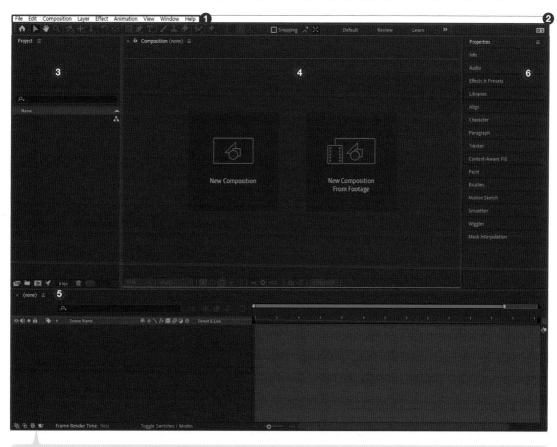

> 워크 스페이스를 모두 보기(All Panels)로 설정한 이미지로 다른 워크 스페이스 설정한 경우 화면과 다르게 표시될 수 있습니다. 화면과 동일하게 보려면 [Window]-[Workspace]-[All Panels]를 선택합니다.

다양한 도구의 집합체, 도구바

도구바(Tools Bar)에 있는 도구 아이콘을 이용하여 오브젝트를 선택하거나 회전, 이동, 확대할 수 있으며, 마스크, 텍스트 등을 생성할 수 있습니다. 도형 도구, 펜 도구를 이용하여 마스크나 셰이프 레이어를 만들 수 있고, 문자 도구를 이용하여 [Composition] 패널에 텍스트를 입력할 수도 있습니다. 도구의 기능을 알아보겠습니다.

① **홈 도구** ⌂ | 클릭하면 [Home] 대화상자가 나타납니다. 최근 파일에 대한 정보를 볼 수 있고 새로운 프로젝트를 만들거나 프로젝트를 열 수 있습니다. 또한 어도비에서 제공하는 다양한 학습 내용을 확인할 수 있습니다.

② **선택 도구(Selection Tool)** ▶ V | 오브젝트를 선택할 때 사용합니다.

③ **손바닥 도구(Hand Tool)** ✋ H | [Composition] 패널에서 화면을 이동할 수 있습니다.

④ **돋보기 도구(Zoom Tool)** 🔍 Z | 작업 화면을 확대/축소하여 볼 수 있습니다.

⑤ **카메라 회전 도구(Orbit Camera Tool)** 🔄 1 | 카메라가 궤도를 돌듯이 회전합니다.

- **Orbit Around Cursor Tool** | 카메라가 마우스 포인터를 중심으로 회전합니다.
- **Orbit Around Scene Tool** | 카메라가 장면을 중심으로 회전합니다.
- **Orbit Around Camera POI** | 카메라의 Point of Interest를 중심으로 회전합니다.

⑥ **카메라 이동 도구(Pan Camera Tool)** ✛ 2 | 카메라를 상하좌우로 이동합니다.

- **Pan Under Cursor Tool** | 카메라가 마우스 포인터를 기준으로 이동합니다.
- **Pan Camera POI Tool** | 카메라의 Point of Interest를 기준으로 이동합니다.

⑦ **돌리 도구(Dolly Tool)** ⬇ 3 | 카메라를 줌 인(Zoom In)하거나 줌 아웃(Zoom Out)합니다.

- **Dolly Towards Cursor Tool** | 카메라가 마우스 포인터를 향하여 줌 인, 또는 줌 아웃합니다.
- **Dolly to Cursor Tool** | 카메라가 마우스 포인터를 중심으로 줌 인, 또는 줌 아웃합니다.
- **Dolly to Camera POI Tool** | 카메라의 Point of Interest를 기준으로 줌 인, 또는 줌 아웃합니다.

⑧ **회전 도구(Rotation Tool)** 🔄 W | 선택한 오브젝트를 회전합니다.

⑨ **중심점 도구(Pan Behind Tool, Anchor Point Tool)** ▦ Y | 오브젝트의 중심점(Anchor Point)을 옮깁니다.

⑩ **도형 도구(Figure Tool)** ■ Q ┃ 여러 가지 모양의 도형으로 마스크를 생성하거나 셰이프 레이어를 만듭니다. 사각형, 모서리가 둥근 사각형, 원형, 다각형, 별 모양 등을 만들 수 있습니다.

⑪ **펜 도구(Pen Tool)** ✎ G ┃ 펜으로 자유롭게 모양을 그려 마스크를 생성하거나 셰이프 레이어를 만듭니다. 다음 하위 메뉴를 선택할 수 있습니다.

- **Add Vertex Tool** ┃ 조절점(Vertex)을 추가합니다.
- **Delete Vertex Tool** ┃ 조절점을 지웁니다.
- **Convert Vertex Tool** ┃ 조절점의 베지에 핸들을 생성하거나 제거하여 조절합니다. 점과 점 사이의 선을 직선에서 곡선으로, 곡선에서 직선으로 변경할 수 있습니다.
- **Mask Feather Tool** ┃ 마스크의 부분 영역에서 세부적으로 [Feather] 값을 조절할 수 있습니다.

⑫ **문자 도구(Type Tool)** T Ctrl + T ┃ [Composition] 패널에서 직접 텍스트를 생성합니다. 가로 또는 세로로 텍스트를 입력할 수 있습니다.

- **Horizontal Type Tool** ┃ 가로 텍스트를 입력합니다.
- **Vertical Type Tool** ┃ 세로 텍스트를 입력합니다.

⑬ **브러시 도구(Brush Tool)** ✏ Ctrl + B ┃ [Layer] 패널에서 페인트 효과를 적용해 그림을 그리거나 로토 브러시 도구와 함께 사용합니다.

⑭ **스탬프 도구(Clone Stamp Tool)** ⏚ Ctrl + B ┃ [Layer] 패널에서 복사하려는 원본 영역을 Alt 를 누른 채 클릭한 후 복사할 영역으로 드래그하면 해당 부분이 복사됩니다.

⑮ **지우개 도구(Eraser Tool)** ◈ Ctrl + B ┃ [Layer] 패널에서 드래그하여 내용을 지웁니다.

⑯ **로토 브러시 도구(Roto Brush Tool)** 🖌 Alt + W ┃ 배경과 인물 또는 물체를 분리하여 합성할 때 유용합니다. 리파인 에지 도구(Refine Edge Tool)를 사용하면 에지의 디테일을 살릴 수 있습니다.

⑰ **퍼펫 핀 도구(Puppet Pin Tool)** 🖈 Alt + P ┃ 이미지에 관절을 추가하고 움직임을 만들 수 있습니다. 캐릭터 애니메이션을 제작하거나 휘는 동작 등을 만들 수 있습니다.

- **Puppet Position Pin Tool** ┃ 기본형 퍼펫 기능으로 위칫값을 조절할 수 있습니다.
- **Puppet Starch Pin Tool** ┃ 왜곡되는 부분이 있을 때 고정하는 용도로 사용합니다.
- **Puppet Bend Pin Tool** ┃ 퍼펫 핀에 회전값이 추가되어 휘거나 비틀 수 있습니다.
- **Puppet Advanced Pin Tool** ┃ 퍼펫 핀에 회전과 크기값이 추가되어 자유로운 형태로 변형할 수 있습니다.
- **Puppet Overlap Pin Tool** ┃ 겹치는 영역의 앞뒤 위치를 지정할 수 있습니다.

⑱ **Snapping** | 오브젝트나 조절점 이동 시에 스냅할 수 있는 기능입니다.

3D 레이어 작업 도구

컴포지션에 3D 레이어가 포함되어 있을 경우에만 표시됩니다.

① **로컬 액시스 모드(Local Axis Mode)** | 3D 레이어의 표면에 축을 정렬합니다.

② **월드 액시스 모드(World Axis Mode)** | 컴포지션의 절대 좌표에 축을 정렬합니다.

③ **뷰 액시스 모드(View Axis Mode)** | 선택한 뷰에 축을 정렬합니다.

3D 레이어 선택 시 선택 도구의 조절 옵션입니다.

④ **유니버셜(Universal)** | 모든 방향으로 이동하거나 회전시킬 수 있습니다.

⑤ **포지션(Position)** 4 | 상하좌우로 이동할 수 있습니다. 크기 조절이나 회전은 할 수 없습니다.

⑥ **스케일(Scale)** 5 | 다양한 축으로 크기를 조절할 수 있습니다. 이동이나 회전은 할 수 없습니다.

⑦ **로테이션(Rotation)** 6 | 방향을 회전할 수 있습니다. 크기 조절이나 이동은 할 수 없습니다.

워크페이스 및 동기화 도구

⑧ 현재 워크스페이스 설정을 표시합니다. 클릭한 후 [Reset To Saved Layout]을 선택하면 워크스페이스를 초기화할 수 있습니다.

⑨ 화면에 표시되는 않는 모든 워크스페이스 설정을 확인하고 변경할 수 있습니다.

⑩ **동기화 설정** | [Preferences] 대화상자의 [Sync Settings]를 열어 싱크 설정을 수정하거나 현재 설정을 싱크할 수 있습니다.

⑪ **Search Help** | 검색어를 입력하고 Enter 를 누르면 어도비 도움말 페이지가 열립니다.

소스를 불러오고 관리하는 [Project] 패널

애프터 이펙트에서는 비디오는 물론, 각종 이미지, 오디오 등 다양한 미디어 소스를 활용하여 애니메이션 작업을 할 수 있습니다. 이때 작업에 사용할 소스 파일을 불러와 관리할 수 있는 패널이 바로 [Project] 패널 입니다. 파일 성격에 따라 패널에 표시되는 아이콘 모양이 다르며, 이곳에서 각 파일의 여러 정보를 확인할 수 있습니다. 사용하는 소스가 많을 때는 폴더를 만들어 정리하거나 라벨(Label) 색상을 변경하여 쉽게 구분할 수 있습니다. 모션 그래픽 작업에서는 수많은 소스를 사용하므로 [Project] 패널을 잘 정리하는 습관이 필요합니다.

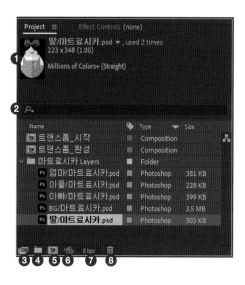

① **Source Thumbnail** | [Project] 패널에 있는 소스를 클릭하면 해당 파일의 섬네일이 표시되며 오른쪽에는 크기, 색상 정보 등이 표시됩니다.

② **Quick Search** | 소스명을 검색하여 찾을 수 있습니다. 원하는 소스를 찾기 어려울 때 유용합니다.

③ **Interpret Footage** | [Alpha], [Field] 등 옵션을 설정할 수 있으며 [Color Management]에서는 [Color Profile]을 설정할 수 있습니다.

④ **Create a new Folder** | [Project] 패널 안에 새로운 폴더를 생성합니다. 폴더에 작업 소스들을 드래그하여 정리할 수 있습니다.

⑤ **Create a new Composition** | 새로운 컴포지션을 생성합니다. 아이콘을 클릭하여 새로운 컴포지션을 만들거나 컴포지션 설정을 수정할 수 있습니다. [Project] 패널 안에 있는 소스를 이 아이콘 위로 드래그하면 소스 파일의 크기와 형식에 맞는 새로운 컴포지션을 만들 수 있습니다.

⑥ **Project Settings and Adjust Project Render Settings** | [Project Settings] 대화상자가 나타납니다. 타임 디스플레이나 색상, 오디오 등의 옵션을 설정할 수 있습니다.

⑦ **Color Depth** 8 bpc | 아이콘을 클릭하면 [Project Settings] 대화상자가 나타나고 [Color Depth] 등의 설정을 변경할 수 있습니다. Alt 를 누르고 클릭하면 8, 16, 32 bpc 순으로 변경할 수 있습니다.

⑧ **Delete selected project items** | [Project] 패널에서 선택한 소스 파일을 삭제합니다.

애니메이션 작업을 확인하고 디자인하는 [Composition] 패널

애니메이션 작업을 미리 보기(프리뷰)할 수 있으며 실제 디자인 작업을 할 수 있습니다. 이 패널에서 직접 텍스트를 입력할 수 있고 오브젝트의 크기를 조절하거나 이동, 회전하는 등 실질적인 작업을 수행합니다.

① **Label** █ | 컴포지션의 라벨 색상을 표시합니다.

② **Toggle Viewer Lock** █ | 화면을 잠글 수 있습니다. 잠금 설정을 하면 새로운 [Composition] 패널을 생성해도 잠금 설정한 패널이 재생됩니다.

③ **Triangle for opening viewer menu** `Composition 아이스크림완성 ≡` | 컴포지션의 이름을 보여주며, 컴포지션의 열기, 잠그기, 닫기, 이동 등을 설정할 수 있습니다. 열려 있는 다른 컴포지션으로 이동할 수 있습니다.

④ **Magnification ratio popup** `100% ▾` | [Composition] 패널의 확대/축소 비율을 지정합니다. 마우스 휠 버튼을 사용하면 편리합니다. 휠 버튼을 위로 올리면 확대, 아래로 내리면 축소됩니다. `.`, `,`로도 화면 비율을 조정할 수 있습니다. `Alt` + `/` 를 누르면 [Fit up to 100%]로 화면 비율이 조정됩니다.

⑤ **Resolution/Down Sample Factor Popup** `Full ▾` | [Composition] 패널의 해상도를 설정합니다. Full=100%, Half=1/2, Third=1/3, Quater=1/4, Custom은 사용자가 지정합니다. 레이어가 많거나 이미지가 클 때는 완성한 애니메이션을 확인하는 시간이 길어집니다. 이때 해상도를 낮추면 컴퓨터가 처리하는 작업 속도를 빠르게 할 수 있습니다.

⑥ **Fast Previews** 🔳 ㅣ 미리 보기 속성을 선택하여 미리 보기 속도를 빠르게 합니다.

⑦ **Toggle Transparency Grid** 🔳 ㅣ 오브젝트의 알파값을 확인할 수 있으며 알파의 투명한 부분이 격자로 표시됩니다.

⑧ **Toggle Mask and Shape Path Visibility** 🔳 ㅣ 오브젝트에 마스크를 적용할 때 마스크 패스를 표시하거나 감추는 속성을 설정합니다. 셰이프 레이어의 패스도 표시하거나 감춥니다.

⑨ **Region of Interest** 🔳 ㅣ 클릭한 후 확인이 필요한 부분만 드래그로 지정하여 미리 보기하거나 렌더링할 수 있습니다. Alt +클릭하여 선택을 해제할 수 있습니다.

⑩ **Choose grid and guide options** 🔳 ㅣ 그리드와 가이드라인을 표시하거나 감출 수 있고 Alt +클릭하여 [Title Safe/Action Safe] 가이드라인을 표시하거나 감출 수 있습니다. TV 등에서 화면의 일부분이 잘려나가거나 잘 읽히지 않는 문제를 방지하려면 제목은 [Title Safe] 가이드라인 안에서 작업하고 움직임이 적용되는 오브젝트는 [Action Safe] 안에서 작업합니다. 작업할 때는 [Title Safe/Action Safe] 가이드라인을 수시로 확인합니다.

▲ Proportional Grid 설정

▲ Grid 설정

▲ Title Safe/Action Safe 설정

Alt + ' 를 눌러 표시하거나 감출 수 있습니다.　　Ctrl + ' 를 눌러 표시하거나 숨길 수 있습니다.

⑪ **Show Channel and Color Management** 🔳 ㅣ [Red], [Green], [Blue], [Alpha], [RGB Straight] 채널을 각각 확인할 수 있습니다. 현재 영상의 알파값을 확인하면서 작업할 때 유용합니다.

⑫ **Reset Exposure** 🔳 ㅣ [Adjust Exposure]에서 설정한 노출값을 초기 설정값인 0으로 변경합니다.

⑬ **Adjust Exposure** +0.0 ㅣ 노출값을 직접 입력하여 설정합니다. 최종 렌더링에는 적용되지 않으며 미리 보기에서만 적용됩니다.

⑭ **Take Snapshot** 🔳 ㅣ 현재 장면을 캡처합니다. 단축키 Shift + F5 ~ F8 을 활용하여 네 장까지 캡처할 수 있습니다.

⑮ **Show Last Snapshot** 🔳 ㅣ 캡처한 장면을 이미지로 표시합니다. 단축키 F5 ~ F8 을 활용하여 네 장까지 캡처 이미지를 표시할 수 있습니다.

⑯ **Preview Time** 0;00;04;21 ㅣ 현재 시간을 보여줍니다. 원하는 시간으로 타임 인디케이터를 옮기려면 해당 부분을 클릭한 후 이동할 지점을 입력합니다. 타임코드나 프레임 형식으로 표시할 수 있습니다.

[Composition] 패널의 3D 레이어 작업 도구

컴포지션에 3D 레이어가 있는 경우 [Composition] 패널에 다수의 아이콘이 추가됩니다.

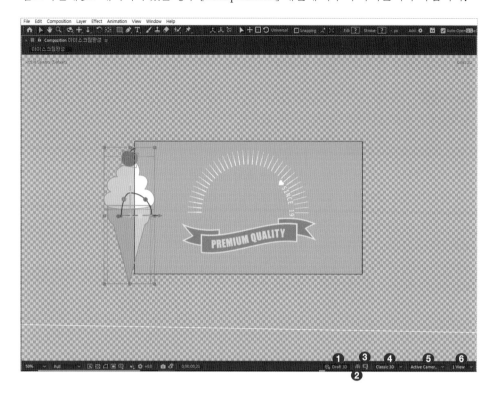

① **Draft 3D** `Draft 3D` | 3D 가속 미리 보기를 활성화/비활성화할 수 있습니다. 클릭하여 활성화할 경우 저화질로 표시되며 그림자 정보가 무시됩니다.

② **3D Ground Plane** | [Draft 3D]를 활성화했을 때만 사용할 수 있습니다. 클릭하여 활성화하면 바닥 면에 그리드가 표시됩니다.

③ **Extended Viewer** | 컴포지션 밖의 영역도 보여주어 화면 밖에 위치한 2D또는 3D 레이어가 표시됩니다.

④ **3D Renderer** `Classic 3D` | 현재 선택한 3D 렌더러가 표시됩니다. [Cinema 4D] 렌더러로 변경하거나 [Render Options] 대화상자를 열 수 있습니다.

⑤ **3D View Popup** `Active Camer...` | 기본값은 [Active Camera]로 설정되어 있습니다. 선택한 카메라 뷰로 3D 작업을 확인할 수 있습니다. 메뉴에서 추가로 카메라를 만들거나 설정을 변경할 수도 있습니다.

⑥ **Select View Layout** `1 View` | 3D 작업에서 카메라 뷰 레이아웃을 설정할 수 있습니다.

미디어 파일을 레이어 형태로 관리하는 [Timeline] 패널

미디어 파일을 레이어의 형태로 올려 작업하는 패널로, 각 레이어의 재생 시간을 설정하거나 키프레임을 생성하는 등 실질적인 애니메이션 작업을 하는 곳입니다.

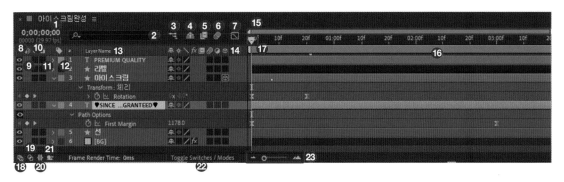

① **Current Time** 0;00;00;00 | 타임 인디케이터가 있는 현재 시간을 알 수 있습니다. Ctrl 을 누른 채 클릭하여 타임코드, 프레임 형식으로 디스플레이 스타일을 변경할 수 있습니다.

② **Quick Search** | Ctrl + F 를 눌러 활성화시킨 후 레이어나 속성 등의 이름을 검색하여 찾을 수 있습니다.

③ **Composition Mini-Flowchart** | 컴포지션을 작은 플로우차트 형태로 보여줍니다.

④ **Hides all layers for which the 'Shy' switch is set** | [Timeline] 패널에서 숨기기 설정된 레이어를 감춥니다. 사용 중인 레이어가 많을 때 현재 작업 중인 레이어를 제외한 나머지 레이어의 [Shy] 옵션을 숨기기로 설정한 후 을 클릭하면 감출 수 있습니다. [Timeline] 패널에서만 감춰지며, [Composition] 패널에는 그대로 표시됩니다.

⑤ **Enables Frame Blending for all layers with the Frame Blend switch set** | 동영상에만 적용되며, 재생 속도 등을 조절한 후 활성화시키면 한층 부드러운 움직임을 만들 수 있습니다.

⑥ **Enables Motion Blur for all layers with the Motion Blur switch set** | 움직임이 있고 레이어의 모션 블러가 활성화되어 있는 레이어의 모션 블러를 표시합니다.

⑦ **Graph Editor** | 애니메이션을 그래프 형태로 보여줍니다. 그래프를 조절하여 애니메이션을 수정할 수 있습니다.

⑧ **Video** | 레이어를 화면에서 감추거나 다시 표시할 수 있습니다.

⑨ **Audio** | 오디오 정보가 있는 레이어에만 활성화되며 레이어의 오디오를 켜고 끕니다.

⑩ **Solo** | 선택한 레이어만 화면에 표시되고 나머지 레이어는 감춥니다.

⑪ **Lock** | 해당 레이어가 수정되지 않도록 잠급니다.

⑫ **Label** | 라벨 색상을 변경할 수 있습니다.

⑬ **Layer Name** | 레이어의 이름이나 소스의 이름을 보여줍니다. 클릭하면 [Source Name]이 나타납니다. 마우스 오른쪽 버튼을 클릭하고 [Rename]을 선택하거나, 레이어를 선택한 상태에서 Enter 를 누르

면 레이어 이름을 수정할 수 있습니다.

⑭ 🔲 | [Timeline] 패널 전체가 아닌 각각의 레이어 설정입니다.
ⓐⓑⓒⓓⓔⓕⓖⓗ

    ⓐ **Shy** | 레이어 숨기기를 활성화 또는 비활성화합니다.

    ⓑ **Collapse Transformations** | 3D 레이어를 포함한 컴포지션 레이어의 3D 성질을 유지하게 하거나, 벡터 레이어의 경우 래스터라이즈를 유지합니다.

    ⓒ **Quality and Sampling** | 미리 보기의 화질을 조절합니다.

    ⓓ **Effect** | 이펙트를 보여주거나 감춥니다.

    ⓔ **Frame Blending** | 프레임 혼합 설정입니다.

    ⓕ **Motion Blur** | 모션 블러를 활성화하거나 비활성화할 수 있습니다.

    ⓖ **Adjustment Layer** | 이펙트 등을 하위 레이어에 적용할 수 있습니다.

    ⓗ **3D Layer** | 활성화하여 3D 레이어로 변환할 수 있습니다.

⑮ **Time Navigator** | 조절바를 드래그하면 시간 영역을 확대/축소/이동할 수 있습니다.

⑯ **Work Area** | 미리 보기할 때 원하는 영역을 지정할 수 있습니다.

⑰ **Current Time Indicator(CTI)** 🔲 | 현재 화면에 표시되는 부분의 시간 위치입니다.

⑱ **Expand or Collapse the Layer Switches pane** 🔲 | [Shy], [For Comp layer/For Vector Layer], [Quality and Sampling], [Effect], [Frame Blending], [Motion Blur], [Adjustment Layer], [3D Layer] 옵션을 표시하거나 감춥니다.

⑲ **Expand or Collapse the Transfer Controls pane** 🔲 | [Blending Mode], [Preserve Underlying Transparency], [Track Matte] 옵션을 표시하거나 감춥니다.

⑳ **Expand or Collapse the In/Out/Duration/Stretch panes** 🔲 | 레이어의 시간 속성인 [In], [Out], [Duration], [Stretch]를 표시하거나 감춥니다.

㉑ **Expand or Collapse the Render Time pane** 🔲 | 실시간 렌더링에서의 지연 시간을 각 레이어별, 효과별로 표시하거나 감춥니다.

㉒ **Toggle Switches/Modes** `Toggle Switches / Modes` | [Layer Switches pane]과 [Transfer Controls pane]을 스위치합니다. 단축키 **F4** 를 이용할 수 있습니다.

㉓ **Zoom into frame level, or out to entire comp(in time)** 🔲 | [Timeline] 패널을 확대하거나 축소합니다. 왼쪽 아이콘을 클릭하면 [Timeline] 패널 전체가 축소되고, 오른쪽 아이콘을 클릭하면 현재 시간을 기준으로 [Timeline] 패널이 확대됩니다. 가운데에 있는 조절점을 드래그하거나 🔲, 🔲 를 눌러 확대 및 축소를 조절할 수 있습니다.

▲ 칼럼(Columns)을 마우스 오른쪽 버튼으로 클릭하고 모든 칼럼(열)을 다 확장한 경우

다양한 형태의 레이어 속성을 설정할 수 있는 [Properties] 패널

애프터 이펙트 CC 버전 23.6 이상에서만 확인할 수 있습니다.

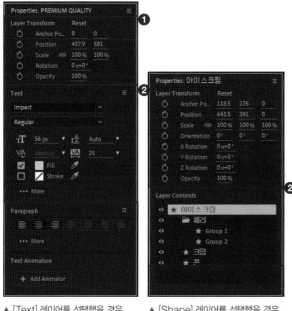

▲ [Text] 레이어를 선택했을 경우 ▲ [Shape] 레이어를 선택했을 경우

① **Layer Transform** | 레이어의 [Transform] 속성을 설정하고 스톱워치를 클릭하여 애니메이션 작업을 수행할 수 있습니다.

② 레이어의 형태에 따라 그 레이어의 개별 속성이 표시됩니다. [Text] 레이어를 선택하면 문자의 설정 속성이, 셰이프 레이어를 선택하면 [Layer Contents] 설정 속성이 표시됩니다.

정보를 확인하는 [Info] 패널, 오디오 옵션을 볼 수 있는 [Audio] 패널

[Standard] 레이아웃에서 같은 패널로 묶여 있습니다.

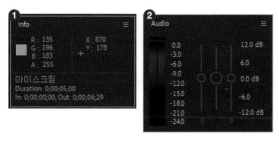

① **[Info] 패널** | [Composition] 패널에서 마우스 포인터가 있는 곳의 색상, 위치 등을 확인할 수 있습니다. 레이어가 선택되어 있는 경우 레이어의 이름과 시간, 정보 등이 표시됩니다.

② **[Audio] 패널** | 재생한 오디오의 볼륨을 확인하고 조절할 수 있습니다.

이펙트와 프리셋을 검색하고 적용할 수 있는 [Effects & Presets] 패널

▶을 클릭하여 원하는 이펙트, 프리셋을 찾거나 입력란에 검색어를 입력하여 찾을 수 있습니다. ▶을 클릭하면 해당 카테고리에 있는 다양한 이펙트들이 표시됩니다. 이펙트 앞에 있는 숫자는 해당 이펙트가 지원하는 색상 심도(Color Depth)를 뜻합니다. 이펙트를 선택하고 더블클릭하거나 드래그&드롭하는 방법으로 적용합니다.

레이어의 정렬을 맞추는 [Align] 패널

[Align Layers to]는 한 개 이상의 레이어를 선택했을 때 활성화되며 [Composition]과 [Selection] 중 선택할 수 있습니다. [Composition]을 선택하면 선택한 레이어와의 정렬을 컴포지션과 맞출 수 있으며, 두 개이상의 레이어를 선택하고 [Selection]을 선택하면 선택한 레이어들 간의 정렬을 맞출 수 있습니다.

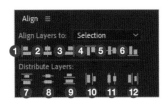

① **Align Left** ▣ | 좌측 맞춤 정렬합니다.

② **Align Horizontally** ▣ | 수평으로 맞춤 정렬합니다.

③ **Align Right** ▣ | 우측 맞춤 정렬합니다.

④ **Align Top** ▥ | 위쪽 맞춤 정렬합니다.

⑤ **Align Vertically** ▣ | 수직으로 맞춤 정렬합니다.

⑥ **Align Bottom** ▣ | 아래쪽 맞춤 정렬합니다.

[Distribute Layers]는 세 개 이상의 레이어를 선택했을 때 활성화되며 레이어들의 간격을 정렬하는 옵션입니다.

⑦ **Distribute Top** ▣ | 레이어들의 맨 위 픽셀들의 간격을 균등하게 지정합니다.

⑧ **Distribute Vertically** ▣ | 레이어들의 수직 중앙 픽셀들의 간격을 균일하게 정렬합니다.

⑨ **Distribute Bottom** ▣ | 레이어들의 가장 아래쪽 픽셀들의 간격을 균등하게 정렬합니다.

⑩ **Distribute Left** 📊 | 레이어들의 가장 왼쪽 픽셀들의 간격을 균등하게 정렬합니다.

⑪ **Distribute Hotizontally** 📊 | 레이어들의 수평 중앙 픽셀들의 간격을 균일하게 정렬합니다.

⑫ **Distribute Right** 📊 | 레이어들의 가장 오른쪽 픽셀들의 간격을 균등하게 정렬합니다.

텍스트 스타일을 지정하는 [Character] 패널, [Paragraph] 패널

문자 도구를 이용해서 텍스트를 입력한 후 다양한 설정을 할 수 있습니다.

① **[Character] 패널** | 입력한 텍스트의 폰트, 크기, 색상, 자간, 행간, 자폭 등을 선택하여 적용합니다.
- **Set the font family** | 폰트 패밀리를 선택합니다.
- **Set the font style** | 폰트 스타일을 선택합니다.
- **Fill Color** | 면에 적용되는 색상 속성의 유무와 색상 (컬러코드)을 설정합니다.
- **Stroke Color** | 선에 적용되는 색상 속성의 유무와 색상(컬러코드)을 설정합니다.
- **Font Size** | 폰트 사이즈를 선택합니다.

- **Set the leading** | 글줄과 글줄 사이의 행간을 설정합니다.
- **Set the tracking** | 글자 사이의 간격을 설정합니다.

② **[Paragraph] 패널** | 문단 모양을 선택할 수 있습니다. 왼쪽 맞춤, 중앙 맞춤, 오른쪽 맞춤으로 설정할 수 있고 텍스트 입력 방향도 설정할 수 있습니다.

적용한 이펙트를 확인하고 조절하는 [Effect Controls] 패널

레이어에 이펙트를 적용하면 화면 왼쪽에 자동으로 표시되는 패널입니다. 레이어에 적용된 이펙트를 확인하려면 해당 레이어를 선택하고 F3 을 누릅니다. 이펙트마다 조절할 수 있는 옵션이 다르므로 세부 옵션은 실습으로 확인합니다.

하나의 레이어만 보면서 작업할 수 있는 [Layer] 패널

[Timeline] 패널에서 레이어를 더블클릭하면 컴포지션 위치에 자동으로 열리며 로토 브러시 또는 트래킹 등의 작업을 할 때 자동으로 나타납니다. [Composition] 패널과 옵션이 다르게 표시됩니다.

① **Toggle Refine Edge X–Ray** ┃ 리파인 에지 작업 시 에지를 X–Ray처럼 보여줍니다.

② **Toggle Alpha** ┃ 알파 채널 형식으로 보여줍니다. 블랙과 화이트 형식으로 나타납니다.

③ **Toggle Alpha Boundary** ┃ 알파 채널을 바운더리 형식으로 보여줍니다.

④ **Toggle Alpha Overlay** ┃ 알파에서 안 읽는 부분을 [Overlay]로 보여줍니다.

⑤ **Alpha Boundary/Overlay Color** ┃ 알파값의 [Overlay] 색상을 설정합니다.

⑥ **100%** ┃ 알파값의 [Overlay] 투명도를 설정합니다.

⑦ **{** ┃ 작업의 시작점입니다.

⑧ **}** ┃ 작업의 끝점입니다.

⑨ 전체 작업 길이입니다.

⑩ **View** ┃ 기본은 [None]이며, [Roto Brush & Refine Edge], [Masks], [Motion Tracker Points], [Anchor Point Path] 등으로 선택할 수 있습니다.

⑪ **Freeze**  | 로토 브러시나 리파인 에지의 확산을 메모리 캐시로 저장하고 잠급니다.

⑫ **Show Channel and Color Management Settings** | 알파나 컬러 채널을 선택해서 나타나게 하거나 컬러를 설정할 수 있습니다.

⑬ **Comp Button** | 작업 중인 레이어가 들어있는 컴포지션으로 돌아갑니다.

작업한 애니메이션을 확인하는 [Preview] 패널

작업한 애니메이션 결과를 확인할 때 사용합니다. 미리 보기에 대한 다양한 옵션을 설정할 수 있습니다.

① | 컴포지션의 시작점으로 이동합니다.

② | 현재 시간에서 1프레임 앞으로 이동합니다.

③ | 재생합니다.

④ | 현재 시간에서 1프레임 뒤로 이동합니다.

⑤ | 컴포지션의 끝점으로 이동합니다.

⑥ **Shortcut** | 단축키로 재생을 설정할 수 있습니다. 기본은 `Spacebar` 이며 하위 메뉴에서 숫자패드의 `0` 등으로 변경하고 새로운 옵션을 설정할 수 있습니다.

⑦ **Include** | 재생할 항목을 선택할 수 있습니다. 오디오 아이콘을 비활성화하면 재생할 때 오디오가 재생되지 않습니다.

⑧ **Loop Options Play** | [once] 또는 [loop]로 선택할 수 있습니다.

⑨ **Cache Before Playback** | 재생하기 전에 메모리 캐시를 저장합니다.

⑩ **Range** | 재생할 범위를 선택합니다. [Work Area], [Entire Duration] 등으로 변경할 수 있습니다.

⑪ **Play From** | 재생을 시작하는 지점을 설정합니다. 기본은 [Start Of Range]이며 [Range]로 설정한 시작점부터 재생합니다. [Current Time]으로 설정을 변경하면 현재 시간부터 재생합니다.

⑫ **Frame Rate** | 1초에 재생되는 프레임 수입니다.

⑬ **Skip** | 건너뛰기를 뜻합니다. 0일 때는 [Frame Rate]에 설정한 값대로 프레임이 재생되고, 1일 때는 1프레임 재생 후 다음 1프레임은 건너뛰기합니다. 애니메이션이 끊기지만 미리 보기 시간을 단축할 수 있습니다.

⑭ **Resolution** | 해상도를 뜻합니다.

⑮ **Full Screen** | 활성화하면 풀 스크린으로 미리 보기합니다.

⑯ **On(Spacebar) Stop** | `Spacebar` 를 눌러 재생을 멈춥니다. 재생 도중에 `Spacebar` 를 누르면 누른 시점에서 재생이 멈춥니다.

애니메이션을 편집할 수 있는 [Graph Editor] 패널

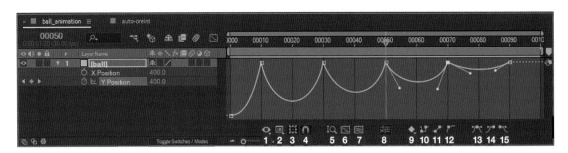

① **Choose which properties are shown in the graph editor** | 그래프 에디터에서 어떤 속성을 보여줄 것인지 선택할 수 있습니다. [Show Selected Properties]를 선택하면 선택한 속성만 나타나며, [Show Animated Properties]를 선택하면 애니메이션 속성을 모두 보여줍니다.

② **Choose graph type and options** | [Edit Speed Graph] 또는 [Edit Value Graph]를 선택할 수 있습니다. 스피드나 값을 그래프로 보면서 편집할 수 있습니다.

③ **Show Transform Box when multiple keys are selected** | 조절키를 여러 개 선택했을 때 박스 형태로 보여주는 옵션입니다.

④ **Snap** | 키프레임을 이동할 때 스냅이 적용됩니다.

⑤ **Auto-Zoom graph height** | 자동으로 높이가 확대됩니다.

⑥ **Fit selection to view** | 선택한 속성의 그래프가 [Graph Editor] 패널에 가득 차게 보여집니다.

⑦ **Fit all graphs to view** | 모든 그래프가 [Graph Editor] 패널에 가득 차게 보여집니다.

⑧ **Separate Dimensions** | 선택한 키프레임의 차원이 분리됩니다.

⑨ **Edit selected keyframes** | 선택한 키프레임을 편집할 수 있는 하위 메뉴가 있습니다.

⑩ **Convert selected keyframes to Hold** | 선택한 키프레임을 [Hold]로 변경합니다.

⑪ **Convert selected keyframes to Linear** | 선택한 키프레임을 [Linear]로 변경합니다.

⑫ **Convert selected keyframes to Auto Bezier** | 선택한 키프레임을 [Auto Bezier]로 변경합니다.

⑬ **Easy Ease** | 키프레임을 [Easy Ease]로 설정합니다.

⑭ **Easy Ease In** | 키프레임을 [Easy Ease In]으로 설정합니다.

⑮ **Easy Ease Out** | 키프레임을 [Easy Ease Out]으로 설정합니다.

작업 환경 설정하기

작업 공간(Workspace) 설정하기

애프터 이펙트는 다양한 패널을 이용하여 작업을 수행합니다. 그러므로 수많은 패널을 작업 내용에 맞도록 설정하고 작업하는 것이 효율적입니다. ❶ [Window]–[Workspace] 메뉴를 선택해 작업 공간을 선택할 수 있습니다. ❷ 기본형은 [Default] 구성이며 표준형인 [Standard] 구성도 활용도가 높습니다. 이 책의 예제 실습으로는 [Minimal] 구성이 주로 사용되었습니다. [Minimal] 구성은 작업에 가장 필수적이면서 최소한의 패널인 [Composition] 패널과 [Timeline] 패널로만 구성된 설정입니다. ❸ [Edit Workspaces] 메뉴를 선택하면 ❹ [Edit Workspaces] 대화상자가 나타납니다. 원하는 작업 공간 구성이 먼저 나타나도록 설정할 수 있습니다.

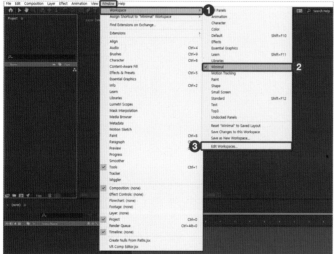

모니터 설정에 따라 도구바에서 바로 변경할 수도 있습니다. ❺ 기본값에서 패널의 구성이 달라졌을 경우 원래의 구성으로 돌아오려면 다음 그림과 같이 상단의 워크스페이스 영역의 █을 클릭한 후 ❻ [Reset to Saved Layout]을 선택하면 됩니다. 작업하는 도중에 필요한 패널이 사라졌을 때에도 빠르게 기본값으로 돌려놓을 수 있습니다.

작업 환경(Preferences) 설정하기

메뉴바에서 [Edit]−[Preferences] 메뉴를 선택한 후 하위 메뉴를 선택하면 [Preferences] 대화상자가 나타납니다. 애프터 이펙트에 대한 전반적인 작업 환경을 설정할 수 있습니다.

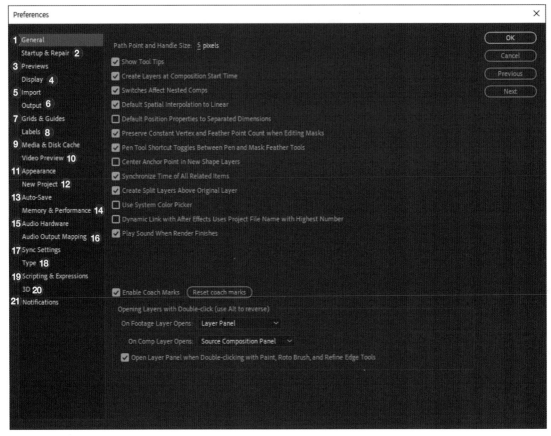

▲ [Preferences] 대화상자

① **General** ǀ 레벨 조절, 도구 팁의 표시 유무 등 일반적인 옵션을 설정합니다.

② **Startup & Repair** ǀ 프로그램을 시작할 때 [Home] 화면과 시스템 적합성 표시 유무를 선택할 수 있습니다. 또한 모든 디스크 캐시를 한번에 삭제할 수 있는 옵션이 있습니다.

③ **Previews** ǀ 비디오와 오디오의 미리 보기 옵션을 설정합니다. [GPU Information]을 클릭하여 그래픽 카드 정보 등을 확인할 수 있습니다.

④ **Display** ǀ 모션 패스 등의 디스플레이를 설정합니다.

⑤ **Import** ǀ 이미지나 시퀀스 불러오기 옵션을 설정합니다.

⑥ **Output** ǀ 내보내기 옵션을 설정합니다.

⑦ **Grids & Guides** ǀ 그리드와 가이드라인의 색상과 간격 등을 설정합니다.

⑧ **Labels** ǀ 라벨의 색상을 설정합니다.

⑨ **Media & Disk Cache** | 디스크 캐시를 활성화하고 디스크 캐시의 크기, 저장 위치를 설정할 수 있습니다.

⑩ **Video Preview** | 컴퓨터 모니터나 다른 디스플레이 장치로 비디오를 재생할 수 있도록 설정합니다.

⑪ **Appearance** | 인터페이스의 색상 등을 설정합니다.

⑫ **New Project** | 새로운 프로젝트 만들 때의 템플릿 옵션을 설정합니다.

⑬ **Auto-Save** | 자동 저장을 설정합니다.

⑭ **Memory & Performance** | 전체 사용 가능한 램(RAM)과 다른 애플리케이션에 할애할 수 있는 램 등을 설정합니다.

⑮ **Audio Hardware** | 오디오 장치를 설정합니다.

⑯ **Audio Output Mapping** | 스피커 등을 설정합니다.

⑰ **Sync Settings** | [Sync Settings]의 세부 옵션을 설정할 수 있습니다.

⑱ **Type** | 프리뷰 폰트 사이즈 등의 [Font Menu]를 설정할 수 있습니다.

⑲ **Scripting & Expressions** | [Expressions Editor] 메뉴에서 폰트 사이즈나 색상 등을 설정합니다.

⑳ **3D** | 카메라 내비게이션의 단축키 사용 유무 등을 선택할 수 있습니다.

㉑ **Notifications** | [Render Notifications]을 활성화하면 렌더 대기열에 컴포지션을 추가할 때 자동으로 알림을 표시합니다. 렌더 완료 알림이 크리에이티브 클라우드 앱을 통하여 데스크톱이나 모바일로 전송됩니다.

프로젝트(Project) 설정하기

[File]-[Project Settings] 메뉴를 선택하면 [Project Settings] 대화상자가 나타납니다. 타임 디스플레이나 색상, 오디오 등의 옵션을 설정할 수 있습니다. [Project] 패널에서 을 클릭해도 [Project Settings] 대화상자가 나타납니다.

▲ [Video Rendering and Effects] : 비디오 렌더링 장치 선택

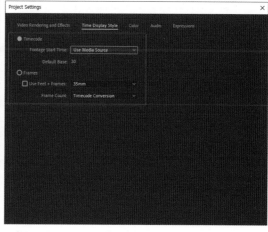

▲ [Time Display Style] 설정 : 시간 표시를 타임코드와 프레임 중 선택

▲ [Color] 설정 : 색상 심도 등을 설정

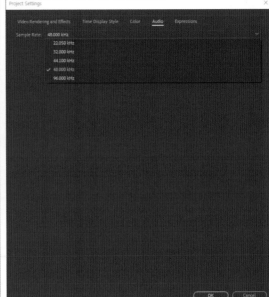

▲ [Audio] 설정

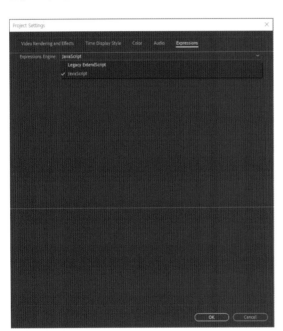

▲ [Expressions] 설정

단축키 확인하고 설정하기

메뉴바에서 [Edit]−[Keyboard Shortcuts] 메뉴를 선택하면 [Keyboard Shortcuts] 대화상자가 나타납니다. 다양한 패널의 단축키를 확인할 수 있으며 새로운 단축키를 설정하고 저장할 수 있습니다.

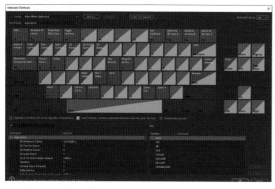 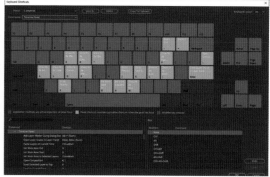

프로젝트 저장하기

❶ 메뉴바에서 [File]−[Save] Ctrl + S 메뉴를 선택합니다.

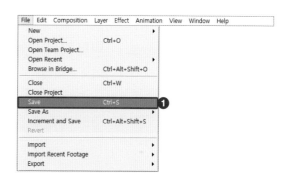

❷ [Save As] 대화상자가 나타나면 파일 이름을 입력하고 ❸ [저장]을 클릭합니다. '입력한 이름.aep' 파일로 저장됩니다. aep 파일은 After Effects Project 파일이며 동영상 파일이 아니므로 프로그램을 열지 않고서는 동영상을 재생할 수 없습니다. 또한 불러온 모든 미디어 파일은 aep 파일에 저장되지 않고 경로만 저장됩니다. aep 파일은 하드 디스크에 저장할 수 있으며, Creative Cloud Files에도 저장할 수 있습니다.

CHAPTER 01에서 애프터 이펙트의 인터페이스를 익혔다면
이제 본격적으로 간단한 기능을 실습하겠습니다.
프로젝트를 시작하기 전에 필수적으로 익혀야 하는
애프터 이펙트의 기본 기능을 알아보고 패널별로 꼭 알아야 할
다양한 기능과 렌더링하는 방법을 알아봅니다.

CHAPTER 02

애프터 이펙트
기본&핵심 기능 익히기

[Project] 패널 활용하기

다양한 형식의 미디어 파일 불러오고 프로젝트 시작하기

애프터 이펙트는 20개가 넘는 패널로 구성되어 있습니다. 워크스페이스를 효율적으로 사용하기 위해서는 수행하는 작업에 따라 꼭 필요한 패널만 열어두고 작업하는 것이 좋습니다. 애프터 이펙트 작업에서 핵심이 되는 패널은 [Project] 패널, [Composition] 패널, [Timeline] 패널입니다. [Project] 패널은 작업에 사용할 다양한 형태의 미디어 파일을 불러오고 관리하는 역할을 합니다. 미디어 파일의 포맷 또는 불러오기 옵션에 따라 불러오는 방법이 다릅니다. 따라서 [Project] 패널을 제대로 활용하기 위해서는 [Import] 메뉴를 잘 알아야 합니다. 같은 파일이라 하더라도 어떻게 불러왔느냐에 따라 전혀 다른 작업을 수행할 수 있기 때문에 파일 불러오기는 매우 중요합니다.

간단실습 파일 불러오기

애프터 이펙트에서 이루어지는 대부분의 작업은 미디어 파일을 불러오며 시작합니다. 불러오기 옵션은 설정에 따라 다른 작업을 수행할 수 있으므로 예제를 시작하기 전에 꼭 알아두어야 합니다.

01 [File]-[Import] 메뉴를 선택합니다. [Import] 메뉴에서는 불러오기의 다양한 옵션을 선택할 수 있습니다. [File] 메뉴를 선택하여 미디어 파일을 불러옵니다.

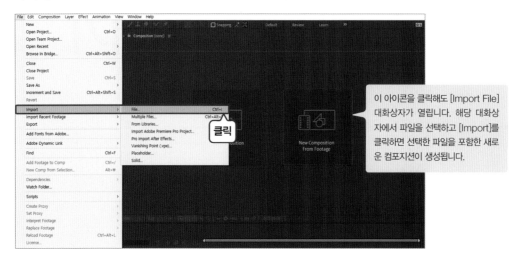

이 아이콘을 클릭해도 [Import File] 대화상자가 열립니다. 해당 대화상자에서 파일을 선택하고 [Import]를 클릭하면 선택한 파일을 포함한 새로운 컴포지션이 생성됩니다.

02 ❶ [Import File] 대화상자가 나타납니다. ❷ 불러올 파일을 선택하고 ❸ [Import]를 클릭하면 [Project] 패널에 파일이 등록됩니다. ❹ [Import Options]–[Create Composition]에 체크한 후 파일을 불러오면 [Project] 패널에 미디어 소스의 이름과 동일한 컴포지션이 등록되고 영상을 바로 확인할 수 있습니다.

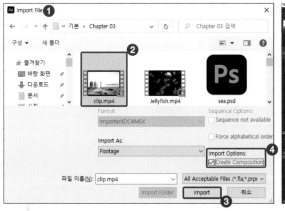

All Acceptable Files | [Import File] 대화상자에서 [All Acceptable Files]를 클릭해보면 불러올 수 있는 파일 포맷을 모두 확인할 수 있습니다. 다양한 이미지 포맷은 물론, 음악 파일, 동영상 파일, 프로젝트나 템플릿 파일 등을 불러올 수 있습니다. 미디어 파일을 [Project] 패널에 불러왔다고 해서 해당 미디어 파일이 애프터 이펙트에 저장되는 것은 아닙니다. 불러온 파일은 저장되어 있는 경로 안에 존재합니다. 따라서 애프터 이펙트에서 다양한 작업을 진행하고 저장했다 하더라도 그 프로젝트에 사용된 미디어 파일들이 함께 저장되지 않습니다. 프로젝트 파일을 다른 컴퓨터의 다른 경로에서 열거나 사용한 미디어 파일의 저장 경로를 변경했을 때는 애프터 이펙트에서 인식하지 못합니다. 미디어 파일 경로 재설정과 불러오기 문제 해결 방법은 이 책의 016쪽을 참고하세요.

```
ImporterXDCAMEX (*.mp4)
JavaScript (*.jsx)
JPEG (*.jpg;*.jpeg)
JSON (*.json)
Maxon Cinema 4D File... (*.c4d)
Maya Scene (*.ma)
Motion Graphics JSON (*.mgjson)
Motion Graphics Templates (*.aegraphic)
MP3 (*.mp3;*.mpeg;*.mpg;*.mpa;*.mpe)
MPEG (*.ac3;*.vob;*.m2v;*.m2p;*.m2a;*.mpeg;*.mod;*.mpg;*.m2t;*.m2ts;*.mts;*.ts;*.m1a;
MPEG Optimized (*.mpeg;*.mpe;*.mpv;*.m2p;*.mpa;*.mp2;*.mpg;*.m2v;*.m2a;*.m2t;*.ts)
MXF (*.mxf)
OpenEXR (*.exr;*.sxr;*.mxr)
Photoshop (*.psd;*.psb)
PNG (*.png)
QuickTime (*.mov;*.3gp;*.3g2;*.mp4;*.m4v;*.m4a;*.qt;*.crm)
Radiance (*.hdr;*.rgbe;*.xyze)
RED (*.r3d)
RLA/RPF (*.rla;*.rpf)
SGI (*.sgi;*.bw;*.rgb)
Softimage PIC (*.pic)
Sony RAW (*.mxf)
SWF (*.swf)
Tab-separated values (*.txt;*.tsv)
Targa (*.tga;*.vda;*.icb;*.vst)
TIFF (*.tif;*.tiff)
WAV (*.wav;*.bwf;*.amb;*.rf64)
All Footage Files (*.prproj;*.chproj;*.aif;*.aiff;*.aifc;*.ari;*.avi;*.mkv;*.bvh;*.braw;*.bmp;*.rle;
All Acceptable Files (*.fla;*.prproj;*.chproj;*.aep;*.aepx;*.aet;*.aif;*.aiff;*.aifc;*.ari;*.xml;*.om
All Files (*.*)
```

▲ 애프터 이펙트 프로젝트에 불러올 수 있는 파일 포맷

간단 실습 | 레이어드 포토샵(Layered Photoshop, psd) 파일 불러오기

하나 이상의 레이어를 포함한 포토샵 파일(psd)을 불러오면 다양한 옵션 메뉴가 나타납니다. 옵션에 따라 수행하는 작업이 많이 달라지기 때문에 유의하여 설정해야 합니다.

[File] 메뉴로 불러오기

01 ❶ 메뉴바에서 [File]-[Import]-[File] Ctrl + I 메뉴를 선택합니다. ❷ [Import File] 대화상자가 나타나면 원하는 psd 파일을 선택하고 ❸ [Import]를 클릭합니다.

[Import File] 대화상자 알아보기

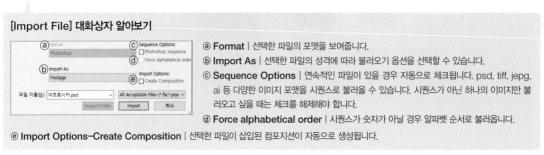

ⓐ **Format** | 선택한 파일의 포맷을 보여줍니다.

ⓑ **Import As** | 선택한 파일의 성격에 따라 불러오기 옵션을 선택할 수 있습니다.

ⓒ **Sequence Options** | 연속적인 파일이 있을 경우 자동으로 체크됩니다. psd, tiff, jepg, ai 등 다양한 이미지 포맷을 시퀀스로 불러올 수 있습니다. 시퀀스가 아닌 하나의 이미지만 불러오고 싶을 때는 체크를 해제해야 합니다.

ⓓ **Force alphabetical order** | 시퀀스가 숫자가 아닐 경우 알파벳 순서로 불러옵니다.

ⓔ **Import Options-Create Composition** | 선택한 파일이 삽입된 컴포지션이 자동으로 생성됩니다.

02 ❶ 대화상자가 나타나면 원하는 설정을 선택한 후 ❷ [OK]를 클릭합니다. 여기서는 [Import Kind]를 [Composition]으로, [Layer Options]를 [Merge Layer Styles into Footage]로 선택했습니다. ❸ 선택한 파일의 이름을 가지는 컴포지션이 생성되고 해당 컴포지션을 더블클릭해 열면 [Timeline] 패널에서 여러 개의 레이어가 삽입된 컴포지션을 확인할 수 있습니다.

대화상자의 이름은 앞서 불러온 파일 이름을 따릅니다.

기능 꼼꼼 익히기 🏷 **psd 불러오기 대화상자 알아보기**

[Import File] 대화상자에서 psd 파일을 선택하고 불러오면 psd 불러오기 대화상자가 나타납니다. [Import Kind] 항목을 기준으로 [Layer Options] 옵션에 대해 알아보겠습니다.

❶ **Import Kind | [Footage]**

[Layer Options] 항목

ⓐ **Merged Layers** | 여러 개의 레이어가 포함되어 있더라도 모든 레이어를 병합(Merge)하여 하나의 레이어로 불러옵니다.

ⓑ **Choose Layer: [레이어 이름]** | 여러 개의 레이어 중에서 선택한 레이어만 하나의 이미지 파일로 불러옵니다.

ⓒ **Footage Dimensions** | [Layer Size]와 [Document Size] 중 선택할 수 있습니다. [Layer Size]로 선택하면 이미지의 영역을 레이어의 영역과 동일하게 불러오며, [Document Size]로 선택하면 레이어 영역과 상관없이 문서 크기가 레이어 영역으로 설정됩니다.

▲ [Footage Dimensions]를 [Layer Size]로 선택   ▲ [Footage Dimensions]를 [Document Size]로 선택

[Composition] 패널에서 [Toggle Transparency Grid]를 활성화한 이미지입니다.

❷ **Import Kind | [Composition]**

[Import Kind]를 [Composition]으로 선택하면 psd 파일에 삽입되어 있는 모든 레이어를 포함한 컴포지션을 생성하는 형태로 불러옵니다. 이때 컴포지션의 크기는 psd 파일의 문서 크기와 동일하게 설정됩니다.

[Layer Options] 항목

ⓐ **Editable Layer Styles** | 포토샵에서 설정한 레이어 스타일을 동일하게 보여주며, 수정할 수도 있습니다. 3D 레이어로 변환하면 레이어 스타일이 적용되지 않을 수 있습니다.

ⓑ **Merge Layer Styles into Footage** | 포토샵에서 설정한 레이어 스타일을 병합합니다. 렌더링 속도가 빠를 수 있으나, 포토샵에서의 결과와 완전히 똑같지 않을 수 있습니다.

❸ **Import Kind | [Composition – Retain Layer Sizes]**

psd 파일에 삽입되어 있는 모든 레이어를 포함한 컴포지션을 생성하는 형태로 불러옵니다. 이때 [Layer Size]는 레이어 각각의 크기로 읽습니다. psd 파일을 불러올 때 가장 자주 사용되는 옵션입니다. [Layer Options] 항목은 ❷ Import Kind | [Composition] 항목과 동일합니다.

일러스트레이터(ai) 파일 불러오기

01 ❶ [File]-[Import]-[File] Ctrl + I 메뉴를 선택합니다. ❷ [Import File] 대화상자가 나타나면 원하는 ai 파일을 선택하고 ❸ [Import]를 클릭합니다. 여기서 선택한 **pots.ai** 파일은 네 개의 레이어로 구성된 일러스트레이터 파일입니다.

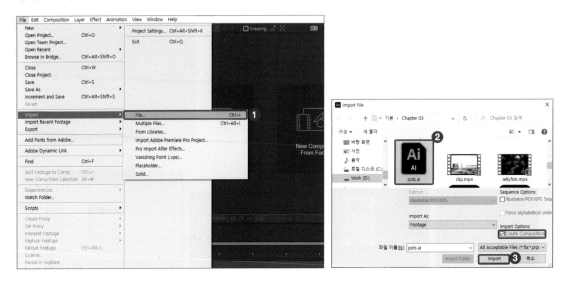

02 ❶ 불러오기 대화상자가 나타나면 원하는 설정을 선택한 후 ❷ [OK]를 클릭합니다. 여기서는 [Import Kind]를 [Footage]로, [Layer Options]는 [Merged Layers]로 선택했습니다. ❸ [Composition] 패널을 확인해보면 네 개의 레이어가 있는 파일이지만 하나의 레이어로 나타나는 것을 확인할 수 있습니다.

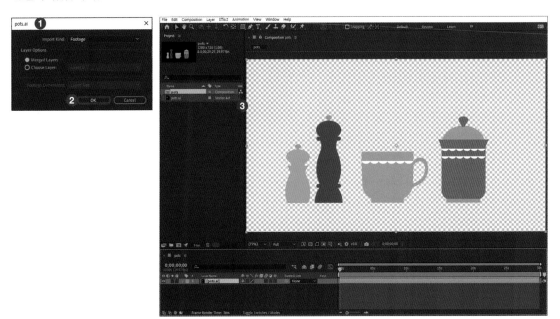

기능 꼼꼼 익히기 🏷️ ai 불러오기 대화상자 알아보기

[Import File] 대화상자에서 ai 파일을 선택하고 불러오면 ai 불러오기 대화상자가 나타납니다. [Import Kind] 항목을 기준으로 [Layer Options] 옵션에 대해 알아보겠습니다.

❶ Import Kind | [Footage]

[Layer Options] 항목

ⓐ **Merged Layers** | 여러 개의 레이어가 포함되어 있더라도 모든 레이어를 병합하여 하나의 레이어로 불러옵니다. 컴포지션 안에 그림은 모두 보이지만 레이어는 하나로 나타납니다. 각각의 그림을 따로 분리하여 움직일 수 없습니다.

ⓑ **Choose Layer: [레이어 이름]** | 여러 개의 레이어 중에서 선택한 레이어만 병합하여 하나의 레이어로 불러옵니다.

ⓒ **Footage Dimensions** | [Layer Size]와 [Document Size] 중 선택할 수 있습니다. [Layer Size]로 설정하면 이미지의 영역을 레이어의 영역과 동일하게 불러오며, [Document Size]로 선택하면 이미지의 크기와 상관없이 원본 파일의 문서 크기가 레이어의 크기로 설정됩니다.

▲ [Footage Dimensions]를 [Layer Size]로 선택

▲ [Footage Dimensions]를 [Document Size]로 선택

❷ Import Kind | [Composition]

[Import Kind]를 [Composition]으로 선택하면 ai 파일에 삽입되어 있는 모든 레이어를 포함한 컴포지션을 생성하는 형태로 불러옵니다. 이때 컴포지션의 크기는 ai 파일의 문서 크기와 동일하게 설정됩니다.

Footage Dimensions | [Layer Size]와 [Document Size] 중 선택할 수 있습니다. [Layer Size]로 설정하면 이미지의 영역을 레이어의 영역과 동일하게 불러오며, [Document Size]로 선택하면 이미지 크기와 상관없이 레이어의 영역이 문서의 크기로 설정됩니다.

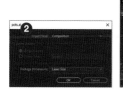

▲ [Footage Dimensions]를 [Layer Size]로 선택

▲ [Footage Dimensions]를 [Document Size]로 선택

준비 파일 기본/Chapter 02/[photos] 폴더

01 ❶ [File]-[Import]-[File] Ctrl + I 메뉴를 선택합니다. ❷ [Import File] 대화상자가 나타나면 여러 개의 미디어 파일이 들어있는 [photos] 폴더를 선택합니다. ❸ [Create Composition]에 체크하여 컴포지션을 함께 생성하고 ❹ [Import Folder]를 클릭합니다.

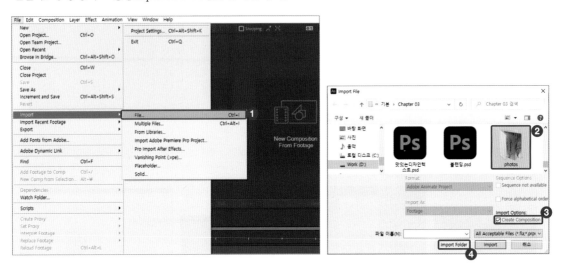

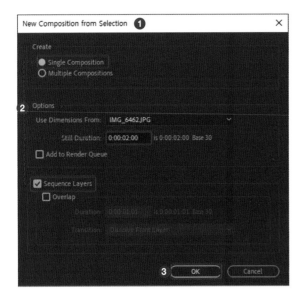

02 ❶ [New Composition from Selection] 대화상자가 나타납니다. ❷ [Create]는 [Single Composition]을 선택하고 [Options]-[Still Duration]은 **0:00:02:00** 지점으로 설정한 후 [Sequnece Layers]에 체크합니다. ❸ [OK]를 클릭합니다.

03 ❶ 폴더 안에 있는 모든 사진이 순차적으로 등장하도록 배치됩니다. ❷ Spacebar 를 누르면 포토 슬라이드쇼가 재생됩니다.

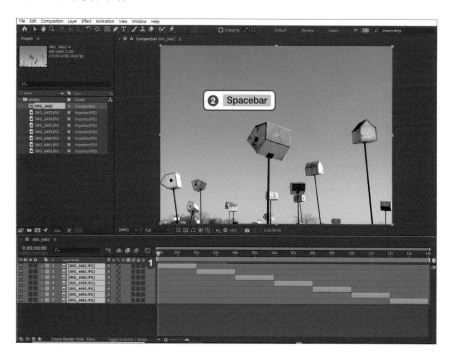

애프터 이펙트 시작하기

기본&핵심 기능 익히기

레이어 이해하기

모션&이펙트 적용하기

필수 기능 익히기

> **기능 꼼꼼 익히기** 🖐️ **[New Composition from Selection] 대화상자 알아보기**
>
> 미디어 파일이 여러 개 있는 폴더를 선택하고 [Create Composition]에 체크하면 [New Composition from Selection] 대화상자가 나타납니다. [New Composition from Selection] 대화상자의 다양한 옵션을 설정하면 수많은 사진을 동영상으로 만드는 스톱모션이나 사진이 차례대로 나타나는 포토 슬라이드쇼 등을 제작할 때 매우 유용하게 활용할 수 있습니다.
>
> ❶ **[Create] 항목**
>   ⓐ **Single Composition** | 폴더에 포함된 모든 파일이 하나의
>   컴포지션에 등록됩니다.
>   ⓑ **Multiple Compositions** | 폴더에 포함된 모든 파일마다 각
>   각의 컴포지션을 생성합니다.
> ❷ **[Options] 항목**
>   ⓒ **Use Dimensions From** | 폴더에 포함된 파일 중 하나를 선
>   택하여 그 파일과 같은 환경으로 공간이 설정됩니다.
>   ⓓ **Still Duration** | 스틸 이미지가 있는 경우 스틸 이미지가 재
>   생되는 시간을 설정할 수 있습니다.
>   ⓔ **Add to Render Queue** | [Render Queue] 패널이 열리며
>   렌더링할 수 있습니다.
> ❸ **Sequence Layers** | 폴더에 포함된 모든 파일을 시퀀스로 배열할 수 있습니다.
>
>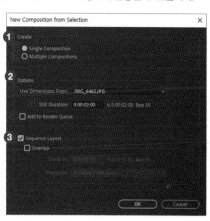
>
> [Overlap]에 체크하면 파일 간의 오버랩을 설정할 수 있으며 [Dissolve] 이펙트가 적용된 것처럼 레이어가 서서히 등장하고 사라지게 할 수 있습니다.

알파 채널을 포함한 파일 불러오기

준비 파일 기본/Chapter 02/Alpha02.tif

알파 채널을 가지고 있는 이미지 파일을 불러오면 알파 채널 설정 대화상자가 나타납니다. 'The item has an unlabeled alpha channel' 문구는 '이 아이템은 분류되지 않은 알파 채널을 가지고 있습니다'라는 의미이며, 다음 설정을 통해 알파 채널을 어떻게 인식할지 선택할 수 있습니다. [File]-[Import]-[File] `Ctrl` +`I` 메뉴를 선택해 준비 파일을 불러옵니다.

01 알파 채널 설정 대화상자가 나타납니다. ❶ [Ignore]를 선택하면 알파 채널을 무시합니다. ❷ [Composition] 패널에서 ▨을 클릭하면 알파 채널에서 투명한 부분이 격자 무늬로 표시되지만 알파 채널 무시하기로 불러오기하여 채널이 무시됩니다.

02 ❶ [Straight-Unmatted]를 선택하면 알파 채널을 그대로 인식합니다. ❷ 이때 ▨을 클릭하면 알파 채널이 투명(격자 무늬)하게 나타납니다.

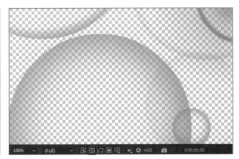

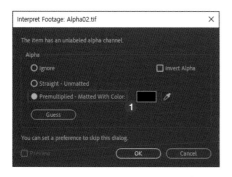

03

❶ [Premultiplied-Matted With Color]를 선택하면 설정된 색상을 기준으로 알파 채널을 인식합니다. 알파 채널의 투명도가 완벽하게 투명하지도, 불투명하지도 않은 부분의 경우 선택한 색상에 따라 중간값이 다르게 생성될 수 있습니다. 다음 그림처럼 색상을 검은색으로 선택하면 투명도가 중간값인 영역이 회색에 가까운 색상으로 나타납니다. ❷ ▦을 클릭하면 알파 채널이 적용된 이미지를 확인할 수 있습니다.

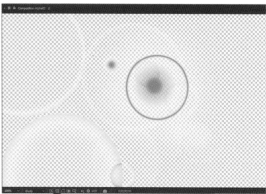

04

이미지를 불러와 [Project] 패널에 등록한 후에 알파 채널의 옵션에 변화를 줄 수도 있습니다. [Project] 패널에서 이미지 파일을 선택하고 마우스 오른쪽 버튼을 클릭한 후 [Interpret Footage]-[Main]을 선택합니다. [Interpret Footage] 대화상자가 나타나면 [Alpha]-[Straight-Unmatted]로 설정을 변경하고 [OK]를 클릭합니다. 이때 [Invert Alpha]에 체크하면 알파 채널을 반대로 읽습니다.

[Project] 패널 아래의 ▦을 클릭해도 [Interpret Footage] 대화상자가 나타납니다.

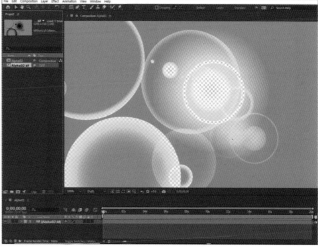

[Composition] 패널 활용하기

컴포지션 새로 만들거나 수정하기

[Composition] 패널에서는 직접 텍스트를 입력하는 작업이나 오브젝트 크기를 조절하고 회전하는 작업, 도형 도구나 펜 도구를 이용하여 그림 또는 오브젝트를 그려 넣는 등의 실질적인 작업을 수행할 수 있습니다. 애니메이션이나 이펙트 등의 작업을 프리뷰하여 확인할 수도 있습니다. [Composition] 패널은 View port 기능을 하므로 '뷰포트'라고 지칭되기도 합니다. 하나의 프로젝트에 여러 개의 컴포지션을 만들 수 있고 컴포지션 안에 컴포지션을 삽입할 수도 있습니다. 이처럼 컴포지션은 패널의 이름이기도 하고, 동시에 작업의 단위로도 사용됩니다. 애프터 이펙트의 작업은 컴포지션을 만드는 것부터 시작됩니다.

간단 실습 · 컴포지션 새로 만들기

01 ❶ [Composition]-[New Composition] Ctrl + N 메뉴를 선택합니다. ❷ [Composition Settings] 대화상자가 나타납니다. 여기에서 컴포지션의 이름, 크기, 해상도, 길이 등 기본 옵션을 설정할 수 있습니다.

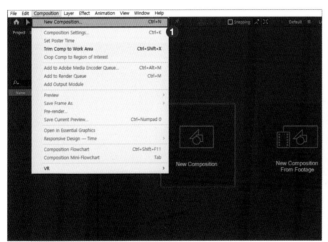

빈 [Composition] 패널에서 [New Composition]을 클릭해도 됩니다.

기능 꼼꼼 익히기 🏷 **[Composition Settings] 대화상자 알아보기**

[Composition Settings] 대화상자의 각 항목과 [Basic] 탭의 세부 옵션에 대해 알아보겠습니다.

❶ Composition Name | 컴포지션의 이름을 설정합니다. 첫 번째 설정 시 기본 이름은 'Comp 1'로 설정되며 변경할 수 있습니다.

❷ Preset | TV나 영화 또는 소셜 미디어 등의 다양한 포맷 종류를 설정합니다.

❸ Width, Height | 컴포지션의 가로와 세로 크기를 설정합니다.

❹ Pixel Aspect Ratio | 픽셀 종횡비를 설정합니다.

❺ Frame Rate | 1초에 몇 장의 이미지가 포함되는지 설정합니다. TV는 29.97F(프레임), 영화는 24F, 컴퓨터에서 재생할 비디오는 30F이 적합합니다.

❻ Resolution | 해상도를 설정합니다.

❼ Timecode | 시작 프레임을 설정합니다.

❽ Duration | 컴포지션의 길이를 설정합니다.

❾ Background Color | 배경색을 설정합니다.

[Frames per second]에 해당하는 소수점 단위로 끝나는 드롭 프레임(Drop Frame) 규격과 정수로 끝나는(Non-Drop Frame)은 컴퓨터 영상 재생에서는 크게 차이가 없지만 재생하는 매체에 따라 다르게 보일 수 있습니다. 이는 과거 TV 영상 신호 수신 규격에 따른 차이입니다. 현재는 간단하게 23.976fps는 24fps에, 29.97fps는 30fps에 대응한다고 생각하면 됩니다.

02 ❶ [Advanced] 탭을 클릭하면 **❷** [Motion Blur] 값을 설정할 수 있습니다.

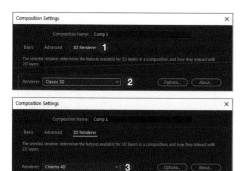

03 ❶ [3D Renderer] 탭을 클릭하면 **❷** [Renderer]를 선택할 수 있습니다. **❸** 기본 설정은 [Classic 3D]이며 3D 콘텐츠를 제작할 때는 [CINEMA 4D], 또는 [Advanced 3D]로 변경할 수 있습니다. **❹** [OK]를 클릭해 컴포지션을 만듭니다.

04 새로운 컴포지션이 생성됩니다. ❶ 설정을 변경하고 싶다면 [Composition]-[Composition Settings] Ctrl + K 메뉴를 선택합니다. ❷ [Composition Settings] 대화상자가 나타나면 이름은 물론, 모든 설정을 변경할 수 있습니다.

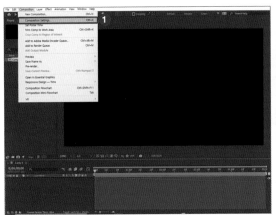 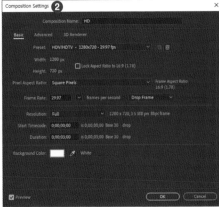

[Project] 패널의 미디어 파일을 컴포지션으로 등록하기

① [Timeline] 패널로 드래그하기

[Project] 패널에서 원하는 미디어 파일을 클릭하고 [Timeline] 패널로 드래그합니다. [Timeline] 패널에 파일의 이미지가 등록되고 [Composition] 패널 중앙에 이미지가 나타납니다.

② [Composition] 패널로 드래그하기

[Project] 패널에서 미디어 파일을 클릭하고 [Composition] 패널로 드래그합니다. 정중앙이 아닌 원하는 위치에 배치할 수 있고 [Timeline] 패널에도 이미지가 등록됩니다. [Timeline] 패널에서는 가장 상위에 위치합니다.

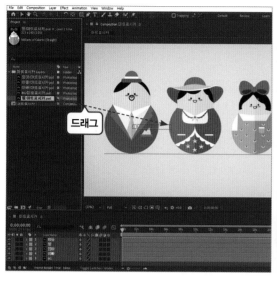 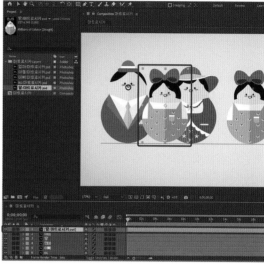

③ 단축키 Ctrl + / 를 눌러 삽입하기

[Project] 패널에서 미디어 파일을 클릭하고 Ctrl + / 를 누르면 [Timeline] 패널에 이미지가 등록됩니다. [Composition] 패널 중앙에도 이미지가 나타납니다. 이 방법을 이용하면 선택한 파일이 [Timeline] 패널의 가장 상위에 위치합니다.

애프터 이펙트 시작하기

기본&핵심 기능 익히기

레이어 이해하기

모션&이펙트 적용하기

필수 기능 익히기

[Timeline] 패널 활용하기

타임 디스플레이 스타일 설정하고 세부 옵션 알아보기

[Timeline] 패널에서는 미디어 파일들을 레이어의 형태로 올려 작업합니다. 각 레이어의 재생 시간을 설정하거나 키프레임을 생성하는 등 애니메이션 작업을 할 수 있는 패널입니다. 실질적인 작업이 이루어지므로 매우 다양한 옵션과 기능이 있습니다. [Timeline] 패널은 효율적인 작업 공간을 확보하는 것이 매우 중요하므로 작업에 꼭 필요한 메뉴만 보이게 설정하는 것이 좋습니다.

▲ [Timeline] 패널

타임 디스플레이 스타일 설정하기

애니메이션 작업에는 시간(Time)이 필수 요소입니다. 따라서 시간을 이동하고 스톱워치 █를 클릭해 옵션 값을 기록하는 작업이 기본입니다. 시간을 이동하려면 [Timeline] 패널에서 ▐00000▌을 클릭하고 이동하고자 하는 시간을 입력하거나 타임 인디케이터 █를 드래그합니다. [Timeline] 상단에 있는 타임 룰러 영역을 클릭해도 해당 시간으로 이동합니다. 시간을 표시하는 방법을 타임 디스플레이(Time Display)라고 하며 타임코드(Timecode)나 프레임(Frames) 방식으로 설정할 수 있습니다.

[File]-[Project Settings] Ctrl + Alt + Shift + K 메뉴를 선택하면 [Project Settings] 대화상자가 나타납니다. 타임 디스플레이 스타일이나 색상, 오디오 등의 옵션을 설정할 수 있습니다.

[Time Display Style] 탭을 클릭하면 타임 디스플레이 스타일을 타임코드(Timecode) 또는 프레임 (Frames) 방식으로 선택할 수 있습니다.

① **Timecode** ㅣ 시간을 타임코드 방식으로 표시합니다. [Footage Start Time]에서 [Use Media Source] 또는 [00:00:00:00]으로 선택할 수 있습니다.

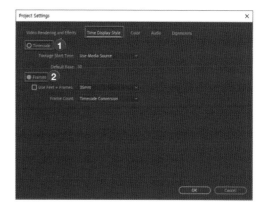

② **Frames** ㅣ 시간을 프레임 단위로 표시합니다. [Use Feet + Frames]에서 촬영 장비의 스펙인 [16mm] 또는 [35mm]를 선택할 수 있습니다. [Frame Count]에서는 [Start at 0] 또는 [Start at 1]부터 시작하도록 선택할 수 있습니다.

[Timeline] 패널에서 타임 디스플레이 스타일 설정하기

메뉴바에서 [File]-[Project Settings] 메뉴를 선택하지 않고도 [Timeline] 패널에서 쉽고 빠르게 타임 디스플레이 스타일을 설정할 수 있습니다. [Timeline] 패널에서 Ctrl 을 누른 채 시간 영역을 클릭하면 타임코드 스타일이나 프레임 스타일로 변경할 수 있습니다. 컴포지션의 프레임 레이트를 TV 포맷인 29.97fps로 설정했다면 아래와 같이 표시됩니다.

▲ [Frames]로 설정한 경우

▲ [Timecode]로 설정한 경우

▲ [Frames]로 설정하고 1초 지점으로 이동한 경우

[Timeline] 패널 확대/축소하기

프로젝트를 진행하다보면 타임 룰러 영역이 확대될 때가 있습니다. 필요에 의해 조절하기도 하지만 마지막으로 작업한 환경 설정의 영향으로 갑자기 확대되어 나타나는 경우도 있습니다. 이때는 ◢━○━◢ 의 슬라이더를 좌우로 드래그하여 타임 룰러 영역을 확대/축소할 수 있습니다. 단축키 + , − 를 이용하는 방법도 매우 편리합니다. + 는 확대, − 는 축소입니다. 컴포지션의 시작점부터 확대되지 않고 타임 인디케이터(CTI)▼의 위치를 중심으로 확대/축소됩니다.

[Timeline] 패널의 옵션을 숨기거나 나타나게 하기

[Timeline] 패널에는 수많은 옵션이 있습니다. 작업 공간을 효율적으로 사용하려면 기본 옵션만 보이게 설정하여 작업하다가 필요한 경우에 그와 관련된 칼럼 옵션을 열어 작업하는 것이 좋습니다. [Timeline] 패널 가장 아래에 있는 세 개의 아이콘은 각각 다른 기능을 보여줍니다.

- **기본 확장** ▣ | 기본 확장 아이콘을 활성화합니다. 왼쪽부터 [Shy], [For Comp layer/For Vector Layer], [Quality and Sampling], [Effect], [Frame Blending], [Motion Blur], [Adjustment Layer], [3D Layer] 옵션을 표시합니다.

- **Modes 확장** ▣ | Modes 기능을 확장합니다. [Blending Mode], [Preserve Underlying Transparency], [Track Matte] 옵션을 표시합니다.

- **시간 속성 확장** ▣ | 시간 속성을 보여줍니다. [Stretch], [In], [Out], [Duration] 옵션을 표시합니다.

• **렌더 타임 확장**  | 레이어별 렌더링 시간을 표시합니다.

• **Toggle Switches / Modes** `Toggle Switches / Modes` | 기본 확장이 숨겨지고 Modes 기능이 확장됩니다. 단
축키 `F4` 를 눌러 두 개의 모드를 변환할 수 있습니다.

칼럼 옵션을 숨기거나 나타나게 할 수 있습니다. 레이어 이름의 칼럼 부분을 마우스 오른쪽 버튼으로 클릭하
면 [Columns] 메뉴가 나옵니다. 필요한 메뉴를 선택하면 해당 옵션을 나타나게 하거나 숨길 수 있습니다.

▲ [Parent & Link]를 선택한 경우

작업 공간을 효율적으로 사용하기 위해서 작업을 마친 옵션은 다시 감추어두는 것이 좋습니다. [Parent & Link] 칼럼을 마우스 오른쪽 버튼으로 클릭하고 [Hide This]를 선택하면 해당 옵션이 사라집니다. 작업 내용은 그대로 있으며 화면에 표시만 안 되는 것입니다. [Parent & Link] 옵션은 자주 활용하는 기능이므로 단축키 Shift + F4 를 외워두면 좋습니다.

작업 영역(Work Area) 설정하고 프리뷰하기

모션 그래픽 애니메이션 작업은 수많은 키프레임을 포함하는 매우 섬세한 작업입니다. 작업 과정에서 셀 수 없이 많은 미리 보기를 하게 되며, 이러한 작업에 많은 시간이 소요됩니다. 따라서 미리 보기하려는 작업 영역을 따로 설정해놓는 것이 좋습니다. 처음 컴포지션을 생성하면 작업 영역(Work Area)이 컴포지션의 시작점부터 끝점까지 자동으로 설정됩니다.

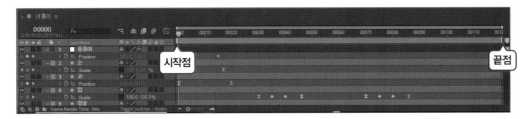

작업 영역을 좁게 설정하려면 타임 룰러 조절바의 왼쪽 끝과 오른쪽 끝을 드래그하여 조절합니다. 영역을 정확하게 설정하려면 단축키를 이용하는 것이 좋습니다. 단축키 B 와 N 을 눌러 작업 영역의 시작점과 끝점을 설정할 수 있습니다. 미리 보기 시작점으로 시간을 이동하고 B 를 누른 후 끝점으로 시간을 이동하여 N 을 누르면 해당 영역만 미리 보기됩니다.

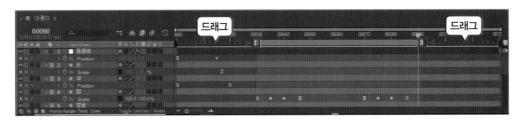

시작점과 끝점이 설정된 상태에서 렌더링을 실행하면 해당 부분만 렌더링되므로 렌더링 전 영역을 확인하거나 렌더링 옵션에서 렌더링 영역을 다시 설정해야 합니다.

컴포지션 마커 만들기

[Timeline] 패널에서는 수많은 레이어로 다양한 작업을 수행합니다. 중요한 내용은 마커(Marker)를 이용하여 기록해두면 편리합니다. 특히 뮤직비디오 같이 음악을 포함한 작업이나 키네틱 타이포그래피처럼 리듬에 맞추어 작업을 해야 할 때 마커는 필수적인 기능입니다. 마커를 생성하려면 [Timeline] 패널에서 오른쪽 끝에 있는 마커 빈을 원하는 지점으로 드래그합니다. 마커 빈을 클릭하면 타임 인디케이터가 있는 위치에 마커가 바로 생성됩니다. 생성된 마커를 더블클릭하면 [Composition Marker] 대화상자가 나타납니다. 길이나 코멘트 등을 입력할 수 있으며, 라벨 색상도 변경할 수 있습니다.

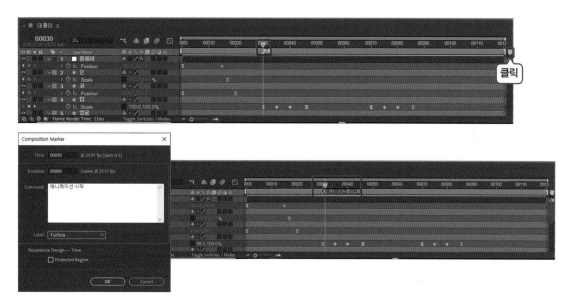

렌더링하여 저장하기

동영상 파일로 저장하기

애프터 이펙트에서 애니메이션 작업 후 그대로 저장하면 aep 확장자를 가진 After Effect Project 파일로 저장됩니다. aep 파일은 동영상 포맷이 아니라 프로젝트 파일 형식입니다. 따라서 aep 파일 자체로는 동영상 재생 프로그램에서 작업물을 재생할 수 없습니다. 동영상으로 재생하기 위해서는 aep 파일을 저장한 후 렌더링 (Rendering)하여 동영상 파일로 변환해야 합니다.

간단 실습 **렌더링하기 ① Add to Render Queue**

준비 파일 기본/Chapter 02/렌더링하기.aep

01 애니메이션 작업이 끝나면 [Composition]-[Add to Render Queue] `Ctrl` + `M` 메뉴를 선택합니다.

02 ❶ [Render Queue] 탭이 나타납니다. [Render Settings]와 [Output Module]의 옵션을 설정합니다. [Render Settings]의 기본값은 [Best Settings]입니다. 모든 값을 최고 퀄리티로 설정하는 것입니다. ❷ 설정을 바꾸고 싶다면 [Best Settings]를 클릭합니다.

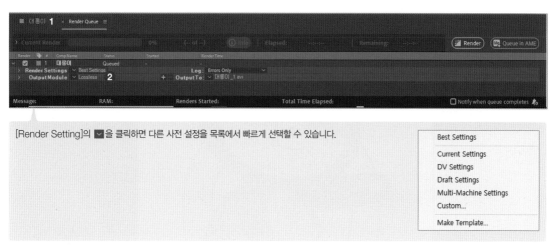

[Render Setting]의 ✔을 클릭하면 다른 사전 설정을 목록에서 빠르게 선택할 수 있습니다.

03 ❶ [Render Settings] 대화상자가 나타나면 용도에 따라 [Quality]와 [Resolution]을 설정하고 ❷ [OK]를 클릭합니다. [Quality]는 화질을 뜻하며 [Best]는 고화질을 의미합니다. [Resolution]은 통상적으로 해상도를 의미하나 여기서는 [Size], 즉 크기로 해석합니다. [Full]은 컴포지션의 오리지널 크기이며 [Half]는 컴포지션의 절반 크기로 렌더링됩니다.

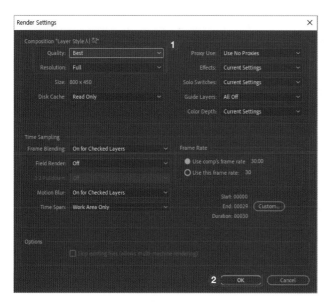

04 ❶ 동영상의 포맷과 코덱을 설정하기 위해 [Render Queue] 패널에서 [Output Module]의 ☑을 클릭해 다른 사전 설정을 선택하거나 [Lossless]를 클릭합니다. ❷ [Output Module Settings] 대화상자가 나타나면 다음과 같이 설정하고 ❸ [OK]를 클릭합니다.

[Output Module] 오른쪽에 있는 ☑을 클릭하면 다른 사전 설정을 빠르게 선택할 수 있습니다.

H.264 - Match Render Settings - 15 Mbps
AIFF 48kHz
Alpha Only
H.264 - Match Render Settings - 5 Mbps
H.264 - Match Render Settings - 40 Mbps
High Quality
High Quality with Alpha
Lossless
Lossless with Alpha
Multi-Machine Sequence
Photoshop
TIFF Sequence with Alpha
Custom...

Make Template...

❶ **Format** | 동영상의 포맷입니다. avi, mov 등 동영상 포맷을 선택할 수 있습니다.

❷ **Post-Render Action** | 렌더링 후의 액션을 설정할 수 있습니다. [Import]를 선택하면 렌더링한 결과물이 [Project] 패널에 등록됩니다.

❸ **Video Output-Channels** | RGB 영상, 알파 채널을 포함한 영상(RGB + Alpha), 알파 채널만 있는 영상 중에서 선택합니다.

❹ **Video Output-Depth** | 색상 심도를 설정합니다.

❺ **Video Output-Color** | Edge(가장자리나 색의 경계)를 처리하는 방식을 결정합니다. 알파값을 렌더링할 때 경계면을 부드럽게 하려면 [Premultiplied (Matted)]로 설정하면 좋습니다.

❻ **Format Options** | 비디오 포맷 옵션입니다. 코덱 등을 설정할 수 있습니다.

05 ❶ 설정이 끝나면 [Render]를 클릭해 파일의 저장 경로를 확인한 후 렌더링을 실행합니다. ❷ [Current Render]에서 렌더링 상태를 확인할 수 있으며 ❸ [info]를 클릭하면 보다 상세한 정보가 표시됩니다. ❹ [Pause]를 클릭해 잠시 멈추거나, [Stop]을 클릭해 작업을 취소할 수 있습니다. ❺ [Render] 대신 [Queue in AME]를 클릭하면 어도비 미디어 인코더(Adobe Media Encoder) 프로그램이 열립니다.

06 어도비 미디어 인코더가 열리면 [대기열] 패널에 선택한 컴포지션이 등록됩니다. [Render Queue] 패널에서 설정한 포맷이나 코덱 등은 무시되며, 어도비 미디어 인코더에서 마지막에 사용한 설정으로 초기화됩니다.

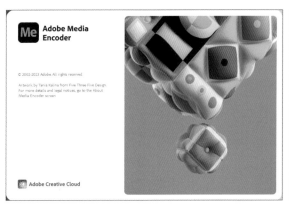

렌더링하기 ② Add to Adobe Media Encoder Queue

준비 파일 기본/Chapter 02/렌더링하기.aep

01 처음부터 어도비 미디어 인코더를 통해 렌더링할 수도 있습니다. [Composition]–[Add to Adobe Media Encoder Queue] `Ctrl` + `Alt` + `M` 메뉴를 선택합니다. 어도비 미디어 인코더(Adobe Media Encoder) 프로그램이 실행됩니다.

컴퓨터에 Adobe Media Encoder CC 프로그램이 설치되어 있지 않은 경우에는 이 메뉴를 사용할 수 없습니다. 애프터 이펙트 CC 2019 이상 버전부터 애프터 이펙트 프로그램을 설치하면 미디어 인코더도 자동으로 설치됩니다. 동영상 포맷 변환 등에 꼭 필요한 프로그램이니 설치되지 않았을 경우에는 Adobe Creative Cloud App을 통해 프로그램을 설치합니다.

02 ❶ 미디어 인코더가 실행되면 [대기열(Queue)] 패널에 컴포지션이 등록된 것을 확인할 수 있습니다. ❷ [형식(format)]이나 [사전 설정(preset)]을 클릭하면 ❸ [Dynamic Link 연결] 메시지가 나타났다 사라집니다.

어도비 미디어 인코더의 언어는 [Edit]-[Preferences] 메뉴를 클릭하면 나타나는 [Preferences] 대화상자의 [Appearance]-[Language]에서 변경할 수 있습니다.

03 서버 연결 후 [내보내기 설정(Export Settings)] 대화상자가 나타납니다. 애프터 이펙트의 [Render Settings]보다 훨씬 다양한 동영상 포맷과 코덱이 있습니다. 원하는 포맷과 경로를 설정하고 인코딩하면 동영상으로 저장됩니다. [H.264] 포맷이 가장 많이 사용됩니다.

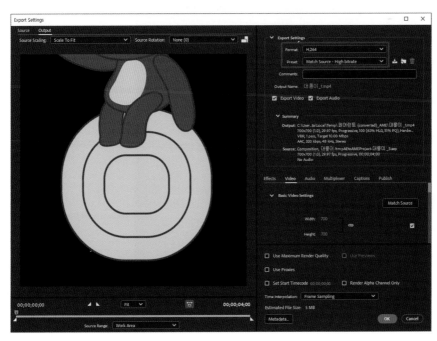

AAC Audio	Match Source - Medium bitrate
AIFF	Match Source - Adaptive High Bitrate
Animated GIF	Match Source - Adaptive Medium Bitrate
Apple ProRes MXF OP1a	Match Source - Adaptive Low Bitrate
AS-10	H.264 - Match Source - 2020
AS-11	H.264 - Match Source - HLG
AVI	H.264 - Match Source - PQ
AVI (Uncompressed)	Adobe Stock 4K DCI with Audio (40Mbps)
BMP	Adobe Stock 4K DCI without Audio (40Mbps)
DNxHR/DNxHD MXF OP1a	Adobe Stock HD with Audio (20Mbps)
DPX	Adobe Stock HD without Audio (20Mbps)
GIF	Adobe Stock UHD with Audio (40Mbps)
✓ H.264	Adobe Stock UHD without Audio (40Mbps)
H.264 Blu-ray	Facebook 720p HD
HEVC (H.265)	Facebook 1080p Full HD
JPEG	Facebook 2160p 4K Ultra HD
JPEG 2000 MXF OP1a	High Quality 480p SD Wide
MP3	High Quality 480p SD
MPEG2	High Quality 720p HD
MPEG2 Blu-ray	High Quality 1080p HD
MPEG2-DVD	High Quality 2160p 4K
MPEG4	Mobile Device 480p SD Wide
MXF OP1a	Mobile Device 720p HD
OpenEXR	Mobile Device 1080p HD
P2 Movie	Mobile Device 2160p 4K
PNG	Twitter 640x640
QuickTime	Twitter 720p HD
Targa	Twitter 1080p Full HD
TIFF	VR Monoscopic Match Source Ambisonics
Waveform Audio	VR Monoscopic Match Source Stereo Audio
Windows Media	VR Over-Under Match Source Ambisonics
Wraptor DCP	VR Over-Under Match Source Stereo Audio
	Vimeo 480p SD Wide
	Vimeo 480p SD
	Vimeo 720p HD

사전 설정은 목적에 맞게 트위터, 유튜브, 비메오 등 SNS 채널에 최적화된 설정을 선택할 수 있습니다. [사전 설정(Presets)] 항목을 클릭하면 [Dynamic Link 연결] 대화상자가 나타나고 서버와 연결됩니다.

▲ 형식(Format)   ▲ 사전 설정(Preset)

04 ❶ [내보내기 설정(Export Settings)]을 확장하면 [비디오(Video)], [오디오(Audio)] 등의 설정을 조절할 수 있습니다. ❷ [소스 일치(Match Source)]를 클릭하면 소스의 비디오 속성과 출력 속성이 일치하도록 자동으로 설정합니다. 모든 설정이 끝나면 [OK]를 클릭합니다.

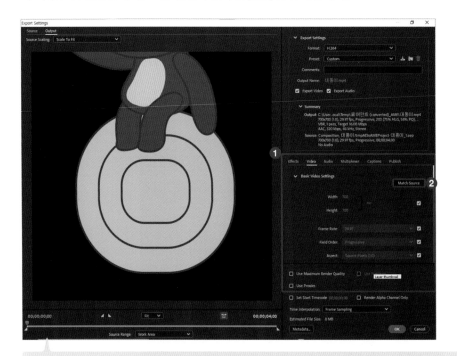

원본 컴포지션의 배경 색상은 베이지색 계열이었습니다. 그러나 렌더링 설정에서는 검은색으로 표시되며, 렌더링된 동영상 파일을 열어보면 검은색으로 표시됩니다. 이처럼 미디어 인코더에서는 애프터 이펙트의 컴포지션 색상이 무시됩니다. 배경 색상까지 렌더링해야 하는 경우에는 배경 색상과 동일한 솔리드 레이어를 배경 레이어로 만들어야 합니다.

05 사전 설정이 끝나면 화면 상단 오른쪽에 있는 대기열 시작▶을 클릭하거나 Enter 를 눌러 렌더링을 실행합니다. 모든 설정이 끝나면 [OK]를 클릭합니다.

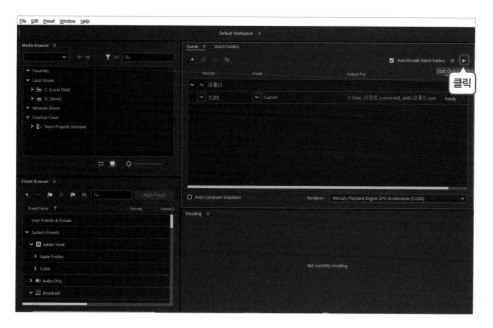

[Composition] 패널에서 미디어 소스를 직접 클릭한 후
위치, 크기, 회전 등은 옵션값을 변경하며 애니메이션 작업을 할 수도 있지만
실제 대부분의 애니메이션 작업은 [Timeline] 패널에서 이루어집니다.
[Timeline] 패널에서 레이어를 선택하여 여러 가지 방법으로
작업을 수행하므로, 레이어의 특성과 다양한 설정 및 표시 방법 등을
잘 알아야 작업 효율을 크게 높일 수 있습니다.

CHAPTER 03

애프터 이펙트
레이어 이해하기

레이어 이해하기

애니메이션의 시작, 레이어의 모든 것

레이어(Layer)는 이미지를 편집하거나 그림을 그리는 그래픽 제작 프로그램에서 중요하게 사용되는 기능입니다. 레이어 기능은 종이에 그리는 디자인 작업과 컴퓨터 그래픽의 가장 큰 차이점을 만들어냅니다. 종이에 그림을 그릴 경우 하나의 종이에 모든 그래픽 오브젝트를 그리기 때문에 한 부분만 분리하여 수정할 수 없습니다. 레이어 기능을 사용하는 그래픽 프로그램에서는 레이어가 분할되어 있어 배경과 오브젝트 등을 따로 분리하여 움직이거나 수정할 수 있습니다.

레이어의 개념 이해하기

Ctrl + O 를 눌러 준비 파일을 불러온 후 레이어 개념을 이해해봅니다.

준비 파일 기본/Chapter 03/레이어의 이해.aep

[Timeline] 패널에 여러 개의 레이어가 있다면 가장 위에 위치한 레이어의 오브젝트가 [Composition] 패널에서 맨 앞에 드러납니다. 다음 그림을 보면 [Timeline] 패널의 [우주선] 레이어가 [Composition] 패널에서 둥근 테두리 앞에 보입니다. [Timeline] 패널에서 레이어의 순서를 바꾸면 [Composition] 패널에서 보이는 그림의 위치도 바뀝니다. 레이어의 순서를 바꾸려면 레이어의 이름을 원하는 위치로 드래그합니다. 여기에서는 [우주선] 레이어를 [프레임_라인] 레이어 아래로 드래그했습니다. [Composition] 패널을 확인하면 우주선 이미지([우주선] 레이어)가 둥근 테두리 이미지([프레임_라인] 레이어) 뒤로 나타납니다.

레이어 이동 단축키

단축키를 이용하면 레이어를 편리하게 이동할 수 있습니다.

단축키로 레이어의 배치(순서) 변경하기
- Ctrl +] | 레이어를 한 칸 위로 이동하기 • Ctrl + [| 레이어를 한 칸 아래로 이동하기
- Ctrl + Shift +] | 레이어를 가장 위로 이동하기 • Ctrl + Shift + [| 레이어를 가장 아래로 이동하기

단축키로 레이어 선택하기
- Ctrl + ↑ | 지금 선택한 레이어에서 한 칸 위에 있는 레이어 선택하기
- Ctrl + ↓ | 지금 선택한 레이어에서 한 칸 아래에 있는 레이어 선택하기

레이어 시작점과 끝점 자유롭게 조작하기

레이어의 시작점과 끝점으로 이동하기

모든 레이어에는 시작(In)점과 끝(Out)점이 있습니다. 시작점과 끝점 사이를 길이(Duration)라고 합니다. 현재 시간을 작업하는 레이어의 시작점으로 이동하려면 I 를, 끝점으로 이동하려면 O 를 누르면 됩니다. I 는 In, O 는 Out을 뜻합니다.

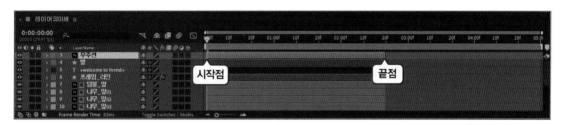

이미지 레이어의 시작점과 끝점 조절하기

영상의 길이가 정해져 있는 비디오 푸티지와는 달리 이미지는 특정한 길이를 가지고 있지 않습니다. 따라서 손쉽게 이미지 레이어의 길이를 줄이거나 늘여 시작점과 끝점을 조절할 수 있습니다.

① **드래그하여 레이어의 시작점과 끝점 조절하기** | 레이어의 시작점과 끝점을 이동시키려면 레이어 막대의 양쪽 끝부분을 드래그합니다. 시간 정보를 가지는 동영상이 아닌 사진, 이미지, 솔리드 레이어나 셰이프 레이어의 경우에는 이러한 방식으로 길이를 자유롭게 조절할 수 있습니다.

레이어 막대를 클릭하고 드래그하면 레이어의 시작점과 끝점이 동시에 이동합니다. 이때 레이어의 길이 (Duration)는 그대로 유지됩니다.

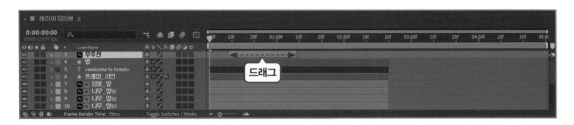

② **단축키로 레이어의 시작점과 끝점 조절하기** ┃ 레이어의 길이를 유지하지 않고 시작점과 끝점을 정확한 시간 으로 이동하려면 단축키를 이용하는 것이 좋습니다. 변경하고자 하는 레이어의 시작점으로 시간을 이동 한 후 Alt + [를 누른 후 끝점으로 시간을 이동하고 Alt +] 를 누르면 시작점과 끝점이 변경됩니다.

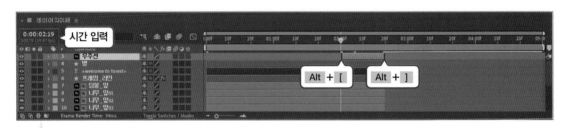

레이어를 트림(Trim)하지 않고 전체를 이동하는 단축키는 [,] 입니다. [를 누르면 레이어의 시작점이 현재 시간으로 이동하고,] 를 누르면 레이어 의 끝점이 현재 시간으로 이동합니다. 전체 길이는 동일하게 유지됩니다.

End 나 Ctrl + Alt +→를 누르면 컴포지션의 마지막 프레임으로 시간을 이동합니다. [Composition] 패널 에서 배경을 제외한 이미지가 사라집니다. [Timeline] 패널을 보면 2초 20F 이후에는 레이어 막대가 없는 것을 확인할 수 있습니다. 이미지 레이어의 길이가 모두 2초 20F으로 지정되어 있기 때문입니다. 그림이 마 지막까지 보이게 하려면 레이어의 길이를 늘여줍니다.

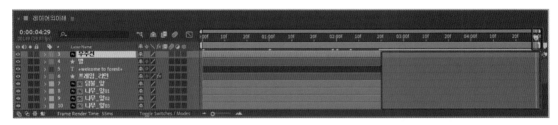

❶ Ctrl + A 를 눌러 모든 레이어를 선택하고 ❷ Alt +] 를 누르면 레이어의 끝점이 현재 타임 인디케이터
🔻가 있는 컴포지션의 마지막 지점으로 변경됩니다. 모든 이미지가 컴포지션의 마지막까지 나타납니다.

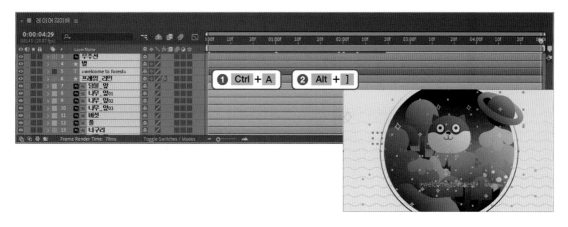

비디오 레이어의 시작점과 끝점 조절하기

비디오 레이어는 시간 속성을 가지고 있습니다. 비디오 레이어의 시작점과 끝점을 변경하는 방법은 이미지
레이어와 동일합니다. Alt + [를 누르면 타임 인디케이터🔻가 있는 시간으로 레이어의 시작점이 변경됩니
다. Alt +] 를 누르면 타임 인디케이터🔻가 있는 시간으로 레이어의 끝점이 변경됩니다. 다음 그림과 같이
비디오 레이어의 시작점을 1초 지점으로 조절하면 비디오 앞의 1초는 재생되지 않습니다. 완전히 사라진 것
은 아니므로 끝점을 다시 조절하여 원래의 길이로 늘여줄 수 있습니다. 영상의 재상 속도에는 변화가 없습니다.

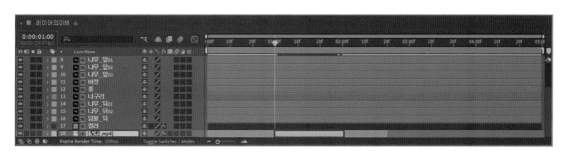

비디오의 끝점과 재생 속도 동시에 조절하기

Alt 를 누른 채 비디오 레이어의 끝점을 드래그하면 비디오의 끝점은 물론, 재생 속도를 함께 조절할 수 있습
니다. 다음 그림과 같이 [도트.MP4] 레이어의 레이어 막대 오른쪽 끝을 Alt 를 누른 상태로 컴포지션의 끝점
까지 드래그하면 비디오가 5초로 늘어나고 재생 속도는 2배 가까이 느려집니다.

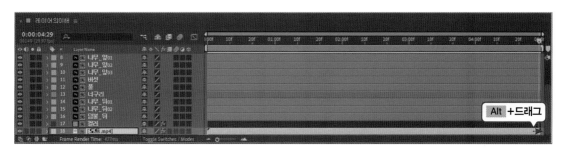

레이어 편집하기

애프터 이펙트에서는 레이어를 복사하거나 붙여 넣는 등의 기본적인 레이어 편집이 가능합니다. 또한 비디오를 편집하는 것처럼 레이어의 한 부분을 잘라낼 수도 있습니다. 레이어를 선택하고 [Edit] 메뉴를 선택하여 편집에 필요한 작업을 수행합니다. [Split Layer]를 적용하면 다음과 같이 레이어가 현재 시간을 기준으로 분리됩니다. 필요 없는 부분은 Delete 를 눌러 삭제할 수 있습니다.

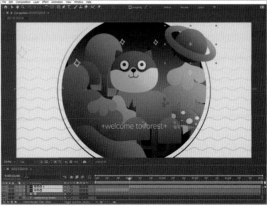

레이어 복사하기

[Edit] 메뉴에는 복사(Copy)와 복제(Duplicate)가 있습니다. 레이어를 포함한 다양한 요소들을 복사할 수 있는 점은 동일하지만 [Timeline] 패널에서 레이어를 복사할 때는 약간 차이가 있습니다. 레이어를 선택하고 [Duplicate]를 적용하면 선택한 레이어 바로 위에 복사된 레이어가 등록됩니다.

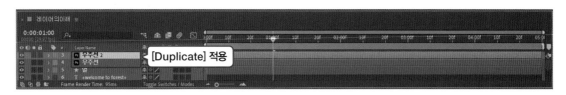

[Copy]의 경우 새로 만들어질 레이어의 순서를 고려하여 원하는 레이어를 선택하고 [Paste]를 적용하면, 원래 레이어의 위치와 상관없이 마지막에 선택한 레이어의 바로 위로 복사된 레이어가 생성됩니다. 예를 들어, ❶ [우주선] 레이어를 선택하고 Ctrl + C 를 눌러 복사한 후 ❷ [별] 레이어를 선택한 상태에서 Ctrl + V 를 누르면 ❹ [별] 레이어 위에 복사한 레이어가 생성됩니다.

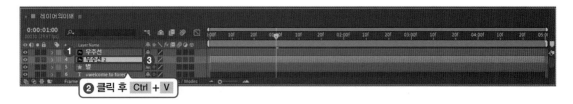

여러 개의 레이어를 차례대로 배치하기

시퀀스 레이어 기능을 이용하면 레이어를 손쉽게 배치할 수 있습니다. ❶ [나무_앞01] 레이어를 선택하고 ❷ Shift 를 누른 채 [나무_앞03] 레이어를 선택합니다. 세 개의 이미지 레이어가 선택됩니다. ❸ 마우스 오른쪽 버튼을 클릭해 ❹ [Keyframe Assistant]-[Sequence Layers]를 선택합니다. ❺❻ [Sequence Layers] 대화상자가 나타나면 [Overlap]과 [Transition] 옵션을 설정할 수 있습니다.

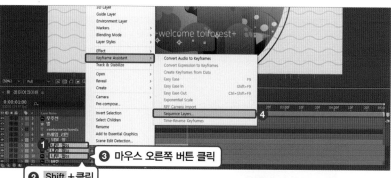

▲ 레이어 간의 오버랩이 없도록 설정

▲ 레어어 간의 오버랩을 1초로 설정하고 앞 레이어부터 디졸브되도록 설정

레이어 라벨 색상 수정하기

레이어는 종류에 따라 라벨 색상이 설정됩니다. [Edit]−[Preferences]−[Labels] 메뉴를 선택하여 라벨 색상을 확인하거나 수정할 수 있습니다. [Solid] 레이어는 [Red], [Shape] 레이어는 [Blue], [Video] 레이어는 [Aqua]가 기본 색상입니다. 레이어 종류에 따라 라벨 색상을 변경할 수 있으며 각 레이어의 라벨 색상을 임의로 변경할 수도 있습니다.

[Timeline] 패널에 너무 많은 레이어가 있을 경우에는 중요한 레이어에만 라벨 색상을 다르게 설정하여 작업하면 좋습니다. 변경하고자 하는 레이어의 ▨을 클릭해 색상을 변경할 수 있습니다.

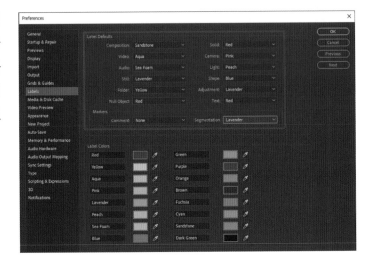

라벨 색상을 변경하면 레이어의 라벨 색상뿐만 아니라 레이어 막대 색상, 그리고 [Composition] 패널에 나타나는 이미지의 조절점 색상도 함께 변합니다.

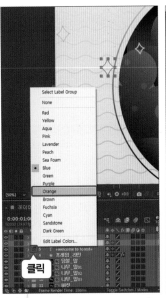

라벨 색상을 셰이프 레이어의 기본값인 [Blue]에서 [Orange]로 변경합니다.

라벨 아이콘을 클릭하고 [Select Label Group]을 클릭하여 같은 색상으로 지정된 다수의 레이어들을 한번에 선택할 수 있습니다.

Shy 기능으로 레이어 감추기

[Timeline] 패널에 레이어가 너무 많다면 작업하고자 하는 레이어를 찾기 어렵습니다. 이때 Shy 기능을 활용하면 작업이 필요 없거나 이미 작업이 완료된 레이어를 [Timeline] 패널에서 보이지 않게 설정할 수 있습니다. [Timeline] 패널에서만 감추어질 뿐, [Composition] 패널에서 그림이 사라지지는 않습니다. [Timeline] 패널을 보면 Shy 기능이 이미 활성화⊕되어 있습니다. ⊕을 클릭하여 비활성화⊕하면 감춰져 있던 [포토필터] 레이어가 나타납니다.

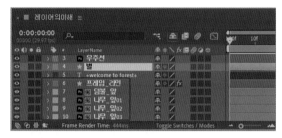 

Pre-compose 기능으로 컴포지션 그룹 만들기

컴포지션에 너무 많은 레이어가 있다면 레이어를 작업 단위로 묶어주는 것이 좋습니다. 애프터 이펙트는 여러 레이어를 그룹으로 설정하는 [Group] 메뉴가 없기 때문에 컴포지션으로 만들어줘야 합니다. ❶ 그룹으로 묶을 레이어들을 모두 선택하고 ❷ 마우스 오른쪽 버튼을 클릭해 ❸ [Pre-compose] Ctrl + Shift + C 를 선택합니다. ❹ [Pre-compose] 대화상자가 나타납니다. ❺ 이름 등의 설정을 변경한 후 [OK]를 클릭합니다. ❻ [Timeline] 패널에서 선택했던 세 개의 레이어가 사라지고 [나무들] 컴포지션이 생겼습니다. ❼ [나무들] 컴포지션이 열립니다. 선택했던 세 개의 레이어를 포함하고 있습니다.

 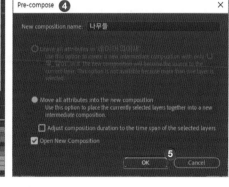

기능 꼼꼼 익히기 ✎ [Pre-compose] 대화상자 알아보기

[Pre-compose] 메뉴를 선택하면 [Pre-compose] 대화상자가 나타납니다. 하나 또는 여러 개의 레이어를 포함한 새로운 컴포지션을 만들 수 있습니다. [Pre-compose] 대화상자의 옵션을 알아보겠습니다.

❶ **New composition name** | 새롭게 만들어질 컴포지션의 이름을 설정합니다.

❷ **Leave all attributes in** | 하나의 레이어만으로 Pre-compose 기능을 적용할 때 선택할 수 있는 옵션이며, 레이어의 설정값을 현재 컴포지션에 두고 레이어만 새로운 컴포지션으로 이동한다는 의미입니다.

❸ **Move all attributes into the new composition** | 여러 개의 레이어를 선택했을 경우 자동으로 적용되는 옵션이며, 레이어들의 모든 설정을 새로운 컴포지션으로 이동한다는 의미입니다.

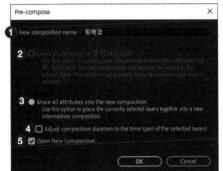

❹ **Adjust composition duration to the time span of the selected layers** | 새로 만들어지는 컴포지션의 길이를 현재 선택한 레이어의 길이로 조절합니다.

❺ **Open New Composition** | 새롭게 생성되는 컴포지션이 자동으로 열립니다.

레이어 검색하기

[Timeline] 패널에 너무 많은 레이어가 있으면 작업하고자 하는 레이어를 찾기 어렵습니다. 이때는 검색란에 레이어의 이름을 검색해서 작업할 수 있습니다. [Timeline] 패널의 검색란에 찾고 싶은 레이어의 이름을 입력하면 해당 레이어 하나만 볼 수 있습니다. 레이어의 이름뿐 아니라 옵션값이나 이펙트를 검색할 수도 있습니다. 레이어들을 선택하고 검색란에 **position**을 입력하면 선택한 레이어의 모든 [Position] 옵션을 한번에 볼 수 있습니다.

> 단축기 Ctrl + F 를 누르면 검색란이 바로 활성화됩니다.

기능 꼼꼼 익히기 🏷 **레이어에 마커 생성하기**

[Layer]-[Markers]-[Add Marker] 메뉴를 선택하거나 숫자패드에서 ▣를 누르면 레이어에 마커가 생성됩니다. [Layer Marker] 대화상자에서 시간, 길이, 코멘트를 입력할 수 있으며 라벨 색상을 지정할 수도 있습니다. 지정한 마커는 레이어 막대 위에 표시됩니다. 마커에서 마커로 시간을 이동하려면 ⓙ, Ⓚ를 누릅니다.

레이어 블렌딩 모드 적용하기

준비 파일 기본/Chapter 03/블렌딩모드.aep

모든 시각 레이어의 블렌딩 모드(Blending Mode)는 [Normal]로 설정되어 있습니다. [Normal]을 클릭하면 다양한 블렌딩 모드 메뉴가 나타납니다.

모드를 변경하고자 할 때는 [Mode]를 클릭하지 않아도
Shift + ➕ / ➖ 를 누르면 다양한 모드로 변경됩니다.

▲ 원본

▲ Multiply

▲ Add

▲ Color Dodge

▲ Overlay

▲ Linear Light

▲ Subtract

▲ Stencil Alpha

02

다양한 레이어 만들기

텍스트, 솔리드, 셰이프 레이어 만들기

포토샵, 일러스트레이터와 같은 그래픽 제작 프로그램에서는 새로운 레이어를 만들고 그 레이어 안에 그림, 도형, 텍스트 등을 자유롭게 만들고 배치할 수 있습니다. 이와 다르게 애프터 이펙트에서는 처음 레이어를 생성할 때 어떤 콘텐츠를 포함할지에 따라 그 형태에 맞는 레이어를 만들고 콘텐츠를 생성할 수 있습니다. [Layer]-[New] 메뉴를 선택하면 새롭게 만들 수 있는 다양한 레이어를 확인할 수 있습니다. 필수적인 레이어를 만들어보고 속성을 알아보겠습니다.

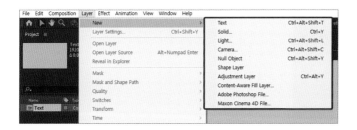

텍스트 레이어 만들기

[Text] 메뉴 선택하여 텍스트 입력하기

❶ [Layer]-[New]-[Text] Ctrl + Alt + Shift + T 메뉴를 선택하면 [Composition] 패널의 중앙에 입력 커서가 나타납니다. ❷ 워크 스페이스에 [Properties] 패널이 열려 있지 않다면 [Properties] 패널도 함께 열립니다. ❸ 패널의 이름 부분을 클릭하고 원하는 위치로 드래그하여 다른 패널과 겹쳐 놓을 수 있습니다. ❹ [Timeline] 패널에는 [〈empty text layer〉] 레이어가 생성됩니다.

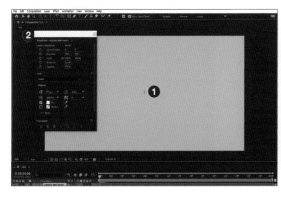

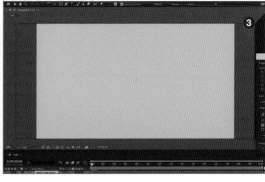

[Properties] 패널은 애프터 이펙트 CC 23.6 버전 이상에서만 활성화됩니다. 선택한 레이어의 콘텐츠에 따라서 다른 속성이 표시되며, 해당 패널로 인해 작업의 편의성이 크게 향상되었습니다.

[Composition] 패널에서 원하는 텍스트를 입력합니다. 레이어의 이름이 입력된 텍스트로 자동 변경됩니다.

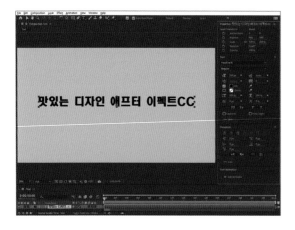

CC 2024 신기능 ◎ 문자의 속성을 조절하려면 [Character]와 [Paragraph] 패널을 열고 속성을 조절한 후 다시 닫는 방식으로 작업해야 합니다. 그러나 CC 2024 버전에서는 [Properties] 패널에서 모든 속성을 설정할 수 있으므로 두 개의 패널을 열지 않아도 됩니다.

문자 도구로 텍스트 입력하기

❶ 도구바에서 문자 도구 **T** **Ctrl** + **T** 를 클릭하면 가로 문자 도구와 세로 문자 도구 중 하나를 선택할 수 있습니다. 가로 문자 도구 **T** 를 클릭하고 입력하면 가로형 텍스트를, 세로 문자 도구 **T** 를 클릭하고 입력하면 세로형 텍스트를 삽입할 수 있습니다. ❷ [Composition] 패널에서 입력을 시작하고자 하는 지점을 클릭한 후 텍스트를 입력합니다.

화면의 중앙에 문자를 입력하려면 문자 도구 **T** 를 더블클릭합니다.

텍스트 레이어 옵션 알아보기

텍스트 레이어의 **›**을 클릭하여 옵션을 열어봅니다. 시각 레이어가 가지는 기본 옵션인 [Transform]과 텍스트 레이어의 옵션인 [Text]가 있습니다. [Source Text]는 입력한 텍스트입니다. 키프레임을 설정해 텍스트가 바뀌게 만들 수 있고 [Path Options]에서 패스에 따라 텍스트가 배치되거나 움직이게 설정할 수도 있습니다. [More Options]에서는 텍스트 입력의 세부 사항을 조절할 수 있습니다.

텍스트 레이어에 Animate 속성 추가하여 애니메이션 만들기

준비 파일 기본/Chapter 03/텍스트.aep

텍스트 레이어에 다양한 옵션을 추가하여 다채로운 애니메이션을 쉽고 빠르게 제작할 수 있습니다. 특히 [Animate] 속성을 추가하여 창의적인 움직임을 제작할 수 있습니다. [Anchor Point]나 [Scale] 같은 [Transform] 속성에 있는 옵션은 물론, 색상이나 트래킹과 같은 텍스트의 속성, 블러(Blur)와 같은 효과도 한 글자씩 애니메이션할 수 있습니다. [Transform] 속성의 각 값이 레이어 전체를 조절한다면, [Animate] 속성에 추가된 [Transform]은 텍스트 하나하나를 따로 조절할 수 있습니다.

01 ❶ [File]-[Open Project] `Ctrl` + `O` 메뉴를 선택하여 **텍스트.aep** 준비 파일을 엽니다. ❷ [Project] 패널에서 [Text_시작]을 더블클릭합니다. 텍스트 레이어가 삽입된 컴포지션이 열립니다.

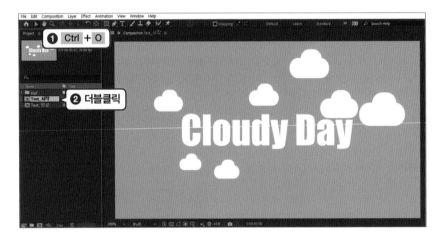

02 ❶ [Cloudy Day] 레이어를 선택합니다. ❷ [Text] 속성에서 Animate ▶를 클릭하고 ❸ [Position]을 선택합니다. [Animator 1]이 추가되었습니다. ❹ [Animator 1]-[Position]을 **840, 0**으로 설정합니다. 텍스트가 화면 오른쪽 바깥으로 이동하여 보이지 않습니다.

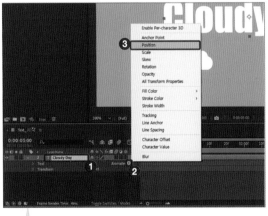

[Properties] 패널에서 [+Add Animator]를 클릭하여 속성을 추가할 수 있습니다.

03 ❶❷ 다음 표를 참고하여 [Animator 1]–[Range Selector 1]–[Offset]에 키프레임을 설정합니다. ❸ `Spacebar` 를 눌러 애니메이션을 확인합니다. 알파벳이 차례대로 화면 오른쪽 바깥에서 중앙으로 서서히 들어옵니다.

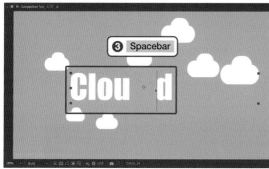

[Animator 1]–[Range Selector 1]–[Offset]	
0초	0%
3초	100%

0초 지점이란? | 0초 지점은 0:00:00:00 지점을 말합니다. 이것을 타임코드라고 합니다. 가장 앞의 숫자 0은 시간, 다음 00은 분, 다음 00은 초이며 마지막 00은 프레임을 뜻합니다. 예를 들어 1초 지점은 0:00:01:00으로 표시되며, 1분 지점은 0:01:00:00으로 표시됩니다. 컴포지션의 시작 지점으로 이동할 때는 `Home` 을, 마지막 지점으로 이동할 때는 `End` 를 누릅니다. 많이 사용되는 단축키이므로 외워두면 편리합니다.

04 ❶ [Animator 1]의 Add ▶를 클릭하고 ❷ [Property]–[Scale]을 클릭해 추가합니다. 새로운 애니메이터가 생성되지 않고 [Scale] 속성만 추가됩니다. ❸ [Scale]을 **300,300%**로 설정합니다. ❹ `Spacebar` 를 눌러 애니메이션을 확인합니다. 화면의 오른쪽에서 글자가 크게 보이고 서서히 원래의 크기로 돌아옵니다.

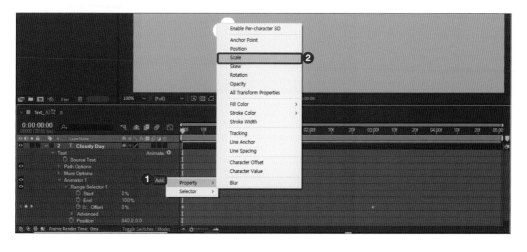

05 ❶ [Cloudy Day] 레이어의 [Text] 속성에서 Animate ▶를 클릭하고 ❷ [Blur]를 선택합니다. ❸ [Animator 2]가 추가됩니다. ❹ [Animator 2]-[Range Selector 1]-[End]를 **30%**로 설정하고 ❺ [Blur]를 **100, 100**으로 설정합니다.

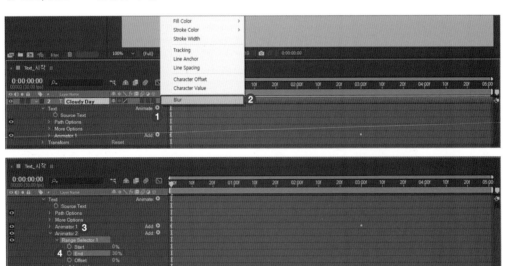

06 ❶❷ 다음 표를 참고하여 [Animator 2]−[Range Selector 1]−[Offset]에 키프레임을 설정합니다.

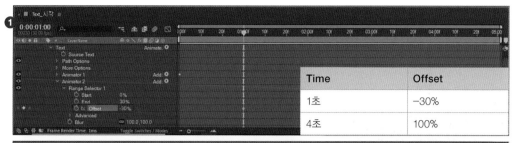

Time	Offset
1초	−30%
4초	100%

07 Spacebar 를 눌러 애니메이션을 확인합니다. 텍스트가 한 글자씩 작아지며 화면의 바깥 쪽에서 안으로 들어오고 픽셀 흐림 효과가 차례대로 적용되는 애니메이션이 완성되었습니다.

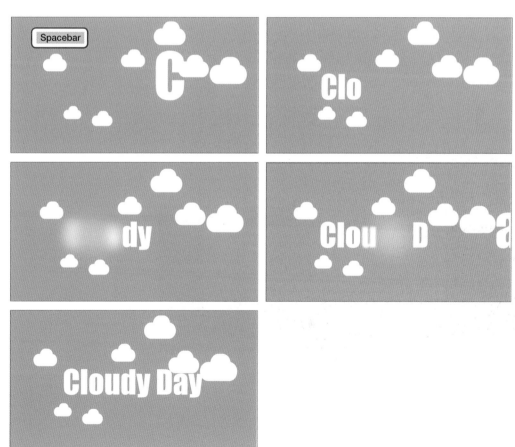

솔리드 레이어 만들기

후반 작업 프로그램인 애프터 이펙트는 보통 사진이나 비디오, 이미지 등 기존에 제작된 미디어 파일을 불러와 효과나 애니메이션을 적용합니다. 그러나 애프터 이펙트에서도 그래픽 이미지를 직접 생성할 수 있으며 이러한 방법이 보다 효율적인 경우도 있습니다. 대표적으로 솔리드 레이어와 셰이프 레이어 기능을 활용합니다.

메뉴바에서 솔리드 레이어 만들기

메뉴바에서 [Layer]-[New]-[Solid] Ctrl + Y 메뉴를 선택하여 솔리드 레이어(Solid Layer)를 생성합니다. 도구바의 도형 도구 Q 나 펜 도구 G 로 그림을 그리거나 이펙트를 적용하여 이미지를 생성할 수 있습니다. 솔리드 레이어(Solid Layer)란 단색 레이어를 뜻하며 하나의 색상을 가집니다.

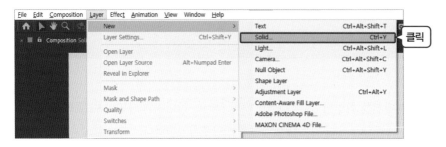

[Timeline] 패널에서 솔리드 레이어 만들기

❶ [Timeline] 패널에서 레이어 이름이 나타나는 빈 공간을 마우스 오른쪽 버튼으로 클릭하면 메뉴바에서 [Layer]를 선택하여 적용할 수 있는 메뉴를 바로 볼 수 있습니다. ❷ [New]-[Solid]를 선택하여 새로운 솔리드 레이어를 생성합니다. 솔리드 레이어뿐 아니라 다른 모든 종류의 레이어도 이와 같은 방법으로 만들 수 있습니다.

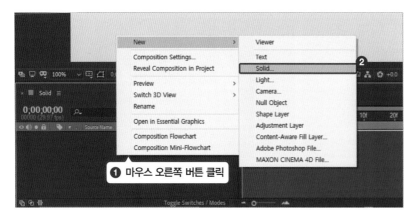

[Solid Settings] 대화상자 알아보기

앞에서 소개한 방법으로 솔리드 레이어를 생성하면 [Solid Settings] 대화상자가 나타납니다.

❶ **Name** | 솔리드 레이어의 이름을 설정합니다. [Color]에서 설정한 색상 이름이 자동으로 입력되며, 필요에 따라 원하는 이름으로 수정할 수 있습니다.

❷ **Size** | [Width]는 폭, [Height]는 길이를 말합니다. 솔리드 레이어의 가로세로 크기를 설정합니다.

❸ **Pixel Aspect Ratio** | 픽셀의 종횡비를 설정합니다. [Square Pixels]를 일반적으로 사용하며 정사각형 형태의 비례를 뜻합니다. 비디오 입력이나 출력에 따라 다르게 설정할 수 있습니다.

❹ **Make Comp Size** | 클릭하면 솔리드 레이어의 크기가 컴포지션 크기와 동일하게 설정됩니다.

❺ **Color** | 솔리드 레이어의 색상을 설정합니다.

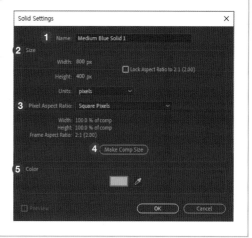

솔리드 레이어 속성 변경하기

[Solid Settings] 대화상자에서 옵션을 설정한 후 [OK]를 클릭하면 다음과 같은 크기의 사각형 솔리드 레이어가 생성됩니다. 원하는 형태로 솔리드 레이어를 만들 수 있습니다. ❶ 솔리드 레이어의 크기나 색상 등의 속성을 변경하려면 [Layer]-[Solid Settings] Ctrl + Shift + Y 메뉴를 선택하고 ❷ [Solid Settings] 대화상자가 나타나면 설정을 변경합니다.

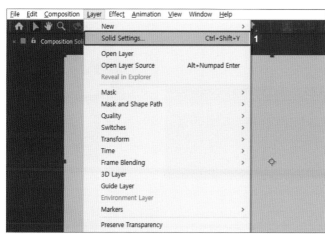

널 오브젝트 레이어 만들기

Null은 '아무 가치 없는'이라는 의미로, 널 오브젝트(Null Object)는 아무것도 보여주지 않는 오브젝트를 말합니다. [Layer]-[New]-[Null Object] Ctrl + Alt + Shift + Y 메뉴를 선택하면 널 오브젝트가 포함된 레이어를 만들 수 있습니다. 널 레이어는 [Transform] 속성을 가지고 있지만 시각적으로 나타나지 않습니다.

널 레이어는 Parent 기능과 함께 활용
합니다. 널 레이어를 다른 시각 레이어
의 Parent로 설정하면 여러 레이어들의
[Transform] 옵션을 한번에 조절할 수 있
습니다. 운동성이 강조되는 키네틱 애니메
이션이나 다수의 레이어가 함께 움직여야
하는 캐릭터 애니메이션 등에서 많이 활용
됩니다. ❶ [Timeline] 패널에 [Null 1] 레
이어가 생성되면 ❷ 캐릭터 전체를 조절
하기 위하여 [Null 1] 레이어를 [몸]과 [왼
쪽다리], [오른쪽다리] 레이어의 Parent
로 설정합니다. ❸ [Null 1] 레이어의
[Transform]을 조절하면 캐릭터를 구성
하는 모든 레이어가 그룹으로 움직입니다.

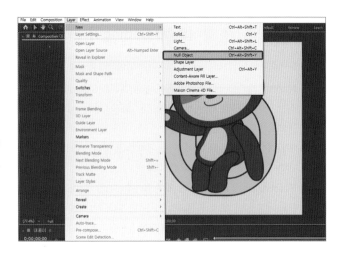

Parent 기능과 널 레이어에 대한 보다 자세한 내용은 CHAPTER 05의 LESSON 04 [Parent 기능 활용하기]에서 학습할 수 있습니다.

간단 실습 · 셰이프 레이어 만들기

준비 파일 기본/Chapter 03/셰이프 레이어 만들기.aep

셰이프 레이어(Shape Layer)란 형태를 그리는 모양 레이어로 애프터 이펙트의 대표적인 벡터 기반 레이어
입니다. 도형 도구나 펜 도구를 이용하여 형태를 그리고, 다양한 수식 속성을 추가하여 그래픽 이미지를 디
자인해 애니메이션을 적용할 수 있는 활용도 높은 기능입니다. 비트맵 이미지와 비교하여 상대적으로 용량
이 가볍고 수많은 도형과 복잡한 패턴들을 쉽고 빠르게 만들 수 있어서 폭넓게 활용됩니다. 설정해야 할 옵
션이 많고 추가 속성의 순서에 따라 결과물이 많이 달라지므로 차근차근 학습하길 바랍니다.

[File]-[Open Project] Ctrl + O 메뉴를 선택하고 준비 파일을 엽니다. 셰이프 레이어는 도형 도구나 펜 도
구를 이용하여 그림을 직접 그려 넣어 생성하거나, 메뉴바에서 새로운 셰이프 레이어를 추가해 만들 수 있습
니다. 두 가지 방법을 모두 알아보겠습니다.

① 도형 도구■와 펜 도구✎를 이용하여 눈 모양 셰이프 레이어 만들기

01 도구바에서 ❶ 도형 도구■ Q
를 1초간 클릭하면 나타나는 메뉴에서
❷ 원 도형⬤을 클릭합니다.

> Alt 키를 누르고 아이콘을 클릭하거나 도형 단축키
> Q 를 반복적으로 누르면 다른 도형을 차례대로 선
> 택할 수 있습니다.

02 도구바에 위치한 ❶ [Fill]과 ❷❸ [Stroke] 옵션을 클릭해 다음 표와 같이 선택합니다.

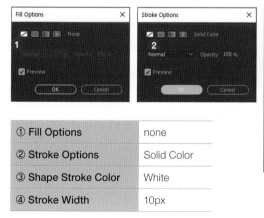

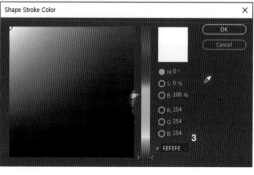

① Fill Options	none
② Stroke Options	Solid Color
③ Shape Stroke Color	White
④ Stroke Width	10px

[Fill Options]에서는 [Fill]의 속성 중에서 [Solid Color], [Linear Gradient], [Radial Gradient] 그리고 [Opacity] 등을 설정할 수 있습니다. [Shape Fill Color]에서는 [Fill]의 색상을 설정할 수 있습니다.

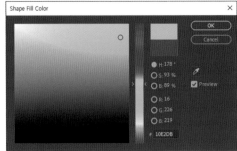

[Stroke Options]에서는 [Stroke] 속성 중에서 [Solid Color], [Linear Gradient], [Radial Gradient] 그리고 [Opacity] 등을 설정할 수 있습니다. [Shape Stroke Color]에서는 [Stroke]의 색상을 설정할 수 있습니다.

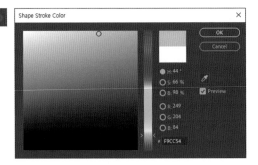

> Alt 를 누른 상태로 [Fill] 옵션의 컬러 아이콘██을 클릭하면 [Fill Options] 스타일이 차례로 변경됩니다. 같은 방법으로 [Stroke Options]도 빠르게 변경할 수 있습니다.

03 [Composition] 패널에서 ❶ Shift 를 누른 상태로 드래그해 정원을 그립니다. ❷ [Timeline] 패널에 [Shape Layer 1] 레이어가 등록됩니다. ❸ Ctrl + Alt + Home 을 눌러 중심점을 도형의 정중앙으로 옮기고 Ctrl + Home 을 눌러 화면의 정중앙에 도형을 배치합니다.

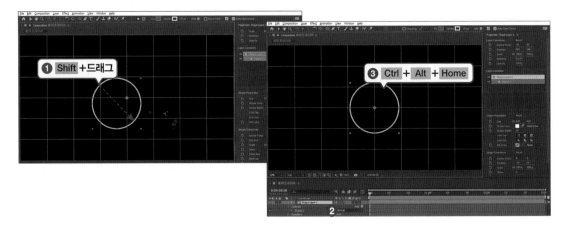

새로 만드는 셰이프 레이어의 중심점(Anchor Point)을 화면의 중앙이 아닌 콘텐츠의 중앙으로 설정할 수 있습니다. [Edit]–[Preferences] 메뉴를 클릭하면 나타나는 [Preferences] 대화상자에서 [General]–[Center Anchor Point in New Shape Layers]에 체크합니다. 이 책에서는 이와 같이 설정한 후 예제를 진행하였습니다.

기능 꼼꼼 익히기 🏷️ 도형의 중심점(Anchor Point)을 도형의 정중앙으로 설정하기

사진 등의 이미지를 컴포지션에 불러오면 중심점은 자동으로 이미지의 정중앙에 위치합니다. 그러나 도형 도구나 펜 도구로 그린 셰이프는 도형의 위치와 상관없이 화면의 정중앙으로 레이어의 중심점이 설정됩니다. 화면의 정중앙이 아닌 도형 등의 콘텐츠의 정중앙으로 중심점을 옮기려면 [Layer]–[Transform]–[Center Anchor Point in Layer Content] Ctrl + Alt + Home 메뉴를 선택합니다.

모션 그래픽에서 많은 경우 주요 오브젝트는 주목도를 올리기 위하여 정중앙에 배치합니다. 도형이나 그림을 화면의 정중앙에 배치하려면 [Layer]–[Transform]–[Center In View] Ctrl + Home 메뉴를 선택합니다. 또는 [Window]–[Align] 메뉴를 선택하면 나타나는 [Align] 패널에서 [Align Layers to]를 [Composition]으로 설정하고 🔲와 🔲를 각각 클릭하면 가로와 세로 모두 정중앙으로 위치시켜 화면의 정중앙에 배치할 수 있습니다.

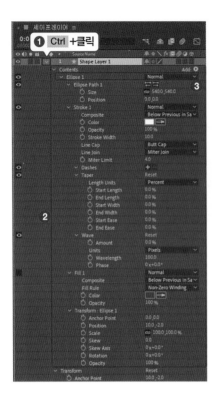

04 [Timeline] 패널에서 ❶ Ctrl 을 누르고 [Shape Layer 1] 레이어의 ▶을 클릭합니다. ❷ [Shape Layer 1] 레이어의 모든 속성이 표시됩니다. [Shape Layer 1] 레이어의 ❸ [Contents] 아래에 [Ellipse 1]이 생성되었습니다. 그 하위에는 [Stroke]나 [Fill] 등의 속성이 등록되어 있습니다.

05 [Shape Layer 1] 레이어의 ❶ [Contents]-[Ellipse 1]-[Ellipse Path 1]-[Size]를 400,400으로 설정합니다. [Size]의 수정은 [Properties] 패널에서도 할 수 있습니다. ❷ 원 도형의 사이즈가 바뀝니다.

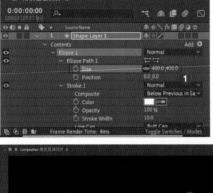

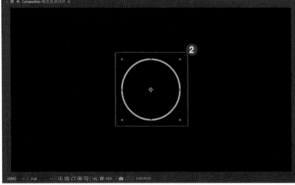

06 도구바에서 **❶** 펜 도구 ✏️ **G** 를 클릭합니다. **❷** **F2** 를 눌러 모든 레이어의 선택을 해제합니다. **❸❹❺** **❻❼** [Composition] 패널에서 원을 둘러싸는 눈 모양을 그립니다.

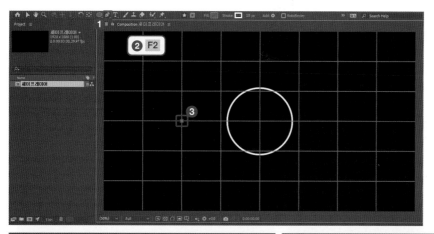

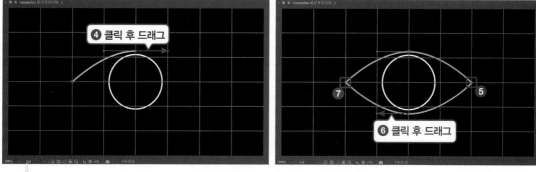

[Shape Layer 1] 레이어가 선택되어 있는 상태에서 다른 도형을 그리면 [Shape Layer 1] 레이어에 도형이 추가로 등록됩니다. 새로운 도형을 다른 레이어에 만들고 싶다면 모든 레이어의 선택이 해제된 상태에서 도형을 그려야 합니다. 모든 레이어를 선택 해제하는 단축키는 **F2** 또는 **Shift** + **Ctrl** + **A** 입니다.

② [Layer] 메뉴로 셰이프 레이어 만들기

[Layer]-[New]-[Shape Layer] 메뉴를 클릭하거나 [Timeline] 패널에서 빈 공간에 마우스 오른쪽 버튼을 클릭하고 [New]-[Shape Layer]를 클릭하여 새로운 셰이프 레이어를 만들 수도 있습니다. 새로 삽입된 도형 레이어의 [Contents]를 보면 아무것도 등록되어 있지 않습니다.

01 ❶ Add를 클릭합니다. ❷ [Rectangle]을 선택해 사각형을 등록합니다. 이어서 ❸❹ Add
–[Fill]을 선택해 추가합니다. ❺ [Composition] 패널의 정중앙에 빨간색 정사각형이 생성됩니다.

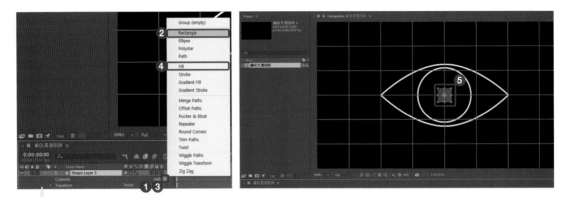

도구로 직접 도형을 그릴 경우에는 [Fill]과 [Stroke] 속성이 바로 직전에 사용한 옵션으로 설정됩니다. 하지만 Add로 생성하면 표시되는 색상과 크기
는 기본값으로 모든 경우에 동일하게 표시됩니다. 예를 들어, 사각형의 경우 언제나 [Size]는 [100,100]으로, [Fill]은 [Solid Color]로, [Fill Color]는 빨
간색으로, 그리고 [Stroke]는 [None]으로 설정됩니다.

02 삽입한 사각형의 ❶❷ [Size]와 [Fill 1]–[Color] 속성을 자유롭게 변경해봅니다.

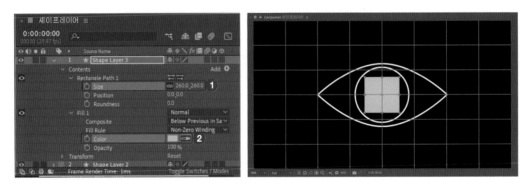

03 Add는 형태나 색상 정보 외에도 다양한 추가 수식을 적용할 수 있습니다. ❶ Add를 클릭하고
❷ [Pucker & Bloat]를 선택합니다. 그리고 ❸ [Amount]를 조절해 클로버 모양을 쉽게 만들 수 있습니다.

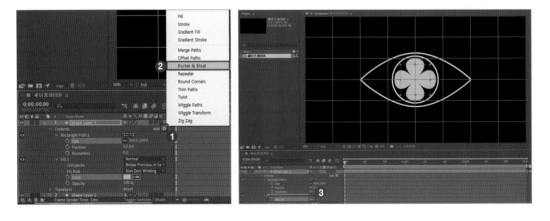

스트로크(Stroke) 속성 알아보기

셰이프 레이어의 스트로크(Stroke)에는 많은 속성이 있으며 형태를 그리고 애니메이션을 구현할 때에 중요한 역할을 합니다. 스트로크의 다양한 속성에 대하여 알아보겠습니다.

01 ❶ 펜 도구 ✏ G 를 클릭하고 ❷ 컴포지션에 자유롭게 세로 선을 그립니다. ❸ 색상과 두께도 자유롭게 선택합니다. [Timeline] 패널에서 삽입된 셰이프 레이어의 [Stroke 1]에 포함된 옵션을 확인하기 위해 ❹ ▶을 클릭합니다.

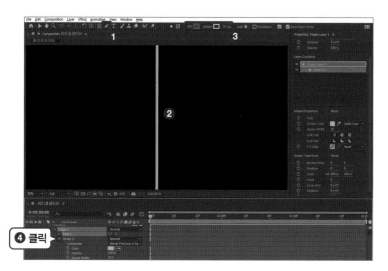

02 ❶ [Stroke 1]–[Dashes]의 ✚를 한 번 클릭하면 ❷ [Dash]가, ❸ 한 번 더 클릭하면 [Gap] 속성이 등록됩니다. ❹ [Line Cap]을 [Round Cap]으로 설정합니다. 양쪽 끝이 둥근 모양이 됩니다. ❺ [Dash]와 [Gap]에 자유롭게 수치를 입력하여 점선으로 만들어봅니다. ❻ [Properties] 패널에서도 설정할 수 있습니다.

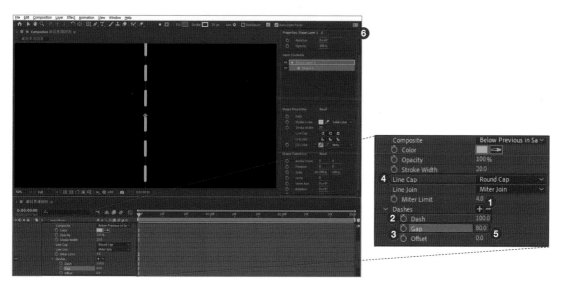

03 ❶[Stroke 1]-[Dashes]의 ➕를 한 번 더 클릭하면 ❷[Dash 2]가 추가됩니다.

 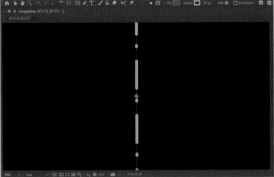

> ➖을 세 번 클릭하면 앞서 추가한 속성이 모두 사라지고 다시 직선이 됩니다.

테이퍼(Taper)와 웨이브(Wave) 속성 알아보기

테이퍼(Taper)는 '폭이 점점 가늘어지다'라는 의미로 같은 굵기를 가진 선의 시작점이나 끝점을 둥글게 만들거나 가늘게 조절할 수 있습니다.

01 [Timeline] 패널에서 ❶[Stroke 1]-[Stroke Width]를 100으로 두껍게 설정합니다. ❷[Stroke 1]-[Taper]의 ❯을 클릭합니다. [Taper]의 ❸[End Length]를 50%로, ❹[End Ease]를 40%로 합니다. ❺선의 한쪽 끝이 완만하게 뾰족한 모양이 됩니다.

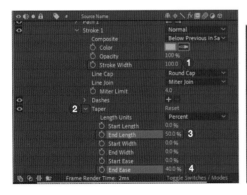 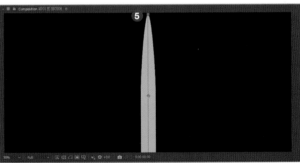

기능 꼼꼼 익히기 📎 테이퍼(Taper) 옵션 알아보기

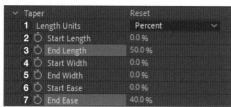

❶ **Length Units** | 길이 단위이며 백분율(Percent) 및 픽셀(Pixel)의 두 가지 옵션 중에서 선택합니다.

❷ **Start Length** | 시작 길이를 뜻하며 스트로크 시작에서 테이퍼의 길이를 제어합니다.

❸ **End Length** | 끝 길이를 뜻하며 스트로크 끝에서 테이퍼 길이를 제어합니다.

❹ **Start Width** | 시작 너비를 뜻하며 경로의 시작 길이를 따라 테이퍼의 두께를 제어합니다.

❺ **End Width** | 끝 너비를 뜻하며 경로의 끝 길이를 따라 테이퍼의 두께를 제어합니다.

❻ **Start Ease** | 시작 Ease(완화)를 뜻하며 시작 길이를 따라 테이퍼의 둥글기를 제어합니다.

❼ **End Ease** | 끝 Ease(완화)를 뜻하며 끝 길이를 따라 테이퍼의 둥글기를 제어합니다.

02 ❶ [Stroke 1]-[Wave]의 ▶을 클릭합니다. ❷ [Amount]를 20%로, ❸ [Wavelength]를 150으로 각각 설정합니다. ❹ 해초와 같이 구불구불한 모양으로 변형됩니다.

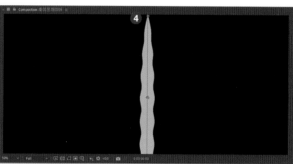

기능 꼼꼼 익히기 📎 웨이브(Wave) 옵션 알아보기

웨이브(Wave) 속성은 선의 경로를 따라 스트로크에 웨이브를 추가하는 데 사용합니다. 테이퍼(Taper)와 마찬가지로 다양한 옵션이 있습니다.

❶ **Amount** | 스트로크에 추가되는 웨이브의 강도와 수를 제어합니다. 값이 작을수록 웨이브가 약하고 값이 높을수록 웨이브가 더 강해집니다.

❷ **Units** | 웨이브의 단위이며 픽셀 또는 사이클로 측정되는지 여부를 제어합니다.

❸ **Wavelength** | 파도 사이의 간격을 제어합니다. 기본값은 100이며 수치를 낮추면 파동이 좁아지고, 수치를 높이면 파동이 넓어집니다.

❹ **Phase** | 경로를 따라 웨이브를 오프셋할 때 사용하여 경로 길이에 걸쳐 웨이브가 애니메이션되도록 합니다.

레이어 아이콘

[Timeline] 패널에 등록된 레이어의 이름 앞에는 각각 다른 모양의 작은 아이콘이 표시됩니다. 아이콘 모양에 따라 레이어의 종류를 식별할 수 있습니다.

불러오기 기능으로 등록한 사진, 비디오, 포토샵, 또는 일러스트 파일의 경우에는 컴퓨터의 기본 프로그램 설정에 따라 아이콘 모양이 다르게 나타날 수 있습니다.

① ☐ | 널 오브젝트 레이어, 조정(Adjustment) 레이어 또는 하얀색 솔리드 레이어입니다.

② T | 텍스트 레이어입니다.

③ ■ | 솔리드 레이어이며 레이어의 색상 설정과 동일한 색상으로 표시됩니다.

④ ★ | 셰이프 레이어입니다.

⑤ ▣ | 컴포지션 레이어이며 다른 컴포지션을 컴포지션에 삽입한 경우 해당 아이콘으로 표시됩니다.

⑥ ▣ | 사진 등의 이미지 파일 레이어입니다.

⑦ ▣ | 비디오 푸티지 레이어입니다.

⑧ ▣ | 일러스트레이터 파일 레이어입니다.

⑨ ▣ | 포토샵 파일 레이어입니다.

셰이프 레이어의 추가(Add) 수식 알아보기

셰이프 레이어를 선택한 후에 [Contents]의 Add ◘를 클릭하면 [Contents]에 추가할 수 있는 다양한 수식 (Modifier) 속성이 표시됩니다. 네 개 묶음으로 분류되어 있습니다.

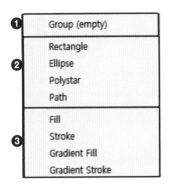

① 선택한 도형이나 셰이프를 그룹화합니다. 아무것도 선택하지 않은 상태에서 만들면 빈 그룹이 생성됩니다.

② 사각형, 원형, 다각형, 패스를 생성합니다.

③ [Fill] 또는 [Stroke] 속성을 추가합니다.

Merge Paths
Offset Paths
Pucker & Bloat
Repeater
Round Corners
Trim Paths
Twist
Wiggle Paths
Wiggle Transform
Zig Zag

④ 셰이프에 효과를 추가할 수 있는 다양한 수식(Modifier)으로, 셰이프 레이어만의 강력한 기능입니다. 다양한 조합으로 멋진 패턴이나 아트워크를 만들고 애니메이션할 수 있습니다.

간단 실습   추가(Add) 수식으로 도형 변형하기

준비 파일 기본/Chapter 03/구름.aep

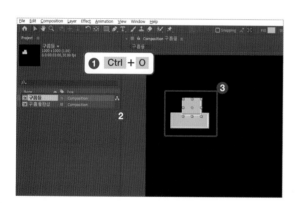

01 ❶ [File]-[Open Project] Ctrl + O 메뉴를 선택해 **구름.aep** 준비 파일을 엽니다. ❷ [Timeline] 패널에서 셰이프 레이어인 [구름] 레이어의 ▶를 클릭하여 속성을 엽니다. ❸ [Contents] 아래에 두 개의 사각형이 삽입되어 있습니다.

동영상 강의
확인하기

02 ❶ [구름]레이어를 선택한 후 [Contents]의 Add ▶를 클릭하고 ❷ [Merge Paths]를 선택해 추가합니다. ❸ 두 개의 도형이 하나로 합쳐집니다.

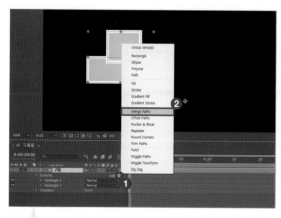
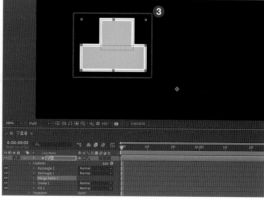

[Merge Paths] 알아보기 | 두 개 이상의 패스에 적용할 수 있으며 모양을 다양한 형태로 겹쳐 새로운 모양을 연출할 수 있습니다.

03 ❶ [Contents]의 Add ▣를 클릭하고 ❷ [Round Corners]를 선택해 추가합니다. ❸ [Radius]를 50으로 설정합니다. ❹ 도형의 모서리가 둥글게 바뀝니다.

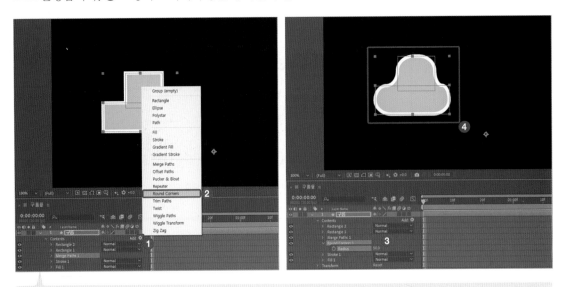

[Round Corners] 알아보기 | 직선의 형태를 가진 조절점에 [Radius]를 생성합니다. 이 속성을 사용해 직사각형을 모서리가 둥근 사각형으로 만들 수 있습니다. 베지에 곡선에는 적용되지 않습니다.

04 ❶ [Contents]의 Add ▣를 클릭하고 ❷ [Offset Paths]를 추가합니다. ❷ [Amount]를 40으로 설정합니다.

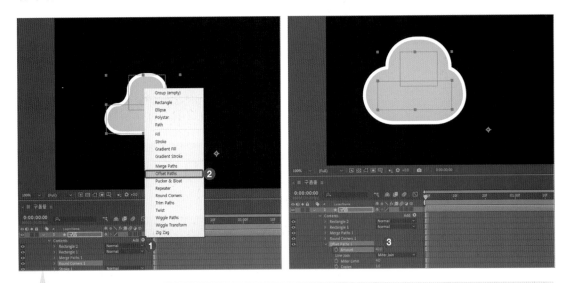

[Offset Paths] 알아보기 | 패스에 상쇄되는 값(Offset)을 설정할 수 있으며 [Line Join]을 [Round Join]으로 설정하면 직선으로 그려진 패스를 둥글게 변형시킬 수 있습니다.

05 ❶ [Contents]의 Add 버튼를 클릭하고 [Repeater]를 추가합니다. ❷ [Copies]를 **5**로, [Offset]을 **−1**로 설정합니다. ❸ [Transform: Repeater 1]의 [Position]을 **190, 25**로, [Scale]을 **80, 80%**로 설정합니다.

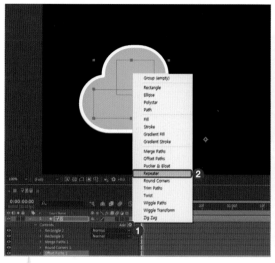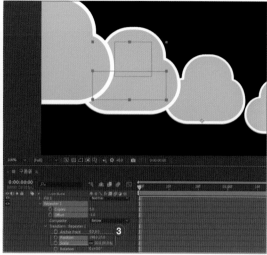

> **[Repeater] 알아보기** | 리피터(Repeater)는 '반복자'라는 의미로 모양을 복사하여 반복적으로 나타냅니다. 단순한 도형으로도 화면을 가득 채우는 패턴을 만들고 화려한 움직임을 제어할 수도 있습니다. [Trim Paths]와 함께 가장 많이 활용됩니다.

06 ❶ [Contents]의 Add 버튼를 클릭하고 [Wiggle Transform]을 추가합니다. [Timeline] 패널을 보면 [Wiggle Transform 1]이 [Repeater 1]에 위치하므로 구름이 여러 개로 복제되기 전에 적용되어 옵션을 변경해도 구름의 위치에 변화가 없습니다. ❷ [Wiggle Transform 1]을 클릭하고 [Repeater 1] 아래로 드래그하여 내려놓습니다.

> **[Wiggle Transform] 알아보기** | 셰이프의 변형값을 랜덤하게 조절할 수 있습니다. 하나의 셰이프 레이어에 여러 개의 도형을 그리고 [Wiggle Transform]을 적용한 후 [Wiggle Transform]의 [Anchor Point], [Position] 등의 값을 조절하여 다양한 값을 각각의 도형에 랜덤하게 적용시킬 수 있습니다.

07 ❶ [Wiggles/Second]를 0으로 설정하여 위칫값을 고정시킵니다. ❷ [Random Seed]를 1로, ❸ [Transform]-[Position]을 −40, 450으로 설정합니다. 다양한 값을 적용해보고 원하는 모양을 만들면 됩니다. 두 개의 사각형을 그리고 다양한 수식을 추가하여 여러 개의 구름 그리기가 완성되었습니다.

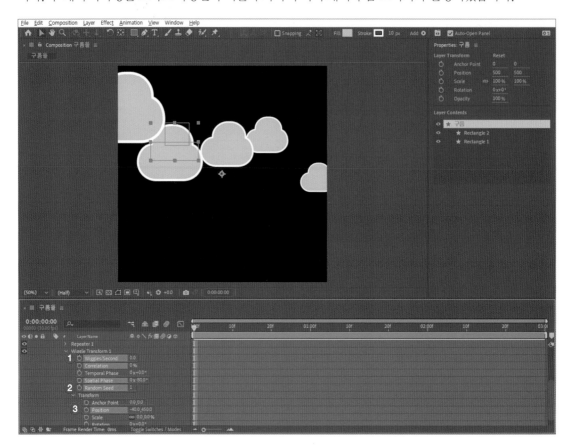

03 레이어 활용하기

다양한 레이어의 핵심 기능 정복하기

애프터 이펙트에서는 용도에 맞는 레이어를 만들고 여러 옵션을 이용하여 다양한 작업을 수행합니다. 기본 기능 외에도 레이어에 스타일을 만들거나 3D 레이어로 변환시켜 3D 결과물을 만들 수도 있습니다. 또한 레이어 간에 Parent와 Link 관계를 설정하여 움직임을 정밀하게 제어할 수 있습니다.

간단 실습 레이어 스타일 적용하기

준비 파일 기본/Chapter 03/레이어의 활용.aep

레이어 스타일(Layer Styles)은 포토샵에서 활용하는 대표적인 레이어 옵션입니다. 이미지에 그림자 이펙트를 적용하여 평면 이미지에 공간감을 부여하거나 그레이디언트, 오버레이 등을 적용할 수도 있습니다. 애프터 이펙트에서도 레이어 옵션을 사용할 수 있어, 별도의 이펙트 속성을 적용하지 않고도 레이어 스타일 옵션을 통해 이미지에 변화를 줄 수 있습니다. 포토샵에서 레이어 스타일을 적용한 이미지를 애프터 이펙트로 불러올 경우 불러오기 옵션에 따라 스타일을 편집하고 움직임을 만들 수도 있습니다.

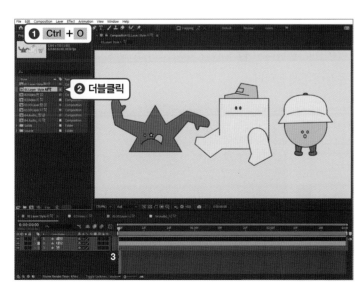

01 ❶ [File]-[Open Project] Ctrl + O 메뉴를 선택해 준비 파일을 엽니다. ❷ [Project] 패널에서 [01.Layer Style시작]을 더블클릭하여 [01.Layer Style시작] 컴포지션을 엽니다. ❸ 세 개의 도형 캐릭터 이미지가 있는 셰이프 레이어입니다.

02 ❶ [세모] 레이어를 마우스 오른쪽 버튼으로 클릭하고 ❷ [Layer Styles]-[Bevel and Emboss]를 선택합니다.

❶ 마우스 오른쪽 버튼 클릭

[Bevel and Emboss]는 돌출각, 음양각 이펙트이며 평면적인 그림을 입체로 표현할 수 있습니다. [Bevel and Emboss] 옵션은 작업 환경에 따라 다르게 나타날 수 있습니다. 애프터 이펙트에서는 마지막으로 적용했던 옵션 설정이 저장되었다가 다음 설정에 반영되는 경우가 많으며 레이어 스타일도 그러한 특성을 반영합니다.

03 [세모] 레이어에 [Layer Styles] 옵션이 등록됩니다. ❶ [Bevel and Emboss]의 ▶을 클릭하고 ❷ [Bevel and Emboss]의 옵션을 다음과 같이 조절합니다. ❸ 이미지가 입체적인 모양으로 변합니다. ❹ 설정이 끝나면 [세모] 레이어의 ▼을 클릭하여 모든 옵션을 닫습니다.

❷ 각각 설정

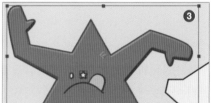

레이어를 선택하고 U를 누르면 키프레임을 설정한 옵션만 열립니다. U를 두 번 누르면 기본값에서 변경된 모든 옵션이 열립니다. 다시 U를 누르면 옵션이 닫힙니다. 작업을 마친 레이어의 옵션은 닫는 것이 효율적입니다.

04 ❶ [네모] 레이어를 마우스 오른쪽 버튼으로 클릭하고 ❷ [Layer Styles]-[Drop Shadow]를 선택합니다. ❸ [네모] 레이어에 [Layer Styles] 옵션이 등록됩니다.

❶ 마우스 오른쪽 버튼 클릭

[Drop Shadow]는 그림자 이펙트입니다. 이미지가 입체적으로 표현되지는 않지만 그림자로 인해 거리감이 생기기 때문에 이미지가 배경 앞으로 돌출되는 효과를 연출할 수 있습니다.

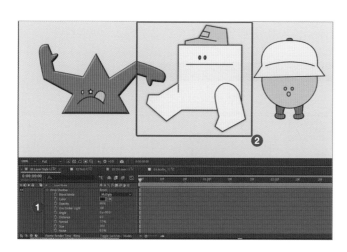

05 ❶ [Drop Shadow] 옵션을 아래 표를 참조하여 설정합니다. ❷ 네모 캐릭터 주위에 은은한 그림자가 생성됩니다.

Color	292F6D
Opacity	60%
Angle	90°
Distance	0.0
Spread	7%
Size	10.0

06 ❶ 같은 방법으로 [네모] 레이어에 [Gradient Overlay] 스타일을 추가로 적용해봅니다. ❷ 옵션을 다음과 같이 설정합니다. ❸ [Gradient Overlay]-[Colors]의 [Edit Gradient]를 클릭하면 ❹ [Gradient Editor] 대화상자가 나타납니다. 그레이디언트의 색상, 투명도, 위치 등을 조절할 수 있습니다. ❺ 원하는 색상으로 변경하고 [OK]를 클릭합니다.

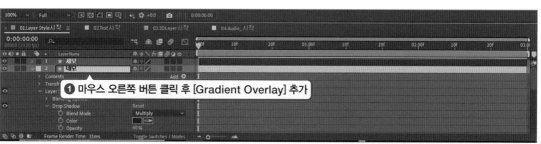

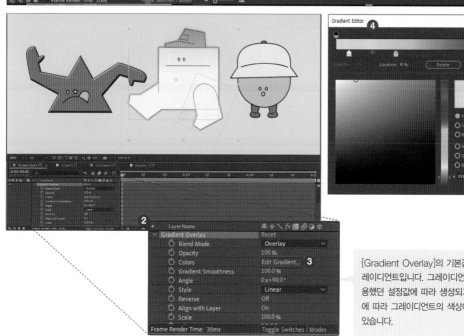

[Gradient Overlay]의 기본값은 블랙&화이트 그레이디언트입니다. 그레이디언트는 마지막으로 사용했던 설정값에 따라 생성되기 때문에 작업 환경에 따라 그레이디언트의 색상이 다르게 나타날 수 있습니다.

07 ❶ [원] 레이어를 선택하고 ❷ [Layer Styles]를 자유롭게 적용한 후 세부 옵션을 조절해봅니다.

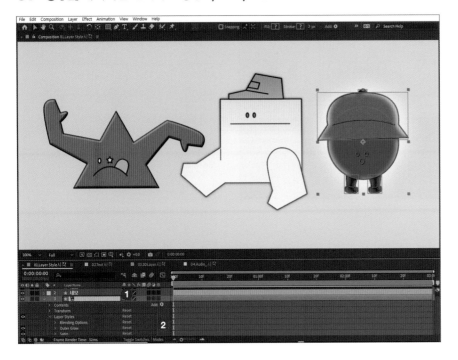

08 세 개의 레이어에 레이어 스타일을 다양하게 적용하여 이미지를 입체적으로 연출했습니다.

간단 실습 　비디오 푸티지 레이어의 속도를 느리거나 빠르게 조절하기

준비 파일 기본/Chapter 03/레이어의 활용.aep

01 ❶ 앞서 실습한 준비 파일을 그대로 사용합니다. [02.Video시작] 컴포지션을 엽니다. 비디오 푸티지 레이어가 삽입된 컴포지션이 열립니다. ❷ [clip.mp4] 레이어의 길이는 4초 정도입니다.

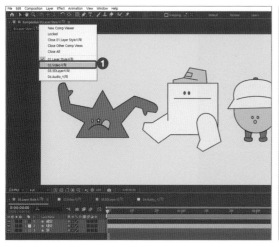

02 ❶ [Layer]-[Time]-[Time Stretch] 메뉴를 선택합니다. ❷ [Stretch]-[Stretch Factor]을 200으로 설정하고 ❸ [Hold in Place]-[Layer In-point]로 설정하고 ❹ [OK]를 클릭합니다.

[Time Stretch]에서는 비디오 푸티지 원본의 길이에서 얼마나 스트레치(Stretch)할지 설정할 수 있습니다. [Stretch Factor]를 100보다 큰 수치로 입력하면 동영상의 길이가 늘어나며 속도가 느려지고, 100보다 작은 수치로 입력하면 속도가 빨라집니다. [New Duration]을 입력하여 정확한 길이로 설정할 수도 있습니다.

[Hold in Place]에서는 어느 지점을 기준으로 시간을 스트레치할지 설정합니다.
❶ **Layer In-point** | 레이어의 인점을 기준으로 스트레치됩니다.
❷ **Currect Frame** | 현재 프레임을 기준으로 스트레치됩니다.
❸ **Layer Out-point** | 레이어의 아웃점을 기준으로 스트레치됩니다.

03 [clip.mp4] 레이어의 길이가 컴포지션의 끝까지 연장되었습니다. 길이가 두 배로 늘어나면서 속도
는 두 배로 느려졌습니다.

간단실습 비디오 푸티지 레이어를 역재생하기

01 ❶ 앞서 실습한 준비 파일을 그대로 사용합니다. [clip.mp4] 레이어를 마우스 오른쪽 버튼으로 클릭
하고 ❷ [Time]−[Time Reverse Layer] Ctrl + Alt + R 를 적용합니다. ❸ 비디오가 역재생되며 레이어 막
대의 하단에 빗금 무늬가 생성됩니다. Ctrl + Z 를 눌러 다시 돌아옵니다.

❶ 클릭 후 마우스 오른쪽 버튼 클릭

간단 실습 | 비디오 푸티지 레이어의 시간을 마음대로 조절하기

01 ❶ 앞서 실습한 준비 파일을 그대로 사용합니다. [clip.mp4] 레이어를 마우스 오른쪽 버튼으로 클릭하고 ❷ [Time]- [Enable Time Remapping] Ctrl + Alt + T 를 적용합니다.

❶ 클릭 후 마우스 오른쪽 버튼 클릭

02 [clip.mp4] 레이어에 [Time Remap] 속성이 등록되었습니다. 두 개의 키프레임이 자동으로 설정되었습니다.

03 ❶ 2초 지점으로 이동합니다. ❷ [Time Remap] 시간을 0;00;00;10으로 설정합니다. 2초 동안 재생되던 영상이 10프레임으로 줄어들면서 속도가 매우 빠르게 재생됩니다.

04 ❶ 2초 15F 지점으로 이동합니다. ❷ [Time Remap] 시간을 0;00;03;00으로 설정합니다. 속도가 느리게 재생됩니다. Spacebar 를 눌러 프리뷰해보면 비디오의 속도가 빠르거나 느리게 조정되었습니다.

05 ❶ [Timeline] 패널에서 █를 클릭해 프레임 블렌딩을 활성화하고 ❷ 레이어의 █를 클릭합니다. 프레임이 겹쳐지거나 건너뛴 부분의 프레임을 생성 또는 혼합하여 보다 매끄러운 재생이 가능해집니다.

3D 레이어로 리얼한 3D 장면 연출하기

애프터 이펙트는 2D 그래픽 제작 프로그램이지만 3D 기능을 활용할 수 있습니다. 레이어를 3D 레이어로 변환하면 3D 좌표를 가지게 되고 3D 공간으로 이동할 수 있습니다. 내부 플러그인에 3D 렌더러(Renderer) 기능이 있어 3D 기능도 활용할 수 있습니다. [Classic 3D] 렌더러로 설정할 경우 3D 공간을 만들고 그 공간 안에 이미지 등을 배치하여 카메라를 움직일 수 있으며, 조명을 삽입하여 공간을 연출할 수 있습니다. [Cinema 4D] 렌더러를 활용하면 3D 소프트웨어에서만 가능했던 3D 오브젝트 애니메이션을 만들어 질감을 조절하거나 반사(Reflection) 효과를 설정할 수도 있습니다.

간단 실습 Cinema 4D 렌더러로 3D 오브젝트 만들기

준비 파일 기본/Chapter 03/레이어의 활용.aep

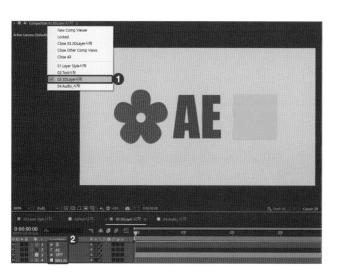

01 앞서 실습한 준비 파일을 그대로 사용합니다. ❶ [03.3DLayer시작] 컴포지션을 엽니다. ❷ [Timeline] 패널을 살펴보면 하나의 텍스트 레이어와 두 개의 셰이프 레이어, 그리고 배경이 되는 솔리드 레이어가 포함되어 있습니다.

02 ❶ [큐브] 레이어를 선택하고 ❷ ▶을 클릭하여 [Transform]을 엽니다. ❸ [Anchor Point], [Position], [Scale]은 X와 Y축 두 개의 좌표로 설정되어 있습니다.

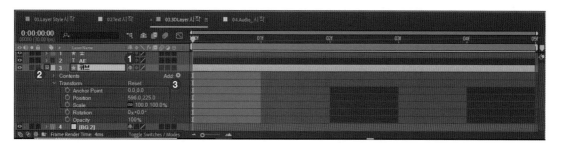

03 ❶ [큐브] 레이어가 선택된 상태에서 ▣을 클릭하여 3D 레이어로 변환합니다. ❷ X와 Y 좌표만 있던 기존 옵션값에 Z 좌표가 추가되어 [Position], [Orientation], [Rotation]이 X, Y, Z 세 축으로 분리되어 나타납니다.

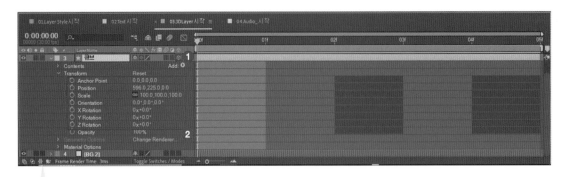

비활성화된 [Geometry Options]와 활성화된 [Material Options]가 나타납니다. 3D 레이어만 표시되는 속성입니다.

04 3D 레이어로 그래픽을 제작할 때는 다양한 [View]를 설정하여 작업하는 것이 좋습니다. ❶ [Composition] 패널을 [2 Views]로 설정합니다. ❷ 화면이 분할되면 왼쪽 컴포지션을 클릭하고 ❸ [Custom View 1]로 설정합니다.

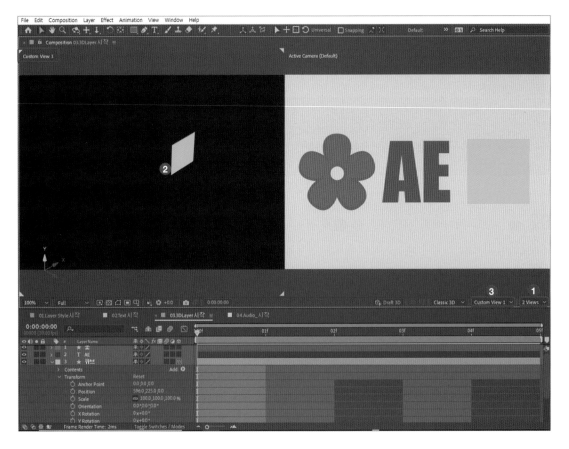

05 [꽃], [AE], [BG2] 레이어도 을 각각 클릭하여 3D 레이어로 변환합니다.

06 Cinema 4D 렌더러로 변경하여 입체 오브젝트를 만들겠습니다. ❶ [Composition] 패널에서 [Classic 3D]를 클릭하고 ❷ [Cinema 4D]를 선택하여 렌더러를 변경합니다. 이미지의 변화는 없습니다.

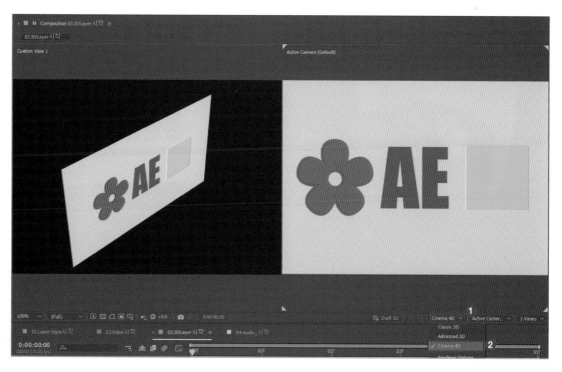

❶ Ctrl + K 를 눌러 [Composition Settings] 대화상자를 열고 세 번째 탭인 [3D Renderer]를 클릭합니다. 해당 탭에서 컴포지션의 렌더러를 변경할 수 있으며 두 개의 렌더러에 대한 정보도 확인할 수 있습니다. ❷ [Options]를 클릭하여 렌더 품질에 관한 옵션 설정을 변경할 수 있습니다. ❸ [Renderer]를 [Cinema 4D]로 변경하면 텍스트나 셰이프 레이어의 압출(Extrusion)을 만들 수 있으며 솔리드 레이어를 포함한 푸티지 레이어를 커브로 만들 수 있습니다.

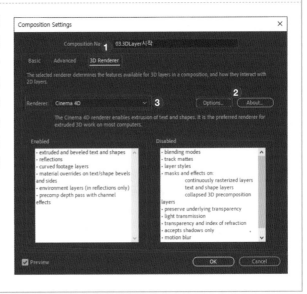

07 ❶ [BG2] 솔리드 레이어를 선택합니다. [Geometry Options]가 활성화되었습니다. ❷ ▶을 클릭하여 세부 옵션을 엽니다. ❸ [Curvature]를 100%, ❹ [Segments]를 20으로 설정합니다. ❺ 배경 레이어가 곡면으로 휘어지며 나타납니다.

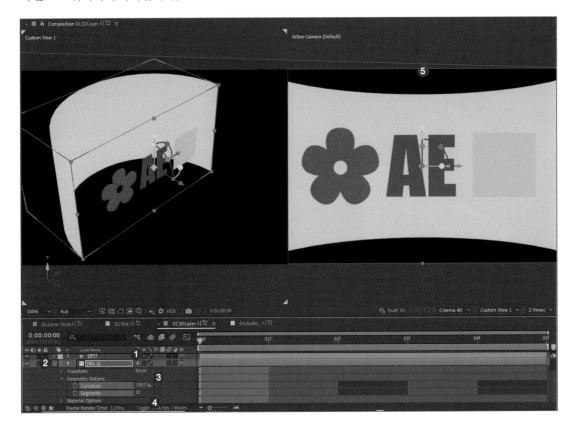

08 ① [큐브] 셰이프 레이어를 선택합니다. ② ▶을 클릭하여 [Geometry Options]의 세부 옵션을 엽니다. ③ [Bevel Style]을 [Convex]로 설정하고, [Bevel Depth]는 5, [Extrusion Depth]는 150으로 설정합니다. ④ 정사각형이 사면(Bevel)이 있는 정육면체로 변합니다.

09 ① [AE] 텍스트 레이어를 선택합니다. ② ▶을 클릭하여 [Geometry Options]의 세부 옵션을 엽니다. ③ [Bevel Style]을 [Concave]로 설정하고, [Bevel Depth]는 3, [Extrusion Depth]는 50으로 설정합니다. ④ 문자의 앞뒤 폭이 두꺼워지며 3D 텍스트로 바뀝니다.

10 ❶ 가운데가 뚫린 모양의 [꽃] 셰이프 레이어를 선택합니다. ❷ ▶을 클릭하여 [Geometry Options] 의 세부 옵션을 엽니다. ❸ [Bevel Style]을 [Angular]로 설정합니다. [Bevel Depth]는 **5**, [Hole Bevel Depth]는 **0%**, [Extrusion Depth]는 **100**으로 설정합니다. ❹ 사면(Bevel)이 있는 꽃 모양의 입체 도형으로 바뀌며, [Hole Bevel Depth]는 **0%**로 설정했기 때문에 가운데 구멍 부분에는 사면이 없습니다.

11 오브젝트에 두께가 생겨 입체가 되었지만 조명이 없기 때문에 입체감이 잘 표현되지 않습니다. 조명을 적용해보겠습니다. ❶ [Timeline] 패널에서 ▦을 클릭하여 숨겨둔 레이어를 나타나게 합니다. 미리 만들어둔 네 개의 조명 레이어가 나타납니다. ❷ 조명 레이어 네 개의 ◉을 클릭하여 조명이 보이도록 합니다. ❸ 조명이 생기면서 물체의 입체감이 확실하게 표현됩니다.

조명을 비롯한 3D 레이어의 추가 활용 방법은 기본편 CHAPTER 05의 LESSON 02 [3D 기능 알아보기]에서 자세히 알아보겠습니다.

12 ❶ [꽃], [AE], [큐브] 레이어를 선택하고 ❷ A를 두 번 눌러 [Material Options]를 엽니다. ❸
[Casts Shadows]를 [On]으로 설정하면 그림자가 생성됩니다.

조명을 적용했더라도 레이어의 [Casts Shadows] 옵션을 [On]으로 설정해야 그림자가 표현되고 자연스러운 입체감을 구현할 수 있습니다.

기능 꼼꼼 익히기 🔖 렌더링 퀄리티 조절하기

Cinema 4D 렌더러를 활용한 3D 렌더링은 컴퓨터의 메모리(Ram)를 많이 사용하기 때문에 사양이 충분하지 않다면 이미지 처리 속도가 매우 느려질 수 있습니다. 이때 렌더러 옵션에서 퀄리티(품질)를 조절해 작업 속도를 향상시킬 수 있습니다. [Composition Settings] 대화상자에서 [Renderer]의 옵션을 설정하거나, [Composition] 패널에서 렌더러 항목을 클릭하여 렌더 옵션을 선택할 수 있습니다. [Cinema 4D Render Options] 대화상자에서 [Quality]의 기본값은 25이며 [Draft]로 갈수록 렌더링 속도는 빨라지고 이미지 품질은 낮아집니다. [Extreme]으로 갈수록 렌더링 속도는 느려지지만 이미지 품질은 향상됩니다.

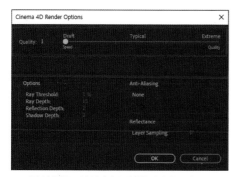

▲ 가장 낮은 [Draft] 퀄리티로 설정한 이미지 품질

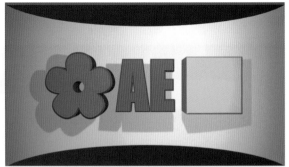

▲ 가장 높은 [Extreme] 퀄리티로 설정한 이미지 품질

[Cinema 4D Render Options] 대화상자를 열지 않고도 [Compositon] 패널에서 [Draft 3D]를 클릭하면 저화질 모드로 변경할 수 있으며 [Draft 3D]가 활성화되면 그림자 정보는 표시되지 않습니다. 그림자 설정이 사라진 것은 아니며 잠시 보이지 않도록 숨긴 상태입니다. 다시 [Draft 3D]를 클릭하면 원래의 상태로 돌아옵니다.

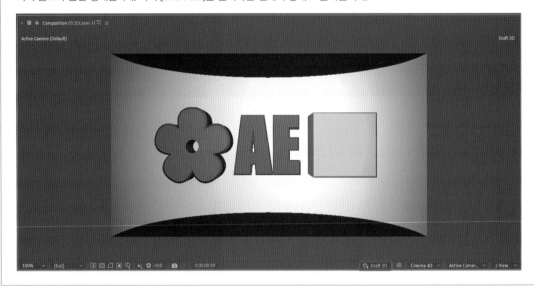

오디오 레이어 활용하기

준비 파일 기본/Chapter 03/Balzan_Groove_Vadodara.mp3

애프터 이펙트는 그림이나 사진, 비디오 등의 시각 미디어를 불러온 후 애니메이션이나 이펙트를 적용합니다. 멀티미디어 요소인 오디오 파일을 불러와 음악을 삽입하거나 편집, 이펙트를 적용할 수도 있습니다.

오디오 파일 불러오기

❶ [File]-[Import]-[File] Ctrl + I 메뉴를 선택합니다. ❷ [Import File] 대화상자가 나타나면 mp3나 aiff 등의 오디오 파일을 선택하고 ❸ [Import]를 클릭하면 오디오 파일을 불러올 수 있습니다. ❹ [Import File] 대화상자에서 파일을 선택하고 [Import Options: Create Composition]에 체크한 후 [Import]를 클릭하면 해당 파일이 삽입된 컴포지션을 바로 만들 수도 있습니다.

Kevin MacLeod의 [Balzan Groove – Vadodara]는 Creative Commons Attribution 라이선스(https://creativecommons.org/licenses/by/4.0/)에 따라 라이선스가 부여됩니다.
출처 : http://incompetech.com/music/royalty-free/index.html?isrc=USUAN1100311

오디오 레이어 편집하기

❶ ▷을 클릭하면 [Audio]의 옵션을 확인할 수 있습니다. ❷ [Audio Levels]와 [Waveform]이 있으며 오디오 레벨을 조절하고 움직임을 적용할 수 있습니다. ❸ 10초 지점에서 [Audio Levels]의 0dB에 키프레임을 생성하고 ❹ 음악이 시작되는 0초 지점에서 −50dB로 키프레임을 생성하면 소리가 페이드 인됩니다. 음량이 없다가 서서히 커지면서 음악이 부드럽게 시작합니다.

Convert Audio to Keyframes 적용하기

준비 파일 기본/Chapter 03/레이어의 활용.aep

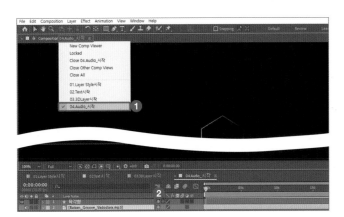

01 ❶ 앞서 실습한 준비 파일을 그대로 사용합니다. [04.Audio_시작] 컴포지션을 엽니다. ❷ [Timeline] 패널을 보면 하나의 셰이프 레이어와 하나의 오디오 레이어가 삽입되어 있습니다.

02 ❶ [Balzan_Groove_Vadodara.mp3] 레이어를 마우스 오른쪽 버튼으로 클릭하고 ❷ [Keyframe Assistant]-[Convert Audio to Keyframes]를 선택합니다. ❸❹ [Audio Amplitude] 널(Null) 레이어가 생성되었습니다.

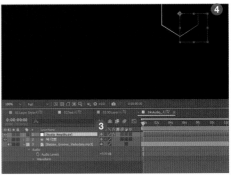

03 ❶ Ctrl 을 누른 채 [Audio Amplitude] 레이어의 ▶을 클릭해 옵션을 모두 열어봅니다. ❷ 모든 시간의 소리를 수치화시킨 키프레임이 생성되어 있습니다. 소리가 커질 때 수치도 상승합니다.

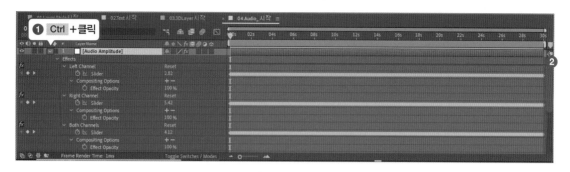

04 ❶ [육각형] 레이어를 선택하고 ❷ ▶을 클릭해 [Contents]를 열어보면 미리 Repeater 효과를 추가해두었습니다. [Repeater1]의 👁이 비활성화되어 있습니다. ❸ 👁을 클릭하여 활성화하고 ❹ ▶을 클릭해 세부 옵션도 열어봅니다.

05 ❶ Alt 를 누른 채로 [육각형] 레이어-[Contents]-[Repeater 1]-[Copies]의 스톱워치👁를 클릭하여 ❷ 익스프레션(Expression)을 추가합니다.

애프터 이펙트 시작하기

기본&핵심 기능 익히기

레이어 이해하기

모션&이펙트 적용하기

필수 기능 익히기

06 [육각형] 레이어-[Contents]-[Repeater 1]-[Copies]-[Expression: Copies]의 ◎을 [Audio Amplitude] 레이어의 [Right Channel]-[Slider]로 드래그하여 연결합니다.

07 ❶ [육각형] 레이어-[Contents]-[Repeater 1]-[Transform: Repeater 1]에서 Alt 를 누른 상태로 [Rotation]의 스톱워치 ◎를 클릭하여 ❷ 익스프레션(Expression)을 추가합니다.

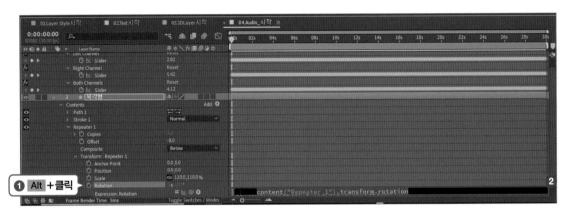

08 [육각형] 레이어-[Contents]-[Repeater 1]-[Transform: Repeater 1]-[Rotation]-[Expression: Rotation]의 ◎을 [Audio Amplitude] 레이어의 [Left Channel]-[Slider]로 드래그하여 연결합니다.

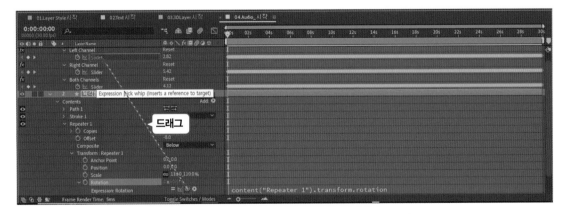

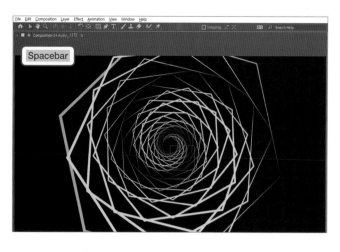

09 Spacebar 를 눌러 애니메이션을 확인합니다. 음악과 연동하여 도형이 회전하면서 개수가 많아졌다 적어졌다를 반복합니다. 회전값이 다소 크게 표현됩니다.

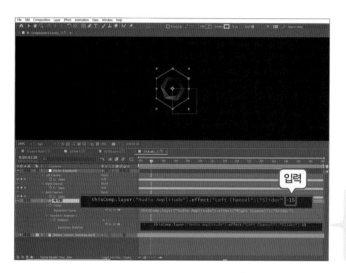

10 [육각형] 레이어-[Contents]-[Repeater 1]-[Transform: Repeater 1]-[Rotation]-[Expression: Rotation]의 익스프레션 에디터 창을 확인합니다. 입력되어 있는 스크립트 뒤에 −15를 입력해 보면 회전값이 15°만큼 줄어듭니다.

> [Expression] 입력란에 값을 입력할 때 숫자 키패드의 +는 더하기, −는 빼기, *는 곱하기, /는 나누기 기능을 적용합니다. −15를 입력하는 것은 [Rotation]에 15°를 빼는 의미입니다.

11 Spacebar 를 눌러 애니메이션을 확인합니다. 음악 소리에 맞추어 도형이 기하학적인 패턴을 그리며 움직이는 애니메이션이 완성되었습니다.

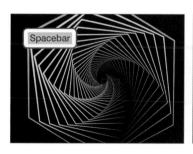

애프터 이펙트는 모션 그래픽과 시각 이펙트를
제작할 수 있는 업계 표준 프로그램입니다.
모션 그래픽이나 시각 이펙트를 구현하기 위해서는
시간에 따른 동작의 변화가 필수이며
이렇게 만들어진 동작은 애니메이션의 기본이 됩니다.
이번 CHAPTER에서는 이미지 레이어의 움직임을 키프레임에 기록하여
동영상을 만드는 방법부터 활용도 높은 이펙트를 적용하는 방법까지
알아보겠습니다. 간단한 실습 예제를 통해 직접 제작해보면
모션과 이펙트에 대한 이해를 높일 수 있을 것입니다.

CHAPTER 04

모션&이펙트
적용하기

키프레임 애니메이션 시작하기

키프레임 설정하고 애니메이션의 기초 익히기

애니메이션이 만들어지기 위해서는 필수적으로 두 가지 조건이 변화해야 합니다. 바로 시간(Time)과 값 (Value)입니다. 체육 시간에 달리기 기록을 재던 것을 상상하면 이해하기 쉽습니다. 출발할 때 스톱워치를 누르고 도착 지점에서 다시 스톱워치를 눌러 시간을 기록합니다. 애프터 이펙트에서는 특정 시간에 원하는 값을 입력하고 스톱워치 를 클릭하면 키프레임을 만들 수 있습니다. 이렇게 만들어진 키프레임은 애니메이션의 기록이 됩니다. 다른 시간과 다른 값에 최소 두 개의 키프레임 ◆이 있으면 움직임이 생성됩니다.

간단 실습 키프레임 설정하기

준비 파일 기본/Chapter 04/키프레임설정하기.aep

01 ❶ [File]-[Open Project] `Ctrl` + `O` 메뉴를 선택해 **키프레임설정하기.aep** 준비 파일을 엽니다. ❷ [Project] 패널에서 [키프레임설정_시작]을 더블클릭하여 [키프레임설정_시작] 컴포지션을 엽니다.

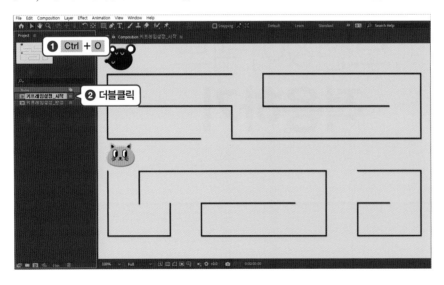

02 ❶[Timeline] 패널에서 [고양이] 레이어를 선택하고 ❷ P 를 눌러 [Position]을 엽니다. [고양이] 레이어의 위칫값은 200, 360으로 설정되어 있습니다.

레이어의 위칫값 알아보기 | [Position]의 두 숫자는 X와 Y 좌표를 뜻합니다. [고양이] 레이어-[Position]의 200, 360은 X축으로 200px, Y축으로 360px의 위칫값을 가지고 있다는 뜻입니다. 애프터 이펙트에서는 왼쪽 상단 꼭짓점의 좌표가 0, 0입니다. [Keyframe설정_시작] 컴포지션의 크기는 1280, 720px이며, 화면 정중앙의 좌표는 640, 360입니다.

03 ❶0초 지점에서 ❷[고양이] 레이어-[Position]의 스톱워치 ⏱ 를 클릭합니다. ❸ 스톱워치의 모양이 🔵 로 변경되고 키프레임이 새롭게 생성되었습니다. 움직임이 기록되기 시작됐음을 의미합니다.

단축키 Shift + Alt + P 를 눌러도 [Position]에 키프레임을 생성할 수 있습니다.

화면에서 고양이 그림이 사라져 보이지 않는다면 컴포지션 화면 비율을 [50%]로 설정합니다.

04 ❶ [Timeline] 패널에서 시간을 0:00:02:00으로 설정합니다. ❷ 현재 시간의 위치를 보여주는 타임 인디케이터▥가 2초 지점으로 이동합니다. ❸ [고양이] 레이어-[Position]의 X 좌푯값을 1080으로 입력 합니다. ❹ 고양이 캐릭터가 오른쪽으로 이동합니다. 이때 Y 좌표의 변화는 없습니다.

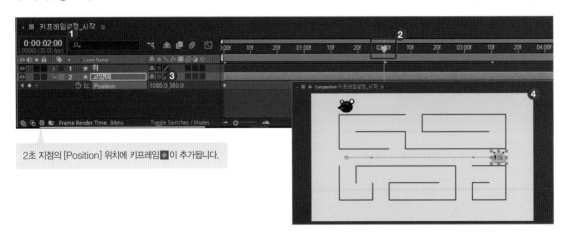

2초 지점의 [Position] 위치에 키프레임▥이 추가됩니다.

05 ❶ 시간을 0:00:04:00으로 설정해 4초 지점으로 이동합니다. ❷ [고양이] 레이어의 [Position]에 설정 된 첫 번째 키프레임을 선택하고 ❸ Ctrl + C 를 눌러 복사합니다.

06 Ctrl + V 를 눌러 복사한 키프레임을 붙여 넣습니다. 고양이 캐릭터가 원래의 자리로 돌아갑니다.

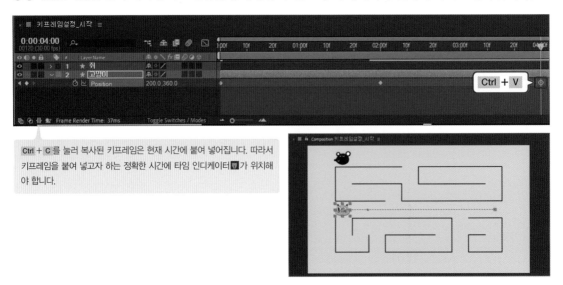

Ctrl + C 를 눌러 복사된 키프레임은 현재 시간에 붙여 넣어집니다. 따라서 키프레임을 붙여 넣고자 하는 정확한 시간에 타임 인디케이터▥가 위치해 야 합니다.

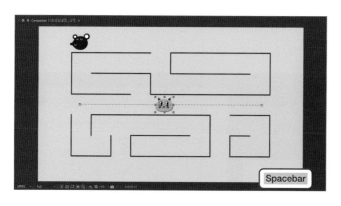

07 고양이 캐릭터 애니메이션이 완성되었습니다. Spacebar 를 눌러 애니메이션을 확인합니다. 고양이가 4초 동안 화면의 왼쪽에서 오른쪽으로 이동하고 다시 원래의 위치로 돌아옵니다.

간단 실습 **키프레임 설정하고 모션 패스 수정하기**

준비 파일 기본/Chapter 04/키프레임설정하기.aep

01 앞서 실습한 준비 파일을 그대로 사용합니다. ❶ [쥐] 레이어를 선택하고 ❷ P 를 눌러 [Position]을 엽니다.

02 ❶ 0초 지점에서 ❷ [Position]을 100, 70으로 설정하고 ❸ 스톱워치 를 클릭해 키프레임을 생성합니다.

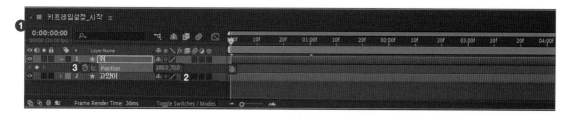

03 ❶ 1초 지점으로 이동합니다. ❷ [쥐] 레이어의 [Position]을 1200, 70으로 설정합니다. 두 번째 키프레임이 생성됩니다. 쥐 캐릭터가 1초 동안 왼쪽에서 오른쪽으로 이동합니다.

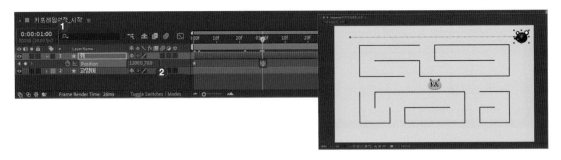

04 ❶ 2초 지점으로 이동하고 ❷ [쥐] 레이어의 [Position]을 1200, 660으로 설정해 키프레임을 생성합니다.

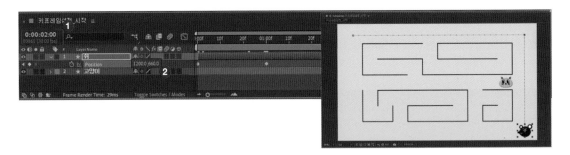

05 ❶❷ 같은 방법으로 3초와 4초 지점의 [Position]에 다음과 같이 키프레임을 생성합니다.

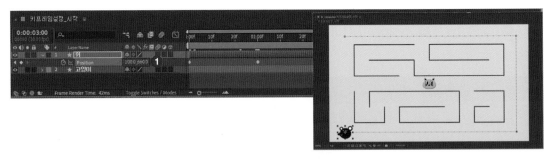

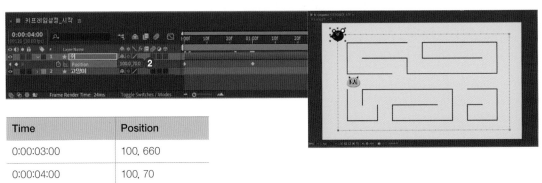

Time	Position
0:00:03:00	100, 660
0:00:04:00	100, 70

06 ❶ [쥐] 레이어를 선택하고 ❷ [Composition] 패널을 확인하면 쥐 캐릭터의 움직임이 생성되면서 화면에 점과 실선으로 이루어진 선이 나타납니다. 이 선을 모션 패스(Motion Path)라고 합니다. 오브젝트가 움직이는 경로는 실선으로 확인할 수 있고, 모션 패스를 이루는 작은 점의 간격을 통하여 움직임의 속도를 알 수 있습니다. 점의 간격이 좁으면 속도가 느리고 간격이 넓으면 속도가 빠릅니다. 간격이 동일하면 구간 속도가 동일합니다.

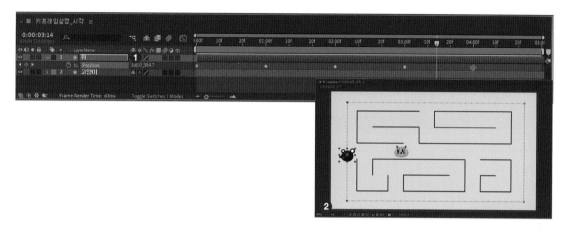

기능 꼼꼼 익히기 🏷 **[쥐] 레이어의 모션 패스가 직선이 아닌 곡선으로 표시되는 경우**

[쥐] 레이어가 직선이 아닌 곡선으로 이동한다면 이는 연속된 키프레임의 기본 설정값이 [Continuous Bezier]이기 때문입니다. 특히 아래 그림과 같은 경로는 쥐가 오른쪽이나 아래로 이동할 때에 화면 밖으로 빠져나가며 그림이 보이지 않습니다. 기본 설정값을 곡선에서 직선으로 변경하려면 [Edit]–[Preferences]–[General] 메뉴를 선택하고 [Preferences] 대화상자에서 [Default Spatial Interpolation to Linear]를 활성화하면 됩니다.

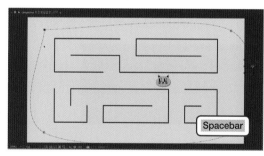

기본 설정값을 변경해도 이미 만들어진 베지에 모션 패스가 직선으로 변경되는 것은 아닙니다. 이때 펜 도구를 활용하여 수정할 수 있습니다. ❶ 도구바에서 펜 도구📝를 길게 클릭하고 ❷ 하위 메뉴에서 조절점 변환 도구📐를 클릭합니다.

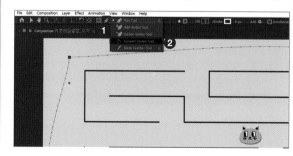

❶❷❸❹ 화면에 보이는 네 개의 조절점을 차례대로 클릭합니다. 모션 패스가 직선으로 변경됩니다. ❺ Spacebar 를 눌러 애니메이션을 확인해보면 쥐 캐릭터가 직선으로 이동합니다.

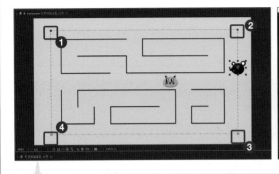 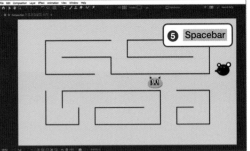

키프레임이 모두 선택되어 있는 상태에서는 조절점을 하나만 클릭해도 모든 조절점(모션 패스)이 직선으로 변경됩니다.

간단 실습 ## 키프레임 이동하여 속도 조절하기

준비 파일 기본/Chapter 04/키프레임설정하기.aep

쥐 캐릭터는 1초마다 새로운 위치로 이동합니다. 화면이 가로로 긴 직사각형이므로 캐릭터가 좌우로 이동할 때는 상하로 이동할 때보다 빠르게 움직입니다. 구간마다 시간을 다르게 설정하려면 키프레임의 위치를 이동합니다. 키프레임의 이동은 다음과 같이 설정할 수 있습니다.

01 앞서 실습한 준비 파일을 그대로 사용합니다. ❶ 0:00:01:15 지점으로 이동합니다. ❷ [쥐] 레이어의 [Position]에 설정된 키프레임 중 0:00:01:00 지점에 있는 두 번째 [Position] 키프레임을 클릭합니다.

02 Shift 를 누른 채 오른쪽으로 드래그합니다. 타임 인디케이터 가 있는 지점에 가까이 오면 키프레임이 해당 시간에 스냅(Snap)됩니다.

스냅(Snap)은 키프레임이 자석처럼 달라붙는 것을 의미합니다.

쥐 캐릭터가 왼쪽에서 오른쪽으로 이동할 때 1초 동안 움직였던 것이 1초 15F 동안 이동해 원래 속도보다 천천히 이동합니다. 반대로 두 번째 지점과 세 번째 지점 사이는 가까워졌기 때문에 위에서 아래로 이동할 때의 속도는 더 빨라집니다.

03 ❶ 0:00:03:15 지점으로 이동합니다. ❷ **3초** 지점에 있는 키프레임을 클릭하고 Shift 를 누른 채 오른쪽으로 드래그합니다. 타임 인디케이터가 있는 지점에 가까이 오면 키프레임이 해당 시간에 스냅됩니다. ❸ Spacebar 를 눌러 애니메이션을 확인해봅니다. 구간 속도가 달라진 것을 확인할 수 있습니다.

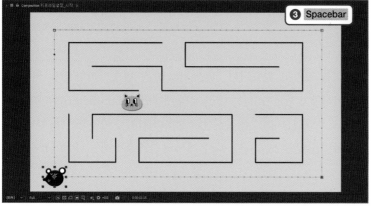

04 이번에는 구간이 아닌 키프레임 전체의 속도를 조절해보겠습니다. 앞서 설정한 키프레임은 쥐 캐릭터가 4초 동안 화면을 한 바퀴 돕니다. 이 시간을 2초로 줄여보겠습니다. ❶ 0:00:02:00 지점으로 이동합니다. ❷ [쥐] 레이어의 [Position]을 클릭합니다. ❸ [Position]에 설정된 모든 키프레임이 선택됩니다.

05 ❶ 오른쪽 끝에 있는 키프레임을 클릭하고 ❷ Alt 를 누른 채 2초 지점으로 드래그합니다. 모든 키프레임의 간격이 유지되면서 전체 움직임이 2초로 줄어들었습니다.

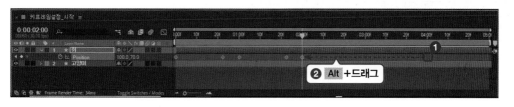

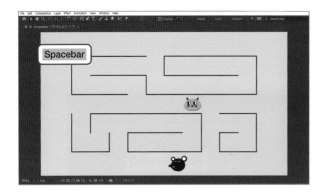

06 Spacebar 를 눌러 줘 캐릭터의 이동 속도가 두 배 빨라진 것을 확인합니다.

Transform 속성 알아보기

모든 시각 레이어는 [Transform] 속성을 가지고 있습니다. Transform은 '변형시키다'라는 의미로, [Transform] 속성의 ▶을 클릭하면 이미지를 변형할 수 있는 다섯 개의 매개변수(Parameter)가 나타납니다. 매개변수는 용어의 편의상 옵션이라고 부르겠습니다. 각 옵션을 조절하여 위치를 이동하거나 크기를 변경하는 것과 같은 기본적인 애니메이션 작업을 할 수 있습니다. 다섯 개의 옵션을 조합해 애니메이션을 만들어보겠습니다.

간단 실습 ## 위치(Position) 이동하기

준비 파일 기본/Chapter 04/트랜스폼.aep

01 ❶[File]-[Open Project] Ctrl + O 메뉴를 선택하여 **트랜스폼.aep** 준비 파일을 엽니다. ❷[Project] 패널에서 [트랜스폼_시작]을 더블클릭합니다. ❸다음과 같이 다섯 개의 레이어를 포함한 컴포지션이 열립니다.

동영상 강의 확인하기

02 ❶ [Timeline] 패널에서 [아빠] 레이어를 선택하고 ❷ ▶을 클릭합니다. ❸ [Transform] 옵션과 아래에 다섯 개의 변형 옵션이 열립니다.

> [Transform]의 세부 옵션이 나타나지 않으면 [Transform]의 ▶을 한 번 더 클릭합니다.

---

03 ❶ [아빠] 레이어가 선택된 상태에서 P 를 눌러 [Position]만 나타나게 합니다. ❷ 20F 지점에서 ❸ [Position]의 스톱워치 ⏱ 를 클릭하여 키프레임을 생성합니다.

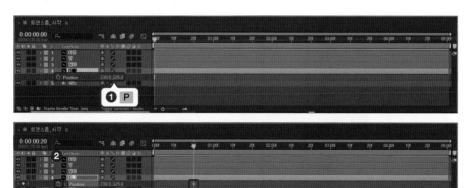

> 20F 지점은 타임코드에서 0:00:00:20 지점을 말합니다.

04 ❶ 0초 지점으로 시간을 이동합니다. ❷ [Timeline] 패널에서 [아빠] 레이어의 [Position]을 230, −205로 설정합니다. 또는 [Composition] 패널에서 [아빠] 레이어를 클릭하고 Shift 를 누른 상태에서 화면 위로 완전히 빠져나가도록 드래그해도 됩니다. ❸ Spacebar 를 눌러 애니메이션을 확인합니다. 20F 동안 [아빠] 레이어가 화면 밖에서 안으로 내려옵니다.

컴포지션의 시작점(0:00:00:00)으로 이동하고 싶을 때는 Home 을, 마지막 지점(끝점)으로 이동하려면 End 를 누릅니다.

[Transform] 속성을 조절하여 애니메이션을 작업할 때 대부분의 경우 수치를 입력하기보다는 드래그하는 방식으로 제작합니다. 그러나 여기에서는 동일한 결과물을 얻기 위하여 수치로 입력하는 방식으로 진행했습니다.

간단 실습 중심점(Anchor Point) 이동하고 크기(Scale) 조절하기

준비 파일 기본/Chapter 04/트랜스폼.aep

01 앞서 실습한 준비 파일을 그대로 사용합니다. ❶ [Timeline] 패널에서 [엄마] 레이어를 선택하고 ❷ S 를 눌러 [Scale]을 엽니다.

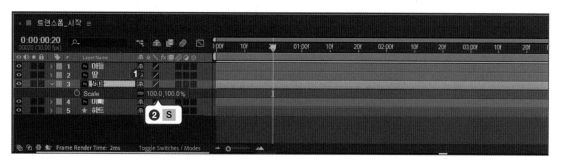

02 ❶ 도구바에서 중심점 도구 를 클릭합니다. ❷ [Composition] 패널에서 [엄마] 레이어를 클릭한 후 ❸ 그림 중앙에 있는 중심점(Anchor Point)을 Ctrl 을 누른 상태에서 아래로 드래그하여 그림 아래쪽 끝으로 이동시킵니다.

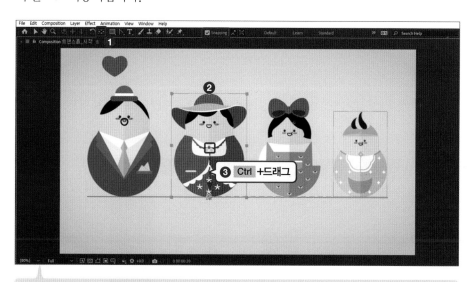

도구바 중앙에 위치한 [Snapping]에 체크해 옵션을 활성화하고 [Composition] 패널에서 드래그하면 스냅 기능을 사용할 수 있어 편리합니다. 평소에는 비활성화해놓는 것이 좋습니다.

[Anchor Point]를 왜 이동하나요? | 크기가 변하거나 회전하는 애니메이션을 만들 때는 기준점에 유의해야 합니다. 기준점을 나타내는 [Anchor Point]는 레이어의 정중앙에 위치하므로 중심점을 변경하지 않고 애니메이션을 작업한다면 그림의 중앙을 중심으로 커지거나 회전합니다. 그림의 아래쪽을 기준으로 그림이 커지거나 회전하기 위해서는 기준점을 아래로 이동시킨 후 애니메이션 작업을 해야 합니다.

03 ❶ 다시 선택 도구 ▶ V 로 돌아옵니다. ❷ ❸ 아래 표를 참고하여 [엄마] 레이어의 [Scale]에 키프레임을 설정합니다.

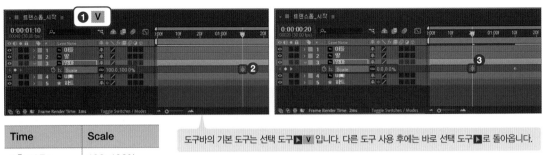

Time	Scale
1초 10F	100, 100%
20F	0, 0%

> 도구바의 기본 도구는 선택 도구 ▶ V 입니다. 다른 도구 사용 후에는 바로 선택 도구 ▶로 돌아옵니다.

기능 꼼꼼 익히기 🏷 **10F 또는 1F씩 단축키로 시간 이동하기**

애니메이션 작업은 시간의 이동이 매우 잦습니다. 시간 이동 단축키를 외우면 실습이 더욱 편리해집니다.

- Shift + PageDown 또는 Shift + Ctrl + → | 10F 뒤로 이동합니다.
- Shift + PageUp 또는 Shift + Ctrl + ← | 10F 앞으로 이동합니다.
- Ctrl + → | 1F 뒤로 이동합니다.   • Ctrl + ← | 1F 앞으로 이동합니다.
- Alt + → | 키프레임을 1F 뒤로 이동합니다.   • Alt + ← | 키프레임을 1F 앞으로 이동합니다.

---

04 Spacebar 를 눌러 애니메이션을 확인합니다. [엄마] 레이어가 안 보이다가 바닥을 중심으로 커지면서 나타납니다.

간단 실습 | 크기(Scale)와 회전(Rotation) 동시에 조절하기

준비 파일 기본/Chapter 04/트랜스폼.aep

01 앞서 실습한 준비 파일을 그대로 사용합니다. ❶ [Timeline] 패널에서 [딸] 레이어를 선택합니다. ❷ 도구바에서 중심점 도구 Y 를 클릭합니다. ❸ [Composition] 패널에서 [딸] 레이어의 중앙에 있는 중심점(Anchor Point)을 클릭한 후 Ctrl 을 누른 상태로 그림의 아래쪽 끝까지 드래그합니다. ❹ 다시 선택 도구 V 로 돌아옵니다.

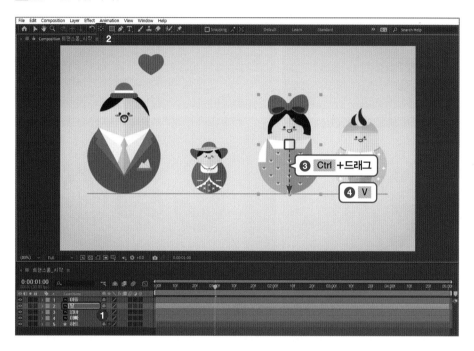

02 ❶❷ 아래 표를 참고하여 [딸] 레이어의 [Scale]에 키프레임을 설정합니다.

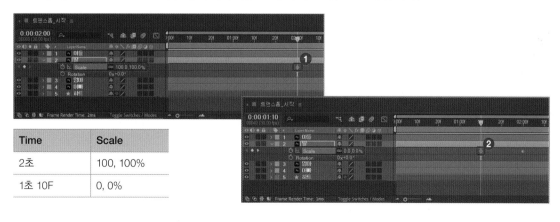

Time	Scale
2초	100, 100%
1초 10F	0, 0%

03 ❶ [딸] 레이어가 선택된 상태에서 `Shift` + `R` 을 눌러 [Rotation]도 엽니다. ❷❸❹❺❻ 아래의 표를 참고하여 키프레임을 설정합니다. [딸] 레이어가 오뚜기처럼 좌우로 회전하면서 커집니다.

Time	Rotation
1초 10F	0 x −30˚
1초 25F	0 x +25˚
2초 05F	0 x −10˚
2초 11F	0 x +5˚
2초 16F	0 x +0˚

간단 실습 | 투명도(Opacity) 조절하기

준비 파일 기본/Chapter 04/트랜스폼.aep

01 앞서 실습한 준비 파일을 그대로 사용합니다. ❶ [Timeline] 패널에서 [아들] 레이어를 선택합니다. ❷ T 를 눌러 [Opacity]를 엽니다. ❸ 3초 10F 지점에서 [Opacity]의 스톱워치 🕐 를 클릭하여 키프레임을 생성합니다.

02 ❶ 2초 10F 지점에서 ❷ [Opacity]를 **0%**로 설정합니다. [아들] 레이어가 완전히 투명해져서 화면에서 보이지 않습니다. ❸ Spacebar 를 눌러 애니메이션을 확인합니다. 투명했던 [아들] 레이어가 1초 동안 서서히 나타납니다.

[Rove Across Time] 설정하여 등속도 애니메이션 만들기

준비 파일 기본/Chapter 04/트랜스폼.aep

앞서 트랜스폼의 다섯 가지 옵션을 조절하고 애니메이션하는 방법을 실습했습니다. 그런데 다양한 위칫값이 필요한 복잡한 동작 등은 키프레임 설정만으로 자연스러운 움직임을 제어하기 어려울 수 있습니다. 이번에는 모션 패스를 조절하고 애니메이션의 속도를 조절하는 방법을 알아보겠습니다.

01 앞서 실습한 준비 파일을 그대로 사용합니다. ❶ [Timeline] 패널에서 [하트] 레이어를 선택합니다. ❷ P 를 눌러 [Position]을 엽니다. 1초 간격으로 여섯 개의 키프레임이 설정되어 있습니다. ❸ [Composition] 패널에서 모션 패스를 통해 [하트] 레이어의 이동 경로를 확인할 수 있습니다. ❹ Spacebar 를 눌러 애니메이션을 재생해보면 하트의 움직임이 다소 부자연스럽습니다.

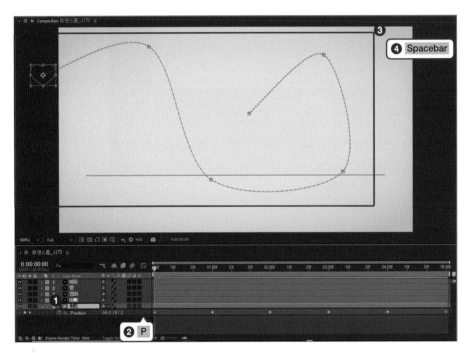

02 ①②③④ 각 조절점을 클릭하고 ⑤⑥⑦⑧ 좌우에 나타나는 베지에 핸들을 드래그해 곡선을 자연스럽게 다듬어줍니다. ⑨ 다시 Spacebar 를 눌러 애니메이션을 재생해보면 이동 경로가 모션 패스에 따라서 부드럽게 조절되었습니다.

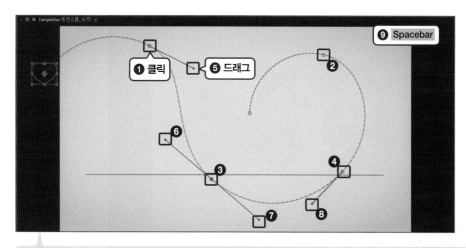

베지에(Bezier) 곡선 | 프랑스의 자동차 제조사 르노사의 기술자인 피에르 베지에가 1962년 자동차 몸체 디자인에 사용하면서부터 널리 알려졌습니다. 자동차의 부드러운 곡선 바디를 표현하기 위해 차용된 수학의 함수 개념으로, 오늘날 벡터 드로잉, 애니메이션 등 컴퓨터 그래픽스에 폭넓게 사용되고 있습니다.

03 ❶ [하트] 레이어의 [Position]을 클릭하여 모든 키프레임을 선택합니다. ❷ 설정된 키프레임 중 하나를 마우스 오른쪽 버튼으로 클릭하고 ❸ [Rove Across Time]을 클릭합니다. ❹ [Rove Across Time]이 적용되면 첫 번째와 마지막 키프레임을 제외한 키프레임의 모양이 원형으로 변경되고 키프레임의 위치도 자동으로 변경됩니다.

기능 꼼꼼 익히기 🏷️ **[Rove Across Time] 기능 알아보기**

[하트] 레이어가 이동하도록 키프레임을 설정할 때 편의상 1초 간격으로 키프레임을 설정했습니다. 각 키프레임 사이의 시간은 같은데 이동 거리는 다르므로 구간별 이동 속도가 달라져 동작이 부자연스러울 수 있습니다. 이때 [Rove Across Time]을 적용하면 첫 번째와 마지막 키프레임을 제외한 중간값을 자동으로 조절하여 구간별 속도를 균일하게 맞춰줍니다. [Rove Across Time] 기능은 [Position] 옵션에만 사용할 수 있습니다.

04 [하트] 레이어의 움직임이 다소 느려 보입니다. 속도를 조절해보겠습니다. **①** 4초 지점으로 이동합니다. **②** [Position]에 설정된 키프레임 중 마지막 키프레임을 Shift 를 누른 상태로 왼쪽으로 드래그합니다. 타임 인디케이터가 있는 4초 지점에 스냅됩니다. 전체 구간에서 이동 속도가 빨라집니다.

간단 실습 [Auto-Orient] 기능으로 모션 패스 따라 자연스럽게 회전하기

준비 파일 기본/Chapter 04/트랜스폼.aep

하트가 곡선을 따라 움직일 때 모션 패스를 따라 회전시키면 보다 자연스럽게 연출할 수 있습니다. [Rotation]에 키프레임을 설정하여 회전시킬 수도 있지만 자연스럽게 애니메이션하기 어렵습니다. 이때는 [Auto-Orient] 기능을 활용하여 키프레임 없이도 하트가 곡선을 따라 회전하도록 합니다.

01 **①** [하트] 레이어를 마우스 오른쪽 버튼으로 클릭하고 **②** [Transform]-[Auto-Orient]를 클릭합니다.

02 ❶ [Auto-Orientation] 대화상자에서 [Orient Along Path]를 선택하고 ❷ [OK]를 클릭합니다.

03 Spacebar 를 눌러 애니메이션을 확인합니다. 하트가 모션 패스를 따라서 자동으로 회전합니다.

04 ❶ 4초 지점에서 하트의 위치를 확인합니다. [Rotation]으로 각도를 조절합니다. ❷ [하트] 레이어를 선택합니다. ❸ R 을 눌러 [Rotation]을 열고 ❹ -90°로 설정합니다.

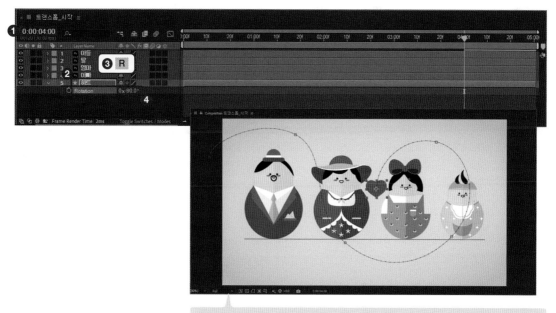

> 패스의 모양에 따라서 하트 모양의 회전값이 다르게 표시될 수 있습니다. 하트 모양이 수평하도록 [Rotation] 수치를 조절하면 됩니다.

05 ❶ [하트] 레이어를 선택하고 ❷ `Ctrl` + `Alt` + `↑`를 누르거나 드래그하여 [아빠] 레이어의 위로 이동 시킵니다. ❸ `Spacebar`를 눌러 확인해보면 [하트] 레이어가 [아빠] 레이어의 앞으로 등장하고 [엄마] 레이어의 뒤로 이동하면서 애니메이션됩니다. [Timeline] 패널에서 레이어의 순서를 변경하여 이미지의 앞뒤 개념을 표현할 수 있습니다.

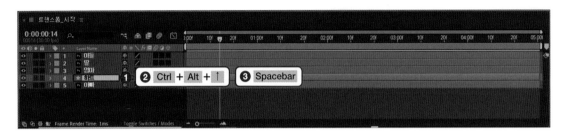

06 트랜스폼의 다양한 옵션을 활용한 애니메이션이 완성되었습니다. `Spacebar`를 눌러 애니메이션을 확인할 수 있습니다.

LESSON 02

애니메이션 고급 기능 활용하기

보간 애니메이션 이해하고 그래프 에디터 활용하기

키프레임을 생성하면 첫 번째 키프레임과 다음 키프레임 사이의 움직임 속도는 균일합니다. 이는 구간 속도가 동일하게 기록된다는 의미로, 경우에 따라 움직임이 부자연스럽게 보이기도 합니다. 구간 속도를 조절하기 위해서는 보간(Interpolation) 방법을 선형 보간법(Linear Interpolation)에서 곡면 보간법(Bezier Interpolation)으로 조절하거나 가속도(Velocity)를 조절하는 방법, 그래프 에디터(Graph Editor)의 곡선 그래프를 조절하여 움직임을 섬세하게 제어하는 방법 등이 있습니다.

간단실습 Keyframe Assistant로 보간 조절하기

준비 파일 기본/Chapter 04/그래프에디터.aep

01 ❶ [File]-[Open Project] Ctrl + O 메뉴를 선택하여 **그래프에디터.aep** 준비 파일을 엽니다. ❷ [Project] 패널에서 [자동차들_시작]을 더블클릭하여 [자동차들_시작] 컴포지션을 엽니다. ❸ 각기 다른 모양의 자동차 그래픽이 그려진 레이어 세 개가 삽입되어 있습니다. ❹ Spacebar 를 눌러 애니메이션을 확인합니다. 세 개의 자동차가 화면의 왼쪽에서 오른쪽으로 이동합니다. 움직임의 속도는 매우 균일합니다. 애프터 이펙트의 기본 키프레임 방식인 선형 보간법(Linear Interpolation)으로 제작되었기 때문입니다.

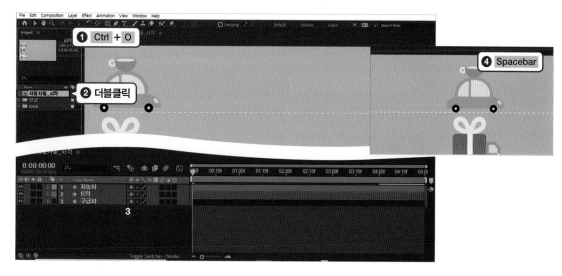

02 ❶ [Timeline] 패널에서 Ctrl + A 를 눌러 모든 레이어를 선택합니다. ❷ P 를 눌러 [Position]을 열어
보면 ❸ 컴포지션의 시작과 끝 지점에 기본형 키프레임◇이 생성되어 있습니다. ❹ 세 자동차의 [X Position]
에 모두 같은 값으로 키프레임이 생성되어 있어 동시에 출발하고 동시에 멈춥니다.

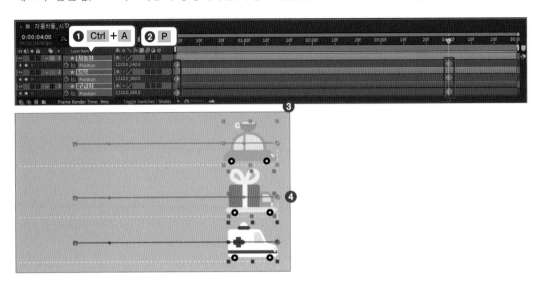

03 ❶ [자동차] 레이어만 선택합니다. ❷ [Position]을 클릭하여 두 개의 키프레임을 모두 선택합니다. ❸
둘 중 하나의 키프레임을 마우스 오른쪽 버튼으로 클릭하고 ❹ [Keyframe Assistant]-[Easy Ease]를 선택
합니다. ❺ Spacebar 를 눌러 애니메이션을 확인합니다. 가장 위에 있는 자동차가 다른 차들보다 천천히 출
발하고 부드럽게 멈춥니다.

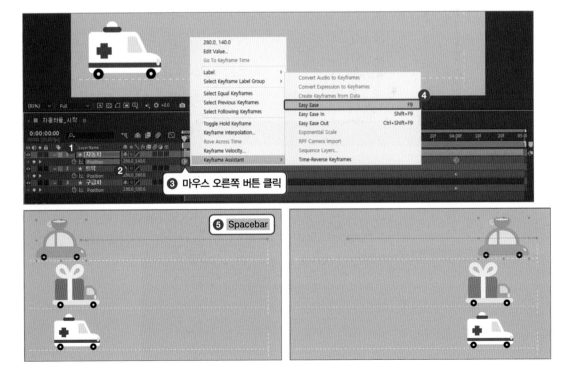

기능 꼼꼼 익히기 🏷️ **Keyframe Assistant 알아보기**

키프레임의 보간을 손쉽게 조절할 수 있는 옵션이며 애프터 이펙트에서 애니메이션을 만들 때 자주 활용합니다.

- **Easy Ease In** `Shift` + `F9` | 키프레임이 시작하는 부분이 부드럽게 처리되며 천천히 감속합니다.
- **Easy Ease Out** `Ctrl` + `Shift` + `F9` | 키프레임이 끝나는 부분이 부드럽게 처리되며 천천히 가속합니다.
- **Easy Ease** `F9` | 키프레임의 시작과 끝에서 가속과 감속이 모두 생성됩니다. [Easy Ease]는 실습에서 자주 쓰이기 때문에 단축키 `F9` 를 꼭 외워두기를 바랍니다.

[Keyframe Assistant]에서 수정한 키프레임에서 기본 키프레임으로 돌아오려면 `Ctrl` 을 누른 채 키프레임을 클릭합니다.

Keyframe Interpolation 확인하기

앞서 실습한 준비 파일을 그대로 사용합니다. [자동차] 레이어의 [Position]에 설정된 키프레임이 기본형◈에서 모래 시계 모양▓으로 변경되어 있는 것을 확인합니다. ❶ 첫 번째 키프레임을 마우스 오른쪽 버튼으로 클릭한 후 ❷ [Keyframe Interpolation]을 선택하면 [Keyframe Interpolation] 대화상자가 나타납니다. ❸ [Temporal Interpolation]이 [Bezier]인 것을 확인할 수 있습니다. 이는 선택한 키프레임의 현재 보간이 곡선 모양의 곡면 보간법이라는 의미입니다. [Keyframe Assistant]에서 [Easy Ease]를 적용했기 때문입니다.

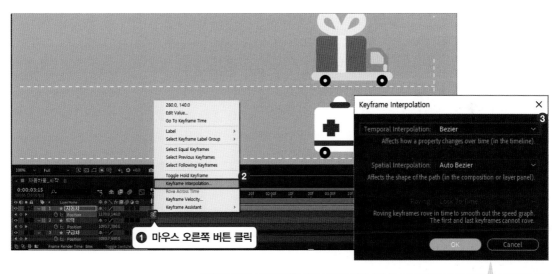

❶ 마우스 오른쪽 버튼 클릭

키프레임을 선택하고 `Ctrl` + `Alt` + `K` 를 누르면 [Keyframe Interpolation] 대화상자가 열립니다.

기본형 키프레임◈은 [Temporal Interpolation]이 [Linear]로 나타납니다. 직선 모양의 선형 보간법이라는 의미입니다. [트럭] 레이어의 [Position]에 설정된 키프레임◈을 마우스 오른쪽 버튼으로 클릭하고 [Keyframe Interpolation]을 선택하여 확인해볼 수 있습니다.

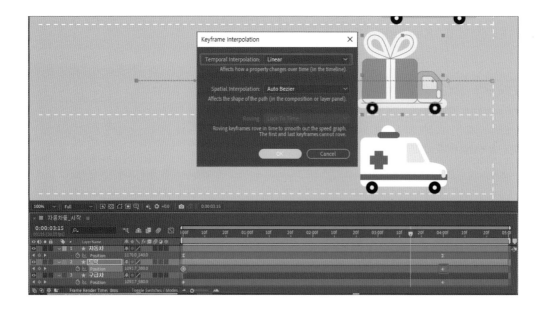

그래프 에디터 확인하기

[자동차] 레이어의 [Position]에 설정된 움직임을 그래프로 확인해보겠습니다. ❶ [Timeline] 패널에서 [자동차] 레이어의 [Position]을 클릭하여 두 개의 키프레임을 모두 선택한 후 ❷ ▨을 클릭하여 그래프 에디터(Graph Editor) 창을 엽니다. ❸ ▣을 클릭하고 ❹ [Edit Value Graph]에 체크되어 있는지 확인합니다. ❺ 그래프를 보면 초록색 선은 직선으로 아무런 변화가 없고, 빨간색 선은 완만한 곡선을 그리고 있습니다. 여기서 초록색은 Y축을, 빨간색은 X축을 나타냅니다. [자동차] 레이어가 Y축으로는 아무런 변화가 없고 X축으로만 이동하고 있음을 알 수 있습니다. 빨간색 곡선을 보면 움직임이 시작하는 부분과 끝나는 부분에서 값(Value)이 완만하게 변화하고 중간 부분에서는 빠르게 변화하는 것을 볼 수 있습니다. [Easy Ease]를 설정하여 가속도를 적용했기 때문입니다.

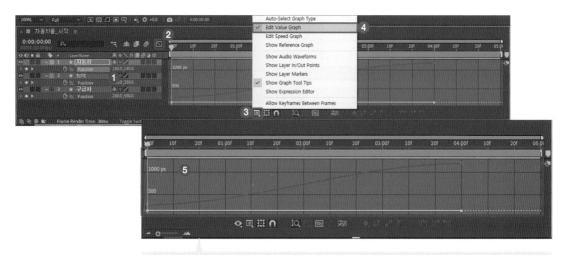

그래프 에디터 창에서 설정된 옵션값을 확인할 수 있으며 그래프를 움직여 값을 조절할 수도 있습니다. 그래프 에디터 창을 열고 닫는 단축키는 Shift + F3 입니다.

❶ 📷을 클릭하고 ❷ [Edit Speed Graph]를 선택합니다. ❸ 속도를 그래프로 확인할 수 있습니다. 키프레임 간의 속도를 확인하거나 그래프를 움직여 속도를 조절할 수도 있습니다. 다음과 같이 동그란 곡선 모양의 그래프는 움직임의 시작과 끝의 속도가 0이기 때문에 서서히 빨라졌다가 서서히 느려집니다. 중간 부분이 솟아 있는 이유는 그만큼 구간 속도가 빠르다는 의미이며 가속도가 생성되었음을 알 수 있습니다. 애니메이션 중반에서는 대략 350px/sec로 나타나며 1초 동안 350px만큼 이동하는 속도를 의미합니다. ❹ 📷을 클릭하면 그래프 에디터 창이 닫힙니다.

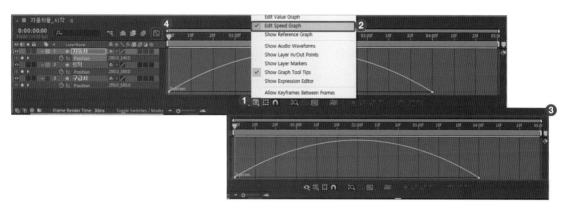

간단 실습 Keyframe Velocity로 가속도 조절하기

준비 파일 기본/Chapter 04/그래프에디터.aep

01 앞서 실습한 준비 파일을 그대로 사용합니다. ❶ [Timeline] 패널에서 [트럭] 레이어를 선택합니다. ❷ P 를 눌러 [Position]을 표시합니다. ❸ 첫 번째 키프레임◈을 마우스 오른쪽 버튼으로 클릭한 후 ❹ [Keyframe Velocity]를 선택합니다.

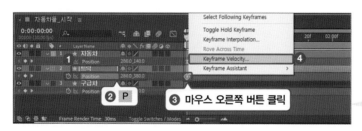

키프레임을 선택하고 Ctrl + Shift + K 를 누르면 [Keyframe Velocity] 대화상자가 열립니다.

02 ❶ [Keyframe Velocity] 대화상자에서 [Outgoing Velocity]가 현재 키프레임에 설정된 값으로 표시됩니다. ❷ [OK]를 클릭해 대화상자를 닫습니다.

Keyframe Velocity란 키프레임의 속도라는 뜻입니다. 그래프 에디터 창에서 애니메이션의 옵션값이나 속도를 조절한다면 [Keyframe Velocity] 대화상자에서는 직접 수치를 입력하여 가속도를 조절할 수 있습니다. 원하는 속도를 입력하고 가속도에 영향받는 수치를 입력하여 조절합니다.

❶ **Incoming Velocity** | 키프레임의 시작 지점(들어오는 지점)로 감속을 조절합니다.

❷ **Outgoing Velocity** | 키프레임의 마지막 지점(나가는 지점) 속도로 가속을 조절합니다.

❸ **Speed** | 속도를 의미하며 1초에 얼마만큼 이동시킬지 입력할 수 있습니다.

❹ **Influence** | 동작의 가속과 감속에 영향을 미치는 값을 뜻합니다. 최소 0.01%부터 최대 100%까지 입력할 수 있습니다.

03 ❶ 두 번째 키프레임◈을 마우스 오른쪽 버튼으로 클릭하고 ❷ [Keyframe Velocity]를 선택합니다. ❸ [Keyframe Velocity] 대화상자가 나타나면 다음과 같이 설정합니다. ❹ [OK]를 클릭해 대화상자를 닫습니다. ❺ Spacebar 를 눌러 애니메이션을 확인합니다. 트럭이 매우 빠르게 출발하고 매우 천천히 멈춥니다. ❻ 모션 패스에서 점들의 간격을 보면 왼쪽은 간격이 넓고 오른쪽으로 갈수록 간격이 점차 조밀해집니다. 넓은 간격은 빠른 속도를, 조밀한 간격은 느린 속도를 나타냅니다.

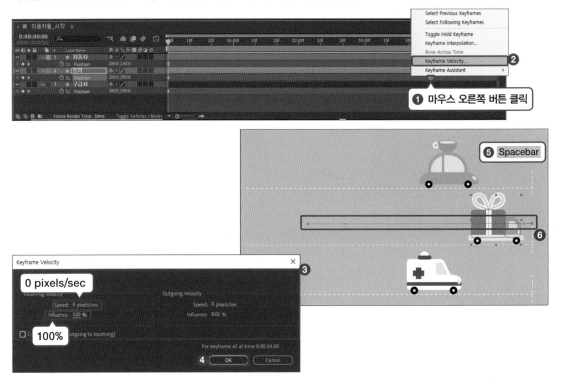

04 그래프 에디터 창을 확인해보겠습니다. ❶ [Timeline] 패널에서 [트럭] 레이어의 [Position]을 클릭하여 설정되어 있는 두 개의 키프레임을 모두 선택합니다. ❷ 🖾을 클릭하여 그래프 에디터 창을 엽니다. ❸ 🖾을 클릭하여 [Edit Value Graph]를 선택해 가속도 그래프를 표시합니다. ❹ X축을 나타내는 빨간색 곡선을 보면 움직임이 시작되는 부분에서는 급하게 꺾이고 중간 이후부터는 매우 완만합니다. 시작 부분에서 위칫값이 급격히 변화하고 끝부분에서는 매우 느리게 변화한다는 뜻입니다.

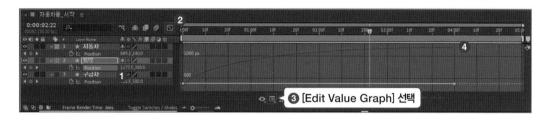

05 ❶ 🖾을 클릭하고 [Edit Speed Graph]를 선택해 속도 그래프를 표시합니다. ❷ 애니메이션의 시작 부분에서는 매우 빠른 속도로 움직이지만 속도가 급격하게 줄어들면서 매우 천천히 멈추게 됩니다. 이러한 가속도는 총알이 발사되거나 불꽃이 터지는 애니메이션을 만들 때 적합합니다.

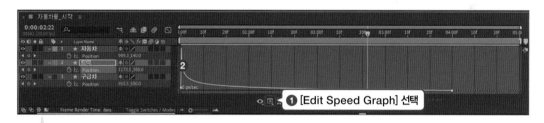

> [Keyframe Velocity] 옵션에 다양한 수치를 입력해보고 변화를 직접 확인하며 연습해보세요.

간단실습 **Toggle Hold Keyframe으로 중간에 움직임 멈추기**

준비 파일 기본/Chapter 04/그래프에디터.aep

01 앞서 실습한 준비 파일을 그대로 사용합니다. ❶ [구급차] 레이어를 선택합니다. ❷ 1초 15F 지점으로 이동한 후 ❸ Alt + Shift + P 를 눌러 [Position]에 키프레임을 추가합니다. ❹ 추가된 키프레임을 클릭하고 Ctrl + C 를 눌러 복사합니다.

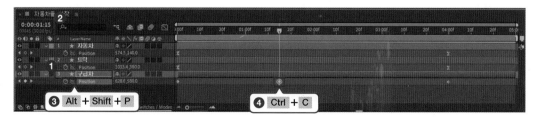

02 ❶ 2초 15F 지점으로 이동합니다. ❷ Ctrl + V 를 눌러 복사한 키프레임을 붙여 넣습니다. 1초 동안 같은 지점에 멈추어 있다가 다시 출발하게 설정한 것입니다.

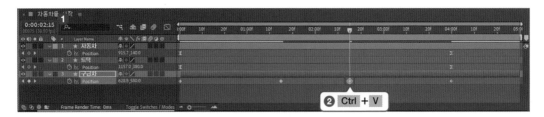

03 ❶ Spacebar 를 눌러 애니메이션을 확인합니다. 두 번째와 세 번째 키프레임의 좌푯값은 동일하므로 구급차가 멈춰 있어야 하는데 ❷ 1초 15F 지점에서 2초 15F 지점까지 1초 동안 구급차가 앞뒤로 움직입니다. [Keyframe Interpolation]의 [Spatial Interpolation]의 기본값이 [Continuous Bezier]로 설정되어 있어 두 개를 초과하는 키프레임의 보간이 자동으로 [Bezier]로 만들어진 것입니다.

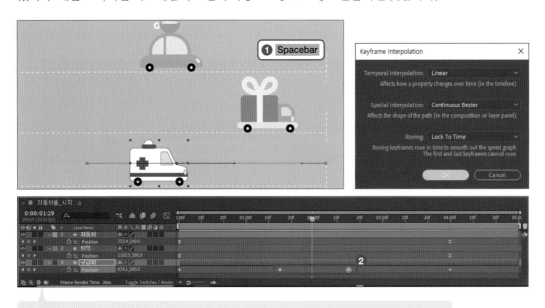

[Preferences]의 기본 설정에서 [Spatial Interpolation]이 [Linear]일 경우 구급차가 제자리에 멈추어 있을 수 있습니다.

04 ❶ 1초 15F 지점에 설정된 키프레임을 마우스 오른쪽 버튼으로 클릭한 후 ❷ [Toggle Hold Keyframe] 을 선택합니다.

[Toggle Hold Keyframe]의 단축키는 Ctrl + Alt + H 입니다.   Ctrl + Alt 를 누르고 해당 키프레임을 클릭하여 설정할 수도 있습니다.

05 ❶ 키프레임의 모양이 ▧으로 변경되었습니다. 왼쪽은 다이아몬드 모양, 오른쪽은 사각형 모양으로 표시됩니다. 들어오는 동작은 리니어(Linear), 나가는 동작은 홀드(Hold)가 적용되어 동작이 일시 정지됩니다. ❷ Spacebar 를 눌러 애니메이션을 확인해보면 구급차가 1초 동안 멈추었다가 다시 출발합니다.

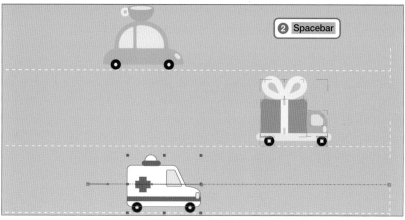

06 ❶ [구급차] 레이어의 [Position]을 클릭하고 ❷ ▧을 클릭해 그래프 에디터를 엽니다. ❸ X축을 표시하는 빨간색 그래프가 중간에서 1초 동안 멈췄다가 이동하는 것을 확인할 수 있습니다.

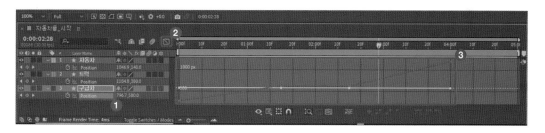

07 [Position] 값을 수정하지 않고도 그래프를 움직여서 동작을 수정할 수 있습니다. X축을 표시하는 빨간색 선에서 가운데 두 개의 조절점을 드래그하여 같이 선택합니다.

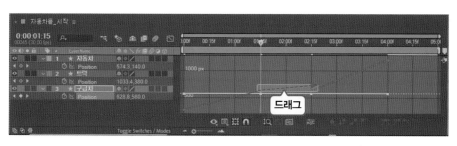

08 선택한 두 개의 조절점을 클릭하고 위로 드래그합니다. 구급차가 빠르게 움직이다가 잠시 멈추고 천천히 이동합니다.

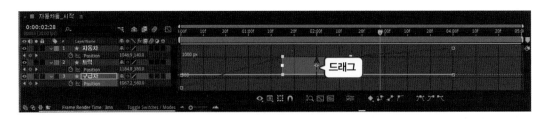

09 Spacebar 를 눌러 애니메이션을 확인합니다. 자동차들의 움직임이 모두 달라졌습니다.

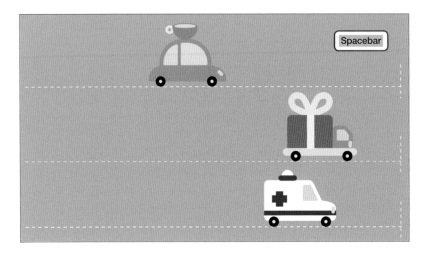

간단 실습 **그래프 에디터 활용하여 공이 튀는 애니메이션 만들기**

준비 파일 기본/Chapter 04/공튀기기.aep

공 튀기기 애니메이션은 움직임의 원리를 배워 자연스러운 움직임을 구현할 수 있는
예제이므로, 애니메이션의 기초를 다지는 데 필수적입니다.

동영상 강의
확인하기

01 ❶ [File]-[Open Project] Ctrl + O 메뉴를 선택하여 **공튀기기.aep** 준비 파일을 엽니다. ❷
[Project] 패널에서 [Ball시작하기]를 더블클릭하여 [Ball시작하기] 컴포지션을 엽니다. ❸ 화면의 가운데
상단에 작은 원이 보입니다. 움직임은 없습니다.

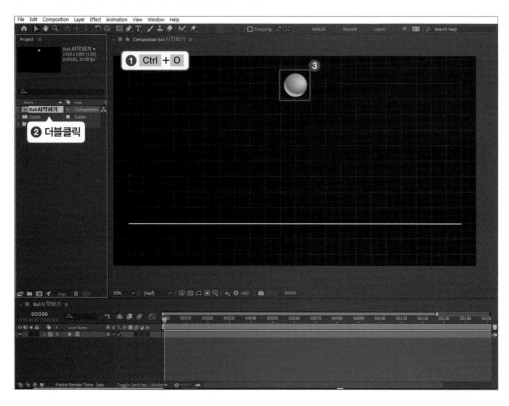

02 ❶ [Timeline] 패널에서 [공] 레이어를 선택하고 ❷ P 를 눌러 [Position]을 엽니다. [Position]은
960, 150입니다.

03

❶ [Position]을 마우스 오른쪽 버튼으로 클릭해 ❷ [Separate Dimensions]를 선택합니다. ❸ [Position]이 [X Position]과 [Y Position]으로 분리됩니다.

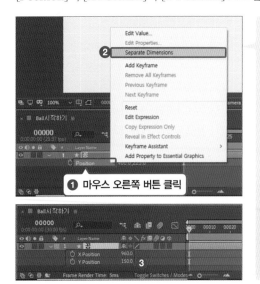

❶ 마우스 오른쪽 버튼 클릭

[Separate Dimensions] | [Position]은 X와 Y, 두 개의 좌푯값을 가지고 있습니다. ◎를 클릭하면 X 좌표와 Y 좌표의 값이 모두 기록됩니다. 경우에 따라서는 하나의 좌표에만 키프레임을 생성하는 것이 효율적입니다. 불필요한 키프레임은 이미지 처리 속도를 느리게 만들고 움직임을 제어하기 어렵게 만들기 때문입니다. 공이 제자리에서 튄다면 공은 Y축으로만 움직입니다. 이렇게 한 방향으로만 움직이는 애니메이션을 제작할 때는 차원을 분리한 후 작업을 진행해야 불필요한 키프레임이 생기지 않고 움직임을 제어하기도 쉽습니다. [Edit]-[Preferences]-[General] 메뉴에서 [Default Position Properties to Separated Dimensions]를 체크하여 [Position] 좌표가 항상 분리되도록 설정할 수 있습니다.

04

공이 위아래로만 튀도록 [Y Position]에만 키프레임을 생성합니다. ❶ 0F 지점에서 ❷ [Y Position]의 스톱워치◎를 클릭하여 새 키프레임을 생성합니다. ❸ Y 를 눌러 중심점 이동 도구▨를 선택하고 ❹ 공의 중심점을 공 아래로 이동합니다. Ctrl 을 누른 상태로 이동하거나 메뉴바에서 [snapping]을 활성화하고 이동하면 정확한 위치로 이동할 수 있습니다.

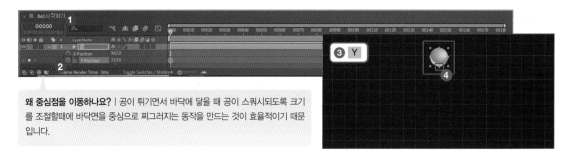

❸ Y

왜 중심점을 이동하나요? | 공이 튀기면서 바닥에 닿을 때 공이 스쿼시되도록 크기를 조절할때에 바닥면을 중심으로 찌그러지는 동작을 만드는 것이 효율적이기 때문입니다.

05

❶ 10F 지점으로 이동합니다. ❷ [Y Position]을 860으로 설정합니다. ❸ 공이 화면 중앙의 아래쪽으로 10F 동안 이동하며 떨어집니다.

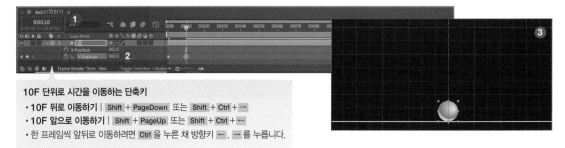

10F 단위로 시간을 이동하는 단축키

· 10F 뒤로 이동하기 | Shift + PageDown 또는 Shift + Ctrl + →
· 10F 앞으로 이동하기 | Shift + PageUp 또는 Shift + Ctrl + ←
· 한 프레임씩 앞뒤로 이동하려면 Ctrl 을 누른 채 방향키 ← , → 를 누릅니다.

06 ❶ 30F 지점으로 이동합니다. ❷ [Y Position]의 🔘을 클릭해 ❸ 현재 [Y Position] 옵션값으로 키프레임을 생성합니다.

07 ❶ 20F씩 뒤로 이동하며 **50F, 70F, 90F, 110F, 130F, 150F** 지점에서 ❷ [Y Position]의 🔘을 클릭해 ❸ 현재 [Y Position] 옵션값으로 키프레임을 생성합니다. ❹ 시간은 이동했지만 좌푯값에 변화가 없기 때문에 움직임이 없습니다.

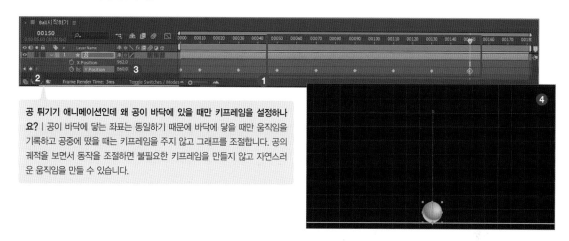

> **공 튀기기 애니메이션인데 왜 공이 바닥에 있을 때만 키프레임을 설정하나요?** | 공이 바닥에 닿는 좌표는 동일하기 때문에 바닥에 닿을 때만 움직임을 기록하고 공중에 떴을 때는 키프레임을 주지 않고 그래프를 조절합니다. 공의 궤적을 보면서 동작을 조절하면 불필요한 키프레임을 만들지 않고 자연스러운 움직임을 만들 수 있습니다.

08 ❶ [Timeline] 패널에서 [공] 레이어의 [Y Position]을 클릭하여 설정되어 있는 모든 키프레임을 선택하고 ❷ 🔳을 클릭하여 ❸ 그래프 에디터 창을 엽니다.

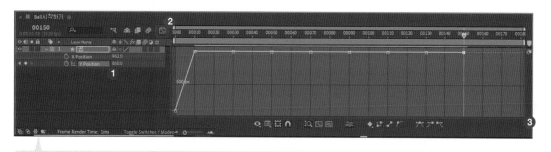

> 그래프 에디터 창을 통해 그래프를 제어하려면 그래프 에디터 창을 크게 보는 것이 좋습니다. 패널 크기를 조절하여 그래프 에디터 창을 키웁니다.

09 ❶ 모든 키프레임이 선택되어 있는 상태에서 🔧을 클릭합니다. ❷ 그래프가 베지에 곡선으로 변경되
고 공의 상하 움직임을 곡선 그래프로 조절할 수 있습니다. 각 키프레임 양쪽에 핸들이 생겼습니다. ❸ 패널
의 빈 곳을 클릭해 전체 키프레임 선택을 해제합니다.

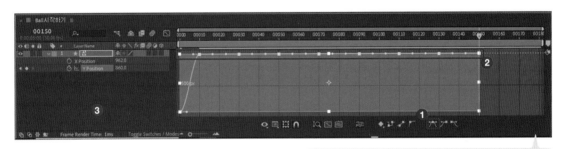

> 🔧을 클릭하지 않고 [Easy Ease]의 단축키 **F9** 를 눌러도 됩니다.

10 ❶ 두 번째의 키프레임의 조절점을 클릭하고 ❷ 왼쪽 핸들을 움직여 베지에 곡선을 다듬습니다. ❸ 세
번째 키프레임의 조절점도 움직여 베지에 곡선을 다듬습니다.

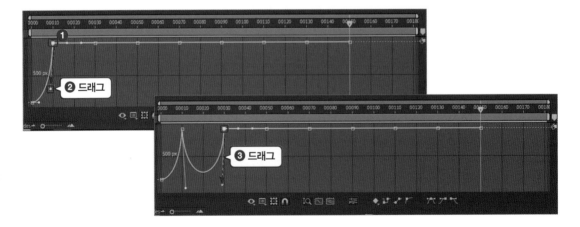

11 다음 그림을 참고하여 전체 키프레임의 베지에 곡선을 다듬습니다. 애니메이션의 시작 부분에서는 공이 위로 많이 튀어 오르지만 시간이 지날수록 공의 힘이 약해지면서 서서히 멈추도록 제어하는 것입니다.

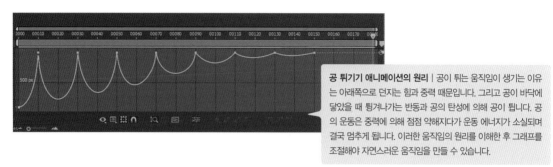

공 튀기기 애니메이션의 원리 ┃ 공이 튀는 움직임이 생기는 이유는 아래쪽으로 던지는 힘과 중력 때문입니다. 그리고 공이 바닥에 닿았을 때 튕겨나가는 반동과 공의 탄성에 의해 공이 튑니다. 공의 운동은 중력에 의해 점점 약해지다가 운동 에너지가 소실되며 결국 멈추게 됩니다. 이러한 움직임의 원리를 이해한 후 그래프를 조절해야 자연스러운 움직임을 만들 수 있습니다.

12 ❶ [Timeline] 패널에서 ▦을 클릭하여 그래프 에디터 창을 닫습니다. ❷ [Y Position]을 보면 가장 첫 번째 키프레임을 제외하고는 공이 바닥에서 멀어졌을 때(공이 공중에 떴을 때)의 키프레임은 하나도 없습니다. ❸ Spacebar 를 눌러 애니메이션을 확인합니다. 공이 제자리에서 자연스럽게 튀기는 움직임을 확인할 수 있습니다.

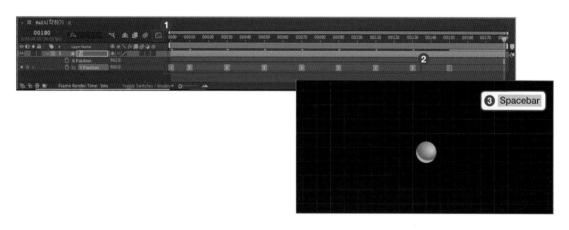

13 공이 화면의 왼쪽에서 등장해 오른쪽으로 사라지도록 [X Position]을 조절해보겠습니다. ❶ 0F 지점에서 ❷ [X Position]을 −50으로 설정하고 ❸ 스톱워치 ⏱를 클릭하여 키프레임을 생성합니다. ❹ 공의 일부분이 화면의 왼쪽 밖으로 이동하여 보이지 않습니다.

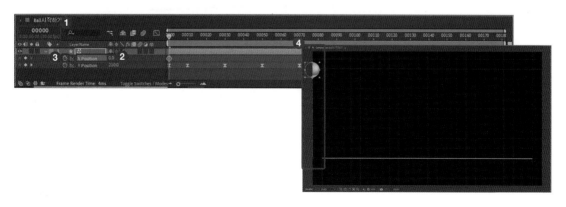

14 ❶ 170F 지점으로 이동합니다. ❷ [X Position]을 1850으로 설정합니다. ❸ Spacebar 를 눌러 애니메이션을 확인하면 공이 왼쪽에서 오른쪽으로 움직이는 것을 확인할 수 있습니다. X 좌표에 생성한 단 두 개의 키프레임만으로도 공이 여덟 번 튀기며 왼쪽에서 오른쪽으로 이동합니다.

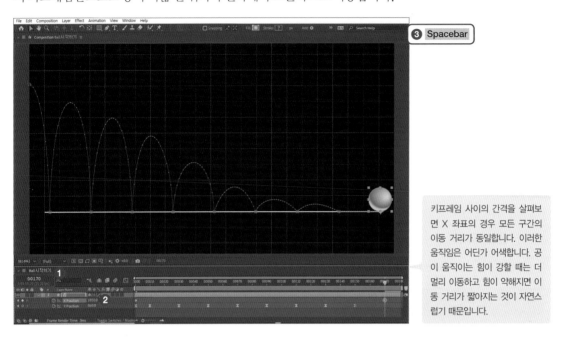

키프레임 사이의 간격을 살펴보면 X 좌표의 경우 모든 구간의 이동 거리가 동일합니다. 이러한 움직임은 어딘가 어색합니다. 공이 움직이는 힘이 강할 때는 더 멀리 이동하고 힘이 약해지면 이동 거리가 짧아지는 것이 자연스럽기 때문입니다.

15 ❶ [Timeline] 패널에서 █을 클릭하여 그래프 에디터 창을 엽니다. ❷ 공의 [X Position] 그래프를 보면 사선형의 직선으로 이루어져 있는 것을 확인할 수 있습니다. 그래서 공이 동일한 속도로 움직인 것입니다. 가속도를 조절해보겠습니다. ❸ [X Position]을 클릭해 두 개의 키프레임을 모두 선택하고 ❹ F9 를 눌러 그래프를 베지에 곡선으로 변경합니다. ❺ 패널의 빈 곳을 클릭해 선택을 해제합니다. ❻ [Composition] 패널에서 모션 패스를 확인하면 움직임의 시작과 끝은 간격이 좁아지고 중앙 부분은 간격이 넓어졌습니다. 이것은 시작과 끝부분의 속도가 느려지고 중간 부분의 속도는 빨라지는 것을 의미합니다. 동일한 시간에 더 많이 이동하거나 더 조금 이동하기 때문입니다.

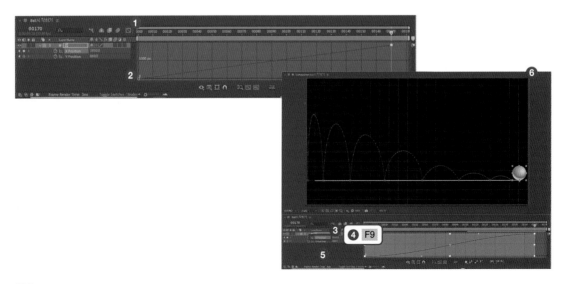

16 ❶❷ 조절점의 핸들을 움직여 그림과 같이 조절합니다. 공의 움직임이 시작되는 부분에서는 같은 시간에 더 많이 이동하고 공의 움직임이 끝나는 부분으로 갈수록 조금만 이동하도록 값을 조절하는 것입니다. ❸ [Composition] 패널에서 모션 패스를 확인하면서 조절하는 것이 좋습니다.

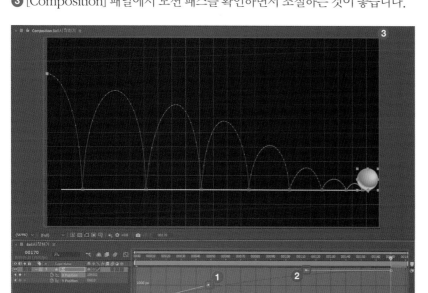

17 ❶ ▥을 클릭하고 [Edit Speed Graph]를 선택합니다. ❷ 속도가 서서히 줄어들다가 멈추는 그래프를 확인할 수 있습니다.

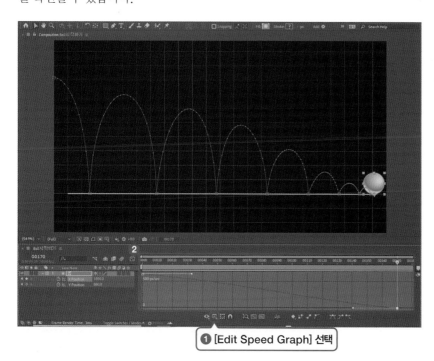

❶ [Edit Speed Graph] 선택

18 ❶ [Timeline] 패널에서 을 클릭하여 그래프 에디터 창을 닫습니다. ❷ [공] 레이어의 모션 블러 를 클릭하여 활성화합니다. ❸ [Timeline] 패널의 모션 블러 는 자동으로 활성화됩니다. ❹ Spacebar 를 눌러보면 공 이미지에 모션 블러가 생성되어 자연스러운 애니메이션이 연출된 것을 확인할 수 있습니다.

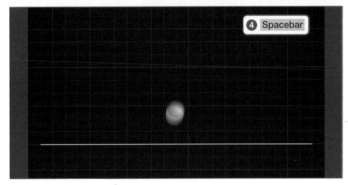

애프터 이펙트의 버전에 따라서 레이어의 모션 블러를 활성화해도 [Timeline] 패널의 모션 블러가 자동으로 활성화되지 않을 수 있습니다. 이런 경우에는 [Timeline] 패널의 모션 블러를 클릭하여 활성화합니다.

모션 블러(Motion Blur) | 모션 블러란 움직이는 물체에 블러, 즉 픽셀 흐림 현상이 생성되는 것을 말합니다. 움직이는 물체의 속도가 빠를수록 흐림 이펙트도 강해지며, 속도가 느릴 때는 흐림 이펙트가 거의 나타나지 않습니다. 속도를 반영하여 적용되므로 빠르게 움직이는 물체의 속도를 잘 표현할 수 있습니다.

19 ❶ [Project] 패널에서 [Ball완성+]를 더블클릭해서 [Ball완성+] 컴포지션을 열고 ❷ Spacebar 를 눌러 애니메이션을 확인해봅니다. ❸ 이 컴포지션의 공은 [Scale]과 [Skew]에도 키프레임이 추가되어 있습니다. 애니메이션의 중요 원리 중 하나인 Squash&Stretch를 확인할 수 있습니다.

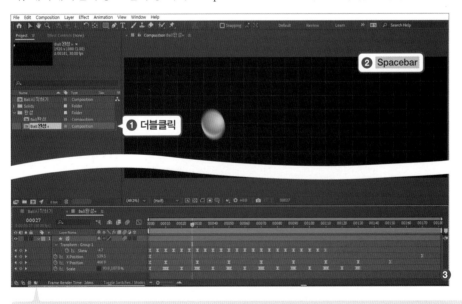

스쿼시앤스트레치(Squash&Stretch) | 운동감이 있는 물체가 바닥 등 표면에 닿았다가 다시 튀어오를 때 반동에 의해 형태가 찌그러졌다가 늘어나는 것을 말합니다. 무게감과 물리력을 표현할 수 있어 애니메이션을 더욱 흥미롭게 만듭니다. 이 원리를 이해하기 위해서 애니메이션 전공자들이 공부하는 가장 대표적인 예제가 바로 'Bouncing a Ball', 즉 공 튀기기 예제입니다. Squash&Strech는 공과 같이 심플한 오브젝트뿐만 아니라 사람이나 동물 같은 복잡한 오브젝트, 그리고 걷기나 뛰기 같은 동작에도 적용할 수 있습니다.

LESSON 03

트렌디 효과 활용하기

트렌디한 효과 알아보고 연출하기

모션 그래픽은 시각 영상 디자인 분야로서, 트렌드의 영향을 많이 받기도 합니다. 트렌드에 따라 많이 활용되는 효과(Effect)도 달라집니다. 근래에 많이 활용되는 효과로는 액체 느낌을 연출하는 리퀴드, 다수의 입자를 제어하는 파티클, 그림에 다양한 노이즈를 생성하는 글리치, 2.5D를 연출하는 아이소메트릭 효과 등이 있습니다.

간단 실습 · 세포 분열 연출하기

준비 파일 기본/Chapter 04/키프레임설정하기.aep

01 [File]−[Open Project] Ctrl + O 메뉴를 선택하고 **키프레임설정하기.aep** 준비 파일을 엽니다.

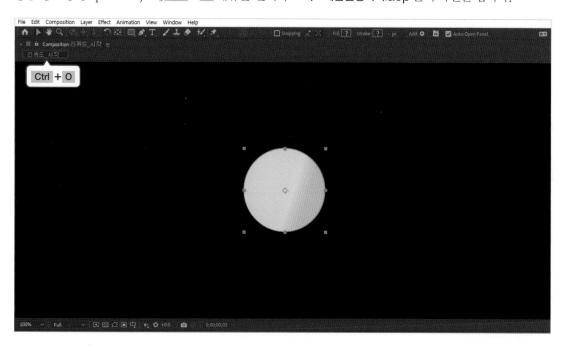

02 ❶ Spacebar 를 눌러 재생해 보면 화면 중앙의 원이 두 개의 원으로 분리되며 좌우로 이동합니다. ❷ [세포] 레이어를 선택하고 ❸ U 를 눌러 키프레임을 확인합니다. ❹ 두 개의 [Transform: Group]에는 [Position]과 [Scale]의 키프레임이 생성되어 있습니다.

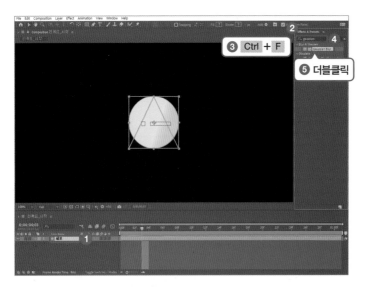

03 ❶ [세포] 레이어를 클릭합니다. ❷ [Window]-[Effects&Presets] 메뉴를 클릭하여 [Effects&Presets] 패널을 엽니다. ❸ Ctrl + F 를 눌러 검색창을 활성화하고 ❹ gaussian을 검색합니다. ❺ [Blur & Sharpen]-[Gaussian Blur]를 더블클릭하거나 드래그하는 방식으로 효과를 적용합니다.

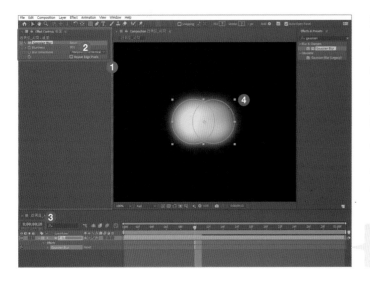

04 ❶ [Effect Controls] 패널이 나타나고 [Gaussian Blur] 이펙트가 등록되어 있습니다. ❷ [Blurriness]를 80으로 설정합니다. ❸ 10F 지점으로 이동한 후 ❹ 원이 겹쳐진 부분을 보면 픽셀 흐림 현상으로 두 개의 원이 흐릿하게 겹쳐 보입니다.

[Gaussian Blur]의 [Repeat Edge Pixels]가 활성화되어 있다면 체크 해제하여 비활성화합니다.

05 ❶ [세포] 레이어를 선택하고 [Effects & Presets] 패널에서 ❷ [Color Correction]–[Levels]를 더블클릭해 적용합니다.

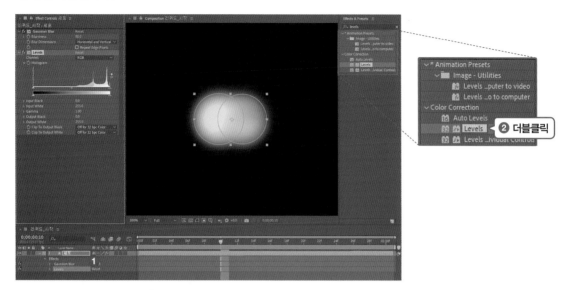

06 ❶ [Effect Controls] 패널에서 [Levels]–[Channel]을 [Alpha]로 변경하고 ❷ [Histogram]을 그림과 같이 조절합니다. 중간의 조절점은 그대로 둔 채 왼쪽과 오른쪽 조절점을 중앙으로 드래그합니다. ❸ [Alpha Input Black]과 [Alpha Input White]는 각각 **130, 140** 정도면 됩니다. ❹ Spacebar 를 눌러 애니메이션을 확인합니다. 하나의 원이 세포가 분열하듯 두 개의 형태로 블렌드되면서 분리됩니다. 보다 자연스러운 리퀴드 효과가 연출되었습니다.

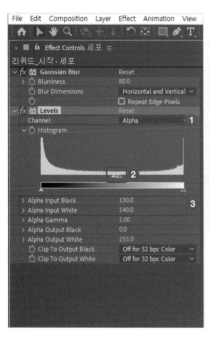

[Gaussian Blur]와 [Levels] 효과 조합으로 형태 블렌드하기

[Effect]의 활용은 그야말로 무궁무진합니다. 각 효과를 단독으로 사용하기보다는 지금과 같이 여러 가지 효과를 차례로 조합하면 다양한 효과를 연출할 수 있습니다. 이번에는 [Gaussian Blur]를 먼저 적용하여 두 원의 외곽선 형태를 흐리게 형태를 조절한 후 [Levels]의 [Alpha] 채널 대비를 최대한 높여 흐려진 외곽을 날카롭게 만드는 방식으로 형태가 블렌드되는 장면을 연출했습니다.

07 세포의 모양을 고려하여 형태가 자유자재로 움직이는 원을 연출해보겠습니다. ❶ [세포] 레이어를 마우스 오른쪽 버튼으로 클릭한 후 ❷ [Effects]-[Distort]-[Turbulent Displace]를 선택합니다. ❸ [Effect Controls] 패널에 [Turbulent Displace] 이펙트가 등록되었습니다. ❹ 원형이 찌그러져 보입니다.

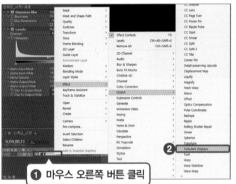

❶ 마우스 오른쪽 버튼 클릭

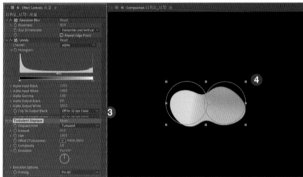

[Turbulent Displace] 효과 알아보기

[Turbulent Displace] 효과는 [Distort] 효과에 포함되어 있습니다. Distort는 '변형', '왜곡'이라는 의미로, 형태 등에 변형을 줄 수 있는 효과들이 포함되어 있습니다. Turbulent는 '난기류' 또는 '요동치는'이라는 의미이며, [Turbulent Displace]는 형태가 어떠한 영향을 받아서 요동치며 변화하는 효과입니다.

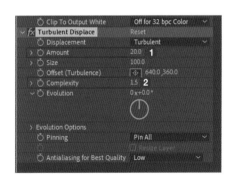

08 [Effect Controls] 패널에서 ❶ [Turbulent Displace] 옵션값을 [Amount]는 20, ❷ [Complexity]는 1.5로 각각 설정합니다.

09 ❶❷ 0초, 1초 지점에서 [Turbulent Displace]-[Evolution]에 다음과 같이 키프레임을 생성합니다.

[Effect Controls] 패널에서 각 옵션의 스톱워치 를 클릭 하면 [Timeline] 패 널에서 생성된 키프 레임을 확인할 수 있습니다. U 를 누 르면 키프레임이 생 성된 옵션만 열어볼 수 있습니다.

간단 실습   **글로우 효과 적용하기**

01 ❶ 앞서 실습한 준비 파일을 그대로 사용합니다. [세포] 레이어를 선택합니다. ❷ [Effects & Presets] 패널에서 **glow**를 검색하고 ❸ [Stylize]-[Glow]를 더블클릭하여 적용합니다.

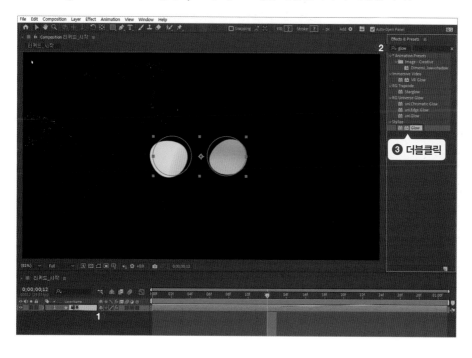

02 [Effect Controls] 패널에서 다음과 같이 옵션을 설정합니다. 은은한 빛 효과가 적용됩니다.

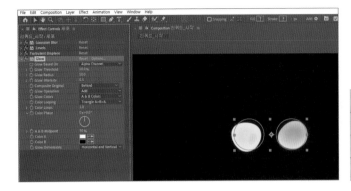

Glow Based On	Alpha Channel
Glow Threshold	10%
Glow Radius	50
Glow Intensity	0.3

간단 실습 그라데이션이 적용된 배경 이미지 만들기

01 ❶ 앞서 실습한 준비 파일을 그대로 사용합니다. [Layer]–[Solid] 메뉴를 선택하고 ❷ [Solid Settings] 대화상자가 열리면 다음과 같이 설정합니다. 배경 색상은 상관없습니다. ❸ [OK]를 클릭합니다.

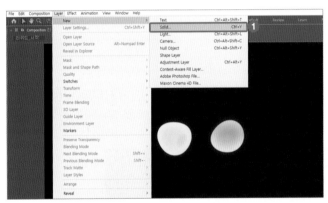

02 [BG] 레이어를 클릭하고 [세포] 레이어 아래로 드래그하여 순서를 바꿉니다.

03

❶ [BG] 레이어를 선택합니다. ❷ [Effects & Presets] 패널에서 **ramp**를 검색하고 ❸ [Generate]–[Gradient Ramp]를 더블클릭하여 적용합니다. ❹ [Effect Controls] 패널에 [Gradient Ramp] 효과가 등록되었습니다.

기능 꼼꼼 익히기 🖋 **[Gradient Ramp] 이펙트 알아보기**

그레이디언트 램프(Gradient Ramp) 이펙트는 배경에 그레이디언트를 만들거나 다양한 이펙트의 소스로 활용할 수 있습니다. 애프터 이펙트에서 가장 많이 활용되는 대표적인 이펙트입니다.

❶ **Start of Ramp** | 램프가 시작되는 위치의 좌푯값입니다.

❷ **Start Color** | 램프의 시작점 색상입니다.

❸ **End of Ramp** | 램프가 끝나는 위치의 좌푯값입니다.

❹ **End Color** | 램프의 끝점 색상입니다.

❺ **Ramp Shape** | [Linear Ramp]와 [Radial Ramp]를 선택할 수 있습니다. [Linear Ramp]는 직선형 그레이디언트가, [Radial Ramp]는 원형 그레이디언트가 생성됩니다.

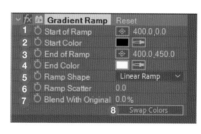

❻ **Ramp Scatter** | 그레이디언트에 스케터(흩뿌려지는 효과)가 생기며 노이즈 느낌을 연출할 수 있습니다.

❼ **Blend With Original** | 원래 이미지와 혼합(Blending)할 수 있습니다.

❽ **Swap Colors** | [Start Color]와 [End Color]를 바꿀 수 있습니다.

04 [Gradient Ramp] 효과의 옵션을 다음과 같이 설정합니다. 왼쪽 상단에서 은은한 조명이 비추는 듯한 배경이 만들어졌습니다.

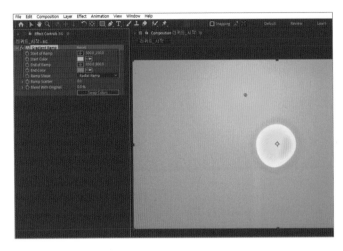

Start of Ramp	500, 150
Start Color	밝은 핑크색
End of Ramp	850, 800
End Color	밝은 오렌지색
Ramp Shape	Radial Ramp

간단 실습 **배경 레이어에 안이 투명한 원 모양 그리기**

[Circle] 효과를 활용하여 세포를 둘러싸고 있는 반투명한 세포막 이미지를 추가해보겠습니다. 앞서 실습한 준비 파일을 그대로 사용합니다.

01 ❶ [BG] 레이어를 선택합니다. ❷ [Effects & Presets] 패널에서 **circle**를 검색하고 ❸ [Generate]-[Circle]를 더블클릭하여 적용합니다. ❹ [Effect Controls] 패널에 [Circle] 효과가 등록되면 [Edge]를 [Thickness & Feather * Radius]로 설정합니다.

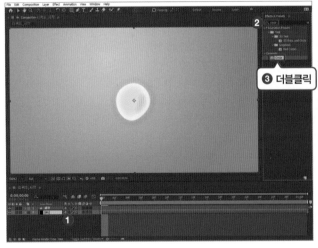

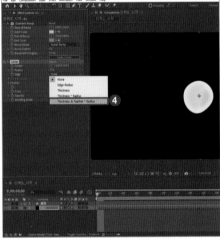

02 [Circle] 효과의 옵션을 다음과 같이 설정합니다. 안이 투명한 원형의 세포막 이미지가 완성되었습니다.

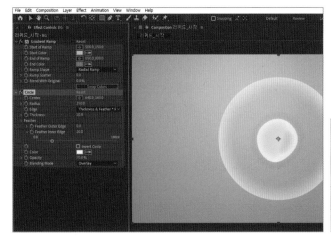

Radius	250
Thickness	10
Feather> Feather Inner Edge	20
Opacity	70%
Blending Mode	Overlay

03 Spacebar 를 눌러 애니메이션을 확인합니다. 물컹한 물체의 형태가 불규칙하게 변화하면서 마치 세포가 분열하듯 둘로 갈라지는 애니메이션이 완성되었습니다.

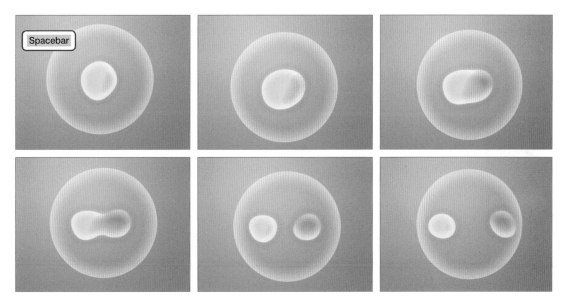

애프터 이펙트는 앞서 다룬 기본적인 키프레임 애니메이션은 물론,

다채로운 시각 효과를 만들 수 있는 다양한 기능을 지원합니다.

CHAPTER 05에서는 모션 그래픽 디자인 작업에 꼭 필요한 기능을

이해하고 간단한 예제를 통하여 학습해보겠습니다.

중요하게 다룰 내용은 마스크, 3D 레이어, 트랙 매트, 페어런트 기능입니다.

다소 어려운 개념과 기능을 다루지만 차근차근 학습하면 결코 어렵지 않습니다.

CHAPTER 05

애프터 이펙트
필수 기능 익히기

마스크 기초 익히기

마스크 기능 알아보고 활용하기

마스크(Mask)는 대표적인 레이어 활용 기능입니다. 레이어의 일정 부분을 가리거나 반대로 일정 부분만 보여주는 기능으로 비디오나 그림의 합성 작업 시 활용할 수 있으며, 여러 가지 미디어 파일을 부분적으로 중첩하는 용도로도 활용됩니다. 애프터 이펙트에서 소스로 사용할 그림을 직접 그려서 애니메이션을 만들 때에도 마스크는 필수라고 할 만큼 자주 사용합니다.

간단 실습   마스크 만들기

준비 파일 기본/Chapter 05/마스크만들기.aep

01 ❶ [File]-[Open Project] Ctrl + O 메뉴를 선택하여 **마스크만들기.aep** 준비 파일을 엽니다. ❷ [Project] 패널에서 [마스크만들기]를 더블클릭하여 컴포지션을 엽니다. [Timeline] 패널에 두 개의 레이어가 있습니다. ❸ [해파리] 레이어가 위에 위치하여 아래 레이어가 보이지 않습니다. ❹ [해파리] 레이어의 을 클릭하여 아래에 위치한 레이어도 확인해봅니다.

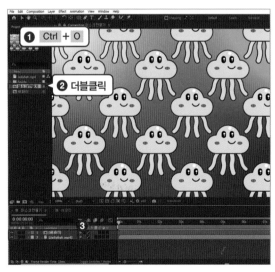

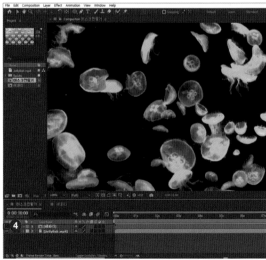

02 비디오나 그림 등 모든 시각 레이어는 도형 도구나 펜 도구를 이용하여 마스크를 만들 수 있습니다. 해파리 캐릭터가 그려진 [해파리] 레이어에 마스크를 그려보겠습니다. ❶ 마스크를 적용할 [해파리] 레이어를 선택합니다. ❷ 도구바에서 사각형 도구 ▣를 1초 이상 클릭하고 ❸ 하위 메뉴에서 원형 도구 ◉ Q 를 클릭합니다. ❹ [Composition] 패널에서 화면 중앙에 Shift 를 누른 채 드래그하여 정원을 그립니다. ❺ [Timeline] 패널을 보면 [해파리] 레이어에 [Masks] 속성이 생성되고 [Mask 1]이 하위에 있는 것을 확인할 수 있습니다. 도형 도구로 그린 원형 안에만 그림이 표시되고 나머지 부분은 가려져 보이지 않습니다. 잘라 내기 기능처럼 완전히 없어진 것이 아니라 감추어진 것입니다.

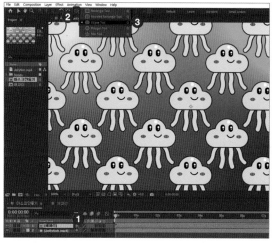
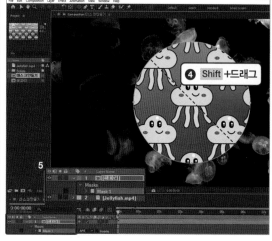

마스크의 속성

[Masks] 속성이 생성되고 하위에 [Mask 1]이 있습니다. [Mask] 속성에는 네 개의 옵션이 포함됩니다.

① **Mask Path** | 마스크의 모양을 설정합니다.

② **Mask Feather** | 마스크 테두리의 부드러운 정도를 설정합니다. 값이 높을수록 테두리가 부드럽게 처리됩니다.

③ **Mask Opacity** | 마스크의 투명도를 설정합니다. 값이 낮을수록 투명해집니다.

④ **Mask Expansion** | 마스크의 팽창 정도를 설정합니다. −값이면 수축, +값이면 팽창합니다.

마스크의 모양은 조절점을 드래그하여 움직이거나 조절점 변환 도구 등을 이용하여 조절할 수 있습니다. 키 프레임을 생성하여 시간에 따라 모양을 바꿀 수도 있습니다.

마스크(Mask) 속성의 옵션을 자유자재로 편집하기 위해서는 펼치는 단축키를 외워두는 것이 좋습니다. 일반적으로 많이 사용하는 마스크 단축키는 다음과 같습니다.

- M | [Timeline] 패널에서 선택한 레이어의 [Mask Path] 옵션 펼치기
- F | [Mask Feather] 옵션 펼치기
- M, M | 마스크와 관련된 모든 옵션 펼치기
- Shift + Alt + M | 현재 시간에서 [Mask Path] 옵션에 키프레임 생성하기

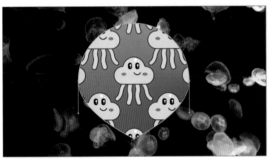

▲ 조절점 변환 도구 N를 이용하여 곡선을 직선으로 변경

▲ [Mask Feather] 값을 변경하여 마스크 가장자리를 부드럽게 처리

▲ [Mask Opacity]를 50%로 조절하여 마스크 영역의 그림 투명도를 낮춤

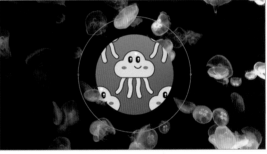

▲ [Mask Expansion] 값을 음수로 조절하여 마스크 영역을 수축

▲ 마스크의 모드가 [Add]인 상태에서 [Inverted]에 체크하여 표시 영역 반전

마스크 모드 설정하기

마스크의 옵션 중 모드(Mode)를 이용하여 보이는 부분을 설정할 수 있습니다. 마스크 모드의 기본값은 [Add]이며 메뉴에서 다양한 모드로 설정할 수 있습니다.

① **Add** ┃ 모드의 기본값입니다. 마스크의 안쪽만 표시되고 바깥쪽은 감추어집니다.

② **None** ┃ 마스크를 무시합니다. 마스크가 있어도 무시하므로 모든 이미지가 드러납니다.

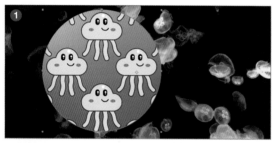

▲ Add

▲ None

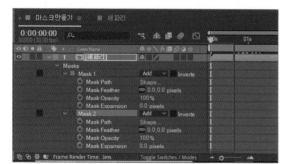

③ 하나의 레이어에 두 개 이상의 마스크를 그릴 수 있으며 모두 기본값인 [Add]로 설정됩니다.

④ **Subtract** ┃ [Add]와 반대로 패스 안쪽은 무시하고 바깥쪽만 표시됩니다. 마스크가 두 개일 경우 두 번째 마스크의 모드를 [Subtract]로 설정하면 두 번째 마스크의 영역이 감추어집니다.

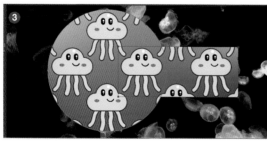

▲ 하나의 레이어에 두 개 이상의 마스크 적용

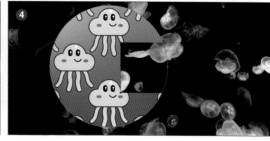

▲ Subtract

⑤ **Intersect** | 두 개 이상의 마스크가 있을 때 마스크가 겹쳐진 부분만 표시됩니다.

⑥ **Lighten** | 투명도(Opacity)가 다른 두 개 이상의 마스크가 겹쳐진 부분은 투명도가 가장 높은 마스크의 투명도로 표시됩니다.

▲ Intersect

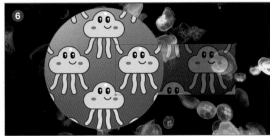
▲ Lighten

⑦ **Darken** | 마스크가 겹쳐진 부분만 보이는 것은 [Intersect]와 동일하지만 [Lighten]과 반대로 겹쳐진 부분의 투명도(Opacity)가 가장 낮은 마스크의 투명도로 표시됩니다.

⑧ **Difference** | 두 개 이상의 마스크가 겹쳐진 부분을 제외한 나머지 부분만 표시됩니다.

▲ Darken

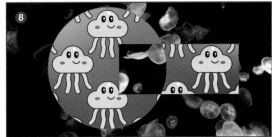
▲ Difference

간단 실습 │ 펜 도구로 마스크 생성하여 합성하기

준비 파일 기본/Chapter 05/마스크만들기.aep

01 앞서 학습한 준비 파일을 그대로 사용합니다. ❶ [Timeline] 패널에서 [해파리] 탭을 선택하여 [해파리] 컴포지션을 엽니다. ❷ [BG] 레이어의 을 클릭하여 배경을 보이지 않게 합니다.

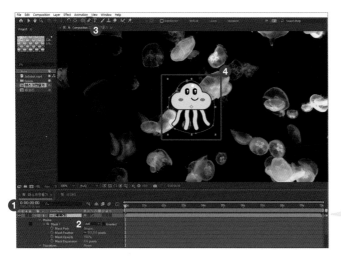

02 ❶ [Timeline] 패널에서 [마스크만들기] 탭을 선택하여 [마스크만들기] 컴포지션을 열고 ❷ [해파리] 레이어를 선택합니다. ❸ 도구바에서 펜 도구 🖉 G 를 클릭하고 ❹ [Compisition] 패널에서 하나의 해파리 캐릭터만 보일 수 있도록 그려줍니다.

> 펜 도구 🖉 로 마스크를 설정할 때 보이게 처리할 영역을 선택하고 최초 클릭한 곳을 다시 클릭하면 펜 도구 패스가 닫히면서 작업이 완료됩니다.

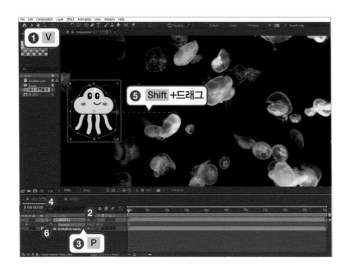

03 ❶ 선택 도구 ▶ V 로 돌아옵니다. ❷ [해파리] 레이어를 클릭하고 ❸ P 를 눌러 [Position]을 엽니다. ❹ 0초 지점에서 ❺ Shift 를 누른 상태로 해파리 캐릭터를 드래그하여 화면의 왼쪽으로 이동합니다. ❻ 스톱워치 ⏱ 를 클릭하여 키프레임을 설정합니다.

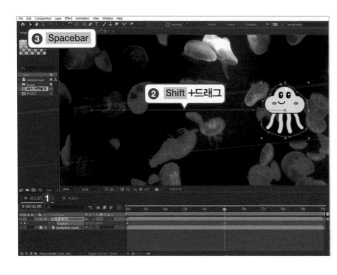

04 ❶ 5초 지점으로 이동한 후 ❷ Shift 를 누른 상태에서 해파리 캐릭터를 드래그하여 화면의 오른쪽으로 이동합니다. ❸ Spacebar 를 눌러 애니메이션을 확인합니다. 하나의 해파리만 왼쪽에서 오른쪽으로 움직이는 애니메이션이 완성되었습니다.

마스크 기능으로 그림에서 원하는 부분만 추출하기

준비 파일 기본/Chapter 05/마스크실습.aep

01
❶ [File]–[Open Project] `Ctrl` + `O` 메뉴를 선택하여 **마스크실습.aep** 준비 파일을 엽니다. ❷ [마스크] 컴포지션을 확인해보면 꽃과 구름이 그려진 배경을 그린 [BG]의 레이어가 있습니다.

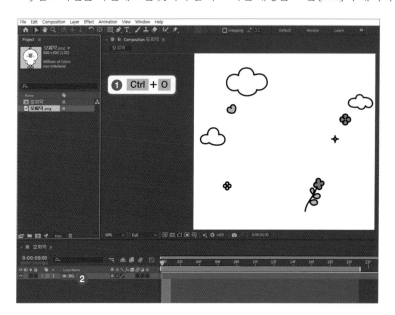

 동영상 강의 확인하기

02
❶ [Project] 패널에서 [모찌덕.png]를 선택한 후 ❷ `Ctrl` + `/` 를 눌러 [모찌덕] 컴포지션에 삽입합니다. ❸ [Timeline] 패널에서 [모찌덕.png] 레이어를 가장 위로 이동시킵니다. [Compositon] 패널에서 모찌덕 캐릭터 그림을 확인할 수 있습니다.

03 배경을 없애고 캐릭터만 보이게 하기 위하여 마스크 기능을 사용해보겠습니다. 먼저 캐릭터의 얼굴만 추출하겠습니다. ❶ [모찌덕.png] 레이어가 선택된 상태에서 도구바의 펜 도구 ✏를 클릭합니다. ❷ [Composition] 패널의 비율을 200% 정도로 크게 보고, ❸ 캐릭터의 스트로크 바깥쪽을 따라서 곡선을 그립니다. 먼저 외곽을 한 번 클릭한 후에 ❹ 외곽선을 따라 적당한 곳을 클릭하여 다음 조절점을 만들고 바로 드래그하여 외곽선에 맞추어 펜 선을 조절합니다.

04 ❶ 외곽선을 따라서 세 번째 조절점을 만들고 드래그하여 곡선을 조절합니다. ❷ 네 번째 조절점도 같은 방법으로 만듭니다.

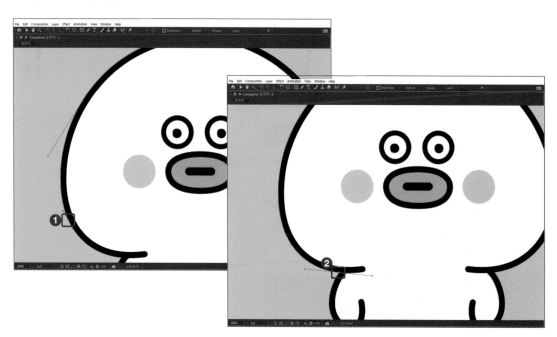

05 ❶ 다섯 번째 조절점은 하트 윗부분의 모양처럼 곡선을 만듭니다. 베지에 핸들이 직선으로 생성되어야 하는 지점은 클릭만 하고 드래그하지 않습니다. ❷ 다시 오른쪽 외곽선을 따라서 클릭하고 드래그하는 방식으로 조절점을 만듭니다.

정확하게 외곽선을 따라서 펜 툴로 곡선을 그리기 어려운가요? 애프터 이펙트의 펜 툴은 일러스트레이터의 펜 툴처럼 많은 옵션을 사용할 수 없습니다. 따라서 너무 복잡한 곡선을 그리는 것은 무척 어려운 작업입니다. 아주 복잡한 곡선을 작업해야 한다면 일러스트레이터에서 먼저 작업한 후 패스를 복사해, 애프터 이펙트의 레이어에 새로운 마스크를 만들고 붙여넣기 하는 방법을 사용하는 것이 좋습니다. 펜 툴을 처음부터 잘 다루긴 어렵습니다. 많이 사용하다 보면 원하는 곡선을 보다 빠르게 그릴 수 있습니다. 처음부터 예쁘게 그려지지 않는다면 곡선을 그리는 도중에, 혹은 다 그려낸 후에 조절점을 클릭하고 드래그하면서 수정할 수 있습니다.

06 ❶ 계속해서 외곽선을 따라서 곡선을 그려주다가 첫 번째 조절점을 다시 클릭하면 패스가 닫히면서 ❷ 얼굴만 추출됩니다.

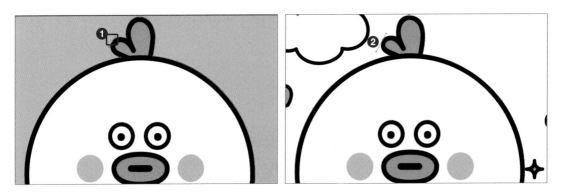

07 ❶ 도구바에서 다시 선택 도구▶를 클릭합니다. ❷ [Timeline] 패널을 확인하면 [Mask 1] 속성이 추가된 것을 확인할 수 있습니다.

얼굴 외곽선 밖의 배경 색상이 여전히 보인다면 [Mask 1]–[Mask Expansion] 값을 음수로 설정하여 펜 선을 수축시킬 수 있습니다. 그림과 같이 −1을 설정하면 패스에서 −1px만큼 선택 영역이 줄어듭니다.

08 ❶ [모찌덕.png] 레이어를 선택하고 Ctrl + D 를 눌러 레이어를 복제합니다. ❷ 두 개의 레이어 중 아래 레이어를 선택하고 M 을 눌러 [Mask 1] 속성을 엽니다. ❸ [Mask 1]의 모드를 [None]으로 설정하여 비활성화시킵니다. [Mask 1]을 선택하고 Delete 를 눌러 마스크를 삭제해도 됩니다.

09 다시 배경을 없애고 캐릭터의 몸만 보이게 하기 위하여 마스크 기능을 사용해보겠습니다. ❶ [모찌덕.png] 레이어가 선택된 상태에서 도구바의 펜 도구 ✏️를 클릭합니다. ❷ [Composition] 패널의 비율을 200% 정도로 크게 보고, 캐릭터의 스트로크 바깥쪽을 따라서 곡선을 그립니다. 먼저 팔이 시작되는 지점에서 약간 위쪽을 클릭한 후에 ❸ 외곽선을 따라 적당한 곳을 클릭하여 다음 조절점을 만들고 ❹ 바로 드래그하여 외곽선에 맞추어 펜 선을 조절합니다.

10 ❶ 곡선에서 직선으로 이어지는 부분에서는 `Alt`를 누르고 베지에 핸들의 오른쪽 조절점을 클릭한 채로 ❷ 아래로 드래그하여 수직으로 만듭니다.

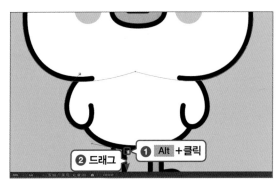
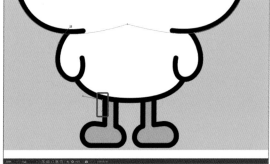

11 다시 외곽선을 따라서 같은 방법으로 곡선과 직선을 그립니다.

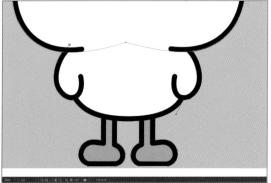

12 ❶ 오른쪽 어깨에서 조금 올라온 지점에서 베지에 핸들을 수평으로 꺾어주고 ❷ 첫 번째 조절점을 클릭하여 패스를 닫습니다. 배경이 사라지고 캐릭터의 몸만 남습니다.

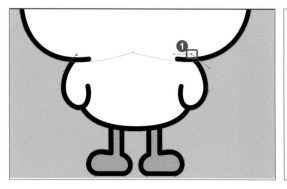

13 [Timelin] 패널에서 레이어의 이름을 각각 **얼굴**, **몸**으로 각각 변경합니다.

14 [얼굴] 레이어의 [Y Position]을 580으로 설정해 20px정도 내려줍니다. 고개를 좌우로 흔드는 애니메이션을 만들기 위해 얼굴을 내려서 얼굴과 몸 사이의 빈 공간을 없애는 것입니다.

15 ❶ [얼굴] 레이어를 선택합니다. ❷ 중심점 이동 도구 ▦ 를 선택하고 ❸ [Composition] 패널에서 캐릭터의 입술 아래쪽에 있는 중심점을 클릭하고 Shift 를 누른 채 아래로 드래그하여 얼굴의 아래쪽 끝 지점으로 이동시킵니다.

16 [얼굴] 레이어의 [Rotation]에 다음과 같이 키프레임을 설정합니다.

Time	Rotation
0초	0 x −8°
10F	0 x +8°
20F	0 x −8°

17 Spacebar 를 눌러 애니메이션을 완성합니다. 캐릭터가 그려진 이미지의 배경을 삭제하여 다른 배경 이미지와 합성하고 캐릭터의 얼굴이 좌우로 까딱이는 애니메이션을 완성했습니다.

3D 기능 알아보기

3D 공간에 3D 레이어, 카메라, 라이트 추가하기

3D 콘텐츠 개발은 오늘날 모션 디자이너의 일반적인 작업 방식이라 할 수 있습니다. 애프터 이펙트는 2D 프로그램이지만 3D 기능을 잘 활용하면 2D 기반의 3D 콘텐츠를 개발할 수 있습니다. 애프터 이펙트의 3D 기능은 수년에 걸쳐 지속적인 업데이트가 있어왔으며, 더욱 빨라진 작업 프로세스와 다양한 기즈모 등을 통해 활용도가 더욱 높아졌습니다. 최근 지속적인 업데이트를 통해 3D 디자인 공간에서 3D 변환 기즈모(장치) 및 개선된 카메라 도구를 이용해 더 빠르고 쉽게 3D 작업을 할 수 있습니다.

간단실습 3D 레이어로 변환하기

준비 파일 기본/Chapter 05/3D알아보기.aep

01 ❶ [File]-[Open Project] `Ctrl` + `O` 메뉴를 선택하고 **3D알아보기.aep** 준비 파일을 엽니다. ❷ [Project] 패널에서 [3D레이어] 컴포지션을 더블클릭하여 엽니다. ❸ [Composition] 패널을 보면 정사각형 솔리드 레이어가 삽입되어 있습니다.

02 ❶ [사각형] 레이어의 ▶을 클릭하여 [Transform]을 엽니다. ❷ [Anchor Point], [Position] 등을 보면 2D 레이어이기 때문에 기본적으로 X, Y 두 개의 좌푯값을 가지고 있습니다. 앞의 숫자가 X 좌표, 뒤의 숫자가 Y 좌표입니다.

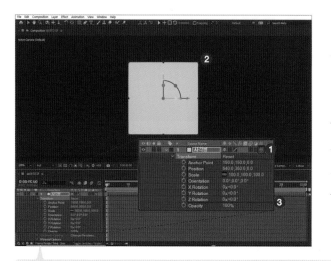

03 ❶ [사각형] 레이어의 🎲을 클릭하여 3D 레이어를 활성화합니다. ❷ 사각형은 여전히 납작한 형태입니다. ❸ [Timeline] 패널에서 [사각형] 레이어의 [Transform]을 보면 원래의 속성에 Z 좌표가 추가되고, 새 속성도 추가되었습니다. 이제 3D 공간에서 모양을 변형하거나 애니메이션할 수 있습니다.

[Composition] 패널에서 사각형 도형을 보면 세 가지 색상의 선과 둥근 모양이 표시됩니다. 화살표가 있는 직선을 드래그하면 위치(Position)를 조절할 수 있으며, 호를 그리는 선을 드래그하면 방향(Orientation)을 조절할 수 있습니다. 다른 3D 프로그램과 동일하게 빨간색은 X축, 초록색은 Y축, 파란색은 Z축을 표시합니다. 즉, 빨간색 화살표를 드래그하면 [X Position]을, 파란색 호를 드래그하여 회전하면 [Z Orientation]을 조절할 수 있습니다.

간단 실습　　**3D 공간에서 레이어 이동하거나 회전하기**

01 앞서 실습한 준비 파일을 그대로 사용합니다. ❶ 도구바에서 선택 도구▶ V 를 클릭하고 ❷ Local Axis Mode🔨, Universal Mode▶를 각각 클릭합니다. ❸ 사각형 도형을 클릭합니다. 오른쪽 빨간색 화살표로 마우스 포인터를 가져가면 X 좌푯값이 표시됩니다. ❹ 빨간색 화살표를 드래그해 오른쪽으로 움직여봅니다. ❺ 원래의 좌표에서 얼마나 이동했는지 알려주는 값과 현재 좌표가 화면에 표시됩니다.

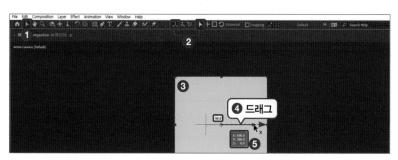

02 이번에는 초록색 동그라미가 표시된 원을 왼쪽으로 드래그해봅니다. ❶ Shift 를 누른 채 드래그하면 5°씩 스냅되며 회전합니다. 45°가 될 때까지 드래그해봅니다. ❷ [Timeline] 패널을 보면 [Orientation]의 Y 좌푯값이 45로 변경되었습니다.

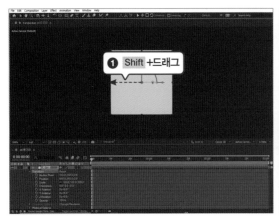
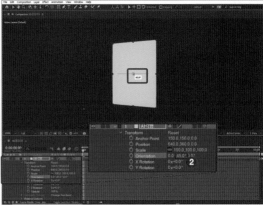

간단 실습 액시스 모드(Axis Mode) 옵션 알아보기

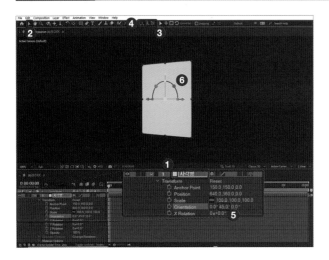

01 앞서 실습한 준비 파일을 그대로 사용합니다. ❶ [사각형] 레이어를 선택하고 ❷ 선택 도구 ▶ V 를 클릭하면 ❸ 도구바 오른쪽에 몇 가지 새로운 도구가 표시됩니다. 3D 공간에서 오브젝트를 이동하거나 회전할 때 중심축을 다음 세 가지로 선택할 수 있습니다. ❹ Local Axis Mode 는 오브젝트의 방향을 중심으로 회전합니다. ❺ 현재 [Orientation]의 Y 좌푯값이 45로 설정되어 있으므로 ❻ 조절 기즈모도 Y축을 기준으로 45° 회전한 상태입니다.

기능 꼼꼼 익히기 **3D 레이어 선택 시 Axis Mode(액시스 모드) 옵션 알아보기**

• **Local Axis Mode(로컬 액시스 모드)** | 3D 레이어의 표면에 축을 정렬합니다.

• **World Axis Mode(월드 액시스 모드)** | 컴포지션의 절대 좌표에 축을 정렬합니다.

• **View Axis Mode(뷰 액시스 모드)** | 선택한 뷰에 축을 정렬합니다.

카메라 도구는 항상 뷰의 로컬 축을 따라 조정되므로 카메라 도구의 동작은 축 모드의 영향을 받지 않습니다.

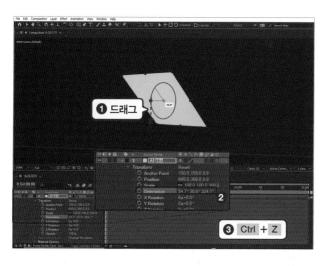

02 ❶ 빨간색 원을 아래로 드래그합니다. ❷ X 좌푯값만 조절하여 회전했는데 [Timeline] 패널에서 좌표를 확인하면 [Orientation]의 모든 값이 달라집니다. 이미 방향이 틀어져 있는 상태에서 다른 방향으로 이동하였으므로 세 방향 모두 영향을 받은 것입니다. ❸ Ctrl + Z 를 눌러 작업을 취소합니다.

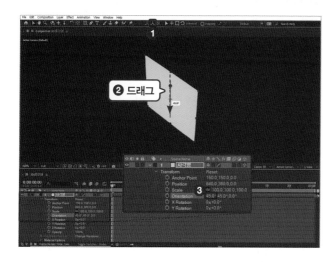

03 ❶ 도구바에서 World Axis Mode 🞑를 클릭합니다. ❷ 같은 방법으로 빨간색 원을 아래로 드래그해봅니다. ❸ 정확하게 [Orienation]의 X 좌푯값만 45로 변경되었습니다. 이 모드는 오브젝트의 방향과는 상관없이 공간의 좌표 방향을 중심으로 회전합니다.

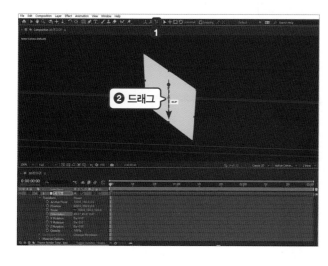

04 ❶ 도구바에서 View Axis Mode 🞑를 클릭합니다. 같은 방법으로 빨간색 원을 아래로 드래그해봅니다. ❷ World Axis Mode와 동일하게 움직입니다. View Axis Mode는 카메라 뷰를 기준으로 합니다. 지금은 같은 뷰에서 보기 때문에 동일하게 보이는 것입니다. 카메라의 다른 뷰에서는 다르게 표시될 수 있습니다.

간단 실습 | 선택 도구의 조절 기즈모(Gizmo) 알아보기

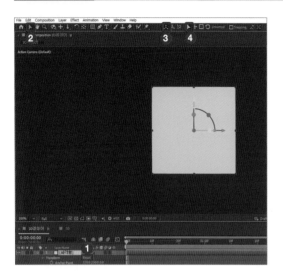

01 앞서 실습한 준비 파일을 그대로 사용합니다. ❶ [Timeline] 패널에서 [사각형] 레이어의 [Transform]−[Reset]을 클릭하여 원래의 위치로 돌아옵니다. ❷ 선택 도구 ▶ V 를 클릭하고 ❸ Local Axis Mode ▲ 로 돌아옵니다. ❹ 선택 도구 ▶ 의 기본값인 Universal Mode ▶ 가 선택되어 있습니다. 모든 방향으로 이동하거나 회전시킬 수 있습니다.

기능 꼼꼼 익히기 ✎ 3D 레이어 선택 시 선택 도구 ▶ 의 조절 옵션 알아보기

- **Universal(유니버설)** ▶ | 모든 방향으로 이동하거나 회전시킬 수 있습니다.
- **Position(포지션)** ✛ 4 | 상하좌우로 이동할 수 있습니다. 크기 조절이나 회전은 할 수 없습니다.
- **Scale(스케일)** ▣ 5 | 다양한 축으로 크기를 조절할 수 있습니다. 이동이나 회전은 할 수 없습니다.
- **Rotation(로테이션)** ⊙ 6 | 방향을 회전할 수 있습니다. 크기 조절이나 이동은 할 수 없습니다.

02 ❶ 도구바에서 Position ✛ 을 클릭합니다. ❷ 기즈모의 모양이 변경되고 이동만 가능합니다. X, Y, Z의 이동과 XY, XZ 등 두 축의 조합으로도 이동할 수 있습니다.

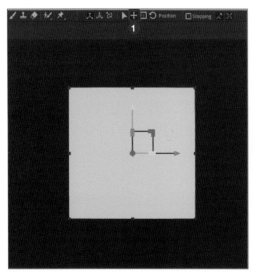

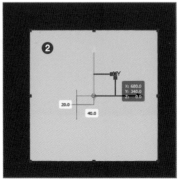

03 ❶ 도구바에서 Scale▣을 클릭합니다. ❷ 기즈모의 모양이 변경되고 크기 조절만 가능합니다. X, Y, Z 각 축의 크기 조절과 XY, XZ 등 두 축의 크기를 조합하여 조절할 수 있습니다.

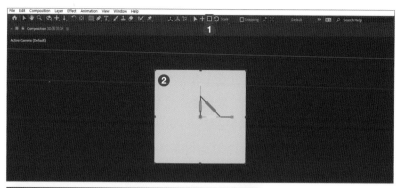

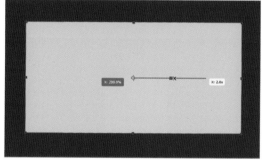

04 ❶ 도구바에서 Rotation◐을 클릭합니다. ❷ 기즈모의 모양이 변경되고 방향(Orientation)만 조절할 수 있습니다.

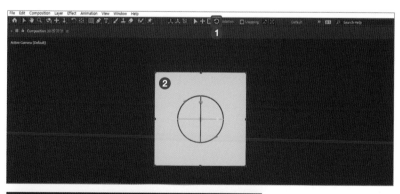

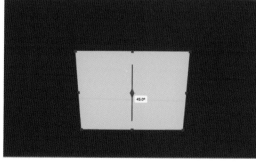

컴포지션에 3D 레이어가 있는 경우에는 카메라 레이어가 없어도 3D 변환 기즈모를 통해 카메라가 있는 것처럼 공간을 회전하거나 이동하면서 화면을 확인할 수 있습니다.

01 ❶ 앞서 실습한 준비 파일을 그대로 사용합니다. 도구바에서 카메라 회전 도구■ 1를 클릭합니다. ❷ 오른쪽에서, Free Form✛을 선택합니다. ❸ 카메라 회전 도구■를 길게 클릭하면 ❹ Orbit Around Scene Tool■, Orbit Around Camera POI■를 선택할 수도 있습니다. 세 개의 회전 도구를 각각 선택하고 [Composition] 패널에서 여러 지점을 클릭하고 움직이면서 카메라 뷰를 다양하게 조절해봅니다. 화면 중앙을 중심으로만 궤도를 도는 이전 버전과 달리 이제 초점을 선택하고 장면 레이어를 중심으로 회전, 이동, 돌리(줌 인, 줌 아웃)를 수행하여 원하는 모든 각도에서 볼 수 있습니다.

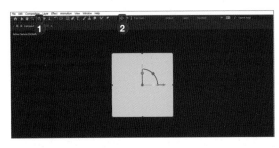

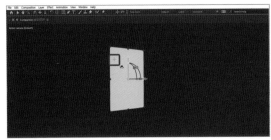

▲ Orbit Around Cursor Tool■ 선택

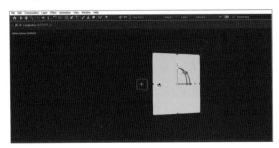

▲ Orbit Around Scene Tool■ 선택

▲ Orbit Around Camera POI■ 선택

❶ **Orbit Around Cursor Tool** ┃ 카메라가 마우스 포인터를 중심으로 회전합니다.

❷ **Orbit Around Scene Tool** ┃ 카메라가 장면을 중심으로 회전합니다.

❸ **Orbit Around Camera POI** ┃ 카메라의 Point of Interest를 중심으로 회전합니다.

특정 기즈모를 선택하는 대신 Alt 를 누른 상태에서 서로 다른 마우스 버튼(왼쪽, 오른쪽 및 휠)을 사용하여 카메라를 회전, 돌리(줌 인, 줌 아웃)하거나 배치할 수 있습니다. Alt 를 해제하면 사용하던 원래 도구로 돌아갑니다. 대부분의 3D 프로그램에서 사용되는 범용적인 카메라 제어 방식으로, 알아두면 작업 편의가 크게 향상됩니다.

02 카메라 회전 도구 1 를 클릭하면 도구바에 세 개의 추가 도구가 표시됩니다. ❶ Free Form 은 모든 방향으로 회전할 수 있습니다. ❷ Constrain Horizontally 는 가로 방향으로만, ❸ Constrain Vertically 는 세로 방향으로만 회전합니다.

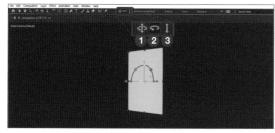

▲ Constrain Horizontally 선택

▲ Constrain Vertically 선택

03 ❶ 도구바에서 카메라 이동 도구 2 를 클릭합니다. ❷ 카메라 이동 도구 를 길게 클릭하면 Pan Camera POI Tool 을 선택할 수도 있습니다. ❸ 카메라를 상하좌우로 이동할 수 있습니다. 사각형이 화면의 왼쪽으로 이동해도 [사각형] 레이어의 [Position]은 그대로입니다. 카메라가 이동한 것이지 오브젝트가 이동한 것은 아니기 때문입니다.

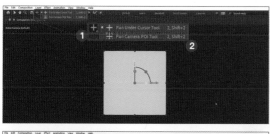

04 ❶ 도구바에서 돌리 도구 ⬇ 3 를 클릭합니다. ❷ 돌리 도구 ⬇를 길게 클릭하면 Dolly to Cursor Tool ⬇, Dolly to Camera POI Tool ⬇을 선택할 수도 있습니다. ❸ 카메라를 앞뒤로 이동할 수 있습니다.

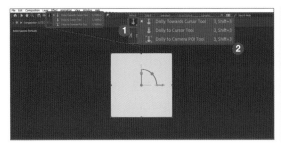 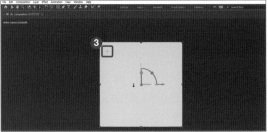

간단 실습   **3D 레이어의 방향과 회전 조절하기** ✨📦

도구바에서 선택 도구 ▶ V 를 클릭하고 [Composition] 패널에서 오브젝트를 회전하면 [Rotation(회전)]이 아닌 [Orientation(방향)]이 조절됩니다. 회전값인 [Rotation]을 조절하려면 도구바에서 회전 도구 🔄를 클릭해야 합니다.

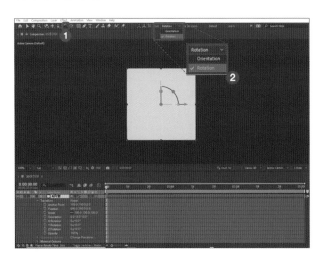

01 ❶ 앞서 실습한 준비 파일을 그대로 사용합니다. 회전 도구 🔄를 클릭합니다. 도구바에 [Set]가 나타나며 [Orientation]과 [Rotation]을 선택할 수 있습니다. ❷ [Rotation]을 선택합니다.

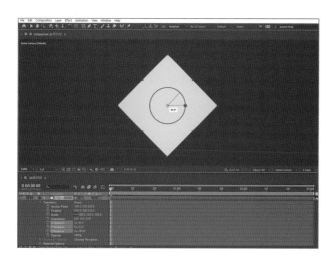

02 조절 기즈모를 움직이면 레이어의 회전값을 변경할 수 있습니다.

간단 **실습**

3D 레이어로 변환하고 Z Position 이동하기

준비 파일 기본/Chapter 05/3D알아보기.aep

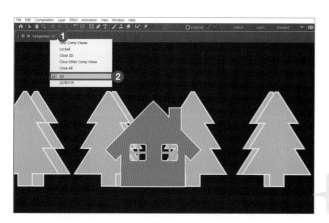

01 레이어가 여러 개 있는 프로젝트에 3D 기능을 활용해보겠습니다. ❶ [Composition] 패널에서 이름 부분을 클릭하면 작업 중인 다른 컴포지션으로 이동할 수 있습니다. ❷ [3D]를 선택하여 [3D] 컴포지션을 엽니다.

> 메뉴에서 [3D]가 보이지 않는다면 [Project] 패널을 열고 [3D] 컴포지션을 더블클릭하여 열 수도 있습니다.

02 ❶ 세 개의 셰이프 레이어가 삽입되어 있습니다. ❷ [집] 레이어가 가장 위에 있으므로 가장 앞으로 표시됩니다. ❸ 모든 레이어의 을 각각 클릭하여 3D 레이어로 변환합니다.

동영상 강의 확인하기

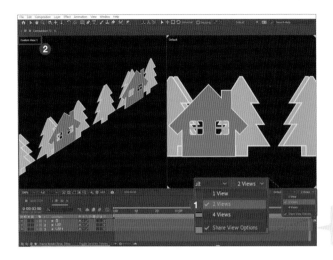

03 ❶ [Composition] 패널의 보기 방식
을 [2 Views]로 변경합니다. ❷ 왼쪽 뷰는
[Custom View 1]로 설정합니다.

[Custom View 1]의 단축키는 **F11** 입니다. 활성 카메라인
[Active Camera(Default) View]의 단축키는 **F12** 입니다.

04 ❶ Ctrl + A 를 눌러 모든 레이어를 선택한 후 ❷ P 를 눌러 [Position]을 열고 [Position]의 Z 좌푯값
을 설정합니다. ❸ [나무] 레이어인 초록색 나무는 −500을 입력해 앞으로 배치하고 ❹ [나무1] 레이어인 파
란색 나무는 500을 입력해 뒤로 배치합니다. ❺ [집] 레이어가 가장 앞에 위치했었지만 [나무] 레이어의 초록
색 나무가 앞으로 나오도록 조절되어 화면 가장 앞으로 표시됩니다. [Timeline] 패널에서의 레이어 순서는 무
시됩니다. ❻ 작업 후에는 다시 [Composition] 패널의 뷰를 [Active Camera], [1 View]로 돌아옵니다.

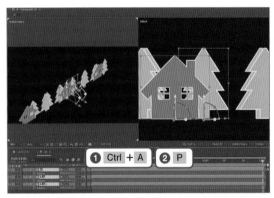

간단 실습 | 3D 변환 기즈모(Transform Gizmo) 활용하기

준비 파일 기본/Chapter 05/3D알아보기.aep

01 앞서 실습한 준비 파일을 그대로 사용합니다. ❶ 도구바에서 카메라 회전 도구🔄 1 를 클릭합니다. ❷ [Composition] 패널에서 왼쪽에 있는 집을 클릭하고 자유롭게 카메라를 회전해봅니다. 카메라 레이어를 만들지 않아도 카메라를 회전해서 다양한 뷰를 확인할 수 있습니다. ❸ 카메라 회전 도구🔄를 길게 클릭하여 나타나는 나머지 두 개의 도구도 차례로 선택해보면서 기능의 차이를 확인해봅니다.

02 ❶ 도구바에서 카메라 이동 도구➕ 2 를 클릭합니다. ❷ [Composition] 패널에서 자유롭게 카메라를 상하좌우로 이동해봅니다. ❸ 카메라 이동 도구➕를 길게 클릭하여 나타나는 나머지 도구도 차례로 선택해보면서 기능의 차이를 확인해봅니다.

03 ❶ 도구바에서 돌리 도구 ↓ 3 를 클릭합니다. ❷ [Composition] 패널에서 자유롭게 카메라를 앞뒤로 이동해봅니다. ❸ 돌리 도구 ↓ 를 길게 클릭하여 나타나는 나머지 도구도 차례로 선택해보면서 기능의 차이를 확인해봅니다.

CC 2024 신기능 ◎ 애프터 이펙트 CC 2024 버전에서는 [Extended 3D Viewer] 기능이 추가되었습니다. 컴포지션에 3D 레이어가 있고 [Draft 3D]를 설정하면 아이콘이 활성화됩니다. [3D Ground Plane]과 함께 클릭하면 3D 프로그램에서 보는 것과 같이 바닥면에 격자무늬가 나타날 뿐 아니라 컴포지션 영역 밖도 투시하여 볼 수 있어 작업 편의성이 향상되었습니다.

04 [View]-[Create Camera from 3D View] 메뉴를 선택하여 현재 뷰의 좌푯값을 가지는 새로운 카메라를 생성합니다.

현재 시간을 기준으로 카메라 레이어가 생성됩니다. 컴포지션 시작 지점부터 카메라 레이어가 보이게 하려면 타임 인디케이터 ▮를 **0초** 지점에 두고 메뉴를 선택해야 합니다.

05 ❶ [Timeline] 패널에 [Default]라는 이름의 카메라 레이어가 생성되었습니다. ❷ [Default] 레이어를 더블클릭하면 ❸ [Camera Settings] 대화상자가 나타납니다. ❹ 카메라 설정을 확인한 후 [OK]를 클릭합니다.

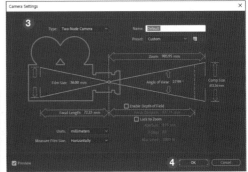

06 ❶ [Default] 레이어를 선택하고 ❷ ▶을 클릭해 [Transform]을 열어봅니다. ❸ [Point of Interest]와 [Position]을 다음과 같이 조절합니다.

07 카메라 레이어를 생성했으므로 키프레임을 생성해 애니메이션할 수 있습니다. 다양한 값을 설정하고 키프레임을 만들어 애니메이션 작업을 연습해봅니다.

간단 실습　　**조명(Light) 레이어 만들기**

준비 파일 기본/Chapter 05/3D알아보기.aep

01 앞서 실습한 준비 파일을 그대로 사용합니다. ❶ 메뉴바에서 [Layer]-[New]-[Light] Ctrl + Alt + Shift + L 메뉴를 선택하여 새로운 조명 레이어를 만듭니다. ❷ [Light Settings] 대화상자가 나타나면 다음과 같이 설정합니다. 네 개의 조명 타입을 선택할 수 있으며 각각의 조명은 서로 다른 옵션을 가집니다. ❸ 설정을 확인한 후 [OK]를 클릭합니다.

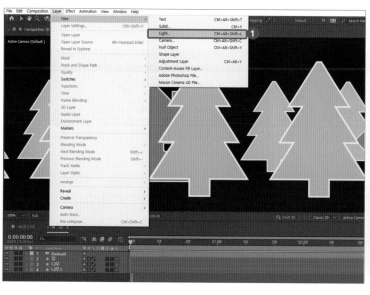

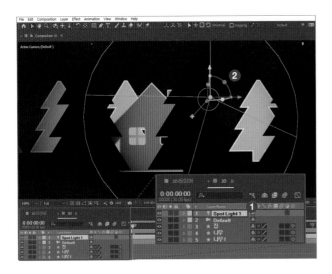

02 ❶ [Spot Light 1] 레이어가 생성되었습니다. ❷ 조명이 닿는 부분만 보여지고 다른 부분은 어두워졌습니다.

03 ❶ [Spot Light 1] 레이어의 ▶을 클릭해 [Transform]을 엽니다. ❷ [Position]을 조절합니다. 조명의 위치를 뒤로 움직여서 보다 넓은 영역을 비추게 합니다. [Timeline] 패널에서 위칫값을 입력하여 조절하거나 [Composition] 패널에서 조명의 기즈모를 드래그해 이동할 수 있습니다.

04 ❶ 세 개의 셰이프 레이어를 선택하고 ❷ A 를 두 번 눌러 [Material Options]를 엽니다. ❸ 각 레이어의 [Casts Shadows]를 [On]으로 설정합니다. ❹ 그림자가 활성화되며 더욱 풍부한 공간감이 표현됩니다.

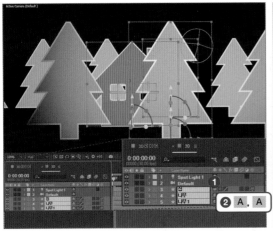

05 Spacebar 를 눌러 애니메이션을 확인해보면 3D 공간감을 확인할 수 있습니다.

준비 파일의 완성 컴포지션을 확인하고 싶다면 [Project] 패널-[Solids] 폴더에서 [3D완성] 컴포지션을 열어 확인할 수 있습니다.

간단실습 · 3D 레이어를 활용한 애니메이션 제작하기

준비 파일 기본/Chapter 05/3D실습.aep

01 ❶ [File]-[Open Project] Ctrl + O 메뉴를 선택하고 **3D실습.aep** 준비 파일을 엽니다. ❷ [Project] 패널에서 [3D_완성] 컴포지션을 더블클릭하여 엽니다. ❸ Spacebar 를 눌러 애니메이션을 확인해봅니다. 3D 공간에서 무대가 회전하며 여러 개의 오브젝트를 차례로 보여주는 애니메이션입니다. 실습을 시작하기 전에 완성 결과물을 먼저 확인하고 시작하는 것이 좋습니다.

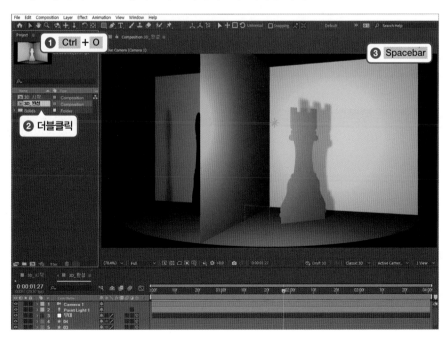

02 ❶ [Project] 패널에서 [3D_시작] 컴포지션을 더블클릭하여 엽니다. ❷ [Timeline] 패널에 아무것도 표시되지 않습니다.

03 ❶ 메뉴바에서 [Layer]-[New]-[Solid] Ctrl + Y 메뉴를 선택합니다. ❷ [Solid Settings] 대화상자가 나타나면 다음과 같이 설정합니다. [Color]는 밝은 파란색 계열 중 임의로 선택합니다. ❸ [OK]를 클릭합니다.

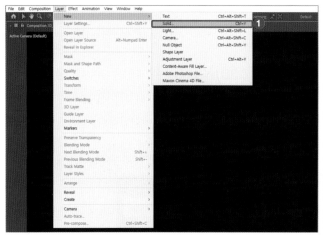

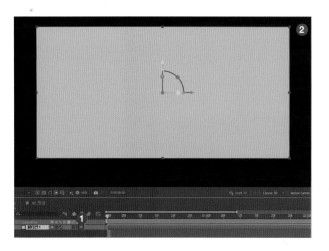

04 ❶ [파티션1] 레이어의 🎬을 클릭하여 3D 레이어를 활성화합니다. ❷ [Composition] 패널을 보면 [파티션1] 레이어가 3D 레이어로 변환되고 조절 기즈모가 표시됩니다.

05 ❶ [파티션1] 레이어의 [Transform]-[Anchor Point]를 마우스 오른쪽 버튼으로 클릭하고 ❷ [Edit Value]를 선택합니다. ❸ [Anchor Point] 대화상자가 나타나면 먼저 [Units]을 [% of source]로 설정하고 ❹ [X]를 50%, [Y]를 100%로 설정합니다. ❺ [OK]를 클릭합니다. ❻ 레이어의 중심점이 중앙에서 아래로 변경되었습니다.

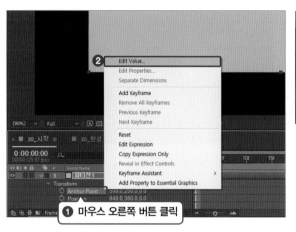
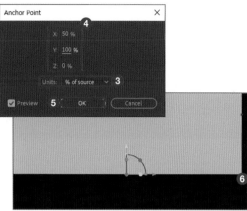

06 ❶ [파티션1] 레이어를 선택하고 ❷ Ctrl + D 를 눌러 레이어를 복제합니다. ❸ 복제된 레이어를 선택하고 ❹ Ctrl + Shift + Y 를 누르면 [Solid Settings] 대화상자가 나타납니다. ❺ [Name]을 **파티션2**로 변경하고, ❻ [Color]를 밝은 초록색 계열로 변경합니다. ❼ [New]를 클릭합니다.

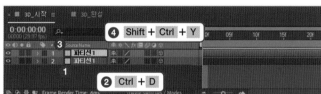
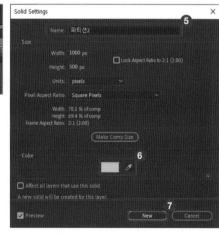

07 ❶ [파티션2] 레이어의 [Transform]-[Orientation]을 0°, 90°, 0°로 설정하여 ❷ Y축을 중심으로 회전시킵니다.

08 ❶ [Composition] 패널의 보기 방식을 [2 Views]로 변경합니다. ❷ 왼쪽 화면을 [Custom View 1]로 설정합니다. ❸ 두 개의 정사각형이 열십자 모양으로 인터섹트(Intersect)되어 있습니다. ❹ 도구바에서 선택 도구 ▶ V 를 클릭합니다.

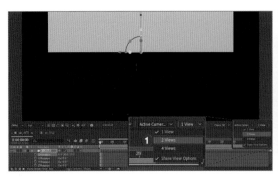 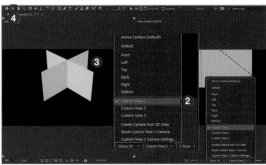

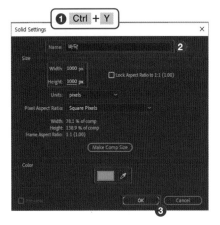

09 ❶ 메뉴바에서 [Layer]-[New]-[Solid] Ctrl + Y 메뉴를 선택합니다. ❷ [Solid Settings] 대화상자가 나타나면 다음과 같이 설정하고 ❸ [OK]를 클릭합니다.

10 ❶ [바닥] 레이어의 🎬을 클릭하여 3D 레이어를 활성화하고 ❷ R 을 눌러 [Rotation]을 엽니다. ❸ [X Rotation]을 90°로 설정합니다.

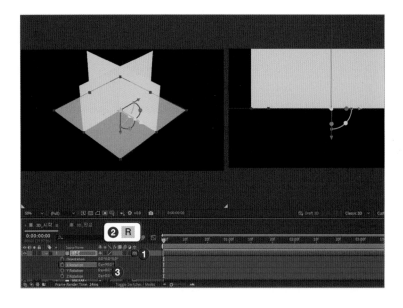

기능 꼼꼼 익히기 🏷 **3D 레이어의 방향(Orientation)과 회전(Rotation)의 차이**

3D 레이어는 방향(Orientation)값과 회전(Rotation)값을 가집니다. 두 속성은 동일하게 표시되는 경우가 많아 혼동하기 쉽습니다. 예를 들어 [Rotation]의 X 좌푯값을 90°로 설정하는 것과 [Orientation]의 X 좌푯값을 90°로 설정하는 것은 동일한 결과를 나타냅니다. 이처럼 방향(Orientation)값 또는 회전(Rotation)값을 변경하여 3D 레이어를 회전할 수 있습니다.

두 경우 모두 앵커 포인트를 중심으로 레이어가 회전하지만 애니메이션을 적용할 때 레이어가 이동하는 방식이 다릅니다. 3D 레이어의 방향(Orientation) 속성에 애니메이션을 적용하면 레이어가 지정된 방향에 도달하기 위해 직접적으로 회전합니다. 반대로 회전(Rotation) 속성에 애니메이션을 적용하면 레이어가 각 축을 따라 회전합니다. 즉, 방향값은 각도 대상을 지정하고 회전값은 각도 경로를 지정합니다. [Orientation] 속성은 [Composition] 패널에서 제어하기 용이하다는 장점이 있습니다. 그렇지만 [Rotation] 속성으로 애니메이션을 적용하면 더 정확하게 제어할 수 있습니다. 다양한 방향의 회전이 필요한 경우에는 방향(Orientation)과 회전(Rotation)을 모두 사용해야 합니다.

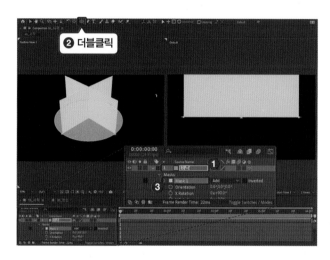

11 ❶ [바닥] 레이어가 선택되어 있는 상태에서 ❷ 도구바의 원형 도구 Q 를 더블클릭하여 원형 마스크를 생성합니다. ❸ [바닥] 레이어에 [Mask 1]이 생성되었습니다.

간단 실습 **널 오브젝트 만들고 배경 레이어와 Parent로 연결하기**

준비 파일 기본/Chapter 05/3D실습.aep

01 앞서 실습한 준비 파일을 그대로 사용합니다. ❶ [Timeline] 패널에서 빈 공간을 마우스 오른쪽 버튼으로 클릭하고 ❷ [New]-[Null Object]를 선택합니다.

02 ❶ 새로운 널 레이어의 이름을 **무대**로 변경하고 ❷ 🔲을 클릭하여 3D 레이어를 활성화합니다. ❸ Shift + F4 를 눌러 [Parent & Link]를 엽니다.

03 ❶ [바닥], [파티션1], [파티션2] 레이어를 함께 선택하고 ❷ 🔘을 드래그해 [무대] 레이어와 연결합니다.

간단 실습 **새로운 카메라 레이어 만들기** ✦🔷

준비 파일 기본/Chapter 05/3D실습.aep

01 앞서 실습한 준비 파일을 그대로 사용합니다. [Composition] 패널의 [View]는 다르게 설정해도 됩니다. ❶ [Composition] 패널의 보기 방식을 [1 View]로 변경하고 ❷ 도구바에서 카메라 회전 도구 🎯 1 를 클릭합니다. ❸ Shift 를 누른 채 [Composition] 패널의 중앙 부분을 드래그하여 한쪽 방향으로만 회전하게 하면서 위에서 아래로 내려다보듯이 카메라 앵글을 조정해봅니다.

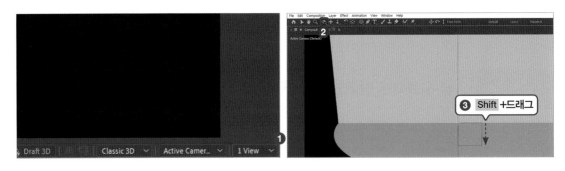

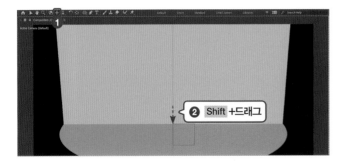

02 ❶ 도구바에서 카메라 이동 도구 ➕ 2 를 클릭합니다. ❷ Shift 를 누른 채 [Composition] 패널의 중앙 부분을 드래그하여 한쪽 방향으로만 이동하게 하면서 아래로 내려줍니다.

03 ❶ 도구바에서 돌리 도구 ⬇ 3 를 클릭합니다. ❷ Shift 를 누른 채 [Composition] 패널의 중앙 부분을 드래그하여 한쪽 방향으로만 이동하게 하면서 화면에 모든 그림이 전부 들어올 수 있도록 적당히 줌 아웃합니다.

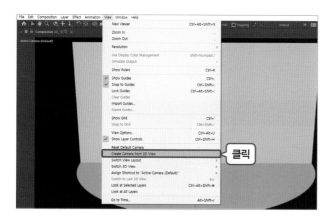

04 메뉴바에서 [View]−[Create Camera from 3D View] 메뉴를 선택하여 새로운 카메라 레이어를 만듭니다.

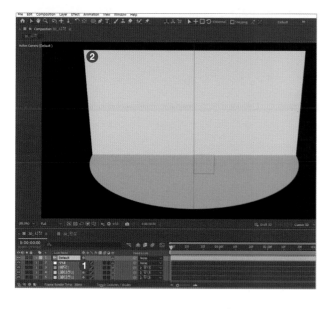

05 ❶ [Timeline] 패널에 [Default] 카메라 레이어가 생성되었습니다. ❷ 화면에 변화는 없습니다.

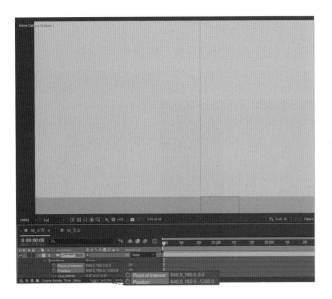

06 [Default] 레이어의 [Transform]−[Point of Interest]와 [Position]을 다음과 같이 설정합니다.

07 ❶ [Default] 레이어를 더블클릭하여 ❷ [Camera Settings] 대화상자를 열고 [Preset]을 [35mm]로 변경합니다. 기본값은 [50mm]입니다. ❸ [OK]를 클릭합니다. ❹ 카메라의 화각이 좁아지면서 더 많은 공간이 보여집니다.

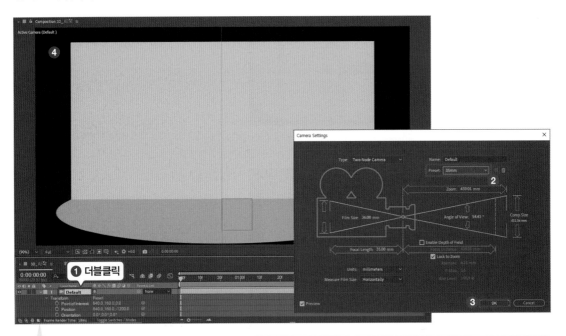

[Default] 레이어의 길이(Duration)가 현재 컴포지션보다 짧다면 길이 막대의 오른쪽 끝을 오른쪽으로 드래그하여 늘여주어야 합니다. 애프터 이펙트는 마지막에 사용했던 설정을 저장하고 다음 작업에 자동으로 적용하기 때문에 이 작업 전에 만들었던 카메라의 영역을 표시하는 것입니다. 따라서 경우에 따라 이 과정이 필요 없을 수도 있습니다.

간단 실습 | 무대가 회전하는 애니메이션 만들기

준비 파일 기본/Chapter 05/3D실습.aep

01 앞서 실습한 준비 파일을 그대로 사용합니다. ❶ [무대] 레이어를 선택하고 ❷ R 을 눌러 [Rotation]을 엽니다. ❸ 아래의 표를 참조해 다음과 같이 키프레임을 설정합니다.

Time	20F	1초	1초 20F	2초	2초 20F	3초
Y Rotation	45	135	135	225	225	315

02 ❶ 3초 지점으로 이동합니다. ❷ [Timeline] 패널에서 활성화된 🔲을 클릭하여 해제합니다. ❸ [01] 부터 [04]까지의 셰이프 레이어가 나타납니다. ❹ 👁을 클릭해 안 보이게 처리한 레이어들을 보이게 합니다. 네 개의 체스 말이 화면에 나타납니다.

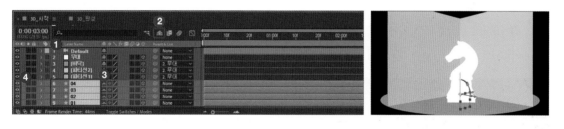

03 ❶ 네 개의 레이어를 같이 선택하고 ❷ 🔘을 드래그하여 [무대] 레이어와 연결합니다. ❸ Spacebar 를 눌러 애니메이션을 확인합니다. 무대가 회전하며 네 개의 체스 말이 차례로 보여집니다.

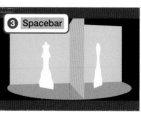

간단 실습 | 조명(Light) 레이어로 공간감 더하기

준비 파일 기본/Chapter 05/3D실습.aep

01 앞서 실습한 준비 파일을 그대로 사용합니다. ❶ 메뉴바에서 [Layer]-[New]-[Light] Ctrl + Alt + Shift + L 메뉴를 선택합니다. ❷ [Light Settings] 대화상자가 나타나면 다음과 같이 설정하고 [OK]를 클릭합니다. ❸ 조명이 삽입되어 더욱 풍부한 3D 공간이 연출됩니다.

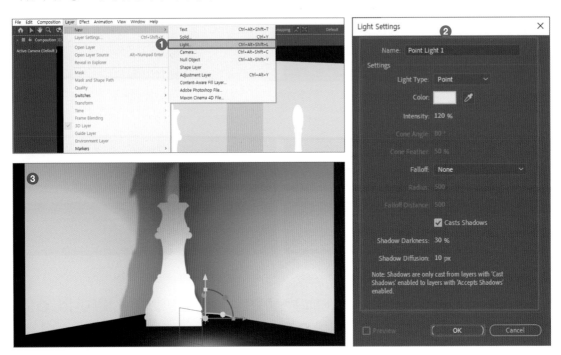

02 ❶ [Point Light 1] 레이어를 선택하고 ❷ P 를 눌러 [Position]을 엽니다. ❸ [Position] 값을 650, 100, -500으로 설정합니다. ❹ 조명이 체스 말에 가깝도록 위치를 조절했습니다.

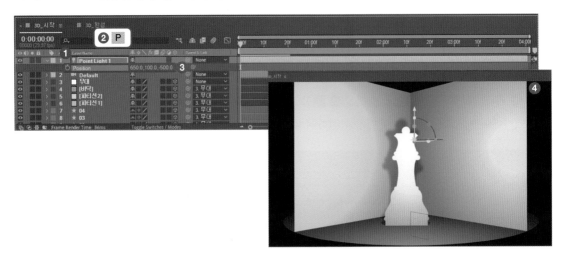

레이어에 그림자 설정하기

체스 말 그림인 네 개의 셰이프 레이어에만 그림자가 만들어지고, 나머지 솔리드 레이어에는 그림자가 없습니다. 조명 설정에서 그림자를 활성화하더라도 레이어의 설정에서 [Material Options]–[Casts Shadows] 옵션을 [Off]로 설정하면 그림자가 생성되지 않습니다. [Casts Shadows] 옵션의 기본값은 [Off]이며, 그림자를 생성하기 위해서는 먼저 레이어를 선택하고 [Casts Shadows]를 [On]으로 변경해야 합니다. 체스 말 그림인 네 개의 셰이프 레이어는 [Casts Shadows]를 [On]으로 미리 변경했기 때문에 그림자가 바로 생성됩니다. 따로 설정하지 않은 [파티션 1] 등의 솔리드 레이어는 기본값인 [Off]로 설정되어 있어 그림자가 생성되지 않습니다.

03 Spacebar 를 눌러 애니메이션을 확인합니다. 3D 레이어, 조명, 카메라를 삽입하여 3D 콘텐츠를 완성했습니다.

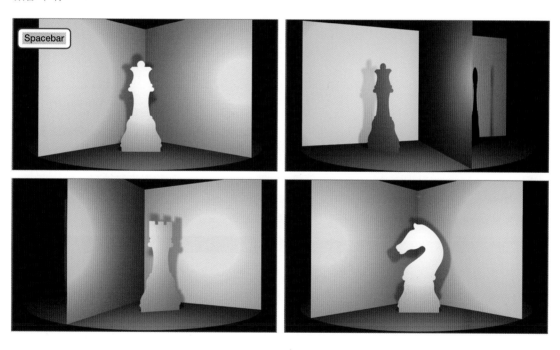

프리뷰 재생 속도

3D 기능을 사용하면 프리뷰(미리 보기)를 렌더링하여 재생하는 데에 많은 시간이 소요됩니다. 특히 조명과 그림자 기능은 컴퓨터 메모리(RAM)의 소요가 많으므로 재생 속도를 더욱 느리게 합니다. 프리뷰가 많이 느려질 때는 [Composition] 패널의 해상도를 [Full]에서 [Half], 또는 [Third]로 낮추고 작업하는 것이 좋습니다.

Ctrl + Alt + 4 를 눌러 [Fast Preview to Fast Draft]로 화질을 낮추고 프리뷰하는 방법도 있습니다. 프리뷰한 후 원래의 화질로 돌아오려면 Ctrl + Alt + 1 을 눌러 [Final Quality]로 설정합니다.

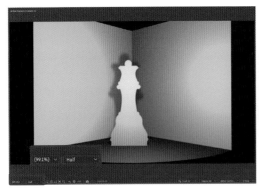

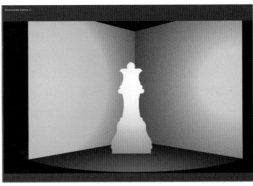

▲ [Composition] 패널의 해상도를 [Half]로 낮춘 경우 해상도가 1/2로 낮아짐

▲ [Composition] 패널의 해상도를 [Half]로 낮추고 `Ctrl` + `Alt` + `4` 를 눌러 [Fast Preview to Fast Draft]로 설정한 경우 가장 낮은 해상도로 설정되고 그림자 정보가 무시됨

또는 [Composition] 패널에서 [Draft 3D]를 클릭하여 화질을 조절할 수도 있습니다. [Draft 3D]가 활성화되면 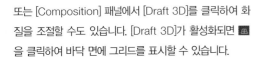 을 클릭하여 바닥 면에 그리드를 표시할 수 있습니다.

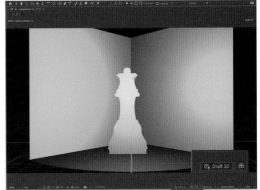

▲ [Composition] 패널에서 [Draft 3D]를 활성화한 경우

[Extended 3D Viewer] 아이콘을 추가로 클릭하여 화면에서 벗어나있는 오브젝트들도 확인할 수 있습니다.

[Composition] 패널에서 렌더러를 [Cinema 4D]로 변경하고 체스 이미지 레이어에 두께를 설정하면 3D와 같은 입체감을 표현할 수 있습니다. Cinema 4D 렌더러를 사용할 경우 재생에 긴 시간이 소요될 수 있습니다.

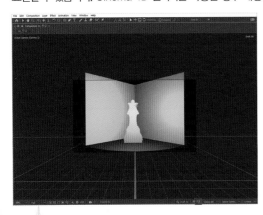

Cinema 4D 렌더러로 변경하는 방법 및 [Extrusion Depth]로 두께를 만드는 방법은 155쪽에서 학습할 수 있습니다.

LESSON 03 트랙 매트 활용하기

트랙 매트 이해하고 적용하기

매트(Matte)는 마스크(Mask)와 유사한 기능으로 화면의 일부분을 가리거나 일부분만 보이도록 하는 기법입니다. 사진이나 영화 작업 시 한쪽을 가리고 촬영하여 특수 이펙트를 사용한 합성 장면을 제작할 때도 사용하는 기법입니다. 트랙 매트는 '매트(matte)'를 추적하는 것을 의미합니다. 두 개의 레이어를 연결하여 설정할 수 있으며, 레이어의 [Matte] 속성을 다른 레이어에 그대로 적용할 수도 있습니다. 또한 알파(Alpha) 채널이나 루마(Luma)를 활용하여 매트를 설정할 수 있습니다.

트랙 매트 알아보기

① 알파 매트(Alpha Matte)와 알파 반전 매트(Alpha Inverted Matte)

아래 그림과 같이 Track Matte pick whip 🔘 을 드래그해 매트를 추적할 레이어를 연결할 수 있습니다. [웨이브] 레이어는 구불구불한 웨이브 패턴을 그린 레이어이며, [DREAM] 레이어는 텍스트를 변환한 셰이프 레이어입니다

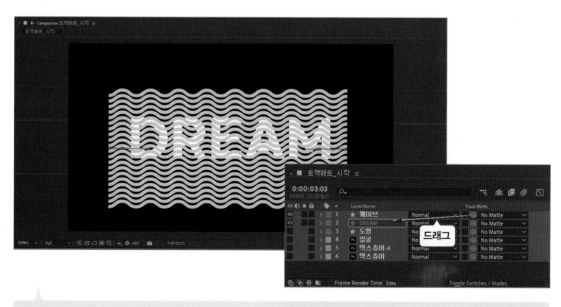

> 트랙 매트 기능은 애프터 이펙트 버전과 상관없이 사용할 수 있는 기능이지만 [Track Matte pick whip]은 CC 2023 이하 버전에서는 확인할 수 없습니다. [Track Matte] 속성은 F4 를 누르거나 [Toggle Switches/Modes]를 클릭하여 열 수 있습니다.

레이어를 연결하면 트랙 매트의 기본값인 ❶ Alpha Matte ◉가 적용되고 ❷ 웨이브 패턴 그림이 글씨 안에만 표시됩니다. 즉, 글씨의 알파 채널을 웨이브 패턴이 추적하면서 글씨 안에만 이미지가 표시되는 것입니다. ❸ 매트로 사용된 레이어의 이름 앞에는 ◉이, ❹ 매트를 적용한 레이어의 이름 앞에는 ▧이 표시됩니다. ❺ 매트로 사용된 레이어의 ◉은 자동으로 비활성화됩니다. 또 하나의 레이어를 다수의 레이어가 트랙 매트할 수도 있습니다.

[Composition] 패널에서 ▧를 클릭해보면 글씨 영역 밖은 투명한 것을 확인할 수 있습니다.

Inverted(반전)를 클릭하면 투명한 부분과 불투명한 부분이 반전됩니다. 따라서 글씨 부분은 투명하게 처리되고 글씨가 없는 부분에만 패턴이 표시됩니다.

② 루마 매트(Luma Matte)와 루마 반전 매트(Luma Inverted Matte)

루마는 '루미넌스(Luminance)'의 줄임말이며, 루미넌스는 휘도 또는 명도를 뜻합니다. 트랙 매트를 루마로 선택하면 알파 채널인 아닌 지정한 레이어의 명도에 따라 이미지를 표시하거나 감춥니다. 가장 밝은 하얀색 (화이트)은 불투명으로 나타나고 가장 어두운 검은색(블랙)은 완전히 투명하게 표시됩니다. 아래 그림에서 다양한 모양의 도형은 하얀색과 검은색의 그라데이션이 적용되어 있습니다. 배경에는 거친 질감의 [텍스쳐] 레이어 이미지가 삽입되어 있습니다.

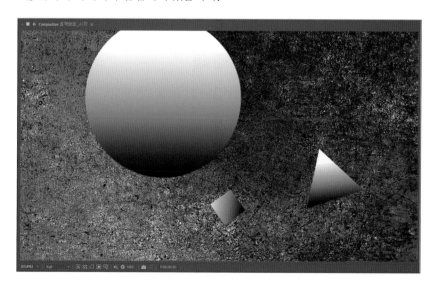

❶ [텍스쳐] 레이어의 트랙 매트를 [도형] 레이어로 선택하고 ❷ ▣를 한 번 더 클릭하여 Luma Matte▣로 설정하면 ❸ 아래 그림과 같이 도형의 밝은 부분에는 이미지가 표시되고 어두운 부분은 투명하게 나타납니다. ❹ 루마 매트도 마찬가지로 Inverted(반전)▣를 클릭하면 ❺ 투명한 부분과 불투명한 부분이 반전됩니다.

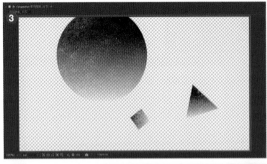
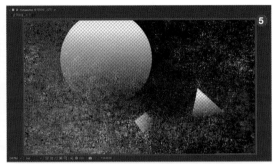

간단 실습 · **트랙 매트와 루마 매트, 반전 매트 적용하기**

준비 파일 기본/Chapter 05/트랙매트.aep

01 ❶ [File]-[Open Project] Ctrl + O 메뉴를 선택하고 **트랙매트.aep** 준비 파일을 엽니다. ❷ [Project] 패널에서 [트랙매트_시작] 컴포지션을 더블클릭하여 엽니다. ❸ Spacebar 를 눌러 애니메이션을 확인해보면 도형과 웨이브 패턴이 조금씩 움직이는 애니메이션이 적용되어 있습니다.

02 ❶ [Timeline] 패널의 아래에서 `Toggle Switches / Modes` `F4` 를 클릭합니다. ❷ [Mode], [T], [Track Matte] 옵션이 나타납니다. 여기서 [T]는 'Preserve Underlying Transparency'입니다.

애프터 이펙트 시작하기

기능 꼼꼼 익히기   **Preserve Underlying Transparency 알아보기**

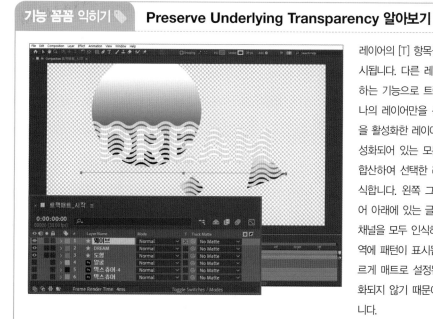

레이어의 [T] 항목을 활성화하면 ▣으로 표시됩니다. 다른 레이어의 알파 채널을 적용하는 기능으로 트랙 매트와 유사하지만 하나의 레이어만을 선택할 수 없고, [T] 항목을 활성화한 레이어 아래에 위치한 ◉이 활성화되어 있는 모든 레이어의 알파 채널을 합산하여 선택한 레이어의 알파 채널로 인식합니다. 왼쪽 그림과 같이 [웨이브] 레이어 아래에 있는 글씨와 도형 레이어의 알파 채널을 모두 인식하므로 두 개 레이어의 영역에 패턴이 표시됩니다. 트랙 매트와는 다르게 매트로 설정된 레이어의 ◉은 비활성화되지 않기 때문에 화면에 그대로 표시됩니다.

기본&핵심 기능 익히기

레이어 이해하기

---

03 모든 레이어의 ◉를 각각 클릭해 각 레이어를 확인해봅니다. 웨이브 패턴, 글씨, 도형, 사람 얼굴 실루엣, 그리고 두 개의 거친 질감을 가진 이미지가 삽입되어 있습니다.

모션&이펙트 적용하기

필수 기능 익히기

04 ❶ [웨이브] 레이어의 을 드래그해 [DREAM] 레이어와 연결합니다. ❷ 기본값인 트랙 알파 채널
로 설정됩니다. ❸ 패턴이 글씨 안에만 표시됩니다.

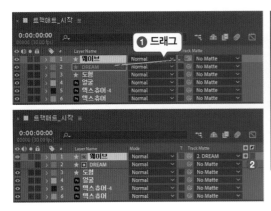

05 ❶ [얼굴] 레이어의 트랙 매트는 [텍스츄어] 레이어로 설정합니다. 아직 아무런 변화는 없습니다. 두 레이어의 알파값이 동일하기 때문입니다. ❷ 을 클릭해 으로 변경하고 ❸ 오른쪽 체크 박스를 클릭해 Inverted로 설정합니다. ❹ 배경과 인물에 거친 질감이 표현됩니다.

06 ❶[텍스츄어-4] 레이어의 트랙 매트는 [도형] 레이어로 설정하고 ❷ Luma Matte 로 변경합니다.

07 도형이 잘 보이도록 [텍스츄어-4] 레이어를 [얼굴] 레이어 위로 이동합니다. 트랙 매트 기법을 활용하여 거친 질감 그래픽을 표현한 영상이 완성되었습니다.

Parent 기능 활용하기

Parent 기능 알아보고 활용하기

일반적으로 그래픽 툴에서 여러 개의 레이어를 동시에 제어하려면 레이어 그룹으로 설정합니다. 그러나 애프터 이펙트는 레이어 그룹 기능이 없고 셰이프 레이어의 콘텐츠(오브젝트)만 그룹 기능을 사용할 수 있습니다. 컴포지션이 곧 레이어들의 그룹이기 때문에 별도의 그룹 기능이 없습니다. 이때 하나의 컴포지션 안에서 여러 개의 레이어를 같은 값으로 동시에 제어하려면 페어런트(Parent) 기능을 활용하는 것이 좋습니다.

페어런트 기능은 레이어들의 관계를 부모(Parent)와 자식(Child)으로 설정하여 그룹처럼 만드는 것입니다. 이때 하나의 Parent 레이어에 연결되는 Child 레이어의 수는 제한이 없지만 하나의 Child 레이어를 여러 개의 Parent 레이어에 연결할 수는 없습니다. 페어런트 기능으로 연결된 후에는 Parent 레이어의 [Transform] 속성을 Child 레이어가 똑같이 따라합니다([Opacity] 속성은 제외). 운동성이 강조되는 키네틱 타이포그래피, 여러 관절들을 따로 또는 동시에 제어해야 하는 캐릭터 애니메이션 등에서 움직임이 연동되는 모션을 정확하게 제어할 수 있습니다.

간단 실습 페어런트(Parent) 기능 알아보기

준비 파일 기본/Chapter 05/페어런트.aep

01 ❶ [File]-[Open Project] `Ctrl` + `O` 메뉴를 선택하고 페어런트.aep 준비 파일을 엽니다. ❷ [Timeline] 패널을 보면 [눈], [코], [입]을 비롯한 캐릭터의 각 부분들이 여러 개의 레이어로 분리되어 있습니다. ❸ `Spacebar` 를 눌러 애니메이션을 확인합니다. 캐릭터가 위에서 아래로 내려오고 머리를 좌우로 흔들면서 팔과 다리를 흔드는 캐릭터 애니메이션입니다.

02 ① [룽룽이] 레이어를 선택합니다. ② R 을 눌러 [Rotation]을 열고 회전값을 자유롭게 변경해봅니다. ③ 캐릭터 전체가 모두 함께 회전합니다. [룽룽이] 레이어는 [Null Object] 레이어입니다.

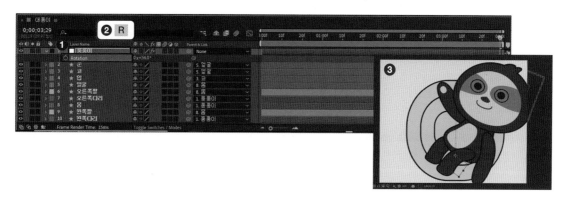

03 ① [룽룽이] 레이어를 선택하고 ② S 를 눌러 [Scale]을 열고 크기 비율값을 자유롭게 변경해봅니다. ③ 캐릭터 전체가 모두 함께 커지거나 작아집니다. ④ [Parent & Link]를 보면 [오른쪽다리], [몸], [왼쪽다리] 레이어의 Parent가 [룽룽이] 레이어로 설정되어 있습니다. 세 개의 레이어만 [룽룽이] 레이어의 Child 레이어인데 모든 레이어가 함께 조절됩니다. 그 이유는 [얼굴] 레이어는 [몸] 레이어의 Child 레이어이며, [눈], [코] 레이어는 [얼굴] 레이어의 Child 레이어로, 모든 레이어가 서로 연결되어 있기 때문입니다.

[Timeline] 패널에서 [Parent & Link]를 열고 닫는 단축키는 Shift + F4 입니다.

04 ❶ [얼굴] 레이어를 선택하고 ❷ [Scale]을 조절해봅니다. ❸ [얼굴] 레이어와 [눈], [코], [입] 레이어가 같이 조절됩니다.

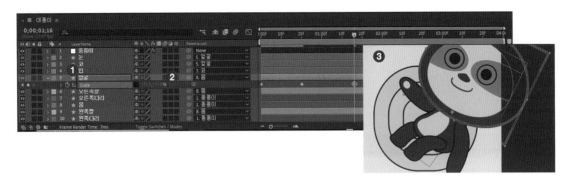

05 ❶ [코] 레이어를 선택하고 ❷ [Scale] 등을 조절해보면 ❸ [코]와 [입] 레이어가 같이 조절됩니다. ❹ [입] 레이어의 Parent를 [코] 레이어로 설정해두었기 때문입니다.

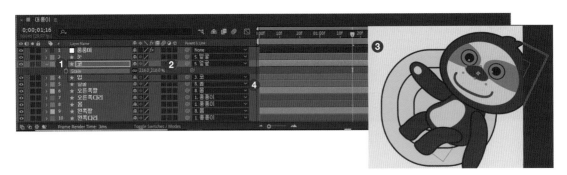

06 ❶ [몸] 레이어를 선택하고 ❷ [Scale]을 조절해보면 ❸ 다리를 제외한 모든 레이어가 같이 조절됩니다. 일반적으로 사람처럼 이족 보행하는 캐릭터의 경우 몸통에 얼굴과 두 팔을 페어런팅(연결)합니다.

End 를 눌러 컴포지션의 가장 마지막 지점으로 시간을 이동하고 Parent를 모두 [None]으로 변경한 후 캐릭터의 관절이 어떻게 연결되어야 하는지 생각하면서 Parent를 다시 설정해보는 것도 좋습니다. 이어지는 간단 실습의 내용을 먼저 학습하고 캐릭터의 페어런트 작업을 연습하는 것을 추천합니다.

간단실습   Parent 관계 설정하기

준비 파일 기본/Chapter 05/페어런트실습.aep

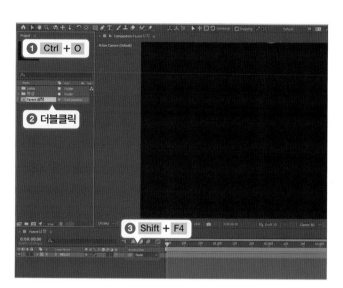

01 ❶ [File]-[Open Project] Ctrl + O 메뉴를 선택하고 준비 파일을 엽니다. ❷ [Project] 패널에서 [Parent시작] 컴포지션을 더블클릭해 엽니다. ❸ Shift + F4를 눌러 [Timeline] 패널의 [Parent & Link] 옵션도 엽니다.

02 Spacebar 를 눌러 애니메이션을 확인합니다. 화면의 중앙 상단에서 'HELLO' 텍스트가 매달려 있다가 떨어지듯이 회전하면서 내려옵니다.

> 재생해도 글씨가 보이지 않는다면 [Composition] 패널의 확대 비율을 확인합니다. Alt + / 를 누르면 [fit up to 100%]로 자동 조절되어 모든 그림이 화면에 최대 크기로 보여집니다. 확대 비율을 크게 하려면 Alt + . 를 누릅니다.

03 ❶ [Timeline] 패널에서 [HELLO] 레이어를 선택하고 ❷ Ctrl + D 를 네 번 눌러 레이어를 네 개 복제합니다. ❸ 총 다섯 개의 [HELLO] 레이어가 생깁니다.

04 ❶ **4초** 지점으로 이동합니다. ❷ 레이어들을 모두 선택하고 P 를 눌러 [Position]을 엽니다. ❸ 표를 참고하여 층을 쌓듯이 [Y Position]을 설정합니다. 레이어들의 Y 좌푯값이 **145px**만큼씩 아래로 내려서 배치됩니다.

레이어	HELLO 4	HELLO 3	HELLO 2	HELLO
Y Position	145	290	435	580

05 ❶ 도구바에서 문자 도구 T Ctrl + T 를 클릭합니다. ❷ [Timeline] 패널에서 [HELLO 4] 레이어를 선택하고 ❸ [Composition] 패널에서 두 번째 'HELLO' 텍스트를 드래그 또는 더블클릭해 선택한 후 **LADIES**로 수정합니다. ❹ 색상은 하얀색으로 변경합니다. ❺ 레이어 이름이 자동으로 [LADIES]로 변경됩니다.

문자 도구 T 의 옵션을 설정할 수 있는 [Character] 패널과 [Paragraph] 패널은 문자 도구 T 를 클릭하거나 입력된 텍스트를 선택하면 자동으로 나타납니다. 자동으로 열리지 않는다면 [Window] 메뉴에서 패널을 선택하여 열 수 있습니다.

06 ❶ [HELLO 3] 레이어를 선택하고 ❷ GENTLEMAN으로 수정합니다. ❸ 색상은 자유롭게 변경해봅니다.

07 ❶❷ 같은 방식으로 [HELLO 4] 레이어와 [HELLO 5] 레이어의 텍스트도 각각 WELCOME, TONIGHT으로 변경합니다. 색상도 자유롭게 변경해봅니다.

08 Spacebar 를 눌러 애니메이션을 확인합니다. 문자와 위치는 다르지만 같은 움직임을 가지고 있습니다. 아직은 각 움직임에 어떠한 연관성도 없습니다.

09 Parent 기능으로 레이어 간의 관계를 설정해보겠습니다. ❶ **4초** 지점으로 이동합니다. ❷ [LADIES] 레이어의 ◉(Parent pick whip)을 [HELLO 5] 레이어로 드래그하여 연결합니다. [HELLO 5] 레이어가 Parent, [LADIES] 레이어가 Child로 설정됩니다. [LADIES] 레이어는 [HELLO] 레이어의 움직임을 따라 하게 됩니다. ❸ 같은 방법으로 [GENTLEMAN] 레이어의 ◉을 [LADIES] 레이어로, [WELCOME] 레이어는 [GENTLEMAN] 레이어, [TONIGHT] 레이어는 [WELCOME] 레이어와 연결합니다. ❹ 설정이 잘 되었는지 [Parent & Link]를 확인합니다.

10 Spacebar 를 눌러 애니메이션을 확인합니다. 모든 레이어가 마치 고리로 연결되어 있는 듯 같이 매달려 움직입니다.

11 다섯 개의 텍스트가 시간차를 두고 등장하며 순차적으로 떨어지는 모션을 만들어보겠습니다. ❶ [HELLO 5] 레이어를 선택하고 ❷ Shift 를 누른 상태에서 [TONIGHT] 레이어를 선택해 모든 레이어를 선택합니다. ❸ 마우스 오른쪽 버튼을 클릭하고 ❹ [Keyframe Assistant]-[Sequence Layers]를 선택합니다.

12 [Sequence Layers] 대화상자가 나타나면 ❶ [Overlap]에 체크하고 ❷ [Duration]은 **0:00;03;20**으로, ❸ [Transition]은 [Off]로 설정하고 ❹ [OK]를 클릭합니다. 각각의 레이어 길이가 4초이므로 오버랩의 길이를 **3초 20F**으로 설정하면 ❺ **10F** 간격으로 각각의 프레임의 시작점이 변경됩니다.

13 Spacebar 를 눌러 애니메이션을 확인합니다. 각각의 텍스트가 고리로 연결된 것처럼 순차적으로 나타납니다. 서로를 Parent와 Child 관계로 설정하여 Parent의 움직임과 Child의 움직임이 연동되기 때문입니다. 이처럼 Parent 기능은 단순히 여러 레이어를 동시에 움직이게 하는 것은 물론 연동되는 움직임을 표현할 수 있어 애니메이션에서 매우 중요한 역할을 합니다.

애니메이션을 실행할 때 'HELLO'가 아닌 'TONIGHT' 텍스트가 먼저 나타나면 11에서 레이어를 선택할 때 순서를 다르게 지정했기 때문입니다. 가장 앞에 배치할 레이어를 먼저 선택한 후 나머지 레이어를 선택해야 합니다.

PART 01 기본편에서 애프터 이펙트의 기초를 다졌다면
PART 02 활용편에서는 본격적으로 깊이 있는 기능을 배우고
작품에 바로 사용할 수 있는 실무 스킬을 학습합니다.
활용편에 수록된 모든 예제는 완성형 예제입니다.
베이직 애니메이션 기법으로 완성하는 예제부터 시작하여
비디오 편집, 표현식(Expression)의 제어, 영상에 감성을 더하는 효과(Effect),
3D 기능, 그리고 시각 효과(VFX) 기술까지 포함하고 있습니다.
활용편은 실무에서 바로 활용할 수 있는 핵심 기법으로 구성한 만큼
학습을 통해 여러분의 능력과 자신감을 한껏 끌어올릴 수 있을 것입니다.

PART 02

지금 당장 써먹을 수 있는
애프터 이펙트 활용편

애니메이션 작업을 수행하기 위해서는 두 가지의 필수 요건이 있습니다.

바로 시간과 동작입니다. 이번 CHAPTER에서는 기본적인 애니메이션 방법은 물론,

가속도를 조절하여 효과적으로 애니메이션을 표현하고 보다 전문적으로 키프레임을

제어하는 방법까지 실습할 수 있습니다.

CHAPTER 01

기본기로 완성하는
모션 그래픽 프로젝트

LESSON

변형(Transform) 속성으로 완성하는 애니메이션

등대 불빛으로 연출하는 몽환적인 느낌의 여행 프롤로그 애니메이션

☑ **CC 이상 버전** ☐ CC 2024 버전

준비 파일 활용/Chapter 01/트랜스폼.aep
완성 파일 활용/Chapter 01/트랜스폼.aep

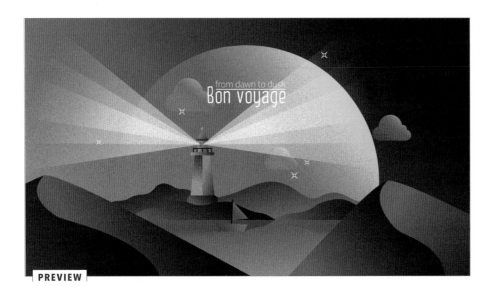

PREVIEW

   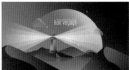

PLAY

이 예제를 따라 하면

텍스트 레이어와 이미지 레이어의 위치, 기울기, 크기 옵션을 조절하여 몽환적인 느낌의 애니메이션을 만들어보겠습니다. 사진, 비디오, 그림 이미지는 물론 셰이프 레이어나 솔리드 레이어와 같은 모든 시각 레이어는 [Transform] 속성을 포함하고 있습니다. 이러한 시각 레이어의 기본 속성인 [Transform]의 [Anchor Point], [Position], [Scale], [Rotation] 속성만 조절하여도 훌륭한 애니메이션을 제작할 수 있습니다.

- [Transform]의 다섯 속성인 [Anchor Point], [Position], [Scale], [Rotation]을 조절할 수 있습니다.
- Easy Ease 기능을 적용할 수 있습니다.
- 3D 레이어로 변환할 수 있습니다.
- 블렌딩 모드를 변경할 수 있습니다.

aep 파일 열고 프로젝트 시작하기

01 ❶ [File]-[Open Project] Ctrl + O 메뉴를 선택하여 **트랜스폼.aep** 준비 파일을 엽니다. ❷ [Project] 패널에서 [트랜스폼_시작] 컴포지션을 더블클릭합니다. ❸ [트랜스폼_시작] 컴포지션에는 셰이프 레이어를 포함한 다수의 시각 레이어가 삽입되어 있습니다.

애니메이션 작업이 필요 없는 배경 레이어들은 샤이(Shy) 기능으로 감춰두었습니다. 를 클릭해 감춰둔 레이어들을 확인할 수 있습니다.

예제를 시작하기 전에 [Project] 패널의 [완성] 폴더에서 [트랜스폼_완성] 컴포지션을 열어 완성 예제를 미리 확인하고 시작하면 좋습니다.

 3D 레이어로 변환하고 Position에 키프레임 설정하기

02 ❶ [구름], [구름2], [구름3] 레이어를 같이 선택하고 ❷ 를 클릭해 3D 레이어로 변환합니다. ❸ P 를 눌러 [Position]을 엽니다.

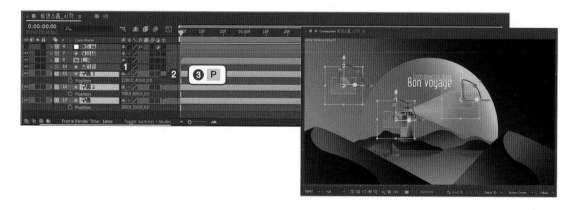

03 ❶ 0초 지점으로 이동합니다. ❷ 아래 표를 참고하여 각 구름 레이어의 [Position] 속성 중 Z 좌푯값을 조절하고 ❸ 스톱워치█를 각각 클릭해 키프레임을 설정합니다. [구름] 레이어가 가장 앞에, [구름2] 레이어가 가장 뒤에 위치합니다.

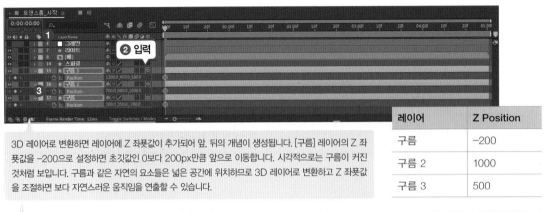

레이어	Z Position
구름	−200
구름 2	1000
구름 3	500

3D 레이어로 변환하면 레이어에 Z 좌푯값이 추가되어 앞, 뒤의 개념이 생성됩니다. [구름] 레이어의 Z 좌푯값을 −200으로 설정하면 초깃값인 0보다 200px만큼 앞으로 이동합니다. 시각적으로는 구름이 커진 것처럼 보입니다. 구름과 같은 자연의 요소들은 넓은 공간에 위치하므로 3D 레이어로 변환하고 Z 좌푯값을 조절하면 보다 자연스러운 움직임을 연출할 수 있습니다.

[Composition] 패널에서 [Draft 3D]와 [Extended Viewer] 아이콘을 클릭하면 뷰어를 벗어난 이미지들도 보입니다. [Extended Viewer]를 활용하면 애니메이션이나 카메라 설정에도 도움이 됩니다.

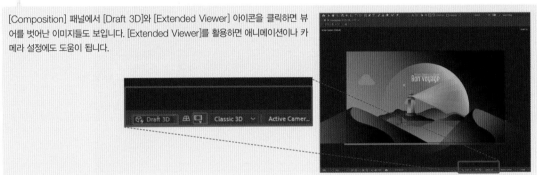

04 ❶ End 를 눌러 컴포지션의 가장 마지막 지점인 5초 지점으로 이동합니다. [Timeline] 패널에서 ❷ 세 개의 구름 레이어를 같이 선택하고 [Composition] 패널에서 ❸ Shift 를 누른 채로 화면 오른쪽으로 450px 정도 드래그합니다. 정확한 수치를 입력할 필요는 없습니다. 세 레이어가 X축으로 같은 수치만큼 이동하지만 Z축의 좌푯값이 다르기 때문에 구름들의 이동 속도가 각각 다른 것처럼 표현됩니다.

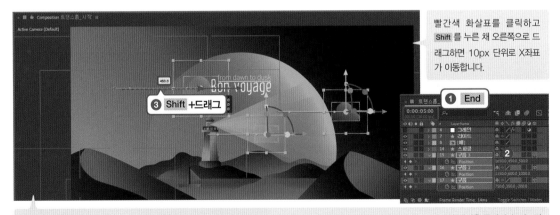

빨간색 화살표를 클릭하고 Shift 를 누른 채 오른쪽으로 드래그하면 10px 단위로 X좌표가 이동합니다.

구름들의 이동 속도가 각각 다른 것처럼 표현되는 이유는 원근감에 따라서 다수의 물체가 동일한 거리를 이동하더라도 카메라와 가까운 물체의 속도는 빨라 보이고 카메라에서 멀리 있는 물체의 속도는 느리게 인식되는 원리입니다.

중심점 이동하고 Rotation에 키프레임 설정하기

05 ❶ [라이트] 레이어를 선택합니다. ❷ 중심점 도구 Y 를 클릭합니다. ❸ 도구 패널에서 [Snapping]에 체크하여 활성화합니다. ❹ 레이어의 중심점을 빛의 가장 왼쪽 포인트로 드래그하여 이동합니다. ❺ 이동 후에는 다시 [Snapping]의 체크를 해제해 비활성화합니다. ❻ V 를 눌러 선택 도구로 돌아옵니다.

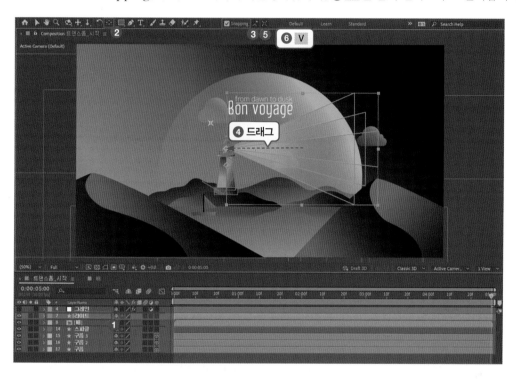

06 ❶ [라이트] 레이어가 선택되어 있는 상태에서 R 을 눌러 [Rotation]을 열고 ❷❸❹ 다음과 같이 키프레임을 설정합니다. 조명이 위에서 아래로 비추고 잠시 멈추었다가 다시 위를 비춥니다.

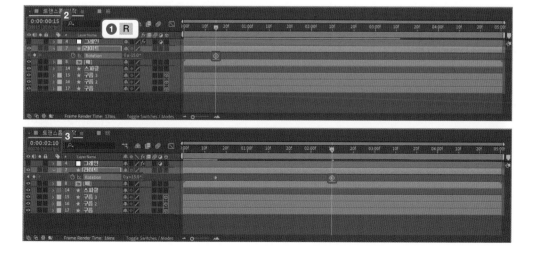

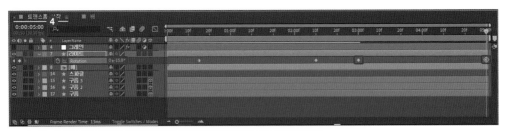

Time	0초 15F	2초 10F	3초	5초
Rotation	−15°	15°	15°	−15°

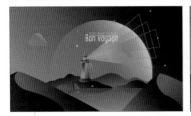 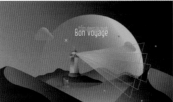 

■를 클릭해 첫 번째 키프레임을 설정한 후 시간을 이동하고 좌푯값을 수정하면 두 번째 키프레임부터는 자동으로 생성됩니다. 그러나 3초 지점과 같이 시간만 이동하고 좌푯값을 그대로 둔다면 키프레임은 자동으로 생성되지 않습니다. 움직임을 잠시 멈추기 위해서 같은 좌푯값을 다시 한 번 기록하고 싶다면 ■를 클릭해 키프레임을 추가하면 됩니다.

Transform 속성은 다음 단축키를 활용하여 새로운 키프레임을 생성할 수 있습니다.
· Ahchor Point | Shift + Alt + A   · Position | Shift + Alt + P   · Scale | Shift + Alt + S
· Rotation | Shift + Alt + R   · Opacity | Shift + Alt + T

[Properties] 패널에서도 기본적인 레이어 트랜스폼 키프레임 작업이 가능합니다.

07 ❶ 설정된 키프레임을 모두 선택하고 ❷ F9 를 눌러 [Easy Ease]를 적용합니다.

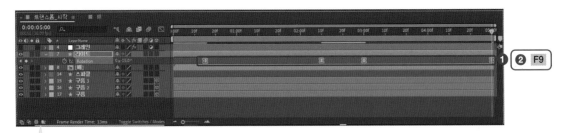

설정된 모든 키프레임 선택하는 방법
❶ 키프레임 주변을 클릭한 후 영역을 넓게 드래그하여 모든 키프레임을 선택합니다.
❷ 속성 이름을 클릭합니다. 예를 들어 [Rotation] 속성에 설정된 모든 키프레임을 선택하려면 [Rotation]을 클릭하면 됩니다.
❸ 선택하려는 모든 키프레임을 노출시켜 놓은 상태에서 Ctrl + Alt + A 를 누르면 화면에 표시되어 있는 모든 키프레임이 선택됩니다.

링크(Link)와 익스프레션(Expression)으로 레이어 좌푯값 조절하기

08 ❶ [라이트] 레이어를 선택하고 ❷ `Ctrl` + `D` 를 눌러 레이어를 복제합니다. ❸ [라이트 2] 레이어가 생성되면 `S` 를 눌러 [Scale]을 열고 ❹ 🔗를 클릭한 후 ❺ X값을 −100으로 설정합니다. 이미지가 왼쪽으로 반전됩니다. 빛의 각도도 반전이 되어 동작이 부자연스럽게 나타납니다.

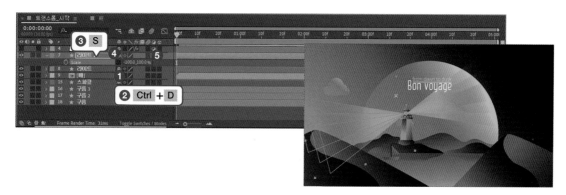

09 ❶ [라이트]와 [라이트 2] 레이어를 선택하고 ❷ `R` 을 눌러 [Rotation]을 엽니다. ❸ `Shift` + `F4` 를 눌러 [Parent & Link]를 엽니다. ❹ 0초 지점에서 [라이트 2] 레이어의 [Rotation]의 ◎를 드래그하여 [라이트] 레이어의 [Rotation]과 연결합니다. [라이트 2] 레이어의 [Rotation] 좌표를 언제나 [라이트]와 동일하게 하는 동작입니다.

10 ❶ [라이트 2] 레이어의 [Rotation]을 선택하고 `E` , `E` 를 눌러 익스프레션 에디터 창을 활성화합니다. ❷ 문장 가장 뒤에 *−1을 입력합니다. 좌푯값에 −1을 곱하라는 명령어로 +값이 −값이 되므로 회전값이 반전됩니다.

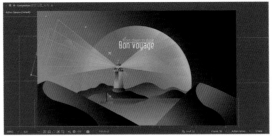

익스프레션을 활용하지 않고 동일한 결과를 얻으려면 키프레임을 모두 수정하면 됩니다. 예를 들어 15F 지점에서 [라이트] 레이어의 [Rotation]이 −15°라면, [라이트 2] 레이어의 [Rotation]은 15°로 수정하면 됩니다. 그러나 키프레임이 많을 경우에 모든 키프레임을 이런 방법으로 변경하려면 시간이 많이 소요되며, 좌표 수정 시 수십 개의 좌표를 모두 수정해야 하는 일이 발생하기도 하므로 효율적이지 않습니다.

익스프레션은 애프터 이펙트에서 사용하는 프로그래밍 언어입니다. 익스프레션에 대한 자세한 내용은 324쪽에서 예제로 학습할 수 있습니다.

 ## 레이어의 블렌딩 모드 설정하기

11 ❶[Toggle Switches / Modes]를 클릭하여 [Mode] 속성을 엽니다. ❷[라이트]와 [라이트 2] 레이어의 모드를 [Linear Dodge]로 설정합니다. 빛이 한층 더 밝게 표현됩니다.

[Toggle Switches / Modes]를 열고 닫는 단축키는 F4 입니다.

Scale에 키프레임 설정하고 Toggle Hold Keyframe 변경하기

12 ❶ [스파클] 레이어를 선택하고 ❷ S 를 눌러 [Scale]을 엽니다. ❸ ❹ 다음과 같이 키프레임을 설정합니다.

Time	0초	0초 10F
Scale	100%	80%

13 10F씩 뒤로 이동하며 [Scale]에 다양한 값을 입력해줍니다. **70%~110%** 정도의 범위에서 자유롭게 입력하면 됩니다.

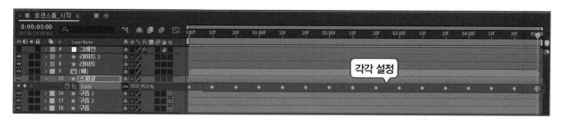

14 ❶ [Scale]을 클릭해 모든 키프레임을 선택하고 ❷ 키프레임 중 하나를 마우스 오른쪽 버튼으로 클릭한 후 ❸ [Toggle Hold Keyframe]을 선택합니다. 애니메이션의 중간값이 기록되지 않아 크기가 점진적으로 커지거나 작아지지 않고 동작이 뚝뚝 끊기듯이 나타납니다.

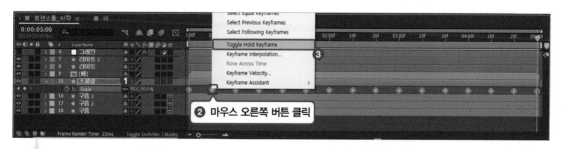

Ctrl + Alt + H 를 누르거나 Ctrl + Alt 를 누른 상태에서 키프레임을 클릭하면 [Toggle Hold Keyframe]이 적용됩니다.

[스파클] 레이어 복제하고 Position, Scale 랜덤하게 조절하기

15 ❶ [스파클] 레이어를 선택하고 ❷ `Ctrl` + `D` 를 네 번 눌러 레이어를 다섯 개로 복제합니다. ❸ 그리고 위칫값을 모두 다르게 배치합니다. 예제와 동일한 위치로 설정하지 않아도 됩니다.

16 ❶ [스파클]~[스파클 5] 레이어를 선택하고 ❷ `S` 를 눌러 [Scale]을 엽니다. ❸ 같은 시간에 같은 값으로 커졌다 작아졌다 반복되면 부자연스러우므로 설정된 키프레임들을 선택하고 왼쪽이나 오른쪽으로 조금씩 이동합니다.

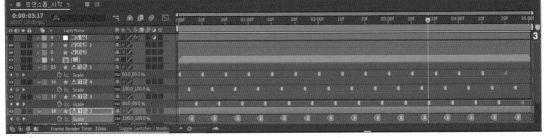

> 키프레임을 선택하고 `Alt` + `→`, `Alt` + `←` 를 누르면 키프레임이 한 프레임 단위로 이동합니다.

파도에 배가 둥실둥실 움직이는 애니메이션 만들기

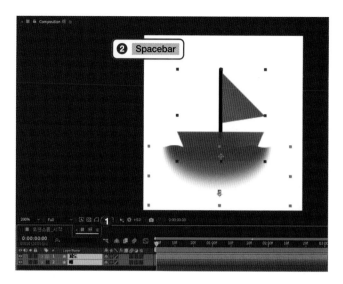

17 ① [Timeline] 패널에서 [배] 컴포지션 탭을 클릭해 [배] 컴포지션을 엽니다. ② Spacebar 를 눌러보면 파도가 위아래로 움직입니다.

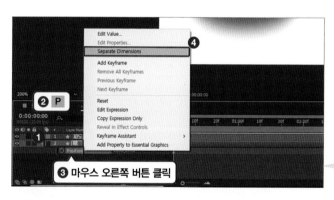

18 ① [배] 레이어를 선택하고 ② P 를 눌러 [Position]을 엽니다. ③ [Position] 속성을 마우스 오른쪽 버튼으로 클릭한 후 ④ [Separate Dimensions]를 선택해 X축과 Y축을 분리합니다.

> 좌표를 분리하면 움직임을 보다 자연스럽게 제어할 수 있습니다.

19 ① 0초 지점으로 이동합니다. [배] 레이어의 ② [Y Position]에 🕐를 클릭하여 키프레임을 설정합니다.

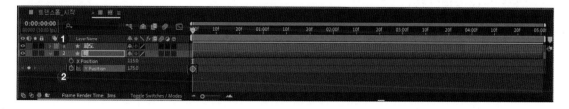

20 ❶ 1초 지점으로 이동합니다. ❷ [배] 레이어의 [Y Position]을 160으로 설정합니다. ❸ 두 개의 키프
레임을 선택하고 Ctrl + C 를 눌러 복사합니다.

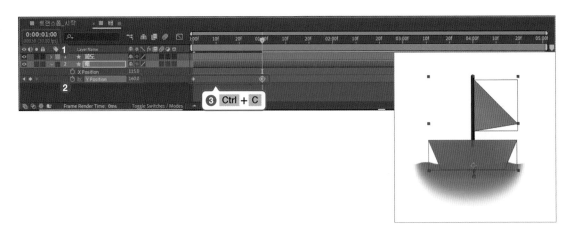

21 ❶ 2초 지점으로 이동합니다. ❷ Ctrl + V 를 눌러 복사한 키프레임을 붙여 넣습니다. ❸ 4초 지점으
로 이동하고 ❹ 다시 한 번 키프레임을 붙여 넣습니다. 5초 동안 1초 간격으로 배가 위아래로 움직입니다.

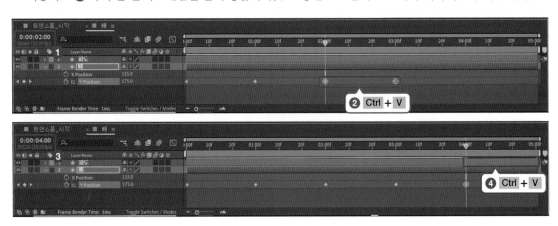

22 ① [배] 레이어를 선택하고 ② Shift + R 을 눌러 [Rotation]도 엽니다. ③ 0초 지점으로 이동하고 ④ [Rotation]을 -3°으로 설정하고 ⑤ ⊙를 클릭해 키프레임을 설정합니다.

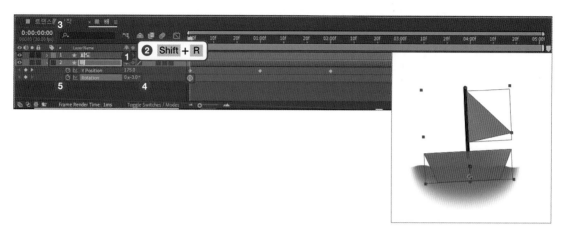

23 ① 1초 지점으로 이동합니다. ② [배] 레이어의 [Rotation]을 3°로 설정합니다. ③ 그리고 두 개의 키프레임을 선택하고 ④ Ctrl + C 를 눌러 복사합니다.

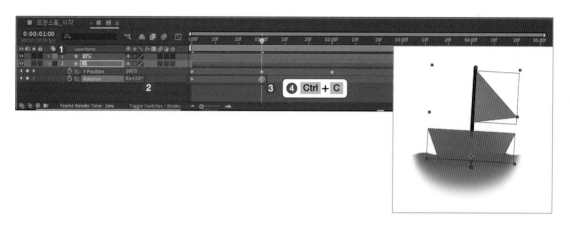

24 ① 2초 지점으로 이동합니다. Ctrl + V 를 눌러 복사한 키프레임을 붙여 넣습니다. ② 4초 지점으로 이동하고 ③ 다시 한 번 키프레임을 붙여 넣습니다. 5초 동안 1초 간격으로 배가 위아래로 움직입니다.

베이직 애니메이션

다양한 기법의 애니메이션

캐릭터 애니메이션

이펙트 애니메이션

3D와 VFX 테크닉

25 ❶ Ctrl + Alt + A 를 눌러 모든 키프레임을 선택하고 ❷ F9 를 눌러 [Easy Ease]를 적용합니다.

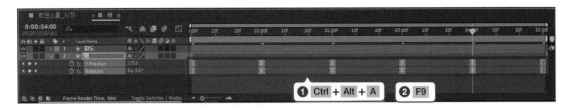

26 ❶ Spacebar 를 눌러 애니메이션을 확인합니다. 돛단배가 반복적으로 위아래로 흔들리는 애니메이션이 만들어졌습니다. 배의 [Position]과 [Rotation] 값이 동일한 시간으로 반복되어 출렁이는 표현이 다소 어색합니다. ❷ [Rotation]을 클릭하여 설정된 모든 키프레임을 선택하고 ❸ Shift + Alt + ← 를 눌러 **10F** 앞으로 키프레임의 위치를 이동합니다. [Position]과 [Rotation] 값에 차이(오프셋)를 주어 동작을 더욱 자연스럽게 연출한 것입니다. ❹ Spacebar 를 눌러 애니메이션을 다시 확인합니다. 배가 물결에 출렁이는 동작이 보다 자연스럽게 연출되었습니다.

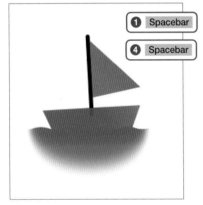

레이어 이동하기

27 ❶[트랜스폼_시작] 컴포지션 탭을 클릭합니다. ❷[배] 레이어를 선택하고 ❸ P 를 눌러 [Position]을 엽니다. ❹❺ 표를 참고하여 [배] 레이어의 키프레임을 설정합니다. 배가 5초 동안 왼쪽에서 오른쪽으로 이동합니다.

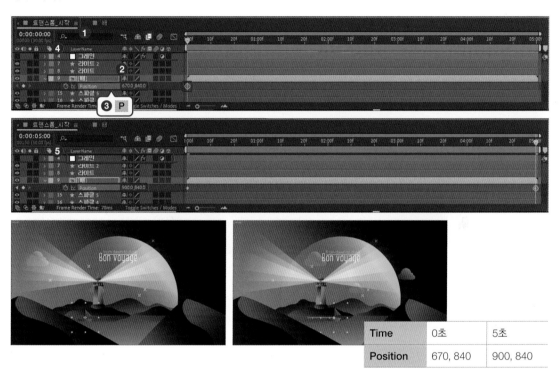

Time	0초	5초
Position	670, 840	900, 840

 새로운 [Adjustment Layer] 만들고 페이크 카메라 연출하기

28 [Layer]-[New]-[Adjustment Layer] Ctrl + Alt + Y 메뉴를 클릭하여 새로운 [Adjustment Layer] 레이어를 만듭니다.

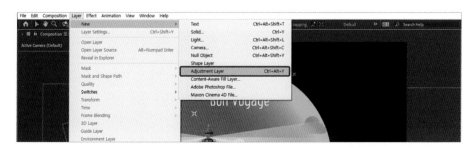

29 ❶ [Effect & Presets] 패널에서 **transform**을 검색합니다. ❷ [Adjustment Layer 2] 레이어를 선택하고 ❸ [Distort]−[Transform]을 더블클릭하여 적용합니다.

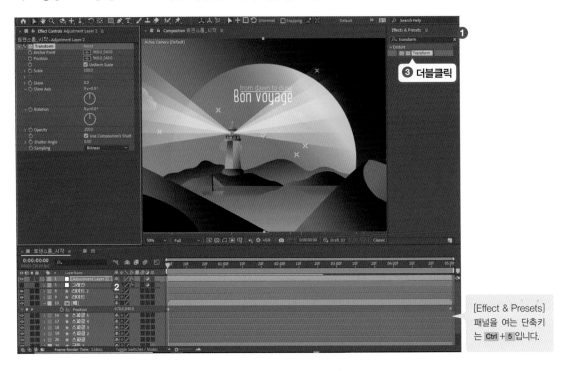

30 ❶❷ 아래 표를 참고하여 [Transform]−[Scale]에 키프레임을 설정합니다. 전체 화면이 커지면서 마치 카메라가 줌 인하는 효과를 연출할 수 있습니다.

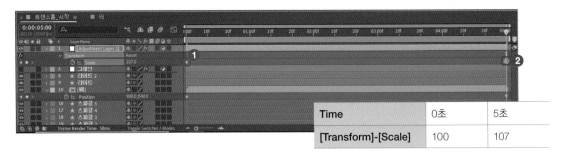

Time	0초	5초
[Transform]-[Scale]	100	107

31 [Adjustment Layer 2] 레이어의 ❶ [Effects]−[Transform]−[Scale]에 적용된 두 개의 키프레임을 선택하고 ❷ **F9** 를 눌러 [Easy Ease]를 적용합니다.

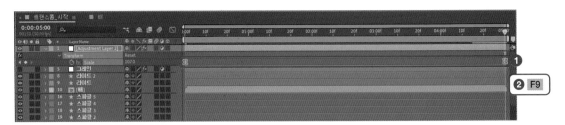

[그레인] 레이어 보이게 하고 애니메이션 완성하기

32 ❶ [그레인] 레이어의 👁를 클릭하여 레이어가 보이도록 하고 가장 위로 위치시킵니다. [그레인] 레이어는 [Adjustment Layer]이며 [Add Grain] 효과가 적용되어 있습니다. ❷ 화면에 그레인이 적용되어 오래된 필름 느낌을 연출할 수 있습니다.

33 Spacebar 를 눌러 애니메이션을 확인합니다. 저 멀리 등대가 불을 밝히는 노을 진 호수에 작은 돛단배가 떠다니는 서정적인 모션 그래픽 작품이 완성되었습니다.

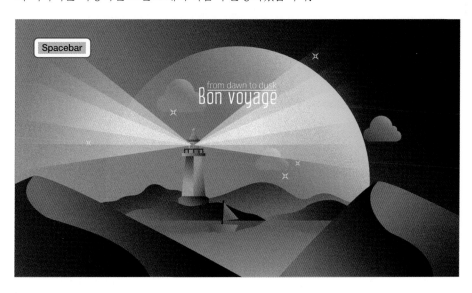

02

Animate 기능으로 완성하는 숏폼 광고 프로젝트

통통 튀는 느낌의 귀여운 타이포그래피 애니메이션

☑ **CC 이상 버전** □ CC 2024 버전

준비 파일 활용/Chapter 01/텍스트.aep
완성 파일 활용/Chapter 01/텍스트.aep

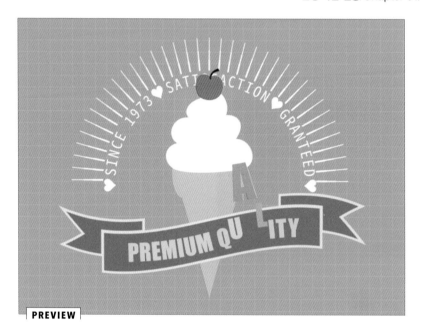

PREVIEW

PLAY

이 예제를 따라 하면

텍스트 레이어에는 [Transform] 속성 외에 [Text] 속성이 있습니다. [Text] 속성에 [Animator] 옵션을 추가하면 다양한 문자 애니메이션을 만들 수 있습니다. 애니메이션 프리셋(Animation Preset)도 이 기능을 이용하여 만들어졌습니다. 이번에는 귀여운 움직임의 타이포그래피 광고 영상을 만들어보겠습니다. 준비 파일의 배경 레이어에는 그리드(Grid) 이펙트가 적용되어 있습니다.

▪ 펜 도구로 [Mask]를 생성하고 마스크 패스를 따라서 움직이는 텍스트 애니메이션을 만들 수 있습니다.

▪ [Text]–[Animate]와 [Add] 속성을 적용하고 조절할 수 있습니다.

aep 파일 열고 프로젝트 시작하기

01 ❶ [File]-[Open Project] `Ctrl` + `O` 메뉴를 선택하여 **텍스트**.aep 준비 파일을 엽니다. ❷ [Project] 패널에서 [아이스크림시작]를 더블클릭하여 컴포지션을 엽니다.

완성 파일은 [Project] 패널의 [완성] 폴더-[아이스크림완성] 컴포지션을 열어 확인할 수 있습니다.

 텍스트 레이어에 패스 설정하고 애니메이션하기

02 ❶ 4번 텍스트 레이어를 선택하고 ❷ ▶를 클릭하면 [Text] 속성이 나타납니다. 이 레이어에는 반원 모양의 마스크가 삽입되어 있습니다. ❸ [Text]-[Path Options]-[Path]를 [Mask 1]로 설정하면 하위에 새로운 옵션이 나타납니다. ❹ [Reverse Path]의 속성을 [On]으로 변경합니다.

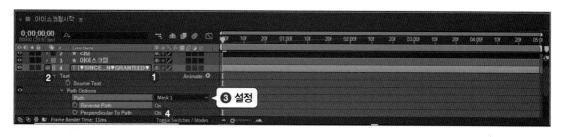

03 ❶❷ 아래 그림과 같이 텍스트가 패스를 따라 정렬됩니다.

04 ❶❷ [Text]–[Path Options]–[Path]–[First Margin]에 아래 표와 같이 키프레임을 생성합니다.

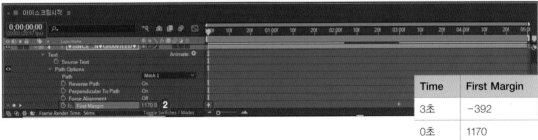

Time	First Margin
3초	−392
0초	1170

기능 꼼꼼 익히기 　**[Text] 속성을 똑같이 설정해도 예제와 다르게 보이는 경우**

선택한 폰트와 크기 등의 설정에 따라 [Path]–[First Margin]의 수치는 달라집니다. 0초 지점에서는 글자가 반원에서 나타나지 않게 하고, 3초 지점에서는 마지막 하트 모양이 반원의 오른쪽 끝에 나타나도록 하여 글자가 오른쪽에서 왼쪽으로 원을 타고 움직이다 멈추게 하는 애니메이션을 만듭니다. 예제에서는 Noto Sans Mono CJK KR 폰트를 사용하였으며, 동일한 폰트를 사용해야 같은 결과물을 얻을 수 있습니다. 해당 폰트는 구글 무료 폰트로 다음 주소로 접속하여 다운로드할 수 있습니다. https://www.google.co.kr/get/noto/

마스크로 반원 부분만 글자 보이게 설정하기

05 ❶ 1초 15F 지점으로 이동합니다. ❷ 도구바에서 사각형 도구 ▢ Q 를 선택합니다. ❸ [Composition] 패널에서 그림과 같이 글자가 잘려나가지 않도록 사각형을 그려줍니다. 사각형 바깥쪽으로는 글자가 나타나지 않습니다. ❹ 다시 선택 도구 ▶ V 로 돌아옵니다.

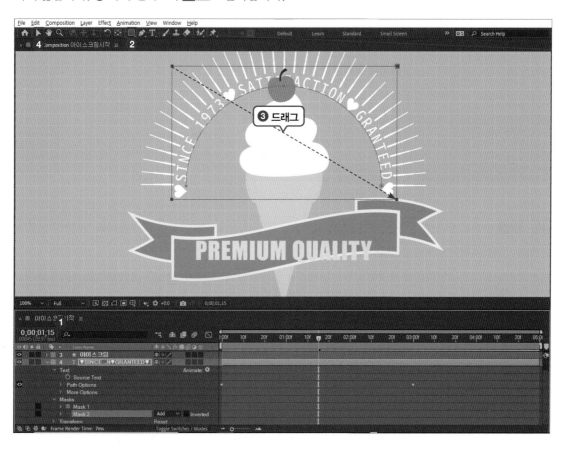

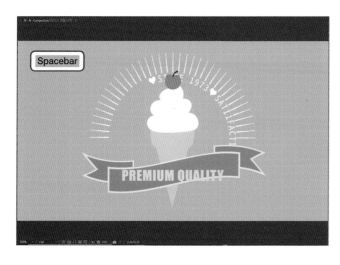

06 Spacebar 를 눌러 애니메이션을 확인합니다. 작은 글자들이 반원을 그리며 오른쪽에서 나타나 왼쪽으로 이동하다가 멈춥니다.

펜 도구로 텍스트 레이어에 곡선을 그리고 곡선을 따라 배치하기

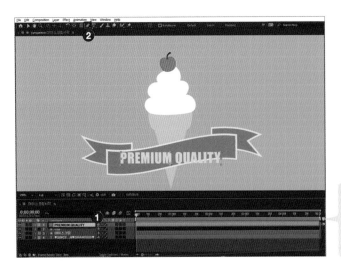

07 ❶ [Timeline] 패널에서 1번 레이어인 [PREMIUM QUALITY] 레이어를 선택합니다. 이 레이어도 텍스트 레이어입니다. ❷ 도구바에서 펜 도구 G를 선택합니다.

> **레이어 선택 단축키** | [Timeline] 패널에서 레이어를 선택할 때 번호를 이용하면 편리합니다. 숫자 패드에서 1을 누르면 1번 레이어가, 2를 누르면 2번 레이어가 선택됩니다.

08 ❶❷ 아래 그림을 참고하여 라벨 리본을 따라 글자가 배열되도록 곡선을 그려줍니다. 라벨의 영역보다 여유 있게 그리는 것이 좋습니다.

09 ❶ [PREMIUM QUALITY] 레이어의 [Text]–[Path Options]–[Path]를 [Mask 1]로 설정합니다. ❷ 그림과 같이 글자가 패스를 따라 정렬됩니다.

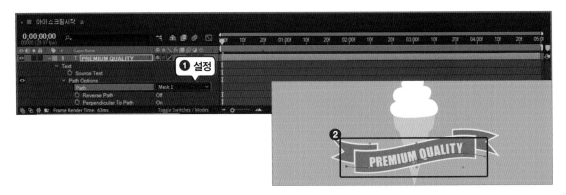

Animate 속성 추가하여 색상이 바뀌는 텍스트 애니메이션 만들기

10 ❶ Animate ▶를 클릭하고 ❷ [Fill Color]-[Hue]를 선택합니다. [Animator 1]-[Range Selector 1]에 [Fill Hue]가 등록됩니다. ❸ [Fill Hue]를 180°로 설정합니다.

11 원래 색상의 보색인 밝은 핑크 색상으로 변경되었습니다.

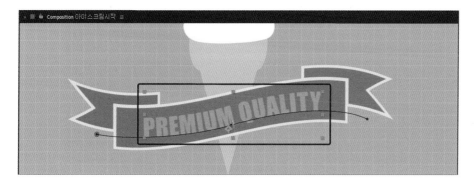

12 ❶ [PREMIUM QUALITY] 레이어의 [Text]-[Animator 1]-[Range Selector 1]-[End]를 **20%**로 설정합니다. ❷ 앞의 세 글자만 색상이 변하고 뒤에는 원래의 색상으로 표시됩니다.

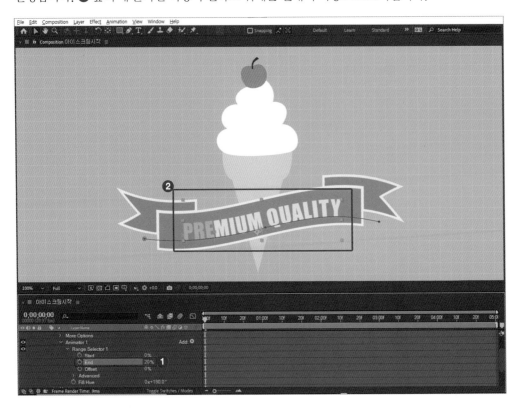

13 ❶❷ [Text]-[Animator 1]-[Range Selector 1]의 [Offset]에 아래 표와 같이 키프레임을 생성합니다.

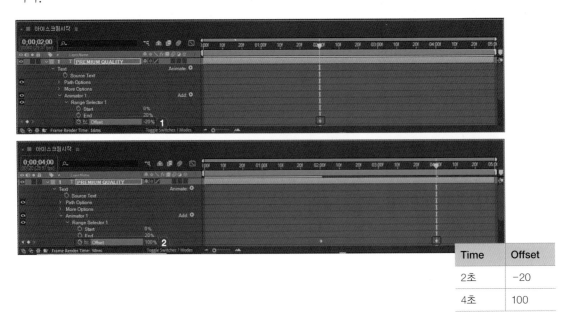

Time	Offset
2초	-20
4초	100

14 Spacebar 를 눌러 애니메이션을 확인합니다. 왼쪽부터 글자의 색상이 변하기 시작하여 오른쪽으로 이동하고 다시 원래의 색상으로 돌아옵니다.

 Animate 속성 추가하여 크기가 변하는 텍스트 애니메이션 만들기

15 ❶ [PREMIUM QUALITY] 레이어의 [Text]–[Animator 1]–Add 를 클릭하고 ❷ [Property]–[Scale]을 선택합니다.

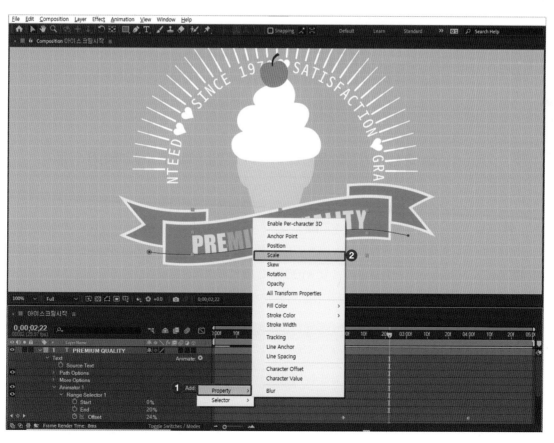

16 ❶ [Range Selector 1]에 [Scale]이 등록되었습니다. ❷ [Scale]을 200, 200%로 설정합니다. ❸ 글자의 색상이 변할 때 크기도 커집니다.

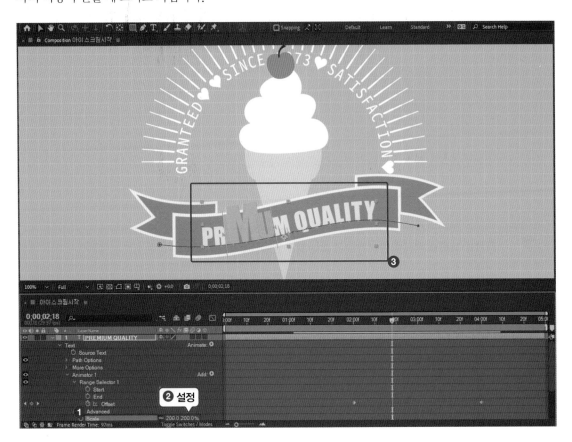

🎞️ **Animate 속성 추가하여 위치와 자간이 바뀌는 텍스트 애니메이션 만들기**

17 ❶ 같은 방법으로 [Animator 1]–Add 를 클릭하고 [Property]–[Position]과 [Tracking]을 차례로 선택하여 각각 추가합니다. [Range Selector 1]에 [Position]과 [Tracking Amount]가 등록되었습니다. ❷ [Range Selector 1]의 [Position]을 0, −100으로, ❸ [Tracking Amount]를 5로 설정합니다. 글자의 색상이 변하는 부분에서 Y 좌표로 100씩 위로 이동하며 글자 간의 간격이 조금씩 벌어집니다.

18 ❶ [Animator 1]–[Range Selector 1]–[Advanced]–[Shape]를 [Smooth]로 변경하여 움직임을 부드럽게 설정합니다. ❷ Spacebar 를 눌러 애니메이션을 확인합니다. 반원을 따라 작은 글자들이 움직이고, 아래의 글자들은 색상, 크기, 위치 등이 변하는 애니메이션이 완성되었습니다.

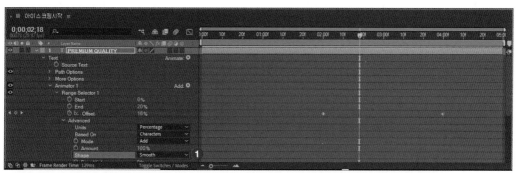

CHAPTER 01에서 모션을 제어하는 기본적인 방식을 학습했다면 이번에는 정확한 경로의 움직임, 휘거나 흔들리는 동작의 제어, 그리고 표현식(Expression)을 이용한 모션의 기계적인 제어까지 보다 다양하고 전문적인 애니메이션 제작 기법을 학습해봅니다.

CHAPTER 02

다양한 테크닉으로 완성하는
애니메이션

정확한 경로로 움직이는 패스 애니메이션

팩맨 레트로 게임 애니메이션 만들기

☑ **CC 이상 버전** ☐ CC 2024 버전

준비 파일 활용/Chapter 02/패스애니메이션.aep
완성 파일 활용/Chapter 02/패스애니메이션.aep

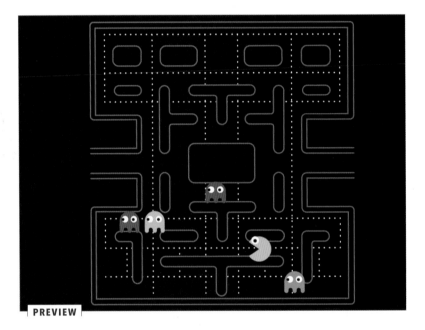

PREVIEW

  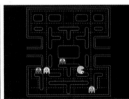 

P L A Y

이 예제를 따라 하면

팩맨 게임은 노란색 팩맨이 입을 벌렸다 다물기를 반복하며 다양한 색상의 고스트를 처치하는 단순한 게임입니다. 팩맨은 블록을 피해서만 이동할 수 있기 때문에 정확한 경로에 따라 직선으로만 움직입니다. 이렇게 지정된 경로에 동일한 스피드로 움직여야 할 때는 마스크 패스를 복사하여 위칫값에 붙여 있는 방법으로 정확한 경로를 따라 움직이는 동작을 손쉽게 제어할 수 있습니다. 준비 파일에는 Expression과 Hue/Saturaion 이펙트가 적용되어 있습니다.

- 마스크 패스와 [Position]을 연결할 수 있습니다.
- 조정 레이어(Adjustment Layer)를 만들 수 있습니다.
- CC Block Load 이펙트를 적용할 수 있습니다.

aep 파일 열고 컴포지션 알아보기

01 ❶ [File]–[Open Project] Ctrl + O 메뉴를 선택하여 **패스애니메이션.aep** 준비 파일을 엽니다. ❷ [Project] 패널에서 [Path시작하기]를 더블클릭하여 컴포지션을 엽니다. ❸ [Timeline] 패널에는 펜 도구로 팩맨의 경로를 그려놓은 패스 레이어와 팩맨이 그려진 이미지 레이어가 포함되어 있습니다. ❹ Spacebar 를 눌러 애니메이션을 확인해봅니다. 화면의 한 가운데에 노란색 팩맨 캐릭터가 있고 다양한 색상의 고스트들이 움직이고 있습니다.

기능 꼼꼼 익히기 | **이 예제 파일은 어떻게 만들어져 있나요?**

팩맨은 제자리에 있지만 입을 벌렸다 다물기를 반복하고 있으며 눈동자도 불안한 듯 계속 움직이고 있습니다. 이 애니메이션의 제작 방법이 알고 싶다면 [Project] 패널에서 [man] 레이어를 더블클릭하여 컴포지션을 엽니다. [face] 레이어를 클릭하고 E 를 두 번 눌러 적용된 표현식을 확인할 수 있습니다. 키프레임이 설정되었거나 기본값에서 변경된 모든 옵션이 궁금하다면 U 를 두 번 눌러 확인할 수 있습니다. [Project] 패널에서 [ghost]를 더블클릭해서 컴포지션을 확인할 수도 있습니다.

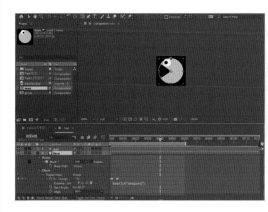
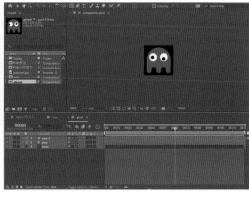

❶ [Path시작하기] 탭을 클릭하여 [Path시작하기] 컴포지션으로 돌아옵니다. ❷ [Timeline] 패널에서 ▦을 클릭하여 여러 개의 감춰진 [ghost] 레이어들을 확인합니다. [Position]에 키프레임이 설정되어 있습니다. ❸ 2번의 [ghost] 레이어를 선택하고 ❹ E 를 두 번 눌러보면 적용된 [Expression]을 확인할 수 있습니다. ❺ 같은 동작이 끝없이 반복되는 [loopOut("pingpong");]이 적용되어 있어 보라색 고스트가 왼쪽과 오른쪽으로 왔다갔다를 반복합니다.

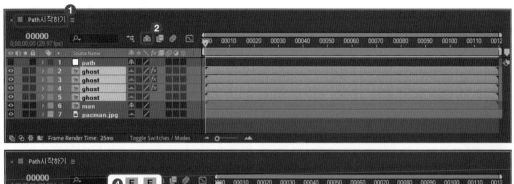

❻ 다시 2번 [ghost] 레이어를 선택하고 ❼ E 를 눌러 적용된 이펙트를 확인합니다. [Hue/Saturation]이 적용되어 같은 고스트지만 색상이 다르게 나타납니다. ❽ [Timeline] 패널에서 ▦을 다시 한 번 클릭하여 학습에 필요 없는 레이어를 감춥니다.

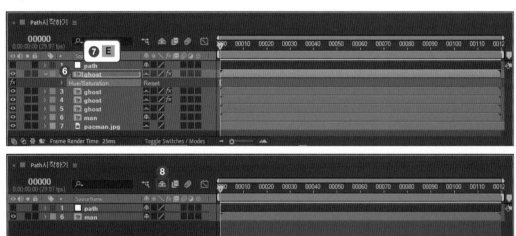

02 ❶ [Timeline] 패널에서 [path] 레이어를 선택하고 ❷ M 을 눌러 [Mask Path] 옵션을 엽니다. ❸ [man] 레이어를 선택하고 ❹ P 를 눌러 [Position]을 엽니다.

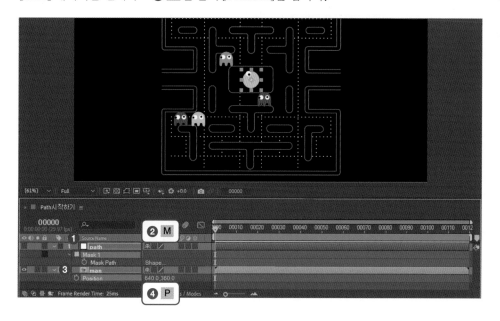

03 [path] 레이어의 패스를 따라서 [man] 레이어가 이동하도록 두 레이어의 다른 옵션을 연결해보겠습니다. ❶ [man] 레이어의 [Position]에서 🔘를 클릭하고 ❷ [path] 레이어의 [Mask Path]에 드래그해 연결합니다. ❸ 그러면 다음과 같이 익스프레션 오류가 나타납니다. 두 개의 옵션이 다른 성격을 가지고 있기 때문에 이런 방식으로는 두 개의 값을 연결할 수 없다는 뜻입니다. ❹ Ctrl + Z 를 눌러 작업을 취소합니다.

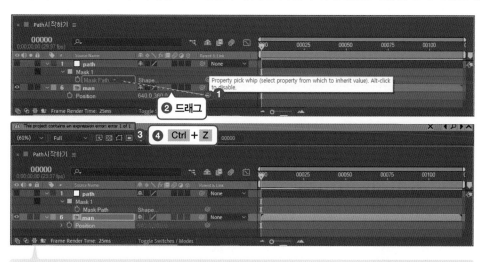

[Timeline] 패널에서 [Parent & Link]를 열고 닫는 단축키는 Shift + F4 입니다.

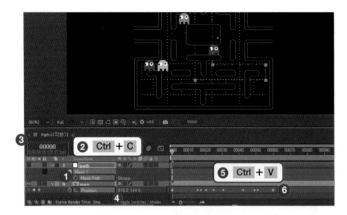

04 ❶ [path] 레이어의 [Mask Path]를 클릭하고 ❷ Ctrl + C 를 눌러 복사합니다. ❸ 0F 지점에서 ❹ [man] 레이어의 [Position]을 클릭하고 ❺ Ctrl + V 를 눌러 붙여 넣습니다. ❻ 키프레임◆이 자동으로 생성됩니다.

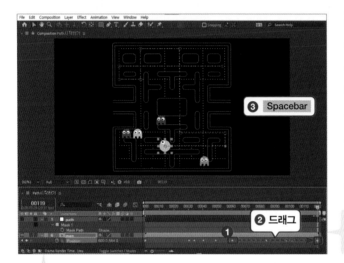

05 ❶ [man] 레이어의 [Position]에 생성된 키프레임 중에 마지막 키프레임◆를 선택하고 ❷ 컴포지션의 마지막 키프레임인 119F 지점으로 옮깁니다. 중간에 동그란 키프레임◉의 간격이 자동으로 조절됩니다. ❸ Spacebar 를 눌러 애니메이션을 확인합니다. 패스를 따라 팩맨이 이동합니다.

> Home 을 누르면 컴포지션의 첫 번째 프레임으로, End 를 누르면 마지막 프레임으로 시간이 이동합니다.

이 예제는 타임 디스플레이 모드가 프레임 방식으로 설정되어 있습니다. 타임 디스플레이 스타일 변경은 096쪽 [타임 디스플레이 스타일 설정하기]를 참고하세요.

🎬 Auto-Orient 기능 적용하여 팩맨의 시선 방향을 자동으로 변하게 하기

> ❶ [man] 레이어 선택 후 [Layer]–[Transform]–[Auto-Orient] 메뉴 선택

06 팩맨의 시선이 계속 왼쪽을 바라보고 있어 동작이 다소 부자연스럽습니다. 이동 방향에 따라 시선의 방향이 변하도록 조절해봅니다. ❶ [man] 레이어를 선택하고 [Layer]–[Transform]–[Auto-Orient] 메뉴를 선택합니다. ❷ [Auto-Orientation] 대화상자가 나타나면 [Orient Along Path]를 선택하고 ❸ [OK]를 클릭합니다.

07 설정된 시선이 반대입니다. ❶ [man] 레이어의 [Rotation]을 180으로 설정합니다. ❷ Spacebar 를 눌러 애니메이션을 확인합니다.

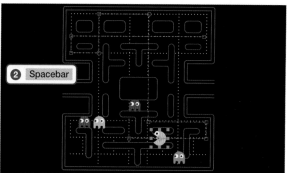

기능 꼼꼼 익히기 🏷️ **레트로 게임처럼 저화질 느낌을 표현하고 싶다면?**

레트로 느낌을 표현하려면 저화질처럼 보이게 하는 것이 좋습니다. 이때는 [CC Block Load] 이펙트를 적용하면 됩니다. 모든 레이어에 같은 이펙트를 적용하기 위해서 [Layer]–[New]–[Adjustment Layer] 메뉴를 선택합니다. [Adjustment Layer 1] 레이어를 선택한 상태에서 [Effect]–[Stylize]–[CC Block Load] 메뉴를 선택하여 적용합니다. [Effect Controls] 패널에서 [Completion]을 20으로 설정합니다. 픽셀이 두드러지며 저화질 그림처럼 보입니다.

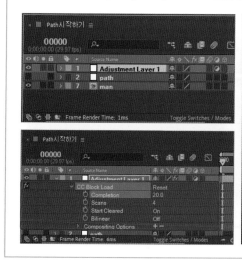

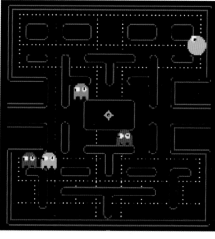

액체의 움직임을 표현하는 리퀴드 애니메이션

잔이 출렁이며 채워지는 커피 브랜드 광고 만들기

☑ **CC 이상 버전** ☐ CC 2024 버전

준비 파일 활용/Chapter 02/리퀴드효과.aep
완성 파일 활용/Chapter 02/리퀴드효과.aep

PREVIEW

PLAY

이 예제를 따라 하면

리퀴드 효과는 모션 그래픽의 대표 트렌드 중 하나입니다. 리퀴드(Liquid)는 액체를 뜻하여 리퀴드 효과란 액체와 같은 모양이나 동작을 제어할 수 있는 효과를 의미합니다. 액체를 표현할 수 있는 다양한 효과 중에서도 [Wave Warp]은 사용이 편리하고 표현이 자연스럽기 때문에 가장 많이 활용됩니다. [Wave Warp]를 활용하여 글자가 생성되고 커피 음료가 채워지는 애니메이션을 만들어보겠습니다. 준비 파일에는 필요한 이미지들이 셰이프 레이어로 그려져 있습니다.

- [Wave Warp] 효과를 적용할 수 있습니다.
- [Track Matte]를 설정할 수 있습니다.
- 그래프 에디터를 활용할 수 있습니다.

aep 파일 열고 프로젝트 시작하기

01 ❶ [File]-[Open Project] Ctrl + O 메뉴를 선택하여 **리퀴드효과.aep** 준비 파일을 엽니다. ❷ [Project] 패널에서 [커피광고_시작]을 더블클릭하여 [커피광고_시작] 컴포지션을 엽니다.

02 ❶ [리퀴드] 레이어를 선택하고 ❷ [Effect]-[Distort]-[Wave Warp] 메뉴를 선택합니다. ❸ [Effect Controls] 패널에 [Wave Warp] 효과가 등록됩니다. ❹ 사각형 도형 레이어에 물결(웨이브) 모양이 생겼습니다.

[Effect Controls] 패널이 자동으로 열리지 않을 경우 [Window]-[Effect Controls] 메뉴를 선택하거나 효과를 적용한 레이어를 선택하고 F3 을 누르면 패널이 열립니다.

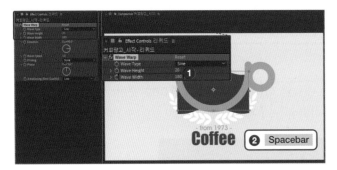

03 [Effect Controls] 패널에서 [Wave Warp] 효과의 ❶ [Wave Height]는 20, [Wave Width]는 180으로 설정합니다. ❷ Spacebar 를 눌러 애니메이션을 확인합니다. 셰이프에 물결처럼 출렁이는 효과가 생성되었습니다.

04 ❶❷ [Effect Controls] 패널에서 [Wave Warp] 효과-[Wave Height]에 아래 표와 같이 키프레임을 설정합니다. 출렁이는 물결이 잔잔해지는 애니메이션이 적용됩니다.

예제의 [Timeline] 패널 타임 디스플레이 스타일은 [Frame] 방식으로 설정되어 있습니다. 현재 시간 85F은 2초 25F과 동일합니다. Ctrl 을 누른 상태에서 시간 표시를 클릭하면 타임 디스플레이 스타일을 변경할 수 있습니다.

Time	Wave Height
40F	20
85F	2

05 ❶ [리퀴드] 레이어를 선택하고 ❷ P 를 눌러 [Position]을 엽니다. ❸❹ 아래 표와 같이 키프레임을 생성합니다.

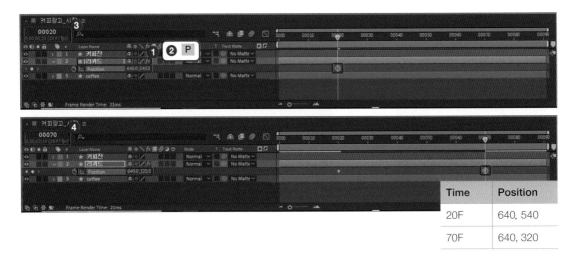

Time	Position
20F	640, 540
70F	640, 320

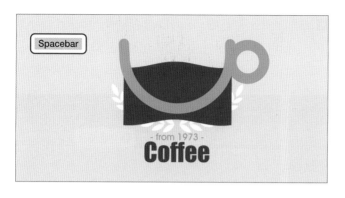

06 Spacebar 를 눌러 애니메이션을 확인합니다. 음료가 물결 모양을 그리며 아래서 위로 서서히 채워집니다.

 커피잔 모양의 셰이프 레이어 만들고 트랙 매트 적용하기

07 아무 레이어가 선택되지 않은 상태에서 ❶ 도구바에서 펜 도구 G 를 클릭합니다. ❷ [Fill]은 [Solid]로 설정하고 색상은 상관없습니다. [Stroke]는 [None]으로 설정합니다.

> 모든 레이어의 선택을 해제하는 단축키는 **F2** 입니다.

08 ❶❷❸❹ 아래 그림과 같이 펜 도구를 사용해 커피잔의 안쪽으로 커피잔 모양을 따라서 반 원 모양을 그립니다. 색은 상관없으며 형태도 정확할 필요는 없습니다.

09 ❶ 셰이프 작업 완료 후에는 선택 도구▶ V 로 돌아옵니다. ❷ [Timeline] 패널에 [Shape Layer 1] 레이어가 등록됩니다. ❸ 레이어의 위치를 [커피잔]과 [리퀴드] 레이어 중간으로 이동하고 ❹ 레이어 이름은 **매트**로 변경합니다.

레이어 이름을 변경할 때는 더블클릭한 후 이름을 입력하면 됩니다. 레이어 순서를 변경할 때 한 칸 아래로 올리거나 내리는 단축키는 Ctrl + Alt + ↓, ↑ 또는 Ctrl + [, Ctrl +] 입니다.

10 [리퀴드] 레이어의 [Track Matte]를 [2. 매트]로 설정합니다.

[Track Matte] 옵션을 표시하려면 ◨을 클릭하거나 [Timeline] 패널이 활성화되어 있는 상태에서 F4 를 눌러도 됩니다.

기능 꼼꼼 익히기 🏷️ **Track Matte란**

트랙 매트(Track Matte)는 '매트를 추적한다'라는 의미입니다. 레이어의 바로 위에 있는 레이어의 알파나 루마값을 해당 레이어의 매트로 간주하여 표기합니다. 트랙 매트에 대한 보다 자세한 내용은 기본편 CHAPTER 05 LESSON 03 [트랙 매트 활용하기]에서 학습할 수 있습니다.

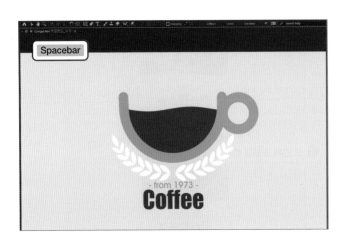

11 Spacebar 를 눌러 애니메이션을 확인합니다. 음료가 출렁이며 커피잔에 채워지는 애니메이션이 완성되었습니다.

그래프 에디터 활용하여 가속도 표현하기

12 액체의 움직임에 가속도를 표현하면 더욱 자연스러운 애니메이션을 연출할 수 있습니다. ❶ [리퀴드] 레이어를 선택하고 ❷ U를 눌러 적용된 키프레임을 표시합니다. ❸ 네 개의 키프레임을 모두 선택하고 ❹ 마우스 오른쪽 버튼으로 클릭한 후 ❺ [Keyframe Assistant]-[Easy Ease]를 선택합니다.

[Keyframe Assistant]-[Easy Ease]의 단축키는 F9 입니다.   보이는 모든 키프레임들을 한번에 선택하는 단축키는 Ctrl + Alt + A 입니다.

13 ❶ 를 클릭해 그래프 에디터 창을 엽니다. ❷ [리퀴드] 레이어의 [Position]을 클릭하고 ❸ [Speed Graph]를 엽니다. ❹ 빠르게 시작하고 서서히 멈추도록 아래 그림과 같이 그래프의 모양을 수정합니다.

그래프 에디터 창을 열고 닫는 단축키는 Shift + F3 입니다.

14 ❶ [리퀴드] 레이어의 [Wave Height]을 클릭하고 ❷ [Speed Graph]를 엽니다. ❸ 서서히 시작하고 가속했다가 서서히 멈추도록 아래 그림과 같이 그래프의 모양을 수정합니다. ❹ 를 클릭해 그래프 에디터 창을 닫습니다.

물결 모양의 화질이 낮게 표시될 경우 [Effect Controls] 패널에서 [Wave Warp] 효과–[Antialiasing]을 [High]로 설정할 수 있습니다. 프리뷰 시 더 많은 시간이 소요되므로 렌더링하기 직전에 설정을 변경하는 것이 좋습니다.

15 Spacebar 를 눌러 애니메이션을 확인합니다. 음료가 출렁이며 커피 잔에 채워지는 애니메이션의 움직임이 보다 자연스럽게 연출되었습니다.

 물결 모양 레이어 복제하여 글자도 액체가 채워지면서 생성되도록 연출하기

16 ❶ [리퀴드] 레이어를 선택하고 ❷ Ctrl + D 를 눌러 복제합니다. ❸ [리퀴드 2] 레이어가 생성되면 [coffee] 레이어 아래로 순서를 변경합니다.

17 ❶ [리퀴드 2] 레이어의 [Track Matte]를 [6.coffee]로 설정합니다. ❷ [coffee] 레이어의 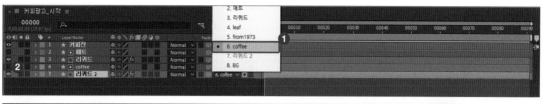 를 클릭해 보이지 않게 합니다.

18 ❶ [리퀴드 2] 레이어를 선택한 후 ❷ S 를 눌러 [Scale]을 열고 ❸ 61%로 설정합니다.

19 ❶ [리퀴드 2] 레이어를 선택하고 ❷ U 를 눌러 설정된 키프레임을 엽니다. ❸ Ctrl + Alt + A 를 눌러 네 개의 키프레임을 모두 선택합니다. ❹ 그리고 첫 번째 키프레임이 0F 지점에서 시작하도록 왼쪽으로 드래그하여 이동합니다.

20 ❶ 0F 지점에서 ❷ [리퀴드 2] 레이어의 [Position]을 640, 735로 설정합니다.

21 ❶ 50F 지점에서 ❷ [리퀴드 2] 레이어의 [Position]을 640, 600으로 설정합니다.

22 ❶ [리퀴드 2] 레이어에 적용된 ❷ [Wave Warp] 효과의 ▶를 클릭하여 모든 옵션이 보이게 하고 ❸ [Wave Width]는 120으로, ❹ [Wave Speed]는 2로 설정합니다.

23 Spacebar 를 눌러 애니메이션을 확인합니다. Coffee 글자가 액체가 출렁이듯 생성되고 이어서 커피 잔에 커피 음료가 채워지는 짧은 음료 광고가 완성되었습니다.

익스프레션(Expression)으로 기계적인 움직임 구현하기

익스프레션을 적용해 대관람차 모션 만들기

☑ CC 이상 버전 ☐ CC 2024 버전

준비 파일 활용/Chapter 02/익스프레션.aep
완성 파일 활용/Chapter 02/익스프레션.aep

PREVIEW

P L A Y

이 예제를 따라 하면

애프터 이펙트의 익스프레션(Expression)은 자바 스크립트 기반의 프로그래밍 언어로 기계적인 움직임이나 수작업으로는 만들 수 없는 모션을 수학·함수 역학 관계를 통해 만들어줍니다. [Expression Pick Whip]이나 [Expression language menu]를 활용하면 손쉽게 익스프레션을 사용할 수 있습니다. 이번 예제에서는 Link 기능을 함께 활용하여 여러 개의 레이어 움직임을 한번에 제어하는 방법을 알아보겠습니다. 준비 파일에는 터뷸런트 디스플레이스(Turbulent Displace)와 워프 웨이브(Warp Wave) 이펙트가 적용되어 있습니다.

- Parent 기능으로 다른 레이어와 연결할 수 있습니다.
- Link 기능을 이용하여 레이어의 [Transform] 속성 중 원하는 값만 연결할 수 있습니다.
- 표현식을 입력할 수 있습니다.
- 마스크(Mask)를 그리고 크기를 조절할 수 있습니다.
- [Fill] 효과와 [Fast Box Blur] 효과를 적용할 수 있습니다.

aep 파일 열고 프로젝트 시작하기

01 ❶ [File]-[Open Project] Ctrl + O 메뉴를 선택하여 **익스프레션.aep** 준비 파일을 엽니다. ❷ [Project] 패널에서 [대관람차_시작]을 더블클릭하여 컴포지션을 엽니다. ❸ Spacebar 를 눌러 애니메이션을 확인해봅니다. 대관람차는 멈추어 있습니다.

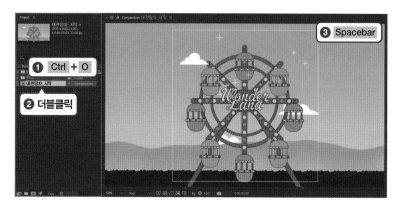

 회전하는 대관람차 애니메이션 만들기

02 ❶ [Timeline] 패널에서 [휠] 레이어를 선택하고 ❷ R 을 눌러 [Rotation]을 엽니다. ❸❹ 아래 표와 같이 키프레임을 생성합니다. [휠] 레이어가 5초 동안 시계 방향으로 한 바퀴 회전합니다.

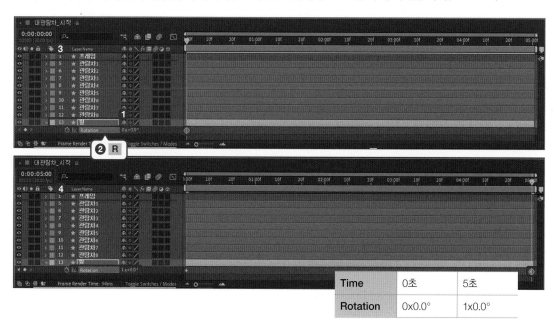

Time	0초	5초
Rotation	0x0.0°	1x0.0°

Parent 기능으로 관람차들이 휠의 회전값 따라가게 하기

03 ❶ 0초 지점으로 이동합니다. ❷ [관람차1]부터 [관람차8]까지 여덟 개의 레이어를 모두 선택하고 ❸ ⓞ를 드래그하여 [휠] 레이어와 연결합니다. 관람차 레이어들이 Child(자식) 레이어가 되고, [휠] 레이어가 Parent(부모) 레이어가 됩니다.

Parent 기능에 대한 자세한 내용은 268쪽에서 확인할 수 있습니다.

04 Spacebar 를 눌러 애니메이션을 확인합니다. 여덟 개의 관람차가 회전판과 함께 돌아가지만 움직임이 이상합니다. Parent로 연결했기 때문에 모든 움직임이 함께 이루어지기 때문입니다. 관람차들이 회전판에 매달려 회전하더라도 관람차는 돌아가면 안 되므로 완성된 애니메이션이 아닙니다.

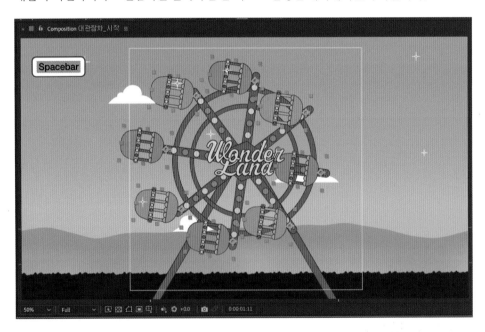

Link 기능으로 [Rotation] 속성만 연결하기

05 관람차들이 회전판과 함께 큰 원을 그리며 회전하더라도 관람차는 회전하지 않도록 Link 기능을 이용해보겠습니다. ❶ 0초 지점에서 ❷ [관람차8] 레이어와 [휠] 레이어를 같이 선택하고 ❸ R 을 눌러 [Rotation]을 엽니다. ❹ [관람차8] 레이어에서 [Rotation]의 🌀를 [휠] 레이어의 [Rotation]과 연결합니다. [Transform] 속성 전체가 아닌 [Rotation]만 링크되도록 설정하는 것입니다. ❺ 다시 한 번 Spacebar 를 눌러 애니메이션을 확인해보면 [관람차8] 레이어는 다른 관람차보다 더욱 빠르게 회전하고 여전히 이상한 회전을 보여줍니다.

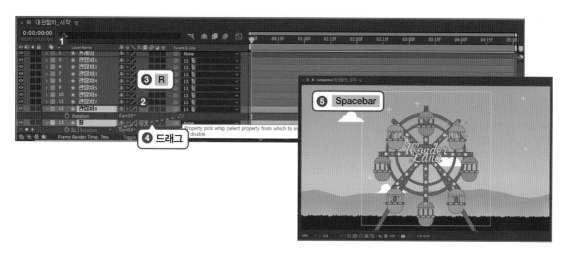

익스프레션 에디터 창 열고 표현식 수정하기

06 ❶ [관람차8] 레이어를 선택하고 ❷ E 를 두 번 눌러 익스프레션 에디터 창을 엽니다. 아래 그림과 같이 입력된 ❸ 익스프레션 뒤에 ＊-1을 입력합니다. +, -가 뒤바뀐 값으로 나타납니다. 예를 들어 [Rotation]이 30°이라면 -30°으로 바뀝니다.

[Expression] 명령어에서 /는 나누기, *는 곱하기, +는 더하기, -는 빼기를 뜻합니다. 익스프레션이 적용되어 있지 않은 레이어의 경우에는 단축키를 눌러도 익스프레션 에디터 창이 활성화되지 않습니다.

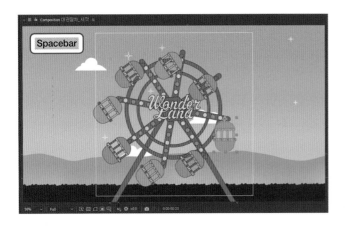

07 Spacebar 를 눌러 애니메이션을 확인해봅니다. [관람차8] 레이어의 관람차만 회전하면서도 수평을 유지하고 있습니다. [휠] 레이어 회전값의 반댓값으로 설정하여 고정한 것입니다.

 움직임이 완성된 관람차의 표현식 복사하여 다른 레이어에 붙여넣기

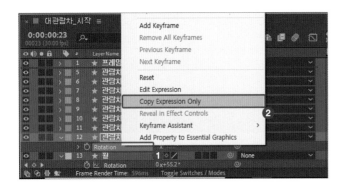

08 ❶ [관람차8] 레이어의 [Rotation]을 마우스 오른쪽 버튼으로 클릭하고 ❷ [Copy Expression Only]를 선택합니다. 익스프레션이 복사됩니다.

09 ❶ [관람차1]~[관람차7] 레이어를 모두 선택하고 ❷ Ctrl + V 를 눌러 붙여 넣습니다. ❸ R 을 눌러 [Rotation]을 확인해보면 동일한 표현식이 적용되어 있습니다.

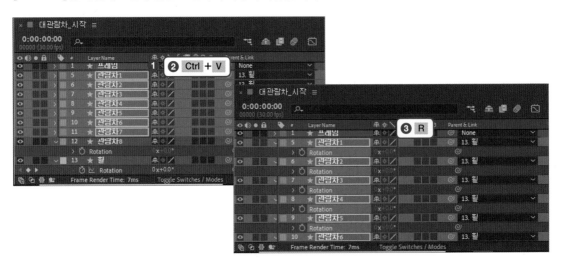

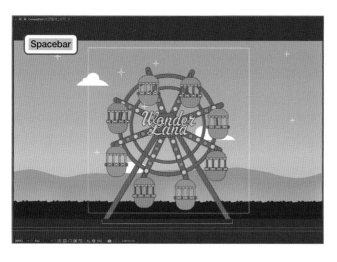

10 Spacebar 를 눌러 애니메이션을 확인합니다. 대관람차의 기계적인 움직임이 잘 표현되었습니다.

  인스타그램 감성의 배경 디자인하기

11 ❶ [Timeline] 패널의 빈 공간을 마우스 오른쪽 버튼으로 클릭하고 ❷ [New]-[Adjustment Layer]를 선택하여 ❸ 새로운 [Adjustment Layer]를 만든 후 [프레임] 레이어 아래로 위치시킵니다.

12 ❶ [Adjustment Layer 2] 레이어를 마우스 오른쪽 버튼으로 클릭하고 ❷ [Mask]-[New Mask]를 선택하여 새로운 마스크를 만듭니다.

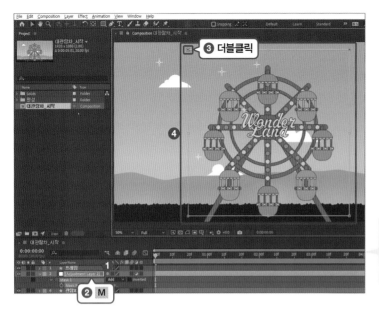

13 ❶ [Adjustment Layer 2] 레이어를 선택하고 ❷ M 을 눌러 [Mask Path]을 엽니다. ❸ [Composition] 패널에서 마스크의 조절점 중 하나를 더블클릭하여 마스크를 선택하고 ❹ 화면의 사각형과 같은 크기로 조절합니다.

> 새로운 마스크를 만들고 크기를 조절하는 방법도 있지만 도형 도구 ▣ 를 클릭하고 [Composition] 패널에서 직접 그리는 방법도 있습니다.

✍ [Fill]과 Fast Box Blur 효과 적용하고 옵션 수정하기

14 ❶ [Adjustment Layer 2] 레이어를 선택합니다. ❷ [Effects & Presets] 패널에서 **fill**을 검색하고 ❸ [Generate]–[Fill]을 더블클릭합니다. ❹ [Effect Controls] 패널에서 [Fill Mask]를 [Mask 1]로 설정하고 ❺ [Color]는 하얀색으로 설정합니다.

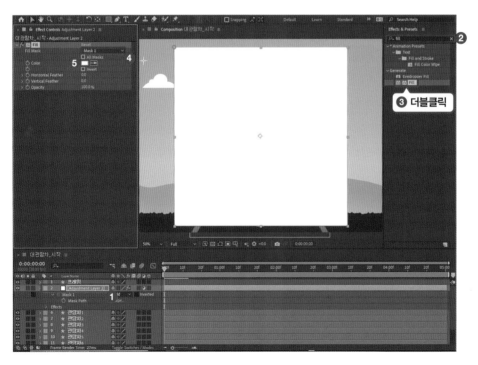

15 ❶ [Effects & Presets] 패널에서 **fast**를 검색하고 ❷ [Blur & Sharpen]-[Fast Box Blur]를 더블클릭합니다. ❸ [Effect Controls] 패널에서 [Blur Radius]를 **10**으로 설정합니다.

🔵 **레이어의 마스크 모드 변경하고 애니메이션 완성하기**

16 ❶ [Adjustment Layer 2] 레이어의 마스크 모드를 [Subtract]로 변경하여 영역을 반전시킵니다. ❷ Spacebar 를 눌러 애니메이션을 확인합니다. 사각형의 중심부에만 포커스를 선명하게 연출하여 인스타그램의 감성을 추가한 놀이공원의 대관람차 애니메이션이 완성되었습니다.

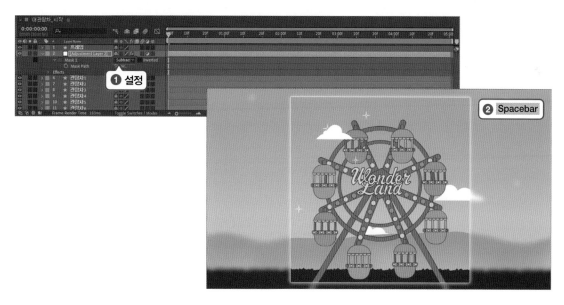

마스크와 매트 기법으로 연출하는 애니메이션

감성 무드의 뮤직 영상 앨범 만들기

☑ **CC 이상 버전** □ CC 2024 버전

준비 파일 활용/Chapter 02/트랙매트.aep
완성 파일 활용/Chapter 02/트랙매트.aep

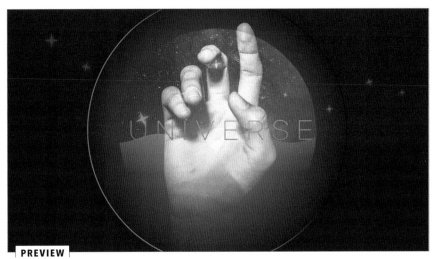

PREVIEW

이미지 출처 : https://unsplash.com/photos/792DVvbiBBo

PLAY

이 예제를 따라 하면

애프터 이펙트에서 마스크(Mask)와 매트(Matte)는 활용도가 매우 높은 필수 기능입니다. 마스크의 가장 주요한 기능이 이미지의 일부분만 보이게 하고 나머지는 가리는 역할이라는 점에서 트랙 매트와 유사점을 가지지만 그 활용 범위는 다릅니다. 이번에는 마스크와 트랙 매트 기능을 활용하여 감성 무드의 뮤직 영상 앨범을 제작해봅니다. 여러 개의 사진 이미지를 트랙 매트 기능을 활용하여 충첩하여 추상적이고 몽환적인 감성을 연출합니다.

- -

- 도형 도구로 마스크(Mask)를 그릴 수 있습니다.
- 알파 매트(Alpha Matte)와 루마 매트(Luma Matte), 그리고 루마 반전 매트(Luma Inverted Matte)를 적용할 수 있습니다.
- [Select Label Group] 기능으로 같은 색상으로 지정한 레이어들을 한꺼번에 선택할 수 있습니다.

aep 파일 열고 프로젝트 시작하기

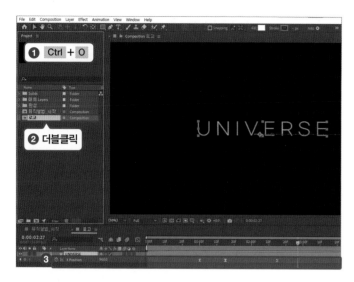

01 ❶ [File]-[Open Project] `Ctrl` + `O` 메뉴를 선택하여 **트랙매트.aep** 준비 파일을 엽니다. ❷ [Project] 패널에서 [로고] 컴포지션을 더블클릭합니다. ❸ [로고] 컴포지션에는 [Universe] 레이어가 삽입되어 있으며 로고가 오른쪽에서 화면 중앙으로 프레임 인(Frame In)하는 애니메이션이 설정되어 있습니다.

로고에 마스크 그리고 레이어 복제 후 애니메이션 수정하기

02 ❶ 3초 지점에서 [Universe] 레이어를 선택하고 ❷ 사각형 도구 ■ Q 를 클릭합니다. ❸ Tool Create Mask ▓ 를 클릭하고 ❹ [Composition] 패널에서 아래 그림을 참고하여 세 개의 사각형을 그려줍니다. 모양은 자유롭게 그려도 됩니다. ❺ 세 개의 마스크 속성이 생성됩니다. ❻ 마스크의 영역 밖에 있는 부분은 글씨가 지워집니다.

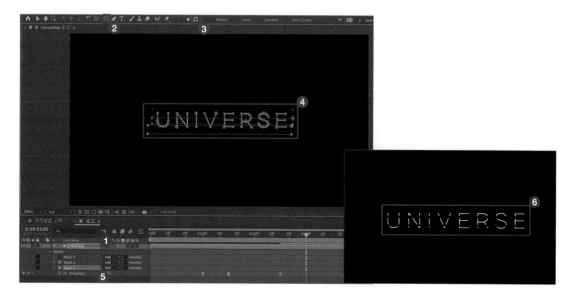

03 ❶ [Universe] 레이어를 선택하고 ❷ `Ctrl` + `D` 를 눌러 레이어를 복제합니다. [Universe 2] 레이어가 생성되면 ❸ `M` 을 눌러 [Mask Path] 옵션을 엽니다.

04 ❶ 마스크의 모드를 모두 [Subtract]로 변경합니다. ❷ 글씨의 모든 부분이 다 보입니다.

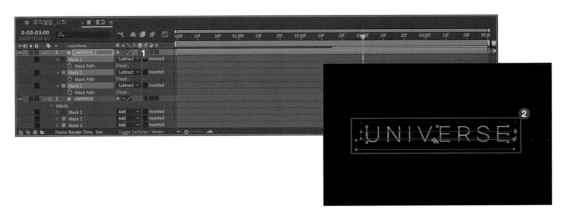

05 ❶ [Universe 2] 레이어를 선택하고 ❷ `U` 를 누르면 [X Position]이 열립니다. ❸ **1초** 지점에서 ❹ [X Position]을 −440으로 설정합니다. 이 레이어는 화면의 왼쪽에서 중앙으로 프레임 인(Frame In)하도록 변경하는 것입니다.

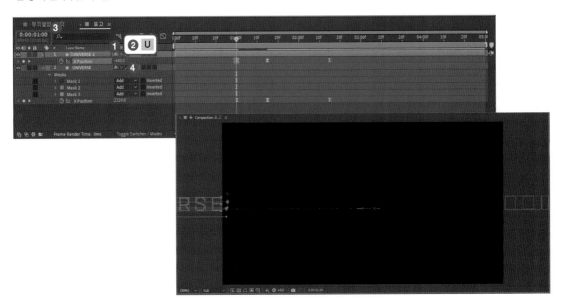

06 ❶ 1초 15F 지점에 있는 ❷ 중간 키프레임을 Delete 를 눌러 삭제합니다.

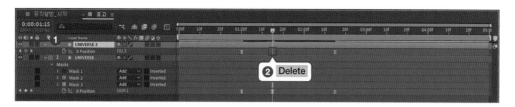

07 ❶ 2초 지점에서 ❷ ■를 클릭해 현재 좌표에 키프레임을 추가합니다. 그리고 ❸ 생성된 키프레임을 왼쪽으로 드래그하여 **1초 15F** 지점으로 옮깁니다. 동작의 시작에는 빠른 가속을, 멈출 때는 느린 감속을 연출하기 위해서입니다.

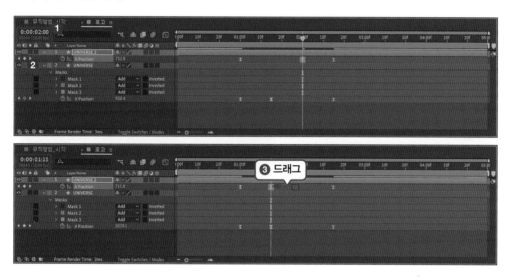

08 ❶ [Universe 2] 레이어에 설정된 모든 키프레임을 선택하고 ❷ Shift + Alt + → 를 눌러 **10F** 뒤로 이동합니다. 두 개의 레이어가 약간의 시간 차이를 두고 움직이도록 한 것입니다. 마스크 기법을 활용한 로고 애니메이션이 완성되었습니다. ❸ Spacebar 를 눌러 애니메이션을 확인합니다.

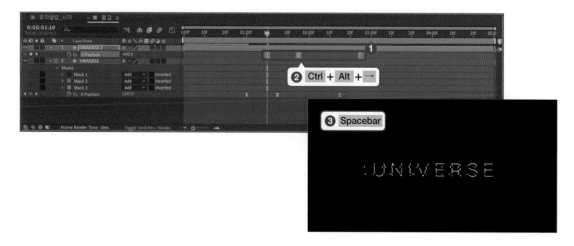

[그라데이션] 레이어의 트랙 매트를 [원] 레이어와 연결하기

09 [Timeline] 패널에서 ❶ [뮤직앨범_시작] 컴포지션 탭을 클릭합니다. 세 개의 레이어만 ◙이 활성화되어 있습니다. ❷ [그라데이션] 레이어의 Track Matte pick whip◙을 드래그해 [원] 레이어와 연결합니다.

학습을 시작하기 전에 각각의 시각 레이어가 어떤 그림인지 확인해보면
예제 이해에 도움이 됩니다.

Track Matte 속성이 안 보이면 F4 를 누르거나 [Toggle Switches/
Modes]를 클릭하면 나타납니다.

Track Matte pick whip◙은 애프터 이펙트 CC 2023 버전의 기능
으로 이전 버전에서는 사용할 수 없습니다.

10 [그라데이션] 레이어의 트랙 매트 레이어가 [원] 레이어로 설정되었습니다. ❶ Luma Matte◙와
Inverted◙를 모두 활성화해줍니다. ❷ 원의 블랙 부분에서 그라데이션 색상이 표시되고 화이트 부분은 투명하게 처리됩니다. ❸ [Composition] 패널에서 ◙를 클릭해보면 좀 더 이해하기 쉽습니다.

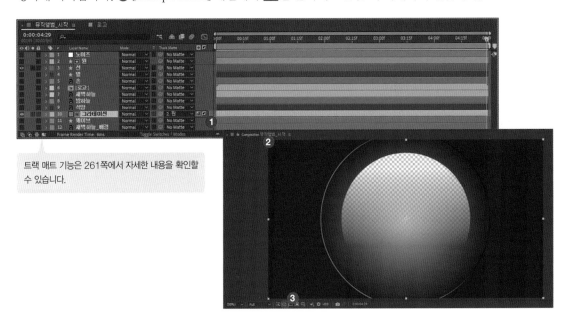

트랙 매트 기능은 261쪽에서 자세한 내용을 확인할
수 있습니다.

11 ❶ [로고] 또는 [새벽하늘] 레이어의 라벨 색상을 클릭하고 ❷ [Select Label Group]을 선택합니다. [Yellow]로 라벨 색상을 지정해둔 두 개의 레이어가 선택됩니다.

12 ❶ 선택된 두 개의 레이어의 👁를 클릭하여 보이게 합니다. ❷ 새벽 하늘을 촬영한 사진 이미지와 로고 글씨가 나타납니다.

예제에는 다수의 사진 이미지를 포함하고 있습니다. 예제 진행의 편의를 위하여 [Track Matte]로 연결할 레이어들을 같은 라벨 색상으로 표시했습니다. 실무에서 많이 활용되는 방식입니다.

🎨 시각 레이어를 트랙 매트로 연결하기

13 [새벽하늘] 레이어의 ❶ [Track Matte]를 [로고] 레이어로 설정하고 ❷ Alpha Matte◙로 설정합니다. ❸ 사진 이미지가 로고 안에만 노출되어 오렌지 빛의 글씨로 표시됩니다.

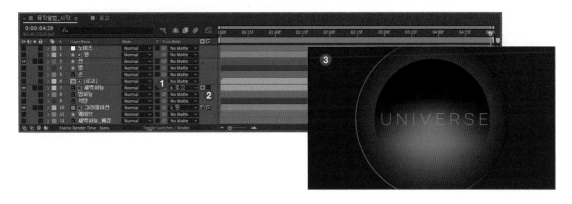

14 ❶ 11과 같은 방법으로 [Purple]로 라벨 색상을 지정해둔 두 개의 레이어를 선택하고 ❷ 👁를 클릭해 보이게 합니다. ❸ 별 모양을 그린 [별] 레이어와 석양을 촬영한 사진 이미지인 [석양] 레이어가 표시됩니다.

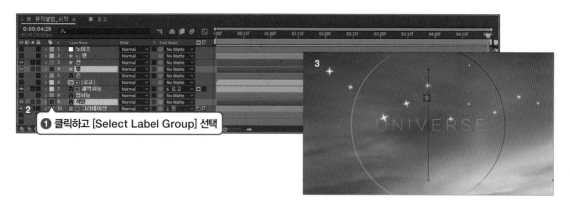

15 ❶ [석양] 레이어의 [Track Matte]를 [별] 레이어로 설정하고 ❷ Luma Matte 🔲로 설정합니다. 그리고 ❸ 블렌딩 모드를 [Color Dodge]로 설정합니다. ❹ 사진 이미지가 별 모양 안에만 노출되어 다양한 색상의 별 그래픽으로 표시됩니다.

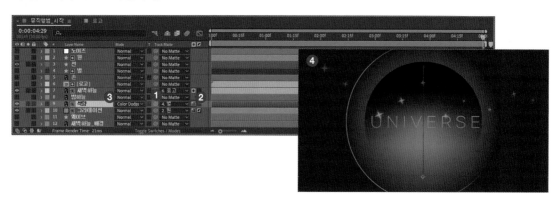

16 ❶ 11과 같은 방법으로 [Orange]로 라벨 색상을 지정해둔 두 개의 레이어를 선택하고 ❷ 👁를 클릭해 보이게 합니다. ❸ 물결을 그린 [웨이브] 레이어와 새벽 하늘을 촬영한 사진 이미지인 [새벽하늘_배경] 레이어가 표시됩니다.

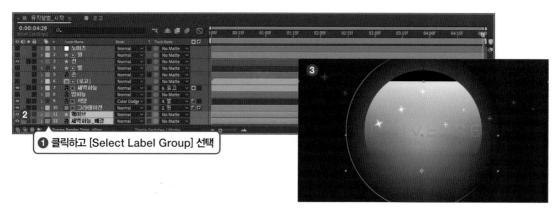

17 ① [새벽하늘_배경] 레이어의 [Track Matte]를 [웨이브] 레이어로 설정하고 ② Alpha Matte ◉로 설정합니다. ③ 사진 이미지가 물결 안에만 노출됩니다.

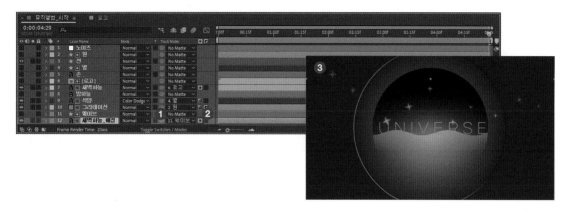

18 ① 11과 같은 방법으로 [Cyan]으로 라벨 색상을 지정해둔 두 개의 레이어를 선택하고 ② ◉를 클릭해 보이게 합니다. ③ 손을 촬영한 사진 이미지인 [손] 레이어와 밤하늘을 촬영한 사진 이미지인 [밤하늘] 레이어가 표시됩니다. [손] 레이어가 화면을 가득 채우고 있어 아래 있는 [밤하늘] 레이어는 보이지 않습니다.

19 ① [밤하늘] 레이어의 [Track Matte]를 [손] 레이어로 설정하고 ② Luma Matte ◉로 설정합니다. 그리고 ③ 블렌딩 모드를 [Linear Dodge]로 설정합니다. ④ [손] 이미지에서 명도 값이 밝은 부분에만 밤하늘 이미지가 표시됩니다.

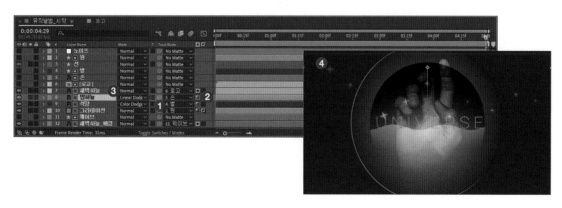

20 ❶ [밤하늘] 레이어를 선택하고 ❷ `Ctrl` + `D` 를 눌러 레이어를 복제합니다. ❸ [손] 이미지가 더 진하게 표시됩니다. 여전히 그림의 밝기가 다소 낮습니다.

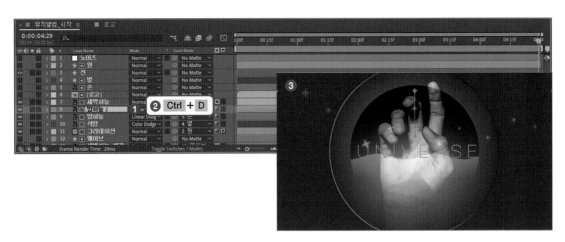

 [석양] 레이어 복사하고 트랙 매트를 [손] 레이어로 변경하기

21 ❶ [석양] 레이어를 선택하고 ❷ `Ctrl` + `C` 를 눌러 복사한 후 ❸ [웨이브] 레이어를 선택하고 ❹ `Ctrl` + `V` 를 눌러 붙여 넣습니다. ❺ [Track Matte]를 [손] 레이어로 변경합니다. ❻ 다른 사진 이미지를 한 겹 더 추가하여 밝기를 높이면서 다양한 그림을 블렌드하여 몽환적인 느낌을 연출합니다.

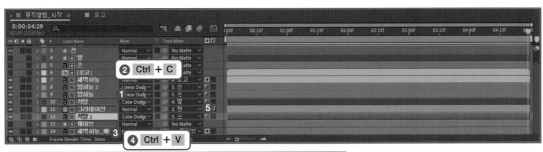

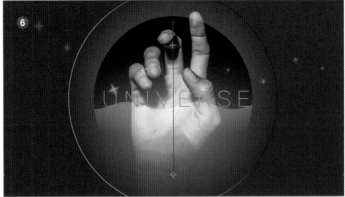

22 ❶[석양 2] 레이어를 선택하고 ❷ Ctrl + D 를 눌러 레이어를 복제하여 조금 더 밝기를 추가합니다.

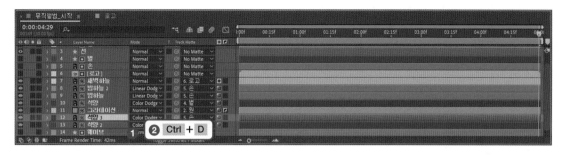

> **[Noise] 효과가 적용된 [Adjustment Layer] 보이게 하고 프로젝트 완성하기**

23 ❶[노이즈] 레이어의 👁를 클릭하여 보이게 합니다. 이 레이어는 [Adjustment Layer]이며 [Noise] 효과가 적용되어 있습니다. ❷ 전체 화면에 노이즈를 추가하여 낡은 필름 느낌을 추가하여 감성 무드를 연출한 것입니다.

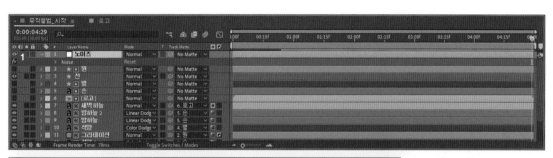

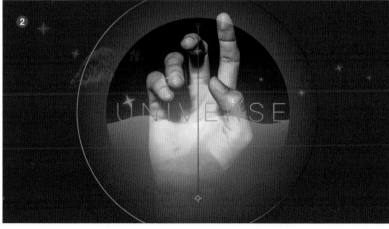

24 손 이미지 배경이 검은색으로 보이지만 [Toggle Transparency Grid]를 클릭해보면 배경에 빈 부분이 나타납니다.

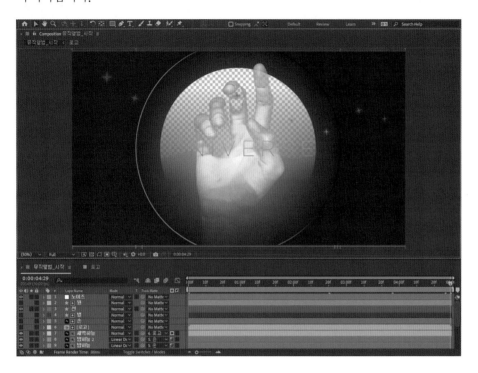

25 ❶ [Project] 패널에서 [매트Layers] 폴더 안에 있는 [밤하늘/매트.psd] 파일을 [뮤직앨범_시작] 컴포지션에 삽입하고 ❷ [Timeline] 패널에서 가장 아래에 위치시킵니다. ❸ 밤하늘 배경이 자연스럽게 합성됩니다.

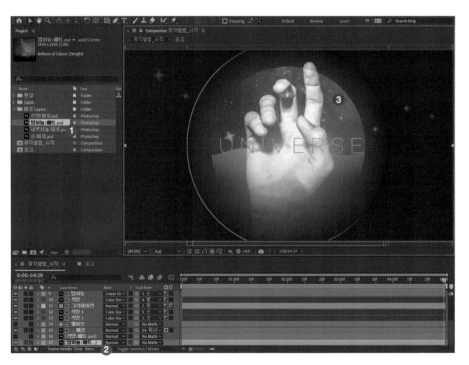

26 Spacebar 를 눌러 애니메이션을 확인합니다. 과거의 음반 커버 디자인을 모티브로 연출한 잔잔하고 서정적이면서 음악적인 감성을 표현한 뮤직 앨범 영상이 완성되었습니다.

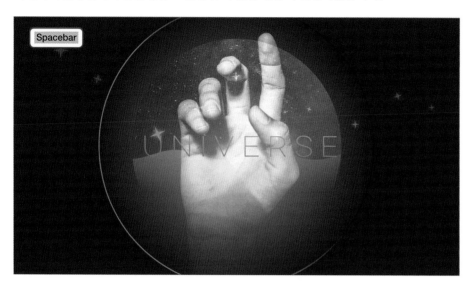

캐릭터를 활용한 애니메이션은 매우 매력적이며
누구에게나 흥미를 주는 분야입니다.
모션 그래픽에서도 캐릭터 애니메이션은 자주 활용됩니다.
물론 애프터 이펙트가 캐릭터 애니메이션에
최적화된 프로그램은 아니기 때문에
TV나 영화, 또는 게임 애니메이션을 위한
전문적인 캐릭터 제어는 다소 어렵더라도
간단한 모션 그래픽에 활용하기엔 충분합니다.
전문 애니메이터는 유료 스크립트를 사용하는 경우도 있지만
내부 기능만으로도 충분히 좋은 결과물을 만들 수 있습니다.
CHAPTER 03에서는 애프터 이펙트에서 직접 캐릭터나 배경 등을
그리는 방법을 학습하고, 다양한 기법을 통하여
캐릭터 리깅하는 방법을 학습합니다.
예제를 통하여 재미있는 모션 그래픽은 물론 움직이는
이모티콘도 만들어보겠습니다.

CHAPTER 03

캐릭터 그리기와
캐릭터 리깅

 LESSON

셰이프 레이어 기능으로 캐릭터 그리기

눈동자가 움직이는 몬스터 캐릭터

☑ **CC 이상 버전** ☐ CC 2024 버전

준비 파일 활용/Chapter 03/몬스터그리기.aep
완성 파일 활용/Chapter 03/몬스터그리기.aep

PREVIEW

PLAY

이 예제를 따라 하면

셰이프 레이어는 매우 많은 추가 속성을 가지고 있어 이를 수정해 복잡한 형태를 표현할 수 있고, 다양한 애니메이션 작업도 가능합니다. 애프터 이펙트의 기본 기능과 이러한 추가 기능을 활용해 캐릭터는 물론 배경 아트워크도 쉽고 그릴 수 있으며, 색상이나 크기 등의 모든 속성을 자유롭게 변경할 수 있습니다. 또 추가 속성에 키프레임을 설정하여 애니메이션을 만들 수도 있습니다. 이번 예제에서는 지그재그 패턴의 배경을 그리고 눈동자를 좌우로 움직이는 문어를 닮은 몬스터 캐릭터를 직접 만들어보겠습니다. 준비 파일에는 컬러 팔레트 레이어가 삽입되어 있습니다.

- 펜 도구나 도형 도구를 이용하여 캐릭터를 그릴 수 있습니다.   • 셰이프 레이어의 다양한 속성을 설정할 수 있습니다.
- 셰이프 레이어의 추가 속성 중 [Zig Zag], [Repeater], [Merge Paths], [Offset Path]를 적용할 수 있습니다.
- 도형 속성을 패스 속성으로 변경하고 오브젝트의 모양을 변형할 수 있습니다.
- 캐릭터의 눈 영역 안에서 눈동자가 움직이는 애니메이션을 만들 수 있습니다.

aep 파일 열고 프로젝트 시작하기

01 ① [File]-[Open Project] `Ctrl` + `O` 메뉴를 선택하고 **몬스터그리기.aep** 준비 파일을 엽니다. ②
[Project] 패널에서 [몬스터_시작]을 더블클릭하여 [몬스터_시작] 컴포지션을 엽니다. ③ [COLOR] 레이어
가 삽입되어 있습니다. 이 레이어는 색상을 참고하기 위한 가이드 레이어입니다.

아트워크를 불러오지 않고 애프터 이펙
트 내부 기능으로 작업을 할 경우는 색
상 콘셉트를 먼저 정하고 색 팔레트를
만들어서 스포이트 ▇ 로 추출해 사용
하는 방법을 추천합니다. 이 예제에서는
[COLOR] 컴포지션을 미리 만들어두고
가이드 레이어로 설정해두었습니다.

02 ① [Project] 패널에서 [완성] 폴더-[몬스터_완성] 컴포지션을 먼저 확인해봅니다. 이 예제에서 그려
볼 캐릭터입니다. ② `Spacebar` 를 눌러 애니메이션을 확인한 후에 ③ [몬스터-완성] 컴포지션을 닫고 다시
[몬스터_시작] 컴포지션으로 돌아옵니다.

지그재그 배경 패턴 그리기

03 ❶ [Composition] 패널에서 Alt + ' 를 눌러 [Proportional Grid]를 켭니다. ❷ 펜 도구 G 를 클릭합니다. 도구바 오른쪽에 셰이프 레이어의 도구 모음이 표시됩니다. ❸ [Fill]-[None]으로, ❹ [Stroke Color]는 화면의 샘플 컬러 중 가장 오른쪽 연초록색을 스포이트 로 클릭하여 변경합니다. ❺ [Stroke Width]는 40px로 설정합니다.

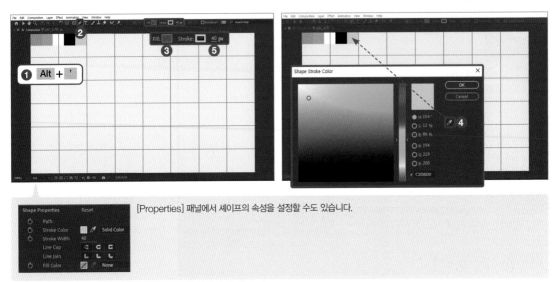

[Properties] 패널에서 셰이프의 속성을 설정할 수도 있습니다.

04 [Composition] 패널에서 다음과 같이 왼쪽에서 오른쪽으로 화면의 중앙에 직선을 그립니다.

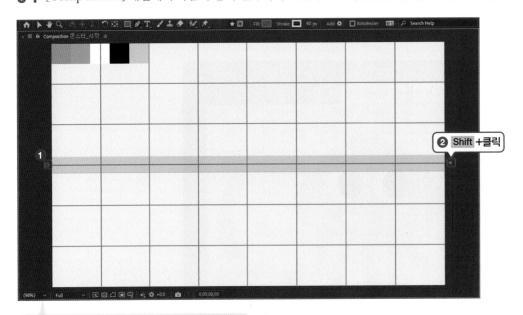

펜 도구의 사용이 완료되면 항상 선택 도구 V 로 돌아옵니다.

05 ❶[Timeline] 패널을 [Project] 패널 가운데로 드래그하여 아래 그림과 같이 레이아웃을 변경합니다. 셰이프 레이어는 옵션이 아주 많기 때문에 아래 그림과 같은 화면 구성이 편리합니다. ❷[Timeline] 패널 에 [Shape Layer1]이 생성되었습니다. ❸ Ctrl 을 누른 상태에서 ▶를 클릭하면 셰이프 레이어의 다양한 옵션을 확인할 수 있습니다.

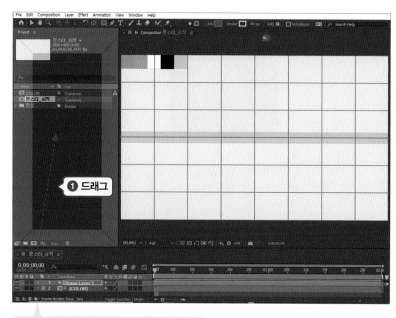

화면 구성을 변경하지 않고 그대로 진행해도 됩니다.

06 ❶[Shape Layer1] 레이어를 선택합니다. ❷[Contents] – Add▶를 클릭하고 ❸[Zig Zag]를 선택 합니다. ❹ 추가된 [Zig Zag]의 옵션을 아래 표와 같이 설정합니다. ❺ 직선이 지그재그로 변경되었습니다.

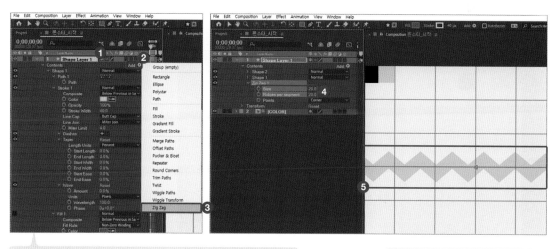

셰이프 레이어에 [Zig Zag] 속성을 추가하면 지그재그 패턴을 만들 수 있습니다.

Size	20
Ridges per segment	20

07 ❶ [Shape Layer1] 레이어를 선택합니다. ❷ [Contents] – Add ▶를 클릭하고 ❸ [Repeater]를 선택합니다. ❹ 추가된 [Repeater 1]의 옵션을 아래 표와 같이 설정합니다.

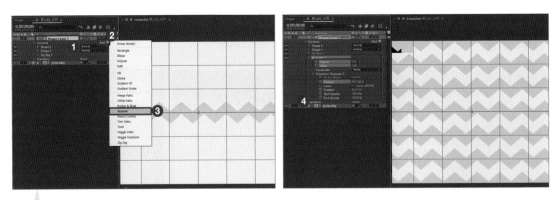

> 셰이프 레이어에 [Repeater] 속성을 추가하면 형태가 반복됩니다. [Copies]는 반복할 횟수, [Offset]은 상쇄하는 값입니다.

Copies		7
Offset		-3
Transform: Repeater 1	Position	0, 100

08 [Shape Layer1] 레이어의 이름을 **BG**로 변경하고 레이어의 순서를 가장 아래로 변경합니다.

09 배경 디자인이 완성되었습니다. 직선 하나에 속성을 적용하여 화면에 가득 찬 지그재그 패턴을 간단히 만들었습니다.

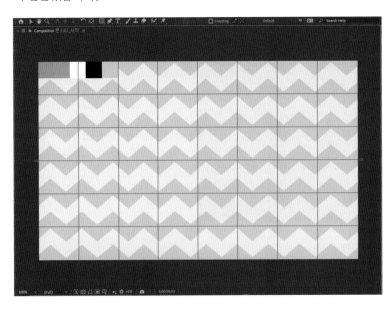

10 ❶ [Window]-[Workspace]-[Minimal] 메뉴를 선택해 [Composition]과 [Timeline] 패널만 보이게 설정합니다. ❷ F2 를 눌러 모든 레이어의 선택을 해제합니다. ❸ 원형 도구 를 클릭하고 ❹ [Fill Color]는 가장 왼쪽 초록색으로, [Stroke]는 [None]으로 설정합니다. ❺ 다음과 같이 화면의 중앙 부분에 정원을 그립니다.

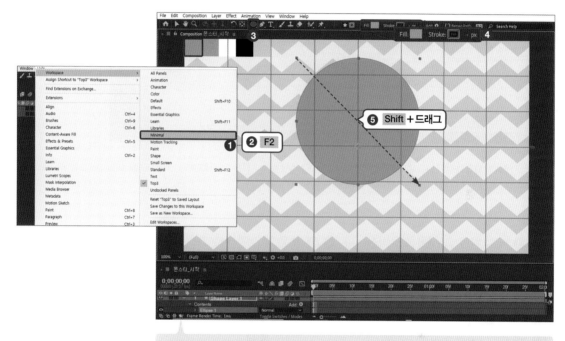

정원을 그릴 때는 Shift 를 누른 상태에서 드래그합니다. Alt + Shift 를 누른 상태로 드래그하면 처음 클릭한 곳을 중심으로 정원을 그립니다.

11 ❶ [Shape Layer 1] 레이어의 [Ellipse 1]-[Ellipse Path 1]을 마우스 오른쪽 버튼으로 클릭한 후 ❷ [Convert To Bezier Path]를 선택합니다. 원 도형을 패스로 바꾸는 기능이며, 패스로 변경하면 원 도형의 모양을 자유롭게 변경할 수 있습니다.

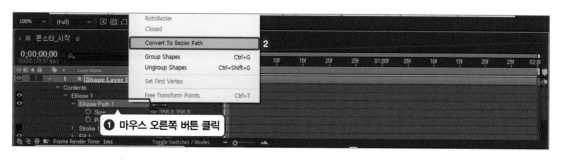

12 ❶ 펜 도구 ✏️ G 를 클릭하고 ❷ [Composition] 패널에서 가장 위의 조절점을 선택한 후 아래로 조금 드래그해 내려줍니다. ❸ 나머지 베지에 핸들도 아래 그림을 참고하여 약간씩 조절해봅니다.

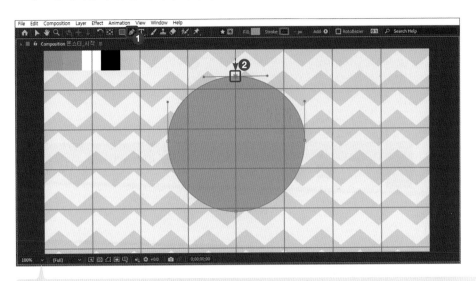

조절점이 선택되지 않을 때 | [Timeline] 패널에서 조절하고자 하는 Path를 선택합니다. 선택 도구 ▶ V 또는 펜 도구 ✏️ G 일 때만 조절점을 선택하거나 움직일 수 있습니다. 조절점 가까이에서 드래그하거나 클릭하여 선택할 수 있습니다

13 ❶ 다시 원형 도구 ⬤ 를 클릭합니다. ❷ ❸ 양쪽 볼을 차례로 그려줍니다. ❹ [Timeline] 패널에서 [Shape Layer 1] 레이어-[Contents]에 [Ellipse] 도형 속성이 세 개 생성되었습니다.

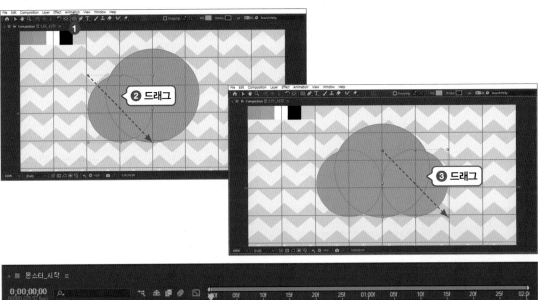

14 [Shape Layer 1] 레이어의 이름을 **얼굴**로 변경하고 [Color] 레이어 아래로 이동합니다.

15 ❶ [얼굴] 레이어를 선택하고 ❷ [Contents]-Add ▶를 클릭한 후 [Merge Paths]를 적용합니다. ❸ 이어서 [Offset Path]도 적용합니다.

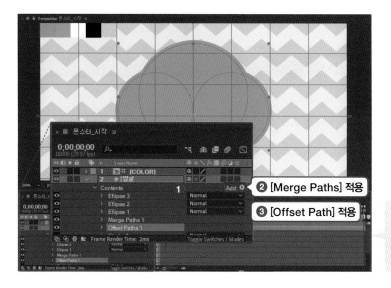

> [Merge Path]는 패스를 병합하는 효과이고, [Offset Path]는 패스에 상쇄하는 값을 적용해 패스의 영역이 확대되거나 축소되는 효과입니다.

16 ❶ [Offset Paths 1]의 [Amount]를 **–20**으로 설정합니다. ❷ [Line Join]은 [Round Join]으로 설정합니다. ❸ 세 개의 원 크기가 조금 줄어들면서 형태가 블렌드됩니다.

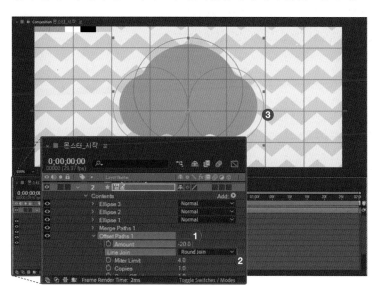

캐릭터 다리 그리기

17 ❶ [Timeline] 패널에서 [BG] 레이어를 선택합니다. ❷ [Timeline] 패널의 빈 공간을 마우스 오른쪽 버튼으로 클릭하고 ❸ [New]-[Shape Layer]를 선택합니다.

18 [BG] 레이어 바로 위에 새로운 셰이프 레이어가 생성됩니다. ❶ 레이어의 이름을 **다리**로 변경합니다. ❷ 펜 도구 ![펜] **G** 를 클릭하고 ❸ [Fill]-[None]으로, [Stroke Color]는 [Composition] 패널 왼쪽 상단의 오렌지색으로 적용합니다. [Stroke Width]는 **40px**로 설정합니다. ❹ [Composition] 패널에서 아래 그림과 같이 위에서 아래로 직선을 그려 가운데 다리를 그립니다.

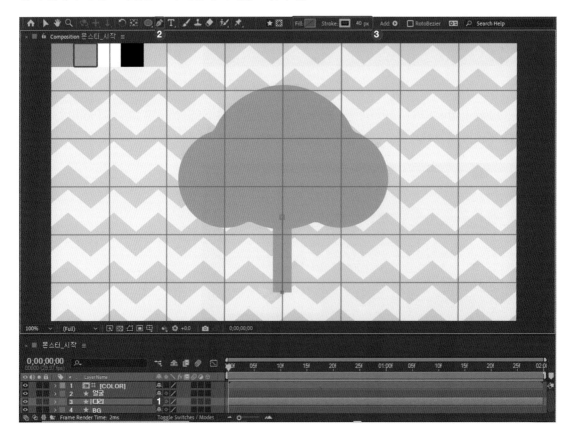

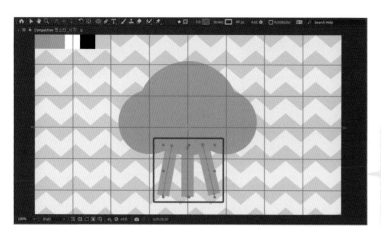

19 이어서 같은 레이어에 왼쪽과 오른쪽 다리도 그립니다.

펜 도구로 하나의 선을 그리고 연결되지 않는 다른 선을 그리려면 선택 도구를 한 번 클릭하고 다시 펜 도구로 돌아오거나, 하나의 선을 그린 후 Ctrl 을 누르고 빈 공간을 클릭하면 선 그리기가 완료되고 다른 선을 그릴 수 있습니다.

20 ❶ [다리] 레이어를 선택하고 검색란에 ❷ line cap을 입력한 후 검색합니다. 세 개의 [Shape]-[Stroke]-[Line Cap] 속성이 나타납니다. ❸ 각각의 [Line Cap] 옵션을 [Round Cap]으로 변경합니다.

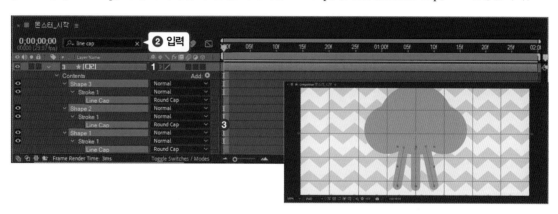

21 [다리] 레이어가 선택된 상태에서 ❶ 펜 도구 G 도구를 클릭하고 ❷ [Composition] 패널에서 왼쪽 그림과 같이 긴 다리를 왼쪽에 그립니다. 얼굴과 가까운 부분을 먼저 클릭하고 반원 모양의 곡선을 그리며 바깥쪽으로 그립니다.

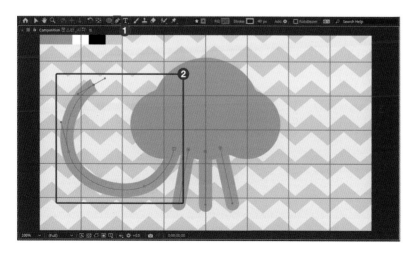

22 ❶ [다리] 레이어에 [Shape 4]가 생성되었습니다. ❷ [Shape 4]–[Stroke 1]–[Line Cap]의 옵션을 [Round Cap]으로 변경하고 ❸ [Stroke Width]는 50으로 설정합니다.

23 [Shape 4]–[Stroke 1]–[Taper]의 옵션을 아래 표와 같이 설정합니다. 왼쪽 긴 다리의 시작 부분이 얇게 시작했다가 서서히 두꺼워지도록 두께가 조절됩니다.

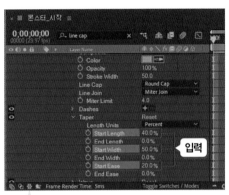

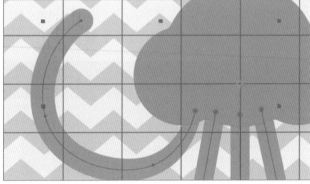

Taper란 '점점 가늘어지다'라는 의미입니다. 이 기능은 2020년 중반에 업데이트 된 애프터 이펙트 17.4 버전의 주요한 신기능입니다. 애프터 이펙트 17.4 이하 버전에서는 나타나지 않습니다.

Start Length	40%
Start Width	50%
Start Ease	20%

다리 모양이 변하며 움직이는 애니메이션 만들기

24 ❶ 0초 지점에서 ❷ [다리] 레이어를 선택합니다. 가장 왼쪽 다리인 ❸ [Shape4]–[Path 1]–[Path]의 스톱워치 를 클릭해 키프레임을 설정합니다.

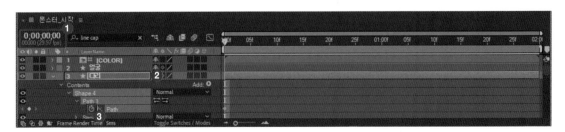

25 ❶ 1초 지점으로 이동합니다. ❷ [Composition] 패널에서 조절점을 아래 그림과 같이 조정해 다리의
모양을 변경합니다. 1초 동안 다리가 원을 그리며 올라가는 애니메이션이 적용됩니다.

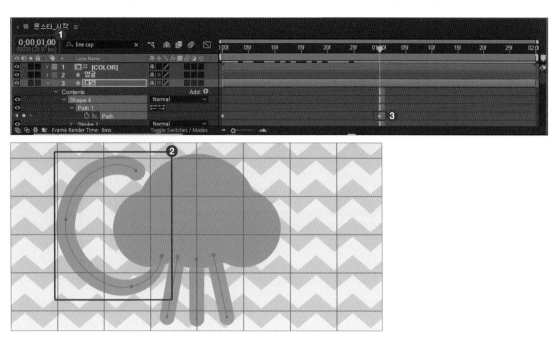

26 ❶ [Shape 4]를 선택하고 ❷ Ctrl + D 를 눌러 복제합니다. [Shape 5]가 생성됩니다. ❸ [Shape 5]의
[Transform: Shape5]−[Scale]의 🔗를 클릭하여 해제하고 ❹ [Scale]의 X 좌푯값을 −100으로 변경합니
다. 오른쪽 다리가 만들어졌습니다.

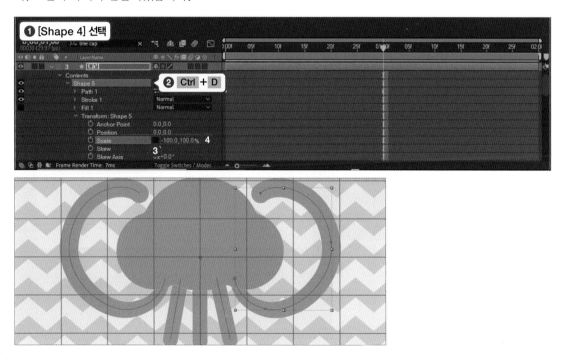

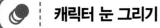

캐릭터 눈 그리기

27 ❶ [얼굴] 레이어를 선택합니다. ❷ [Timeline] 패널의 빈 공간을 마우스 오른쪽 버튼을 클릭하고 ❸ [New]-[Shape Layer]를 선택합니다.

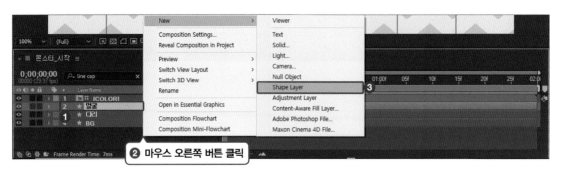

28 ❶ [얼굴] 레이어 바로 위에 새로운 셰이프 레이어가 생성됩니다. ❶ [Shape Layer 1] 레이어의 [Contents]-Add ❱를 클릭하고 [Ellipse Path]와 [Fill] 속성을 추가합니다. ❷ [Contents] 하위에 [Ellipse Path 1]과 [Fill 1] 속성이 등록되고 ❸ 기본 색상인 빨간색 정원이 그려집니다. ❹ [Ellipse Path 1]-[Size]를 90, 90으로 설정하고 ❺ [Fill 1]-[Color]를 하얀색(FFFFFF)으로 설정합니다.

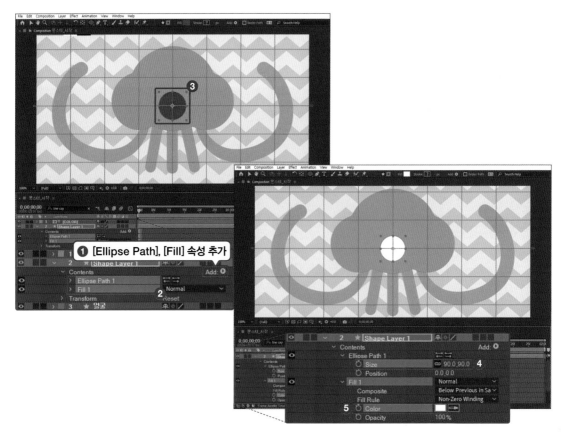

29 ❶[Ellipse Path 1]을 선택하고 ❷ `Ctrl` + `D` 를 두 번 눌러 속성을 두 개 더 복제합니다. [Ellipse Path 2]와 [Ellipse Path 3]이 생성됩니다. ❸ 아래 그림과 같이 위에서부터 **눈동자, 눈동자매트, 눈**으로 이름을 차례대로 변경합니다.

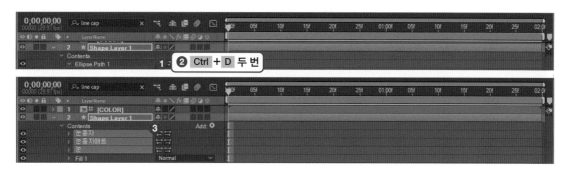

30 ❶[Shape Layer1] 레이어를 선택하고 ❷ 검색란에 **size**를 입력합니다. 여러 개의 셰이프 속성 중에서 [Size]만 표시됩니다. ❸❹[눈동자 매트]와 [눈]의 [Size]를 **110%**로 각각 변경합니다.

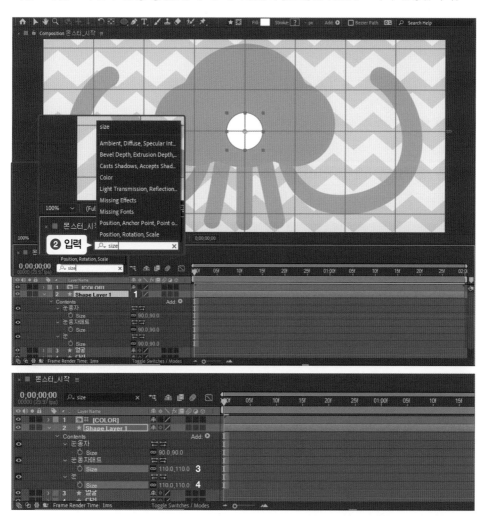

31 ❶ [눈동자]와 [눈동자 매트]를 같이 선택하고 ❷ `Ctrl` + `G` 를 눌러 그룹을 만듭니다. ❸ [Group 1]이
생성됩니다.

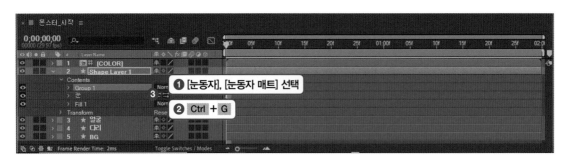

32 ❶ [Shape Layer 1]–[Contents]–
[Group 1]을 선택하고 ❷ Add▶를 클릭
합니다. ❸ [Merge Paths]를 선택해 추가
합니다.

33 ❶ [Shape Layer 1]–[Contents]–[Group 1]–[Fill 1]–[Color]를 검은색(000000)으로 변경합니다.
❷ [Merge Paths 1]의 모드를 [Intersect]로 변경합니다. ❸ 검은색 눈동자가 완성되었습니다.

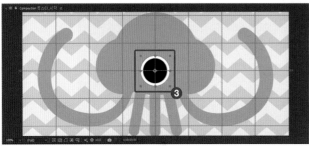

움직이는 눈동자 애니메이션 만들기

34 ❶❷ [Shape Layer 1] 레이어의 [Contents]−[Group 1]−[눈동자]−[Position]에 아래 표와 같이 키 프레임을 설정합니다. ❸ 눈동자가 왼쪽에서 오른쪽으로 이동하는 애니메이션이 완성되었습니다. [Merge Paths]를 추가하고 모드를 [Intersect]로 설정했기 때문에 눈동자가 눈의 영역을 벗어나도 눈 안에서만 보여 집니다.

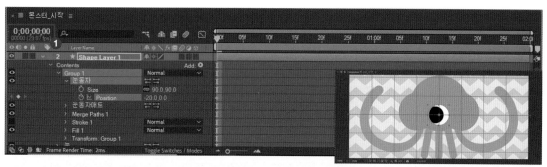

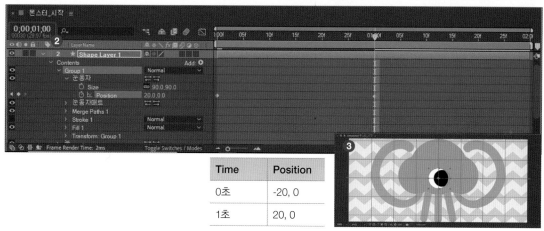

Time	Position
0초	-20, 0
1초	20, 0

35 ❶ [Shape Layer 1] 레이어를 선택하고 ❷ Ctrl + D 를 눌러 레이어를 복제합니다. ❸ 레이어의 이름 을 **오른쪽눈**, **왼쪽눈**으로 각각 변경합니다.

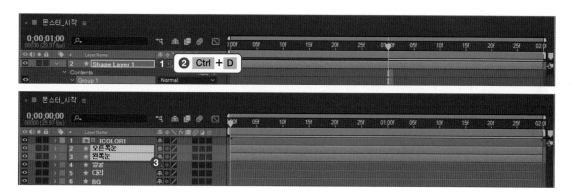

36 ❶ [오른쪽눈], [왼쪽눈] 레이어를 같이 선택하고 ❷ P 를 눌러 [Position]을 엽니다. ❸ 아래 표와 같이 [Position] 값을 설정합니다.

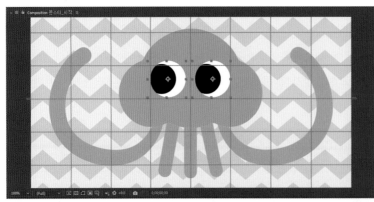

캐릭터 얼굴의 모양에 따라서 적절히 배치해도 됩니다.

레이어	Position
오른쪽눈	570, 240
왼쪽눈	430, 240

🎨 캐릭터 입 그리고 프로젝트 완성하기

37 ❶ F2 를 눌러 모든 레이어 선택을 해제합니다. ❷ 펜 도구 ✏️ G 를 클릭하고 ❸ [Composition] 패널에서 캐릭터의 입모양을 자유롭게 그립니다. 색상 등은 자유롭게 선택합니다. 예제에서는 [Stroke]-[None], [Fill]은 하얀색으로 설정했습니다.

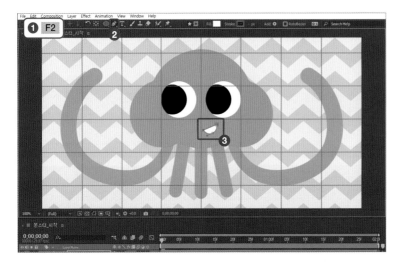

38 배경과 캐릭터 디자인, 그리고 애니메이션이 완성되었습니다. ❶ [Timeline] 패널에서 [COLOR] 레이어는 ◉을 클릭해 안 보이게 처리하고 ❷ Spacebar 를 눌러 애니메이션을 확인합니다. 캐릭터가 다리와 눈동자가 움직이는 동작을 확인할 수 있습니다. 이처럼 포토샵이나 일러스트레이터에서 제작한 그래픽 이미지를 불러오지 않더라도 셰이프 레이어 기능과 옵션을 적절히 활용하면 효과적인 캐릭터 애니메이션은 물론 배경 그래픽도 직접 그릴 수 있습니다.

LESSON 02

트랜스폼과 페어런트 기능으로 캐릭터 리깅하기

페이크 3D 캐릭터 애니메이션

☑ **CC 이상 버전** ☐ CC 2024 버전

준비 파일 활용/Chapter 03/캐릭터리깅.aep
완성 파일 활용/Chapter 03/캐릭터리깅.aep

PREVIEW

PLAY

이 예제를 따라 하면

캐릭터 애니메이션은 매우 전문적인 분야로 전문 지식이 필요하며 초보자에겐 동작 제어의 어려움이 있을 수 있습니다. 애프터 이펙트는 캐릭터 애니메이션에 최적화된 프로그램은 아니지만 다양한 전문 스크립트(Script)를 활용하여 수준 높은 캐릭터 애니메이션을 만들 수 있습니다. 하지만 전문 스크립트를 사용하지 않더라도 애프터 이펙트의 기본 기능만으로도 기본적인 캐릭터 애니메이션을 구현할 수 있습니다. 이번 예제에서는 PART01 기본편에서 학습했던 트랜스폼, 그리고 페어런트 기능만을 사용하여 캐릭터 애니메이션을 제작해보겠습니다.

- 페어런트 기능으로 캐릭터 리깅을 할 수 있습니다.
- [Null Object] 레이어를 만들고 표정 레이어들을 제어할 수 있습니다.
- 트랜스폼 속성으로 페이크 3D 루킹(Fake 3D Looking)을 만들 수 있습니다.

aep 파일 열고 프로젝트 시작하기

01 ❶ [File]–[Open Project] `Ctrl` + `O` 메뉴를 선택하여 **캐릭터리깅.aep** 준비 파일을 엽니다. ❷ [Project] 패널에서 [캐릭터_시작]을 더블클릭하여 컴포지션을 엽니다. ❸ [Timeline] 패널에 다수의 시각 레이어를 포함하고 있으며, 모든 레이어는 일러스트레이터에서 제작하여 애프터 이펙트로 불러온 이미지 파일입니다. ❹ `Spacebar` 를 눌러 재생해보면 벌 그래픽이 화면 왼쪽에서 들어와서 오른쪽 창 밖으로 날아가는 애니메이션이 설정되어 있습니다.

> 레이어들을 하나씩 클릭하여 중심점(Anchor Point)의 위치를 확인해봅니다. 예제의 편의상 [몸], [팔], [얼굴] 등의 레이어의 중심점을 회전축으로 이동해놓았습니다.

02 레이어가 많기 때문에 [Timeline] 패널의 위치를 변경하겠습니다. [Timeline] 패널의 [캐릭터_시작] 탭을 [Project] 패널 중간으로 드래그합니다. 패널이 좌, 우로 나누어져 레이어가 보기 편해졌습니다.

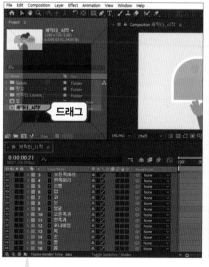

> 레이아웃을 변경하지 않고 학습해도 됩니다.

[Null Object] 레이어 만들고 표정 레이어와 Parent로 연결하기

03 ❶ [눈썹] 레이어를 선택합니다. ❷ [Timeline] 패널의 빈 공간을 마우스 오른쪽 버튼으로 클릭하고 ❸ [New]−[Null Object]를 선택합니다. [눈썹] 레이어 바로 위로 새로운 [Null] 레이어가 생성됩니다. ❹ 이름을 **표정**으로 변경합니다.

04 ❶ 6~9번 레이어를 같이 선택합니다. 그리고 ❷ [Parent & Link]를 [None]에서 [5. 표정]으로 설정합니다. 선택한 네 개 레이어의 Parent 레이어가 [표정] 레이어로 설정되었습니다.

[Parent & Link] 속성을
열고 닫는 단축키는 Shift
+ F4 입니다.

05 [표정] 레이어의 ◎을 드래그해 [얼굴] 레이어와 연결합니다. [표정] 레이어의 Parent 레이어가 [얼굴]
레이어로 설정됩니다.

06 같은 방법으로 아래 그림을 참고하여 Parent를 설정합니다. ❶ [오른쪽머리], [왼쪽머리], [오른쪽귀],
[왼쪽귀], [포니테일] 레이어의 Parent는 [얼굴] 레이어로, ❷ [얼굴] 레이어의 Parent는 [목] 레이어로 설정
합니다. ❸❹ [목], [팔] 레이어의 Parent는 [몸] 레이어로, ❺ [손] 레이어의 Parent는 [팔] 레이어로 설정합
니다. 복잡해 보이지만 관절이 어디를 기준으로 연결되어 있는지 생각하면서 연결하면 됩니다.

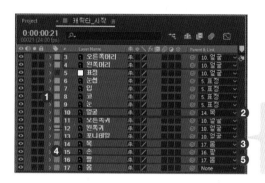

캐릭터 리깅(Rigging)이란? | 캐릭터 애니메이션 작업에서 중심점 이동 후 가장
먼저 하는 단계로 캐릭터의 뼈대와 관절 등의 연결을 설정하는 작업을 말합니다.
리깅한 후에 이를 토대로 다채로운 동작이나 표정 등을 제어하는 애니메이션 작
업을 합니다.

07 ❶ [얼굴] 레이어의 [Label]을 클릭하고 ❷ [Select
Label Group]을 선택합니다. 오렌지색 설정된 모든 레이
어가 같이 선택됩니다.

사람과 같이 수많은 관절을 가진 캐릭터에 애니메이션을 적용할 때는 수십 개의
레이어가 필요합니다. 따라서 레이어의 관리가 중요합니다. 이때 라벨(Label)의
색상을 그룹별로 설정하면 필요한 레이어를 한번에 선택할 수 있어 편리합니다.

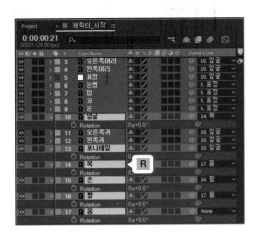

08 오렌지색 라벨이 적용된 레이어만 선택된 상태에서
R을 눌러 [Rotation]을 엽니다.

기능 꼼꼼 익히기 ✎ **캐릭터 애니메이션의 중심점 설정**

캐릭터 애니메이션에서는 레이어의 중심점(Anchor
Point) 설정이 매우 중요합니다. 상체는 허리를 중심으
로, 팔은 어깨를 중심으로, 손은 손목을 중심으로 회전
합니다. 또한, 얼굴은 목과 연결되어 있으며, 목은 몸통
과 연결되어 있습니다. 캐릭터 애니메이션을 시작하기
전에 이 점을 고려하여 중심점을 설정해야 합니다. 중
심점 이동 방법은 이미 앞선 예제에서 반복적으로 다루
었기 때문에 이 예제에서는 미리 중심점을 설정했습니
다. 각 레이어의 중심점을 확인해보고 예제를 진행하면
향후 캐릭터 애니메이션 작업에 큰 도움이 될 것입니다.

---

09 ❶ 0초 지점에서 ❷ 임의의 레이어 중 [Rotation]의 스톱워치⏱를 클릭하여 키프레임을 설정합니다.
임의의 한 레이어만 적용해도 선택된 나머지 레이어 모두 키프레임이 적용됩니다.

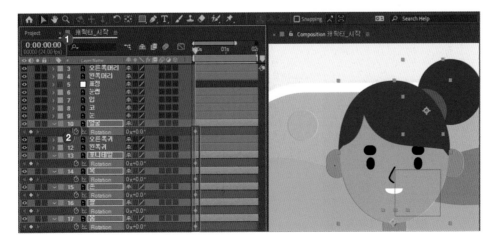

10 ❶ 10F 지점으로 이동합니다. ❷ [Rotation]을 0x-4°로 설정합니다. 캐릭터가 왼쪽으로 기울어집니다. 같은 수치가 적용되었지만 Parent로 레이어들이 연결되어 있어 각각 휘어지는 각도가 다릅니다. [몸]이 -4° 기울어질 때 [목]은 그 수치의 두 배, [얼굴]은 그 수치의 세 배가 기울어집니다.

11 ❶ 15F 지점으로 이동합니다. ❷ ◆을 클릭해 현재 값에 키프레임을 설정합니다. 5F 동안 동작이 멈춥니다.

12 ❶ 1초 1F 지점으로 이동합니다. ❷ [Rotation]을 0x+4°로 설정합니다. 캐릭터가 오른쪽으로 기울어집니다.

13 ❶ 1초 10F 지점으로 이동합니다. ❷ [Rotation]을 0x+0°로 설정하여 초깃값으로 돌아옵니다. 캐릭터가 다시 정면을 바라봅니다. 루프(Loop) 애니메이션을 만들기 위해 모든 동작은 애니메이션의 끝에서 기본 값으로 돌려놓습니다.

부분별로 [Rotation] 수정하기

14 ❶ [포니테일], [손], [팔] 레이어를 같이 선택합니다. ❷ 10F 지점으로 이동하고 ❸ [Rotation]을 0x-17°로 설정합니다. 몸통보다 머리카락이나 팔목, 손목의 회전값을 크게 설정한 것입니다.

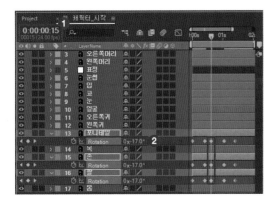

15 ❶ 15F 지점으로 이동합니다. 앞에서 선택한 세 개 레이어의 ❷ [Rotation]을 0x-17°로 수정합니다.

16 ❶1초 1F 지점으로 이동합니다. 앞서 선택한 세 개 레이어의 ❷[Rotation]을 0x+15°로 수정합니다.

뼈어진 애니메이션

다양한 기법의 애니메이션

캐릭터 애니메이션

이펙트 애니메이션

3D와 VFX 테크닉

키프레임 이동하여 동작 수정하기

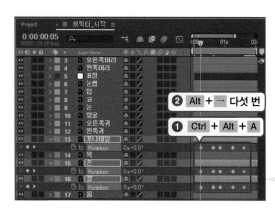

17 ❶ Ctrl + Alt + A 를 눌러 열려 있는 모든 키프레임을 선택합니다. ❷ Alt + → 를 다섯 번 눌러 키프레임을 뒤로 5F씩 이동합니다.

> 허리와 같은 큰 관절이 먼저 움직이고 손목과 같이 연결의 끝에 있는 관절은 시차를 두고 움직이면 동작을 더욱 자연스럽게 연출할 수 있습니다.

18 ❶[손] 레이어에 설정된 모든 키프레임을 선택하고 ❷ Alt + → 를 세 번 눌러 3F 뒤로 이동합니다. 팔보다 손목이 3F 뒤에서 회전을 시작합니다.

19 Spacebar 를 눌러 애니메이션을 확인합니다. 캐릭터가 고개를 좌우로 회전하면서 손을 흔듭니다. 캐릭터가 정면을 바라보고 있어서 아래쪽에서 날아가는 벌을 바라보는 동작으로 보이지 않습니다. 2D 그래픽에서는 [Rotation] 값만 조정해서 고개를 숙이는 연출을 만들기 어렵습니다.

캐릭터가 아래를 바라보는 것처럼 페이크 3D 룩킹 연출하기

20 ❶ 3, 4, 5, 11, 12번 레이어를 같이 선택합니다. 얼굴 표정과 얼굴에 붙어 있는 머리카락, 귀 그림입니다. ❷ P 를 눌러 [Position]을 엽니다. ❸ 0초 지점에서 ❹ [Position]의 스톱워치 를 클릭하여 키프레임을 설정합니다.

21 ❶ 10F 지점으로 이동합니다. ❷❸ 아래 그림을 참고하여 [Position] 값을 조절합니다. 정확한 수치를 입력하기보다 자연스럽게 아래쪽을 바라보는 장면을 생각하여 조절하는 것이 좋습니다. 먼저 [표정] 레이어를 왼쪽 아래로 적당히 이동시키고, 귀와 머리카락을 적절하게 이동하면 됩니다.

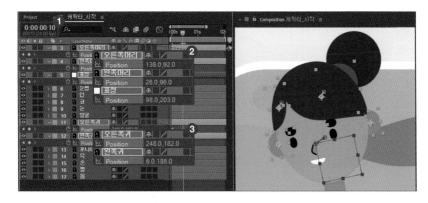

22 ❶ 15F 지점으로 이동합니다. ❷ ▨를 클릭해 현재 시간에 키프레임을 설정합니다. 5F 동안 동작이 멈춥니다.

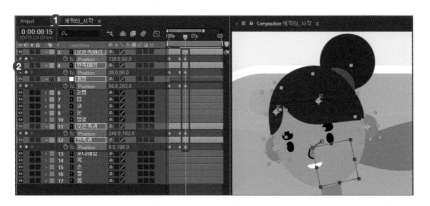

23 ❶ 1초 1F 지점으로 이동합니다. ❷❸ 이번에는 캐릭터가 오른쪽 아래를 쳐다보는 것처럼 레이어의 위칫값을 조절해줍니다. 아래 그림을 참고하되 정확한 수치를 입력하는 것보다 레이어들을 움직여보면서 연출하는 것이 좋습니다.

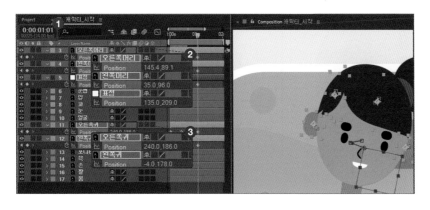

24 ❶ 1초 10F 지점으로 이동합니다. [오른쪽머리] 레이어가 원래의 자리로 돌아오기 위하여 ❷ 첫 번째 키프레임을 선택한 후 ❸ Ctrl + C 를 눌러 복사하고 ❹ Ctrl + V 를 눌러 붙여 넣습니다.

25 ❶ 나머지 [Position] 값이 열린 다른 레이어들도 차례로 첫 번째 키프레임을 복사한 뒤 1초 10F 지점에 붙여 넣어 제자리로 돌아오도록 합니다. ❷ Spacebar 를 눌러 애니메이션을 재생해보면 캐릭터가 벌이 지나갈 때 고개를 숙여서 벌을 쳐다보는 것처럼 연출됩니다.

모든 키프레임에 [Easy Ease] 적용하기

26 [Timeline] 패널에서 ❶ Ctrl + A 를 눌러 모든 레이어를 선택합니다. ❷ U 를 눌러 키프레임이 설정된 모든 속성을 엽니다. ❸ Ctrl + Alt + A 를 눌러 적용된 모든 키프레임을 선택하고 ❹ F9 를 눌러 [Easy Ease]를 일괄 적용합니다. 마름모 키프레임 ◆ 이 모래시계 ▓ 모양으로 모두 변경됩니다.

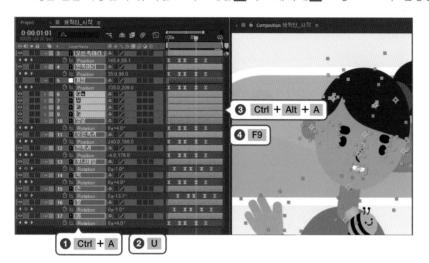

27 애프터 이펙트의 기본 기능만으로 제작한 페이크 3D 캐릭터 애니메이션이 완성되었습니다. Spacebar 를 눌러 애니메이션을 확인합니다.

기능 꼼꼼 익히기 ✎ **애프터 이펙트 애니메이션 제작 전문 스크립트**

애프터 이펙트에서 수준 높은 캐릭터 애니메이션을 제작하기 위해서는 전문 스크립트를 사용하는 것이 좋습니다. 아래 주소로 접속해 애프터 이펙트에서 사용할 수 있는 캐릭터 애니메이션 스크립트를 검색해볼 수 있습니다.

https://aescripts.com

가장 대표적으로 사용되는 유료 스크립트는 Limber, Joysticks, Puppet Tools, Rubber Hose, Deekay Tool 등이 있으며, 무료 스크립트로 Duik Bessel 또한 있습니다. Duik Bessel은 아래 주소에서 무료로 다운로드할 수 있습니다.

https://rainboxlab.org/tools/duik

LESSON 03

퍼펫 핀 도구로 만드는 캐릭터 애니메이션

마법봉을 휘두르는 요정 캐릭터

□ CC 이상 버전 ☑ CC 2024 버전

준비 파일 활용/Chapter 03/퍼펫_시작.aep
완성 파일 활용/Chapter 03/퍼펫_완성.aep

PREVIEW

PLAY

이 예제를 따라 하면

퍼펫(Puppet) 애니메이션은 꼭두각시 인형놀이처럼 관절을 휘거나 비틀면서 인형을 움직이게 하는 애니메이션을 뜻합니다. 하나의 이미지로 제작된 팔과 다리의 경우 관절이 꺾이거나 휘어지는 등의 움직임은 기본 [Transform] 속성으로는 표현할 수 없습니다. 이때 퍼펫 핀 도구를 활용하면 좀 더 자연스럽게 움직임을 제어할 수 있습니다. 준비 파일에는 기본 캐릭터 아트워크가 삽입되어 있습니다. 이 캐릭터에 퍼펫 핀 도구를 활용해 애니메이션을 적용해보겠습니다.

- 퍼펫 포지션 핀(Puppet Position Pin) 도구를 활용하여 캐릭터를 애니메이션할 수 있습니다.
- 퍼펫 어드밴스드 핀(Puppet Advanced Pin) 도구를 활용하여 구부리는 동작을 연출할 수 있습니다.
- 퍼펫 스타치 핀(Puppet Starch Pin) 도구를 활용하여 어색하게 구부러진 부분을 조절할 수 있습니다.
- 퍼펫 오버랩 핀(Puppet Overlap Pin) 도구를 활용하여 이미지가 겹쳐진 부분을 자연스럽게 합성할 수 있습니다.

aep 파일 열고 프로젝트 시작하기

01 ❶ [File]−[Open Project] `Ctrl` + `O` 메뉴를 선택하여 **퍼펫_시작.aep** 준비 파일을 엽니다. ❷ [요정] 컴포지션이 열려 있습니다. ❸ [Timeline] 패널에 이미지 파일인 [요정.png] 레이어가 삽입되어 있습니다. 움직임은 없습니다.

02 작업 편의를 위해 [Timeline] 패널의 위치를 [Project] 패널과 겹치게 배치합니다.

> 레이아웃을 변경하지 않고 학습을 진행해도 됩니다.

퍼펫 포지션 핀 도구로 [몸]에 핀 설정하기

03 ❶ 0초 지점에서 [요정.png] 레이어를 선택하고 ❷ 퍼펫 포지션 핀 도구 ▨ 를 클릭합니다. ❸ [Mesh :Show]를 체크하고 ❹ [Expansion]은 3으로, [Density]는 12로 설정합니다. ❺ [Composition] 패 널에서 캐릭터의 왼쪽 어깨 부분을 클릭하여 핀을 설정합니다. ❻ [Timeline] 패널에 [얼굴] 레이어에 [Effects]-[Puppet] 효과가 표시됩니다.

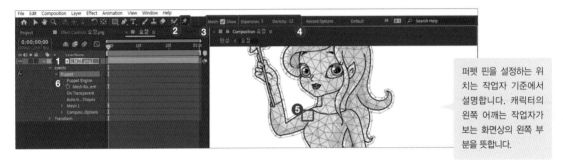

> 퍼펫 핀을 설정하는 위치는 작업자 기준에서 설명합니다. 캐릭터의 왼쪽 어깨는 작업자가 보는 화면상의 왼쪽 부분을 뜻합니다.

04 이어서 [Composition] 패널에서 오른쪽 어깨에 핀을 추가합니다.

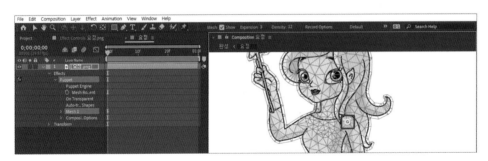

05 이어서 [Composition] 패널에서 왼쪽과 오른쪽 허벅지에 차례로 핀을 추가합니다.

06 ❶ U를 눌러 적용된 키프레임을 엽니다. ❷ 네 개의 [Puppet Pin]이 표시되고 각 핀의 [Position]에 키프레임이 설정되어 있습니다.

[Puppet Pin]–[Position] 좌푯값 알아보기 | [Composition] 패널에서 대략의 위치를 클릭하여 핀을 생성하였기 때문에 그림의 [Position] 값이 실습 예제와 다를 수 있습니다. 실습 도중 [Position] 값을 수정하면 모양이 달라집니다. 클릭하여 핀을 생성한 그 위치가 기본값으로 저장되기 때문에 핀의 위치를 조절하면 형태가 변하는 것입니다. 수치가 정확하게 동일할 필요는 없고 화면을 참조하여 양쪽 어깨와 허벅지에 네 개의 핀을 생성하면 됩니다. 핀 설정이 어렵거나 예제와 동일한 결과물을 원할 경우 [Project] 패널에서 [완성] 폴더에 있는 [요정핀] 컴포지션을 열고 학습할 수 있습니다.

퍼펫 어드밴스드 핀 도구로 [몸]에 핀 설정하기

07 ❶ 0초 지점에서 [요정.png] 레이어를 선택하고 ❷ 퍼펫 어드밴스드 핀 도구 를 클릭합니다. ❸ 캐 릭터의 목 아랫 부분을 클릭하면 이번에는 초록색 핀이 생성되고 핀 주위로 동그란 링이 표시됩니다. 링을 클릭하고 회전하면 [Rotation]을 제어할 수 있습니다.

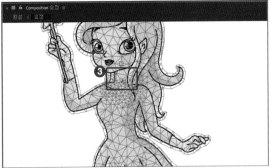

도구바에서 퍼펫 포지션 핀 도구를 2초 정도 클릭해보면 하위 메뉴 에 다양한 옵션이 있습니다. 퍼펫 어드밴스드 핀 도구는 [Position] 뿐 아니라 [Scale], [Rotation] 속성도 추가되어 더 다양하게 조절 할 수 있습니다. 퍼펫 핀을 설정하려면 필요한 핀 도구를 선택하고 [Composition] 패널에서 핀을 직접 클릭하여 위칫값을 설정하거나 퍼 펫 포지션 핀 도구로 핀의 위치를 모두 지정한 후에 [Timeline] 패널 에서 추가된 핀의 [Pin Type] 옵션을 변경할 수도 있습니다.

08 이어서 허리 부분에도 핀을 추가합니다.

09 이어서 왼쪽 무릎과 오른쪽 무릎에도 차례로 핀을 추가합니다.

10 마지막으로 마술봉을 들고 있는 왼쪽 팔꿈치에도 핀을 추가합니다. 위칫값만 조절할 부분에는 퍼펫 포지션 핀 ![핀]을, 회전값도 함께 조절할 관절 부분에는 퍼펫 어드밴스드 핀 ![핀]을 설정한 것입니다.

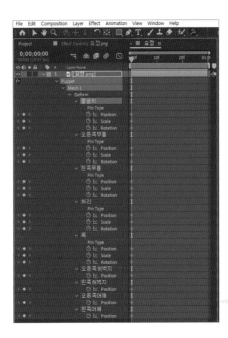

11 다음 그림을 참고하여 각각의 핀의 이름을 변경합니다.

> 핀의 이름은 캐릭터 기준이 아닌, 작업자가 바라보는 화면상의 위치 기준으로 설정했습니다.

🌀 허리와 고개를 숙이는 동작 연출하기

12 ❶ 1초 지점으로 이동합니다. ❷ [허리] 핀의 [Rotation]을 −11°로 설정합니다. ❸ 정확한 수치로 입력하는 것보다 [Composition] 패널에서 초록색 링을 클릭하고 왼쪽으로 조금씩 움직이면서 조절하면 됩니다. 좌푯값을 참고하여 [Position]은 오른쪽으로 조금 이동합니다. 허리를 살짝 앞으로 굽히는 동작을 떠올리며 조절하면 됩니다.

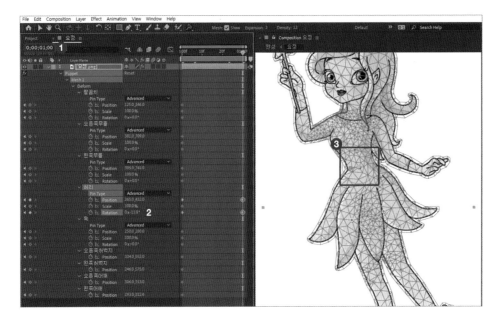

[Timeline] 패널에서 좌푯값이 보이지 않는다면 칼럼(Columns) 부분을 마우스 오른쪽 버튼으로 클릭하고 [Columns]―[Switches]를 클릭하여 활성화합니다.

13 [Composition] 패널에서 [목] 핀을 클릭하고 고개를 앞으로 숙이는 동작을 생각하며 링을 왼쪽으로 조금 돌립니다. 예제에서는 [Rotation]을 −12°로 설정했습니다.

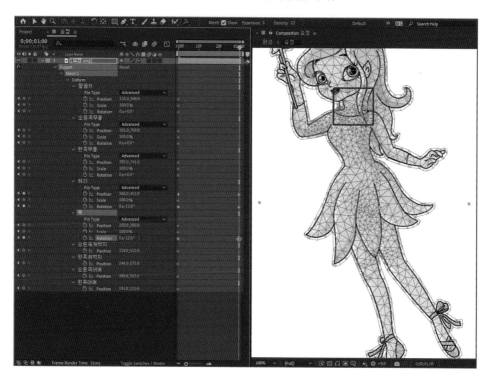

14 [Composition] 패널에서 [왼쪽무릎] 핀을 클릭하고 무릎을 굽히는 동작을 생각하며 링을 반시계 방향으로 조금 돌린 후 핀의 위치를 왼쪽으로 조금 이동합니다.

15 이어서 [Composition] 패널에서 [오른쪽무릎] 핀을 클릭하고 무릎을 굽히는 생각하며 링을 반시계 방향으로 조금 돌린 후 핀의 위치를 왼쪽으로 조금 이동합니다.

16 [Composition] 패널에서 [왼쪽어깨] 핀은 아주 조금 아래로, [오른쪽어깨] 핀은 아주 조금 위로 위치를 조절합니다.

 마술봉을 들었다 내리는 동작 연출하기

17 [Composition] 패널에서 [팔꿈치] 핀의 링을 클릭하고 시계 방향으로 회전하여 마술봉을 들어 올리는 동작을 만들어봅니다.

18 ❶ Ctrl + Alt + A 를 눌러 열려 있는 모든 키프레임을 선택하고 ❷ F9 을 눌러 [Easy Ease]를 적용합니다.

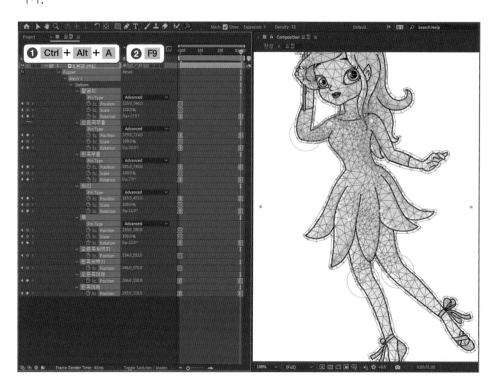

🎯 **키프레임 조절하여 동작 자연스럽게 수정하기**

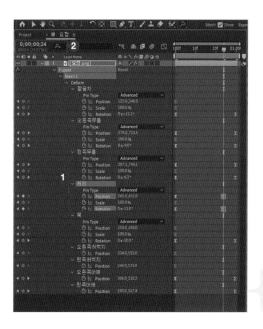

19 모든 동작이 동시에 같은 간격으로 움직이면 자연스럽지 않으므로 키프레임을 조절해보겠습니다. 캐릭터 애니메이션에서는 큰 관절이 먼저 움직이고 세부 관절이 차례로 움직이도록 제어하면 좋습니다. ❶ 1초 지점에서 가장 큰 관절인 [허리] 핀에 설정된 두 개의 키프레임을 선택하고 ❷ 24F 지점으로 이동합니다.

> 키프레임을 선택하고 Alt + ← , → 를 눌러 한 프레임씩 앞, 뒤로 이동할 수 있습니다.

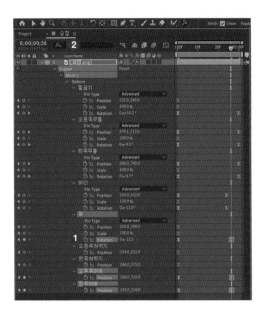

20 ❶ [왼쪽어깨]와 [오른쪽어깨], 그리고 [목]의 두 번째 키프레임을 선택하고 ❷ 26F 지점으로 이동합니다.

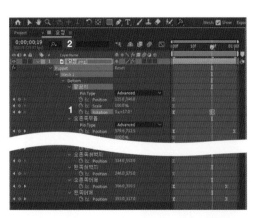

21 ❶ [팔꿈치]의 두 번째 키프레임을 선택하고 ❷ 19F 지점으로 이동합니다.

22 ❶ 8F 지점으로 이동합니다. ❷ [팔꿈치], [허리], [목]의 [Rotation]에 다음 표를 참고하여 키프레임을 추가합니다.

	Rotation
팔꿈치	-5°
허리	+4°
목	+2°

퍼펫 스타치 핀 도구로 휘어져 보이는 팔 모양 다듬기

23 빨간색 핀이 생성되고 Spacebar 를 눌러보면 휘어져 보이던 팔이 펴집니다. 이때 두 가지 문제점이 발견됩니다. 첫 번째는 팔꿈치가 꺾이는 부분의 팔 모양의 변형이 어색해 보인다는 것이고, 두 번째는 마술봉을 쥔 손과 캐릭터의 머리카락 부분에서 픽셀이 겹쳐지면 깨지는 현상이 발생한다는 것입니다. 이를 해결하기 위해 ❶ 퍼펫 스타치 핀 도구 🖌를 클릭하고 ❷ [Composition] 패널에서 왼쪽 팔꿈치과 어깨 사이 중간쯤을 클릭하여 핀을 추가합니다. 빨간색 핀이 생성되고 휘어져 보이던 팔이 펴집니다.

퍼펫 스타치 핀 도구 알아보기 | 스타치(Starch)는 '녹말가루' 또는 '풀을 먹이다'라는 뜻입니다. 퍼펫 핀에 의하여 원하지 않는 벤딩(Bending) 이 생기는 경우에 이 핀을 추가하면 그 부분에는 핀의 영향이 덜 가게 됩니다.

퍼펫 오버랩 핀 도구로 겹쳐져 보이는 부분 분리하기

24 1초 지점을 보면 손과 머리카락이 겹쳐져 있습니다. ❶ 퍼펫 오버랩 핀 🖈 도구를 선택합니다. ❷ 먼저 손 부분을 한 번 클릭하고 ❸ 이어서 캐릭터의 이마 부분을 클릭합니다. 파란색 핀이 추가됩니다. ❹ 도구 패널 오른쪽에 [In Front]와 [Extent]가 표시됩니다.

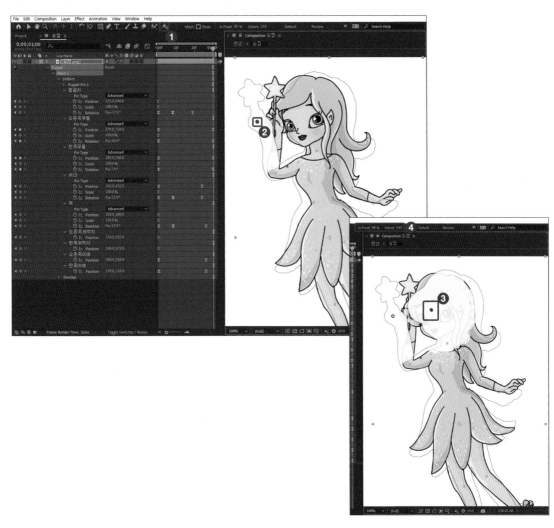

기능 꼼꼼 익히기 🏷️　**[In Front]와 [Extent]**

퍼펫 오버랩 핀 도구 🖈 를 선택하고 이미지의 한 부분을 클릭하면 도구 패널 오른쪽에 [In Front]와 [Extent] 옵션이 표시됩니다. [In Front]는 %로 표시되며 작은 숫자가 뒤로, 큰 숫자가 앞으로 정렬됩니다. [Extent]는 확장을 의미하며 핀의 선택 영역을 줄이거나 늘릴 수 있습니다.

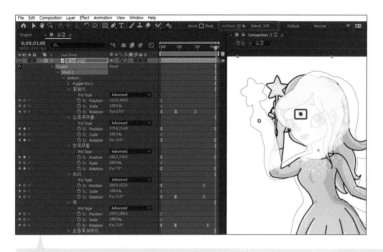

25 앞으로 보내고 싶은 핀의 [In Front] 값을 크게 해주면 그 부분이 앞으로 표시됩니다. 현재 두 핀 모두 [In Front]가 90%이 므로 이마에 설정한 두 번째 핀의 [In Front]를 **50%**로 수정합니다. 손보다 이마를 뒤로 보내는 것입 니다.

[In Front] 초깃값은 마지막에 사용했던 설정값을 그대로 보여주기 때문에 이 예제에서처럼 90%가 아닐 수 있습니다. 정확한 수치는 필요하지 않으며 손 에 설정한 핀의 %가 이마에 설정한 핀의 %보다 큰 숫자면 손이 앞으로 나옵니다.

 [완성] 컴포지션 열고 배경 레이어 표시하여 애니메이션 완성하기

26 ❶ [Timeline] 패널에서 [완성] 컴포지션 탭을 클릭하여 [완성] 컴포지션을 엽니다. ❷ 앞서 작업한 [요정] 컴포지션이 삽입되어 있습니다. ❸ 그리고 [Time Remap]에 [loopOut("pingpong")], [Position] 에 [wiggle] 익스프레션이 적용되어 있습니다. ❹ Spacebar 를 눌러 요정 캐릭터가 공중에서 조금씩 움직이 면서 마술봉을 올렸다가 내렸다가 하는 애니메이션을 확인합니다.

27 가 비활성화되어 있는 세 개의 레이어의 를 클릭하여 활성화합니다. 배경을 그려둔 레이어들이 나타납니다. 애니메이션이 완성되었습니다.

움직이는 이모티콘 만들기

움직이는 고양이 캐릭터 이모티콘

☑ **CC 이상 버전** ☐ CC 2024 버전

준비 파일 활용/Chapter 03/이모티콘.aep
완성 파일 활용/Chapter 03/이모티콘.aep

PREVIEW

PLAY

이 예제를 따라 하면

이모티콘 만들기는 전문적인 그림 실력이 없더라도 참신한 아이디어만 있다면 누구나 도전해볼 수 있습니다. 움직이는 이모티콘은 다양한 프로그램으로 제작할 수 있습니다. 움직이는 이모티콘을 만들 수 있는 어도비 프로그램으로는 포토샵, 일러스트레이터, 애니메이트, 그리고 애프터 이펙트가 활용됩니다. 특히 애프터 이펙트는 매우 디테일한 애니메이션을 구현할 수 있고, 다양한 기능과 효과 등을 통하여 수준 높은 작업을 할 수 있습니다. CHAPTER 03에서 학습한 캐릭터 그리기와 캐릭터 리깅, 퍼펫 핀 도구 등을 활용하면 충분히 움직이는 이모티콘을 만들 수 있습니다. 제작 기법은 이미 학습했으므로 애니메이션 작업이 어느 정도 적용된 준비 파일에 추가 작업을 통하여 애니메이션을 완성한 후에 포토샵에서 GIF 파일로 내보내는 방법까지 학습해보겠습니다.

- [Path]에 키프레임을 설정하여 캐릭터의 얼굴 형태를 변형할 수 있습니다.
- 한 글자씩 쓰여지는 애니메이션을 만들 수 있습니다.
- [PNG Sequence]로 렌더링하여 이미지를 추출할 수 있습니다.   · 포토샵에서 GIF 파일로 내보내기 할 수 있습니다.

aep 파일 열고 프로젝트 시작하기

01 ❶ [File]−[Open Project] `Ctrl` + `O` 메뉴를 선택하여 **이모티콘.aep** 준비 파일을 엽니다. ❷ [Project] 패널에서 [엄근진냥_시작]을 더블클릭하여 컴포지션을 엽니다. ❸ `Spacebar` 를 눌러 애니메이션을 재생해 보면 애니메이션이 적용되어 있습니다.

> 앞서 유사한 예제를 학습했으므로 이번 예제에서는 이모티콘 만들 때 유용한 기능을 위주로 학습하기 위해 기본적인 애니메이션이 설정된 템플릿 파일로 제작되었습니다.

> 텍스트 레이어에는 '야놀자 야체' 폰트가 사용되었습니다. '야놀자 야체' 폰트는 상업적 이용이 가능한 무료 폰트입니다. 해당 폰트가 없는 경우 인터넷에서 검색 후 다운로드하거나 적절한 다른 폰트를 사용해도 됩니다. 폰트 변경 후에는 크기 등을 적절히 조절합니다.

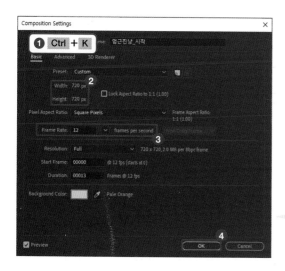

02 ❶ `Ctrl` + `K` 를 눌러 [Composition Settings] 대화상자를 열고 설정을 확인합니다. ❷ 가로, 세로 는 각각 720px에 ❸ [Frame Rate]는 12fps로 설정 된 컴포지션입니다. ❹ [OK]를 클릭해 대화상자를 닫습니다.

> 애프터 이펙트에서 이모티콘을 만들 때는 카카오톡에서 제시하는 제안 가 이드(360×360px)의 크기보다 두 배 정도 크게 작업하는 것이 좋습니 다. 크게 보면서 작업하면 디테일을 살릴 수 있고 추후 더 큰 이미지를 요 구하는 다른 회사에 제안할 때도 유리합니다. 또한, 렌더링하기 전에 크 기를 줄여 화질을 올릴 수도 있습니다. 따라서 예제에서는 컴포지션을 720×720px로 설정했습니다. [Frame Rate]에 정해진 가이드는 없으 나 영화나 기본 24fps보다 적은 프레임으로 제작하는 것이 좋습니다. 배 경이 투명한 png 포맷으로 추출하기 때문에 컴포지션 배경색은 자유롭 게 선택할 수 있습니다.

[Path] 속성에 키프레임 설정하여 얼굴 모양이 변하는 애니메이션 만들기

03 ❶ [얼굴] 레이어의 ❷ [Contents]-[얼굴라인]-[Path 1]-[Path]를 엽니다. ❸ 0F 지점에서 ❹ [Path] 의 ◆를 클릭해 키프레임을 설정합니다.

04 ❶ 5F 지점으로 이동합니다. ❷ 얼굴이 왼쪽으로 돌아간 모습을 생각하며 베지에 곡선의 조절점을 움직여서 얼굴 모양을 변형합니다. 얼굴의 왼쪽이 작아지고 오른쪽은 커지게 조정합니다.

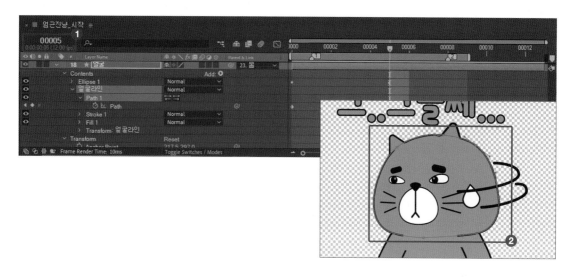

05 ❶ [Path 1]–[Path]에 생성된 두 개의 키프레임을 같이 선택하고 ❷ F9 를 눌러 [Easy Ease]를 적용합니다.

💿 **[Trim Paths] 추가하여 동작을 나타내는 선 그리고 애니메이션하기**

06 ❶ [획] 레이어를 선택합니다. ❷ [Contents]–Add ▶를 클릭하고 ❸ [Trim Paths]를 선택합니다.

07 ❶❷ [획] 레이어의 [Contents]−[Trim Paths 1]−[End]에 아래 표와 같이 키프레임을 설정합니다.

Time	End
3F	0%
6F	100%

 글자가 선을 따라 호를 그리게 배치하고 한 글자씩 써지는 애니메이션 만들기

08 ❶ 텍스트 레이어인 [그..그을쎄...] 레이어를 선택합니다. ❷ 펜 도구 ✏️ G 를 클릭하고 ❸ 그림을 참고하여 글씨 아래로 완만한 호를 그려줍니다.

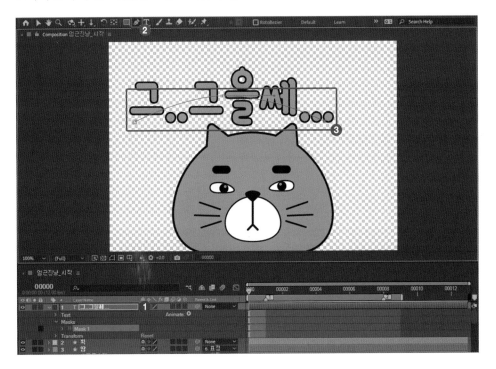

09 ❶ [그..그을쎄…] 레이어의 [Text]−[Path Options]−[Path]를 [Mask 1]로 설정합니다. ❷ 텍스트가
펜 도구로 삽입한 호를 따라 배치됩니다.

10 ❶ 0F 지점으로 이동합니다. ❷ `Ctrl` + `5` 를 눌러 [Effects & Presets] 패널을 열고 ❸ 검색란에 type
를 입력합니다. [그..그을쎄…] 레이어가 선택된 상태에서 검색 결과로 나타난 ❹ [Typewriter]를 더블클릭
하여 [그..그을쎄…] 레이어에 적용합니다.

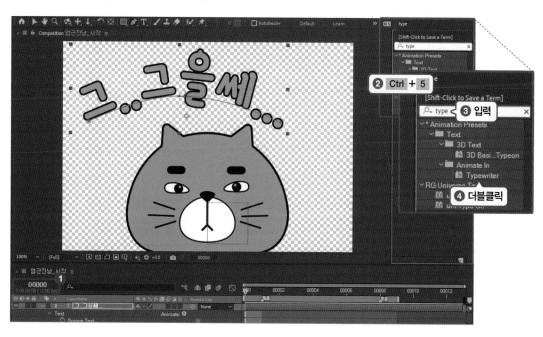

11 ① [그..그을쎄…] 레이어가 선택된 상태에서 ② U 를 눌러 키프레임이 설정된 속성을 엽니다. ③ [Range Selector 1]–[Start]에 키프레임이 설정되어 있습니다. ④ 7F 지점에서 ⑤ [Range Selector 1]–[Start]를 100%로 설정합니다. ⑥ Spacebar 를 눌러 애니메이션을 재생해 봅니다. 7F 동안 한 글자씩 입력됩니다.

새로운 컴포지션 만들고 크기와 위칫값 조절하기

12 ① [Project] 패널에서 [엄근진냥_시작]을 마우스 오른쪽 버튼으로 클릭하고 ② [New Comp from Selection]을 선택합니다. ③ [엄근진냥_시작] 컴포지션이 레이어로 삽입된 [엄근진냥_시작2] 컴포지션이 생성됩니다.

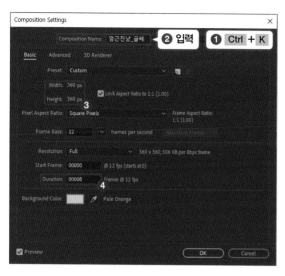

13 ❶ [엄근진냥_시작 2] 컴포지션이 활성화된 상태에서 Ctrl + K 를 눌러 [Composition Settings] 대화상자를 엽니다. ❷ [Composition Name]에 **엄근진냥_글씨**를 입력하고 ❸ ❹ 나머지 설정은 아래 표와 같이 수정합니다.

Width	360px
Height	360px
Duration	8Frames

14 [엄근진냥_시작] 레이어의 ❶ [Position]은 **190, 200**으로, ❷ [Scale]은 **55%**로 각각 설정합니다.

🌑 ┊ **gif 포맷으로 직접 렌더링하는 방법**

애프터 이펙트 프로젝트를 Adobe Media Encoder에서 gif 파일로 렌더링하거나 또는 png 파일로 이미지 추출 후 포토샵에서 gif 파일로 변환할 수 있습니다. 먼저 Adobe Media Encoder에서 gif 파일로 바로 렌더링하는 방법을 알아보겠습니다.

15 [Composition]–[Add to Media Encoder Queue] 메뉴를 클릭하여 [Add to Media Encoder] 프로그램을 실행합니다.

> 애프터 이펙트의 렌더링 옵션에는 [Animated GIF] 포맷이 없습니다. [Add to Media Encoder]에서만 사용 가능한 기능입니다.

16 [Add to Media Encoder]가 열리면 ❶ ❷ [Format]에서 [Animated GIF]를 선택합니다. 그리고 ❸ [Preset]의 파란색 글씨 부분을 클릭합니다.

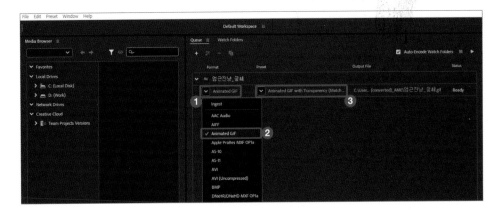

17 [Export Settings] 창이 나타납니다. [Preset]을 [Animated GIF With Transparency(Match Source)]로 설정합니다.

배경의 투명도가 필요한 경우에는 [Animated GIF With Transparency(Match Source)]로, 그렇지 않은 경우에는 [Animated GIF (Match Source)]를 선택하면 됩니다.

18 [Video] 탭에서 [Frame Rate]을 확인합니다. 일반적으로 [12.5]가 많이 사용됩니다.

19 지금과 같이 투명도 설정이 필요한 경우 ❶ [Transparency] 옵션을 확인하고 [Dithered]로 설정합니다. ❷ [OK]를 클릭합니다.

20 [Output File]의 파란색 부분을 클릭하고 저장 경로를 선택한 후 Start ▶를 클릭하여 렌더링을 실행합니다. 하나의 gif 파일로 렌더링됩니다.

 포토샵에서 gif 포맷으로 변환하기

추가로 그래픽을 삽입하고 싶다면 포토샵을 이용할 수 있습니다. 먼저 png 파일로 이미지를 추출하고 포토샵에서 나머지 과정을 진행합니다.

21 ❶ [Composition]-[Add to Render Queue] 메뉴를 선택하여 [Render Queue] 패널을 엽니다. 패널이 나타나면 ❷ [Output Module]-[Lossless]를 클릭합니다.

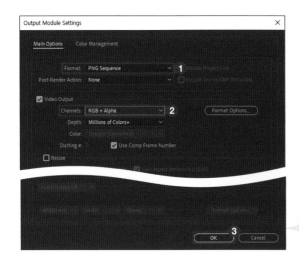

22 [Output Module Settings] 대화상자가 나타나면 ❶ [Format]은 [PNG Sequence], ❷ [Video Output]−[Channels]는 [RGB+Alpha]로 설정하고 ❸ [OK]를 클릭합니다. Alpha 채널을 포함한 png 이미지로 작업한 컴포지션이 추출됩니다.

> Alpha 채널은 배경의 투명한 부분을 의미합니다. [Channels]를 [RGB+Alpha]로 설정하면 배경이 투명하게 처리되어 출력됩니다.

23 ❶ [Output To]의 파일 이름을 클릭하고 ❷ [Output Movie To] 대화상자에서 경로를 지정하거나 필요한 경우 파일의 이름을 변경합니다. ❸ [저장]을 클릭하고 ❹ [Render]를 클릭하여 렌더링합니다.

> 움직이는 이모티콘의 심사를 위해서는 GIF 파일로 제출해야 하는데 애프터 이펙트는 GIF 포맷 출력을 지원하지 않습니다. 따라서 PNG 파일로 추출 후 포토샵에서 GIF 파일로 변환해야 합니다.

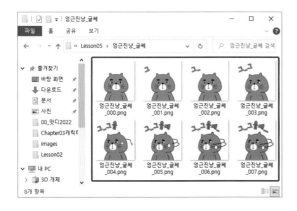

24 지정한 경로에 여덟 장의 png 이미지 파일이 생성되었습니다.

포토샵 열고 [Timeline] 패널에 레이어 정렬하기

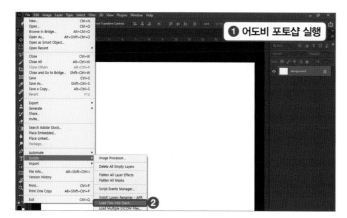

25 ❶ 어도비 포토샵 프로그램을 실행합니다. ❷ [File]-[Scripts]-[Load Files into Stack] 메뉴를 선택합니다.

26 [Load Layers] 대화상자가 나타나면 ❶ [Browse]를 클릭합니다. ❷ [열기] 대화상자에서 렌더링한 이미지들을 모두 선택하고 ❸ [OK]를 클릭합니다.

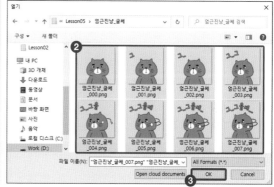

27 ❶ [Load Layers] 대화상자에 여덟 개의 이미지 파일이 등록되었습니다. ❷ [OK]를 클릭해 선택한 파일들을 레이어로 불러옵니다. ❸ [Layers] 패널에 여덟 개의 레이어가 등록되었습니다.

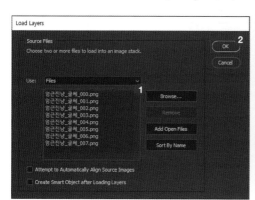

28 ❶ [Window]−[Timeline] 메뉴를 선택합니다. 포토샵 화면 하단에 ❷ [Timeline] 패널이 표시됩니다. ❸ [Create Frame Animation]을 클릭합니다.

29 ❶ 한 개의 레이어만 [Timeline] 패널에 등록됩니다. ❷ [Timeline] 패널의 더 보기 ▤를 클릭하고 ❸ [Make Frames From Layers]를 선택합니다.

30 ❶ 모든 레이어가 등록됩니다. ❷ 재생 ▶을 클릭하면 애니메이션이 뒤에서 앞으로 역재생됩니다.

31 ❶ [Timeline] 패널의 패널 더 보기 ▤를 클릭하고 ❷ [Reverse Frames]를 선택합니다. 역재생되던 레이어 배치가 반대로 바뀝니다.

베이직 애니메이션

다양한 기법의 애니메이션

캐릭터 애니메이션

이펙트 애니메이션

3D와 VFX 테크닉

32 ❶ 다시 재생해보면 앞부터 재생됩니다. ❷ 8번에 있는 마지막 그림을 클릭하고 가장 왼쪽으로 드래그하여 마지막 프레임을 가장 앞으로 배치합니다.

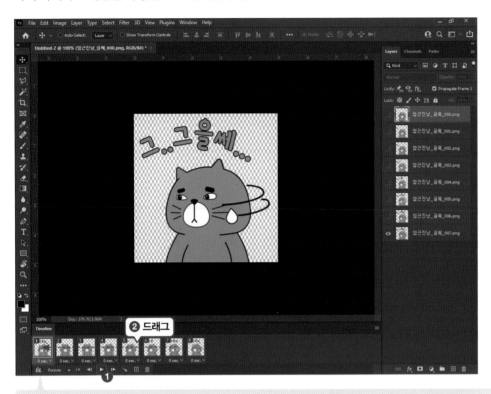

> 카카오톡에서 움직이는 이모티콘을 제안할 때는 핵심 이미지가 가장 앞에 노출되어야 합니다. 글자가 쓰여지는 경우 다 쓰인 마지막 프레임부터 시작하게 하는 것이 좋습니다.

33 ❶ [Layers] 패널에서 Shift + Ctrl + N 을 눌러 새로운 레이어를 만들고 ❷ 레이어 이름을 더블클릭하여 BG로 이름을 수정합니다. ❸ D 를 눌러 초기 색상으로 설정하고 ❹ Ctrl + Delete 를 눌러 하얀색을 채웁니다.

> 카카오톡에서 움직이는 이모티콘을 제안할 때 배경색은 하얀색을 사용합니다. 통과 후 완성본을 제출할 때 포맷이 달라지므로 배경이 투명한 png로 만들고 제안용 파일은 하얀색 배경으로 설정하는 것입니다.

gif 포맷으로 추출하고 완성하기

34 ❶ [File]-[Export]-[Save for Web(Legacy)] 메뉴를 선택합니다. [Save for Web] 대화상자가 나타납니다. ❷ [GIF]로 설정하고 ❸ [Save]를 클릭하여 gif 파일로 저장합니다.

배경색이 없는 투명한 이모티콘으로 저장할 경우에는 [Transparency]에 체크합니다.

35 생성된 **엄근진냥_글쎄.gif** 파일을 확인합니다. 웹 브라우저나 이미지 뷰어로 열어서 애니메이션을 확인합니다.

애프터 이펙트는 업계 표준의 시각 영상 효과를 제공하여

상상력을 시각적으로 구현할 수 있게 도와주며,

특히 영화와 같은 영상물의 타이틀, 인트로 및 트랜지션 제작에

최적화된 프로그램입니다. 이 모든 것을 가능하게 하는 기능이

바로 Effects, 즉 효과입니다. 애프터 이펙트의 효과는 매우 다양할 뿐 아니라

대부분의 경우 하나 이상의 효과를 중첩하고 애니메이션하는

방법으로 적용합니다. 따라서 개별 효과와 기능을 아는

것은 물론 다양한 방식으로 활용할 수 있는 능력이 중요합니다.

CHAPTER 04에서는 애프터 이펙트에서 활용도가 높은

생성(Generate), 형태 왜곡(Distort) 이펙트를 적용해봅니다.

좀 더 감각적이고 전문적인 영상을 연출하는

방법을 실습할 수 있습니다.

CHAPTER 04

디자인에 기술과 감성을 더하는
이펙트(Effect)

LESSON

01

무에서 유를 창조하는
제너레이트(Generate) 효과

소스 파일 없이 애프터 이펙트로 완성하는 레트로 스타일 애니메이션

☑ CC 이상 버전 ☐ CC 2024 버전

준비 파일 활용/Chapter 04/Generate.aep
완성 파일 활용/Chapter 04/Generate.aep

PREVIEW

PLAY

이 예제를 따라 하면

애프터 이펙트는 모션 그래픽을 제작할 수 있는 대표적인 프로그램입니다. 하지만 프로그램 이름에서 알 수 있듯 기본은 후반(After) 작업 도구로 비디오, 사진, 그림이나 일러스트, 그래픽 이미지 또는 오디오 파일 등을 불러와서 프로젝트를 진행하는 것이 일반적인 방식입니다. 그러나 제너레이트 기능을 활용하면 아무런 소스 없이도 멋진 모션 그래픽 작품을 만들 수 있습니다. Generate는 '생성하다'라는 의미로 별도의 미디어 소스 없이도 새롭게 만들 수 있는 다양한 이펙트가 포함되어 있습니다. 이번에는 별도의 소스 없이 라디오를 들으면 감성이 자극된다는 내용의 타이틀 영상을 제작해봅니다.

- Grid 이펙트로 격자무늬를 만들 수 있습니다.
- Radio Waves 이펙트로 파장을 연출할 수 있습니다.
- Scribble 이펙트로 색칠하는 효과를 만들 수 있습니다.
- Stroke 이펙트로 텍스트가 그려지는 효과를 만들 수 있습니다.
- Vegas 이펙트로 애니메이션하고 심장 박동 그래프를 자연스럽게 연출할 수 있습니다.
- Noise 이펙트로 오래된 질감을 표현할 수 있습니다.

aep 파일 열고 컴포지션 알아보기

01 ❶ [File]-[Open Project] `Ctrl` + `O` 메뉴를 선택하여 **Generate.aep** 준비 파일을 엽니다. ❷ [Project] 패널에서 [Generate시작하기]를 더블클릭하여 컴포지션을 엽니다. ❸ `Spacebar` 를 눌러 컴포지션을 재생해봅니다. 아무런 움직임이 없습니다.

[Timeline] 패널에는 세 개의 레이어가 등록되어 있습니다. [Path] 레이어는 👁이 해제되어 있지만 클릭해보면 [Composition] 패널에서 패스를 확인할 수 있습니다. [Text] 레이어는 'Listen to the Radio'라고 쓰인 텍스트 레이어입니다. 나눔스퀘어 폰트로 제작되었으며 해당 폰트가 없으면 다른 폰트로 적용해도 됩니다. [radio] 레이어는 솔리드 레이어에 마스크를 이용하여 철탑 구조물을 그린 레이어입니다. [BG] 레이어는 베이지 색상의 솔리드 레이어입니다.

[BG] 레이어에 Grid 이펙트 적용하여 격자무늬 배경 만들기

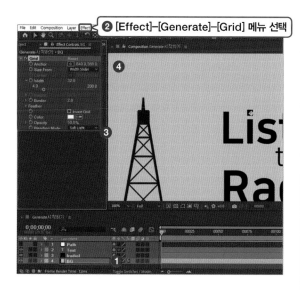

02 ❶ [Timeline] 패널에서 [BG] 레이어를 선택합니다. ❷ [Effect]-[Generate]-[Grid] 메뉴를 선택하여 [Grid] 이펙트를 적용합니다. ❸ [Effect Controls] 패널이 열리면 아래 표를 참고하여 [Grid] 옵션값을 설정합니다. ❹ 배경에 흰색의 격자무늬가 생성됩니다.

Size From	Width Slider
Width	32
Border	2
Opacity	50%
Blending Mode	Soft Light

새 솔리드 레이어에 Radio Waves 이펙트 적용하여 라디오 파장 생성하기

03 ❶ [Layer]−[New]−[Solid] `Ctrl` + `Y` 메뉴를 선택하면 [Solid Settings] 대화상자가 나타납니다. ❷ [Name]에 **Wave**를 입력하고 ❸ [Make Comp Size]를 클릭한 후 ❹ [OK]를 클릭합니다. ❺ [Wave] 레이어가 등록되었습니다.

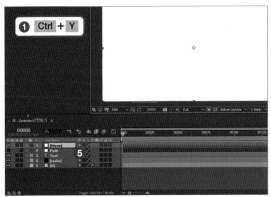

04 ❶ [Timeline] 패널에서 [Wave] 레이어를 선택하고 ❷ [Effect]−[Generate]−[Radio Waves] 메뉴를 선택합니다. ❸ 아래 표를 참고하여 [Effect Controls] 패널에서 [Radio Waves] 옵션값을 설정합니다.

Producer Point		300, 315
Wave Motion	Frequency	2
	Lifespan (sec)	2
Stroke	Color	1DA7CA(Light Blue)
	Opacity	0.8
	Start Width	10

Radio Waves 이펙트 | 라디오 전파의 파장을 만들 수 있습니다. 원래 레이어가 가진 색상 등의 속성이 사라지고 파장 무늬만 남습니다. 파장이 움직이도록 만들 수 있으며 다양한 옵션에 따라 물결 모양뿐 아니라 그래픽 이미지나 텍스트의 파장도 만들 수 있습니다.

텍스트 레이어를 마스크로 변환하기

05 ❶ [Text] 레이어를 마우스 오른쪽 버튼으로 클릭하고 ❷ [Create]–[Create Masks from Text] 메뉴를 선택합니다. ❸ 텍스트가 마스크로 변환됩니다.

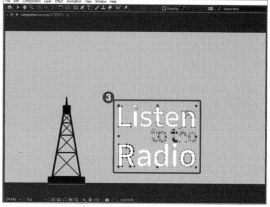

텍스트 레이어는 마스크나 셰이프 레이어로 변환할 수 있습니다. 이렇게 변환된 레이어는 마스크나 셰이프 레이어의 속성을 가지기 때문에 다양한 효과를 적용하여 애니메이션을 제작할 수 있습니다.

 테두리가 그려지는 듯한 Stroke 이펙트 적용하기

06 ❶ [Timeline] 패널을 확인하면 [Text Outlines] 레이어가 생성된 것을 확인할 수 있습니다. ❷ [Text Outlines] 레이어를 선택하고 ❸ Ctrl + D 를 눌러 레이어를 복제합니다. ❹ 네 번째에 있는 [Text Outlines] 레이어의 ◉를 클릭해 해당 레이어가 잠시 보이지 않게 합니다.

07 ❶ 세 번째에 있는 [Text Outlines] 레이어를 선택하고 ❷ [Effect]-[Generate]-[Stroke] 메뉴를 선택한 후 ❸ 아래 표를 참고하여 [Stroke] 옵션값을 설정합니다. ❹ 마스크를 따라서 획이 생겼습니다.

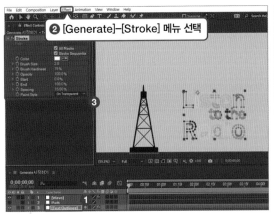
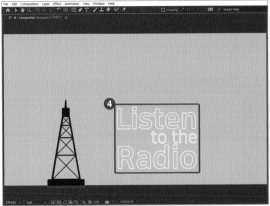

Stroke 이펙트 | [Generate] 메뉴 중에서 가장 많이 활용하는 대표적인 효과입니다. 마스크를 따라서 테두리가 생기고 그 테두리 선이 순차적 또는 동시다발적으로 그려지는 애니메이션을 손쉽게 만들 수 있습니다.

All Masks	체크
Stroke Sequentially	체크
Paint Style	On Transparent

08 ❶❷ 아래 표를 참고하여 [Stroke]-[End]에 키프레임을 설정합니다. ❸ 두 개의 키프레임을 모두 선택하고 ❹ F9 를 눌러 [Easy Ease]를 적용합니다.

Time	End
1초	0%
4초	100%

09 Spacebar 를 눌러 애니메이션을 확인합니다. 텍스트의 테두리를 따라 한 글자씩 차례로 획이 그려지듯 써집니다.

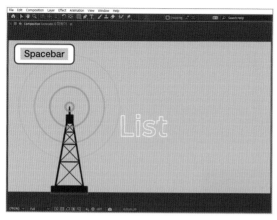 

🎯 **텍스트의 안쪽이 채워지는 듯한 Scribble 이펙트 적용하기**

10 ❶ [Timeline] 패널에서 네 번째에 있는 [Text Outlines] 레이어의 를 클릭하여 다시 보이게 합니다. ❷ [Effect]-[Generate]-[Scribble] 메뉴를 선택하여 [Scribble] 이펙트를 적용합니다.

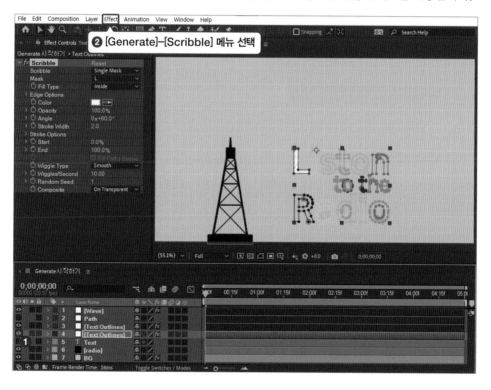

11 아래 표를 참고하여 [Effect Controls] 패널에서 [Scribble] 옵션값을 다음과 같이 설정합니다.

Scribble		All Masks Using Modes
Color		B6AB97(다크 베이지)
Stroke Width		3
Stroke Options	Curviness	2%
	Spacing	2
	Path Overlap Variation	0
Wiggle Type		Static

> **Scribble 이펙트** | Scribble은 '휘갈겨 쓰다'라는 뜻으로 반듯한 선이 아닌 삐뚤삐뚤한 선으로 면을 채워나가는 느낌을 연출할 수 있습니다. [Wiggle Type] 옵션값에 따라 이 선들을 고정시키거나 부드럽게 움직이게 할 수도 있고, 점핑하듯 움직이게 할 수도 있습니다.

12 ❶❷ 다음 표를 참고하여 [Scribble]-[End]에 키프레임을 설정합니다.

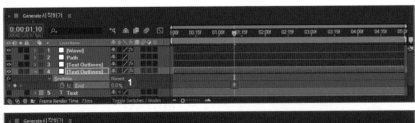

Time	End
40F	0%
130F	100%

13 ❶ 두 개의 키프레임을 모두 선택하고 ❷ F9 를 눌러 [Easy Ease]를 적용합니다. ❸ Spacebar 를 눌러 애니메이션을 확인합니다. 텍스트가 색칠하듯 그려집니다.

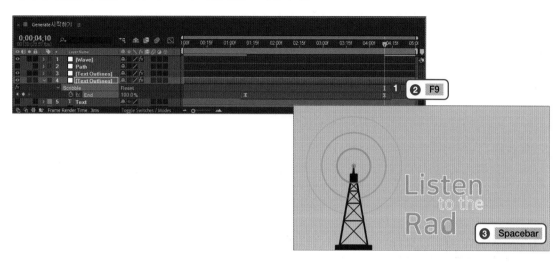

14 ❶ [Timeline] 패널에서 [Path] 레이어의 👁를 클릭하여 보이게 합니다. ❷ [Effect]-[Generate]-[Vegas] 메뉴를 선택하여 [Vegas] 이펙트를 적용합니다. ❸ 아래 표를 참고하여 [Effect Controls] 패널에서 [Vegas] 옵션값을 다음과 같이 설정합니다. ❹ 심장 박동 그래프가 그려집니다.

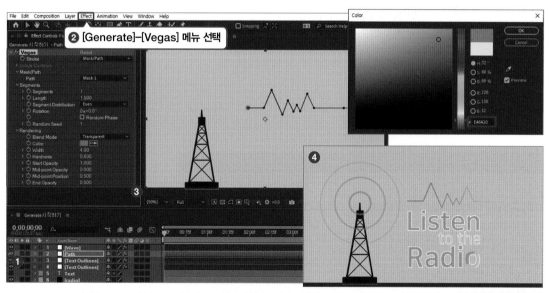

Stroke	Mask/Path	Segments		Rendering			
	Path	Segments	Length	Blend Mode	Color	Width	Hardness
Mask/Path	Mask 1	1	1	Transparent	E48A20(오렌지)	4	0.6

Vegas 이펙트 | 마스크를 따라 선을 그린다는 것은 [Stroke] 이펙트와 비슷하지만 조금 다른 라인 모양을 표현합니다. 길이를 조절할 수 있고 그려진 선들의 [Opacity] 값을 시작과 중간, 끝 점 모두 다르게 설정할 수 있습니다. 획에 'Fade' 표현을 연출할 수 있어서 심장 박동 그래프를 연출할 때 많이 활용됩니다.

15 ❶❷❸ 아래 표를 참고하여 [Vegas] 이펙트의 [Length], [Rotation]에 키프레임을 적용합니다.

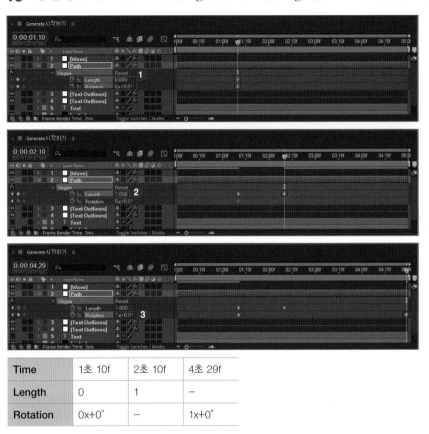

Time	1초 10f	2초 10f	4초 29f
Length	0	1	–
Rotation	0x+0˚	–	1x+0˚

16 Spacebar 를 눌러 애니메이션을 확인합니다. 오렌지색 선이 그려지고 사라지는 심장 박동 그래프 애니메이션이 완성되었습니다.

텍스트 획 색상 수정하기

17 텍스트의 획 색상이 잘 보이지 않습니다. [Stroke] 옵션에서 색상을 변경합니다. ❶ [Timeline] 패널에서 세 번째에 있는 [Text Outlines] 레이어를 선택합니다. ❷ ❸ [Effect Controls] 패널에서 [Stroke]-[Color] 옵션값을 **다크 그레이(434141)**로 수정합니다. ❹ Spacebar 를 눌러 애니메이션을 확인합니다. 텍스트가 훨씬 또렷하게 보입니다.

 조정 레이어에 Noise 이펙트 적용하여 오래된 듯한 느낌 연출하기

18 ❶ [Timeline] 패널의 빈 곳을 마우스 오른쪽 버튼으로 클릭하고 ❷ [New]-[Adjustment Layer] 메뉴를 선택하여 조정 레이어(Adjustment Layer)를 생성합니다.

19 ❶ [Adjustment Layer 3]을 선택하고 ❷ [Effect]–[Noise & Grain]–[Noise] 메뉴를 선택하여 [Noise] 이펙트를 적용합니다. ❸ 아래 표를 참고하여 [Effect Controls] 패널의 [Noise] 옵션값을 설정합니다.

Amount of Noise	3%
Noise Type	Use Color Noise 체크 해제

20 Spacebar 를 눌러 애니메이션을 확인하여 마무리합니다.

LESSON

02

형태를 왜곡시키는 Distort 효과

물방울이 움직이는 몽환적인 인트로 영상 만들기

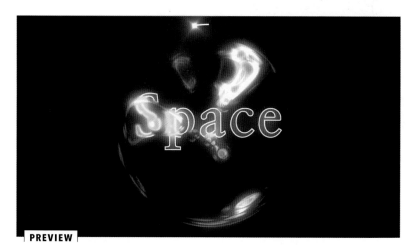

☑CC 이상 버전 ☐ CC 2024 버전

준비 파일 활용/Chapter 04/Distort.aep
완성 파일 활용/Chapter04/Distort.aep

PREVIEW

 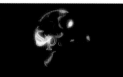  

PLAY

이 예제를 따라 하면

형태를 왜곡시켜서 새로운 형태를 만드는 것은 컴퓨터 그래픽이 가지는 힘입니다. Distort는 '비틀다, 왜곡하다'라는 의미로 애프터 이펙트의 Distort 이펙트는 활용도가 매우 높습니다. 이번에는 비디오 소스에 여러 가지 Distort 이펙트를 적용하여 완전히 새로운 형태를 창조해봅니다. 하나의 비디오에 여러 개의 이펙트를 적용하여 몽환적인 분위기를 연출해보고, 텍스트 레이어에도 Distort 이펙트를 적용하여 다른 레이어의 모양에 따라 형태가 변형되도록 만들어 배경과 자연스럽게 어울릴 수 있도록 디자인합니다.

- CC Blobbylize 이펙트로 물방울 효과를 표현할 수 있습니다.
- CC Lens 이펙트로 물방울을 원 모양 안에 모이게 할 수 있습니다.
- Displacement Map, Compound Blur 이펙트로 다른 레이어에 따라 레이어의 모양을 변형할 수 있습니다.
- Stroke 이펙트로 획이 그려지는 효과를 표현할 수 있습니다.
- Glow 이펙트로 은은한 빛 효과를 나타낼 수 있습니다.
- CC Light Rays 이펙트로 빛줄기를 만들 수 있습니다.

베이직 애니메이션

다양한 기법의 애니메이션

캐릭터 애니메이션

이펙트 애니메이션

3D와 VFX 테크닉

aep 파일 열고 컴포지션 알아보기

01 ❶ [File]-[Open Project] `Ctrl` + `O` 메뉴를 선택하여 **Distort.aep** 준비 파일을 엽니다. ❷ [Project] 패널에서 [Distort시작]을 더블클릭하여 컴포지션을 엽니다. ❸ `Spacebar` 를 눌러 영상을 확인합니다. 해파리를 촬영한 비디오 푸티지와 'Space'라는 텍스트가 서서히 나타나는 애니메이션이 제작되어 있습니다.

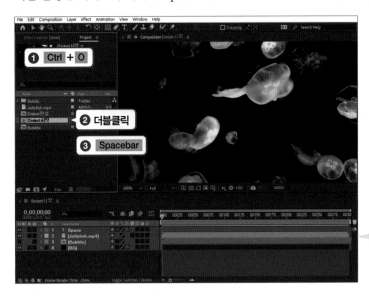

[Timeline] 패널에는 [Gradient Ramp] 이 펙트가 적용되어 있는 [BG] 배경 이미지와 ◉ 이 꺼져 있는 [Bubble] 컴포지션이 있습니 다. 그리고 해파리를 촬영한 비디오 푸티지와 'Space'를 입력한 [Text] 레이어가 있습니다.

02 ❶ [Bubble] 레이어의 ◉을 클릭해 활성화하고 ❷ ◉를 클릭해 [Bubble] 레이어를 확인합니다. ❸ `Spacebar` 를 눌러 확인하면 [CC Blobbylize] 이펙트가 적용되어 있어 물방울이 서서히 올라가는 움직임을 확인할 수 있습니다. ❹ 이 레이어는 다른 이펙트의 소스로 사용될 것이므로 ◉를 클릭해서 감추어둡니다. ◉은 자동으로 비활성화됩니다.

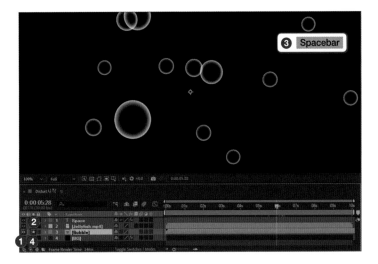

03 ❶ [Space] 레이어의 ◼를 클릭하고 ❷ `Spacebar` 를 눌러 애니메이션을 확인합니다. ❸ [Text] 레이어에는 [Linear Wipe] 이펙트가 적용되어 있어 왼쪽부터 오른쪽으로 서서히 드러납니다. ❹ 다시 ◼를 클릭하여 모든 레이어를 드러나게 합니다.

CC Blobbylize 이펙트 적용하고 물방울 모양 만들기

04 ❶ [Jellyfish.mp4] 레이어를 선택하고 ❷ [Effect]-[Distort]-[CC Blobbylize] 메뉴를 선택하여 [CC Blobbylize] 이펙트를 적용합니다. ❸ [Effect Controls] 패널이 나타나면 [CC Blobbylize]-[Blob Layer]를 [3. Bubble]로 설정합니다. ❹ `Spacebar` 를 눌러 애니메이션을 확인해봅니다. 해파리가 사라지고 화려한 색상의 물방울로 나타납니다.

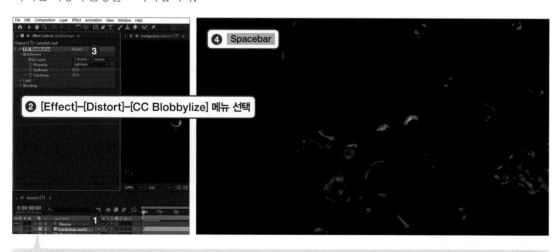

CC Blobbylize 이펙트 | 이펙트 이름 앞에 CC가 있는 효과들은 Cycore System 사에서 개발한 플러그인입니다. 과거에는 외부 플러그인이었다가 CS5 버전부터 기본 번들로 제공되고 있습니다. Blobby는 '물방울'을 뜻하며 Blobbylize는 '물방울처럼 만들다'는 의미입니다. 비오는 날 창문에 맺히는 물방울 모양을 떠올리면 이해하기 쉽습니다.

05 ❶ [Jellyfish.mp4] 레이어를 선택하고 ❷ [Effect]–[Distort]–[CC Lens] 메뉴를 선택하여 [CC Lens] 이펙트를 적용합니다. ❸ 아래 표를 참고하여 [Effect Controls] 패널에서 [CC Lens] 이펙트의 옵션을 아래 표와 같이 설정합니다. ❹ 사방에 흩어져 있던 물방울들이 원 안으로 모여 보입니다. 동그란 렌즈 안에 가둔 모습입니다.

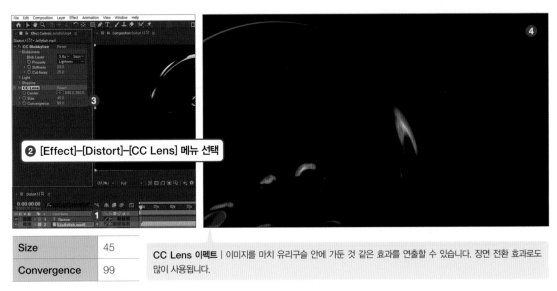

Size	45
Convergence	99

CC Lens 이펙트 | 이미지를 마치 유리구슬 안에 가둔 것 같은 효과를 연출할 수 있습니다. 장면 전환 효과로도 많이 사용됩니다.

 Displacement Map 이펙트 적용하여 텍스트가 물방울 모양에 따라 변형되도록 만들기

06 ❶ [Timeline] 패널에서 [Space] 레이어를 선택합니다. ❷ U 를 눌러 적용된 애니메이션을 확인합니다. 0초부터 6초20F까지 텍스트가 서서히 드러나는 [Linear Wipe] 이펙트가 적용되어 있습니다.

[Space] 레이어는 텍스트 레이어입니다. 예제에서는 Script MT Bold 폰트를 사용했습니다. 다른 폰트를 이용해도 됩니다.

07 ❶ [Space] 레이어를 선택합니다. ❷ [Effect]-[Distort]-[Displacement Map] 메뉴를 선택해 [Displacement Map] 이펙트를 적용합니다. ❸ 아래 표를 참고하여 [Effect Controls] 패널에서 [Displacement Map] 이펙트의 옵션을 설정합니다. ❹ 물방울이 텍스트에 닿을 때 물방울의 모양에 따라 텍스트의 모양이 변형됩니다.

❷ [Effect]-[Distort]-[Displacement Map] 메뉴 선택

Displacement Map 이펙트 | [Distort] 이펙트 중 가장 대표적인 이펙트로 다른 레이어의 컬러나 명도에 따라 레이어의 모양을 변형할 수 있습니다. 물결에 일렁이는 그림자나 텍스트 등을 연출할 때 많이 활용됩니다.

Displacement Map Layer	3. Bubble
Max Horizontal Displacement	30
Max Vertical Displacement	30

08 ❶ [Space] 레이어를 선택합니다. ❷ [Effect]-[Blur & Sharpen]-[Compound Blur] 메뉴를 선택해 [Compound Blur] 이펙트를 적용합니다. ❸ 아래 표를 참고하여 [Effect Controls] 패널에서 [Compound Blur] 이펙트의 옵션을 설정합니다.

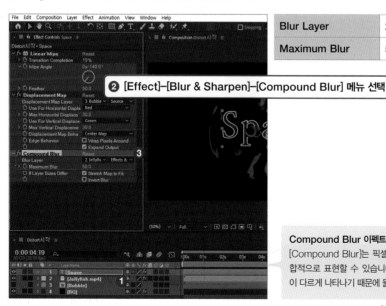

Blur Layer	2. Jellyfish, Effects & Masks
Maximum Blur	50

❷ [Effect]-[Blur & Sharpen]-[Compound Blur] 메뉴 선택

Compound Blur 이펙트 | Compound는 '혼합, 복합'이라는 뜻으로 [Compound Blur]는 픽셀 흐림 이펙트를 다른 레이어에 반응하여 혼합적으로 표현할 수 있습니다. 소스 이미지의 명도값에 따라 [Blur] 값이 다르게 나타나기 때문에 물에 번지는 듯한 느낌을 연출할 수 있습니다.

09 Spacebar 를 눌러 애니메이션을 확인해봅니다. 물방울이 글자에 닿을 때 텍스트의 모양이 변형되면서 자연스럽게 물방울에 따라 흐려집니다.

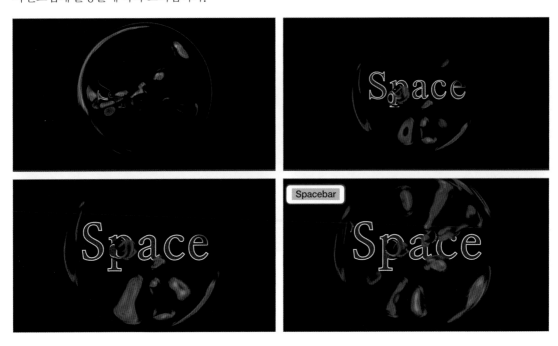

🔘 **유리구슬 주변으로 흰색 선이 그려지는 애니메이션 제작하기**

---

10 ❶ [Layer]-[New]-[Solid] 메뉴를 선택하여 [Solid Settings] 대화상자가 나타나면 ❷ [Name]에 ring을 입력하고 ❸ [Make Comp Size]를 클릭한 후 ❹ [Color]를 **하얀색(FFFFFF)**으로 설정합니다. ❺ [OK]를 클릭합니다. ❻ 새로운 솔리드 레이어가 만들어지고 [Timeline] 패널에 [ring] 레이어가 생성되었습니다.

11 ❶ [ring] 레이어를 선택하고 ❷ 도구바에서 원형 도구 ◉를 클릭합니다. ❸ [Composition] 패널의 중앙을 Shift 를 누른 상태로 드래그하여 정원을 그립니다. ❹ [ring] 레이어에 [Mask 1]이 생성됩니다.

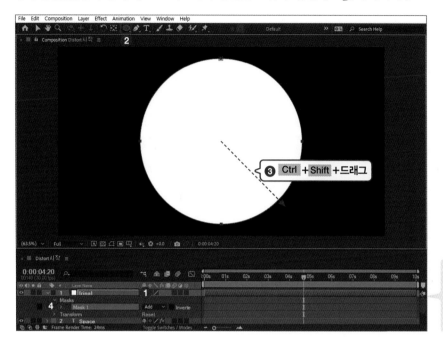

화면의 정중앙에서 Ctrl + Shift 를 누른 상태로 드래그하면 화면의 중앙을 중심으로 정원을 그릴 수 있습니다.

12 ❶ [ring] 레이어를 선택합니다. ❷ [Effect]–[Generate]–[Stroke] 메뉴를 선택해 [Stroke] 이펙트를 적용합니다. ❸ 아래 표를 참고하여 [Effect Controls] 패널에서 [Stroke] 이펙트의 옵션을 설정합니다. ❹ 물방울이 모이는 원 주변으로 하얀색 선이 생겼습니다.

4초 20F 정도에서 하얀색 선이 물방울이 그리는 원형을 감싸도록 위치를 조절하면 좋습니다.

Path	Mask 1
Brush Size	3
Paint Style	On Transparent

13 ❶ [Stroke]-[End] 옵션에 아래 표와 같이 키프레임을 설정합니다. ❷ 하얀색 선이 반시계 방향으로 그려집니다.

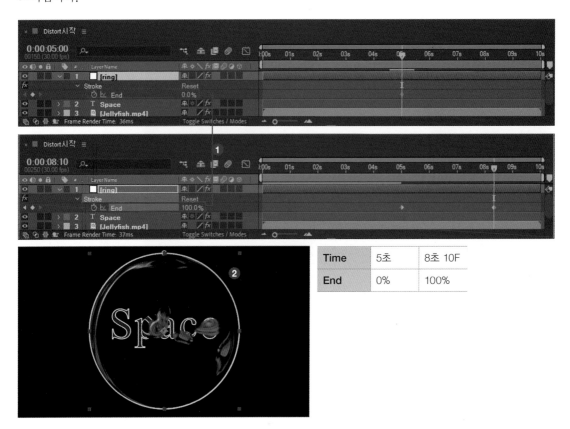

Time	5초	8초 10F
End	0%	100%

14 ❶ [Stroke]-[End] 옵션에 설정한 두 개의 키프레임을 모두 선택하고 ❷ F9 를 눌러 [Easy Ease]를 적용합니다.

Glow 이펙트 적용하여 은은한 빛 연출하기

15 [Layer]−[New]−[Adjustment Layer] `Ctrl` + `Alt` + `Y` 메뉴를 선택하여 새로운 조정 레이어를 생성합니다.

16 ❶ 추가한 조정 레이어를 선택합니다. ❷ [Effect]−[Stylize]−[Glow] 메뉴를 선택해 [Glow] 이펙트를 적용합니다. ❸ 아래 표를 참고하여 [Effect Controls] 패널에서 [Glow] 이펙트의 옵션을 설정합니다. ❹ [Glow] 이펙트가 모든 레이어에 적용되면서 좀 더 몽환적인 느낌이 연출됩니다.

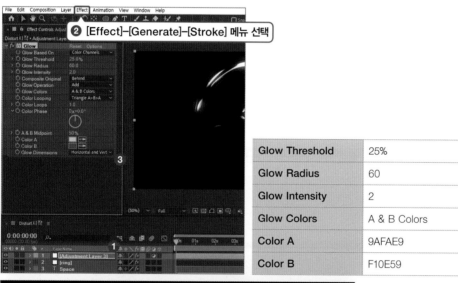

Glow Threshold	25%
Glow Radius	60
Glow Intensity	2
Glow Colors	A & B Colors
Color A	9AFAE9
Color B	F10E59

CC Light Rays 이펙트 적용하여 빛줄기 만들기

17 ❶ [Layer]–[New]–[Solid] Ctrl + Y 메뉴를 선택하여 [Solid Settings] 대화상자가 나타나면 ❷ [Name]에 **Light**를 입력하고 ❸❹ [Width], [Height]는 **1500px**, [Color]는 **하얀색(FFFFFF)**으로 설정합니다. ❺ [OK]를 클릭합니다. ❻ 새로운 솔리드 레이어가 만들어지고 [Timeline] 패널에 [Light] 레이어가 생성되었습니다.

❶ [Layer]–[New]–[Solid] 메뉴 선택

18 ❶ [Light] 레이어를 선택합니다. ❷ [Effect]–[Generate]–[CC Light Rays] 메뉴를 선택하여 [CC Light Rays] 이펙트를 적용합니다. ❸ 아래 표를 참고하여 [Effect Controls] 패널에서 [CC Light Rays] 이펙트의 옵션을 설정합니다. ❹ X 모양의 빛줄기가 화면의 중앙 상단에 나타납니다. 이 빛의 움직임을 따라 미리 만들어둔 흰색 선이 동그랗게 그려지도록 할 것입니다.

❷ [Effect]–[Generate]–[CC Light Rays] 메뉴 선택

[Center]의 좌푯값은 참고 용도이며 하얀색 선이 원 위에 위치하도록 조절합니다.

Intensity	100
Center	750, 422
Radius	20
Warp Softness	10
Shape	Square
Transfer Mode	None

19 ❶❷❸❹ 아래 표를 참고하여 [CC Light Rays]−[Intensity] 옵션에 키프레임을 적용합니다. 빛이 안 보였다가 생기고 다시 사라집니다.

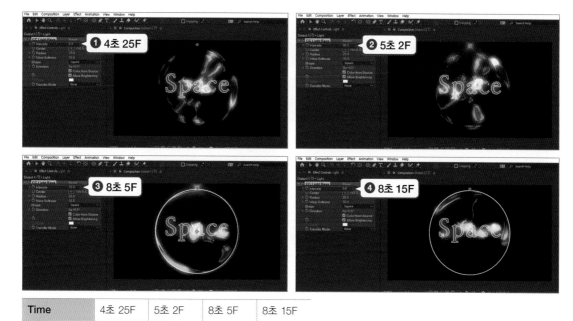

Time	4초 25F	5초 2F	8초 5F	8초 15F
Intensity	0	60	70	0

📀 **널 오브젝트 레이어 만들어 Parent 기능으로 연결하기**

---

20 [Layer]−[New]−[Null Object] Ctrl + Alt + Shift + Y 메뉴를 선택하여 새로운 널 오브젝트 레이어를 만듭니다.

21 ❶ 0초 지점에서 ❷ [light] 레이어의 ◎를 [Null2] 레이어로 드래그하여 연결합니다.

 Shift + F4 를 누르면 [Parent & Link] 가 열립니다.

🔵 널 오브젝트 레이어에 회전 애니메이션 만들기

22 ❶ [Null3] 레이어를 선택하고 ❷ R 을 눌러 [Rotation]을 엽니다. ❸❹ 아래 표를 참고하여 키프레임을 설정합니다.

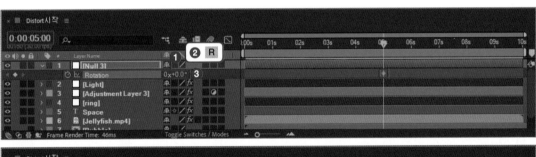

Time	Rotation
5초	0x+0°
8초 10F	−1x+0°

23 ❶ [Null3] 레이어의 [Rotation]에 설정된 두 개의 키프레임을 모두 선택합니다. ❷ F9 를 눌러 [Easy Ease]를 적용합니다. ❸ [Light] 레이어의 X 모양의 빛이 [Null2] 레이어에 적용된 회전값에 따라 회전합니다. 빛의 움직임에 따라 흰색 선이 그려지도록 연출되었습니다.

24 Spacebar 를 눌러 애니메이션을 확인합니다. 몽환적인 연출이 돋보이는 인트로 영상이 완성되었습니다.

애프터 이펙트는 2D 그래픽 소프트웨어지만

3D 기능과 좌표를 사용하여 3D 공간을 연출할 수 있습니다.

3D 레이어 기능으로 시각 레이어들을 3차원 공간에 배치하고

카메라와 조명을 삽입하여 입체 공간을 연출합니다.

CHAPTER 05에서 3D 레이어에 대해 알아보고

다양한 조명 삽입과 카메라 활용 등 핵심 기능을 학습해봅니다.

CHAPTER 05

전문가들의 스킬, 3D 애니메이션과
시각 효과(VFX) 테크닉

3D 레이어, 카메라 기능으로 만드는 3D 공간 애니메이션

다이내믹 카메라 워킹으로 연출하는 타이틀 만들기

☑ **CC 이상 버전** ☐ CC 2024 버전

준비 파일 활용/Chapter 05/3D카메라.aep
완성 파일 활용/Chapter 05/3D카메라.aep

PREVIEW

PLAY

이 예제를 따라 하면

3D 카메라를 만들어 다양한 행성들이 있는 넓은 우주 공간을 이동하고 타이틀 로고를 보여주는 애니메이션을 제작해보 겠습니다. 카메라의 [Position]과 [Rotation] 속성을 제어하여 다이내믹한 움직임을 연출하고 [Depth of Field]를 활성화 하여 포커스 아웃 효과를 연출해봅니다.

- 시각 레이어를 3D 레이어로 변환하고 공간에 배치할 수 있습니다.
- 그래프 에디터를 활용하여 움직임을 조절하거나 제어할 수 있습니다.
- [Camera]를 만들고 제어할 수 있습니다.
- [Null Object] 레이어를 만들고 [Camera]와 Parent로 연결하여 카메라를 제어할 수 있습니다.
- [Camera]의 [Depth of Field]를 활성화하여 포커스 아웃 효과를 연출할 수 있습니다.

aep 파일 열고 프로젝트 시작하기

01 ❶ [File]-[Open Project] Ctrl + O 메뉴를 선택하여 **3D카메라.aep** 준비 파일을 엽니다. ❷ [Project] 패널에서 [타이틀] 컴포지션을 더블클릭합니다. ❸ [타이틀] 컴포지션에는 다수의 셰이프 레이어로 제작한 그래픽 이미지들이 삽입되어 있으며 회전값 등에 애니메이션이 설정되어 있습니다. ❹ Spacebar 를 눌러 애니메이션을 확인해봅니다.

우주와 같이 넓은 공간을 표현하기 위하여 행성 이미지들의 [Position]을 X, Y 좌표로 넓게 퍼뜨려 놓았기 때문에 [Composition] 패널의 확대 비율을 25%정도로 작게 해야 모든 레이어를 확인할 수 있습니다. 예제에 필요 없는 별이나 선 등의 그래픽 이미지들은 Shy 레이어로 설정하여 보이지 않게 해두었습니다. ■를 클릭하면 모든 레이어를 확인할 수 있습니다.

3D 레이어로 변환하고 [Position]에 키프레임 설정하기

02 ❶ Ctrl + A 를 눌러 모든 레이어를 선택하고 ❷ 🔲를 클릭하여 3D 레이어로 변환합니다.

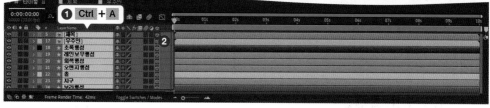

03 ❶ [Composition] 패널에서 [2 Views]로 변경하고 ❷ 왼쪽 뷰를 클릭한 후 ❸ [Left]로 설정하여 왼쪽에서 보는 카메라 뷰를 확인해봅니다.

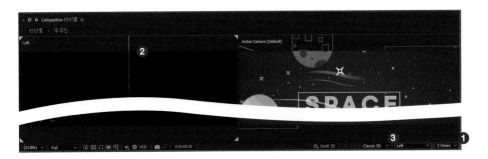

04 다음 표를 참고하고 모든 레이어의 [Z Position]의 좌푯값을 설정합니다. −200 좌푯값을 가진 [제목] 레이어가 가장 앞에 있고 8000 좌푯값을 가진 [보라행성] 레이어가 가장 뒤에 위치합니다. 좌푯값 설정이 끝나면 [Composition] 패널에서 [1 Views]로 변경합니다.

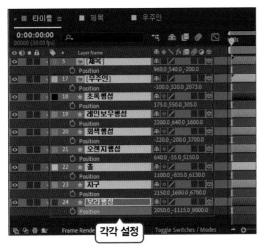

각각 설정

레이어	Z Position
제목	−200
우주인	2073
초록행성	305
레인보우행성	1600
회색행성	3700
오렌지행성	5150
홀	6130
지구	6780
보라행성	8000

예제와 동일한 결과물을 위하여 좌표를 입력하지만 실무에서는 [Composition] 패널에서 레이어의 3D 변형 기즈모를 클릭하고 이동합니다. 지금과 같이 [Z Position]만 이동하려면 [Left] 카메라 뷰에서 레이어의 파란색 화살표를 클릭하고 드래그하여 움직이면 됩니다.

기능 꼼꼼 익히기 ✏️ **3D 변형 기즈모(3D Transform Gizmo)**

3D 변형 기즈모로 3D 오브젝트를 회전하고 크기를 조정하며 배치할 수 있습니다. 다양한 정보의 값이 표시되어 오브젝트가 이동하거나 회전한 정도를 바로 확인할 수 있습니다. 해당 변형 기즈모는 애프터 이펙트 CC 2021 버전에 추가되었습니다. 기본 레이어일 때는 [Compositon] 패널의 오브젝트에 3D 변형 기즈모가 나타나지 않지만, 3D 레이어로 변환하면 3D 변형 기즈모가 나타납니다. 이는 3D 공간에서 그림을 움직일 때 정확한 좌표로 움직일 수 있도록 돕기 위한 장치입니다. 화살표의 색은 각 좌표의 축을 알려줍니다. 빨간색은 X, 초록색은 Y, 파란색은 Z 좌표를 의미합니다. [Composition] 패널에서 오브젝트를 이동 또는 회전하려면 각 화살표나 링을 클릭하고 하나의 좌표만 움직이는 것이 좋습니다. 오브젝트를 클릭하고 움직이면 세 개의 좌표가 모두 변경되기 때문에 원하지 않은 결과가 나올 수 있습니다.

선택 도구▶가 선택되어 있는 상태에서 Universal▶을 선택하면 크기 조절은 물론 모든 방향으로 이동하거나 회전시킬 수 있습니다. Position➕을 선택하면 상하좌우로 이동할 수 있고, Scale▣을 선택하면 다양한 축으로 크기를 조절할 수 있습니다. Rotation◐을 선택하면 방향을 회전할 수 있습니다. 보다 자세한 내용은 245쪽에서 학습할 수 있습니다.

새로운 카메라 만들기

05 ❶ [Timeline] 패널의 빈 공간을 마우스 오른쪽 버튼으로 클릭하고 ❷ [New]–[Camera]를 선택합니다. [Camera Settings] 대화상자에서 ❸ [Type]을 [Two-Node Camera]로, ❹ [Preset]을 [35mm]로 설정하고 ❺ [OK]를 클릭합니다.

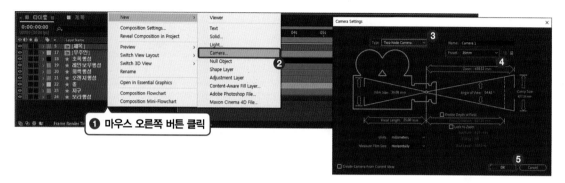

[Null Object] 레이어 만들고 [Camera 1] 레이어와 Parent 연결하기

06 ❶ [Timeline] 패널의 빈 공간을 마우스 오른쪽 버튼으로 클릭하고 ❷ [New]–[Null Object]를 선택합니다. ❸ 레이어의 이름을 **카메라_메인**으로 설정합니다.

07 [Camera 1] 레이어의 Parent pick whip 🔘를 드래그해 [카메라_메인] 레이어와 연결합니다.

08 ❶ [Camera 1] 레이어의 [Position]을 마우스 오른쪽 버튼으로 클릭하고 ❷ [Separate Dimensions]를 선택합니다. 좌푯값이 X, Y, Z로 분리됩니다.

09 ❶ █를 선택하고 ❷ [Composition] 패널의 중앙 부분을 드래그해 [보라행성]이 보일 때까지 반복합니다. 보라 행성이 어느정도 화면에 나타나면 ❸ ✚를 선택하고 ❹ [보라행성]이 화면의 중앙에 오도록 카메라 뷰를 조절합니다.

❷ 카메라 이동 도구 알아보기

카메라를 상하좌우로 이동할 수 있습니다. 마우스 포인터 지점 또는 카메라의 Point of Interest를 기준으로 선택해 이동합니다.

❸ 돌리 도구 알아보기

카메라를 줌 인(Zoom In)하거나 줌 아웃(Zoom out) 할 수 있습니다. 커서를 향하여, 마우스 포인터를 기준으로, 또는 카메라의 Point of Interest를 기준으로 선택하여 이동합니다.

새로운 단축키를 이용하면 보다 편리하게 카메라 도구를 선택할 수 있습니다.

- **카메라 회전 도구**◎ | 1
- **카메라 이동 도구**⊕ | 2
- **돌리**⬍ | 3

각 단축키는 Shift 의 조합으로 하위 메뉴로 이동할 수 있습니다. Shift + 1 을 누를 때마다 Orbit Around Cursor Tool◎, Orbit Around Scene Tool◎, Orbit Around Camera POI◎가 차례대로 선택됩니다.

특정 기즈모를 선택하는 대신 Alt 를 누른 상태에서 다른 마우스 버튼(왼쪽, 휠 스크롤 버튼 및 오른쪽)을 사용하여 카메라를 회전, 돌리 및 이동할 수 있습니다. 완료 후 Alt 를 해제하기만 하면 사용하던 원래 도구로 돌아갑니다. 대부분의 3D 프로그램에서 사용되는 범용적인 카메라 제어 방식으로 작업의 편의가 크게 향상되었습니다.

10 ❶ 3 을 눌러 ⬍를 선택하고 ❷ 보라 행성이 화면에 알맞게 차도록 카메라 뷰를 조절합니다. 카메라 조절이 어렵다면 예제의 좌푯값을 동일하게 입력해도 됩니다. ❸ 0초 지점에서 [Camera 1] 레이어의 ❹ [Point of Interest], [X Position], [Y Position], [Z Position]에 ◎를 클릭해 키프레임을 설정합니다.

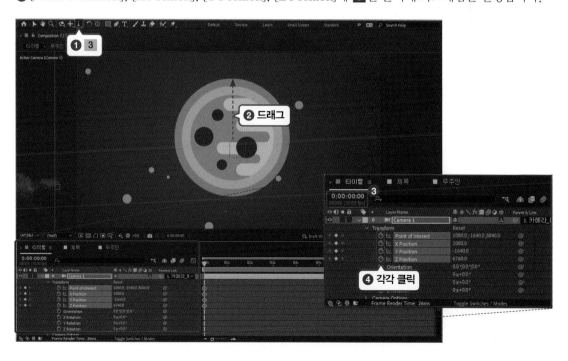

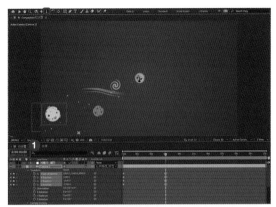

11 ❶ **3초** 지점으로 이동합니다. ❷ **09** 방법대로 두 개의 카메라 도구를 차례로 사용하며 화면에 [회색 행성]이 알맞게 가득 차도록 카메라를 조절합니다.

Point of Interest	-1140, -570, 8030
X Position	-1140
Y Position	-765
Z Position	2610

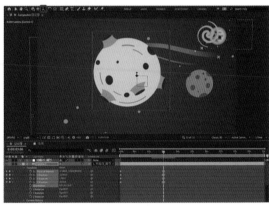

카메라 조작이 익숙하지 않을 경우 위치 조절이 어려울 수 있습니다. 카메라 도구가 선택되어 있는 상태에서 [회색 행성] 레이어를 선택하고 **F** 를 누르면 화면에 해당 레이어가 가득차 보이도록 카메라가 자동 조절되므로 이 기능을 활용하면 편리합니다.

12 ❶ **7초** 지점으로 이동합니다. ❷ **09**와 같은 방법으로 제목 로고가 그려진 [타이틀] 레이어가 화면의 중앙에 알맞게 위치하도록 카메라를 조절합니다. 기본적인 카메라 무빙이 완성되었습니다. ❸ **Spacebar** 를 눌러 애니메이션을 확인합니다.

Point of Interest	0, 0, 0
X Position	0
Y Position	0
Z Position	-1850

[Camera 1] 레이어에 키프레임 애니메이션 적용하기

13 ❶ [Camera 1] 레이어에 설정된 모든 키프레임을 선택하고 ❷ F9 를 눌러 [Easy Ease]를 적용하여 카메라 이동의 궤적을 부드럽게 다듬어줍니다. 그리고 ❸ Spacebar 를 눌러 애니메이션을 확인해보면 중간 부분의 동작이 어색해보입니다. 카메라가 **3초** 지점에서 잠시 멈추었다가 출발하는 것으로 보입니다.

14 [Composition] 패널에서 ❶ [3D View Popup]을 [Front]로 변경합니다. ❷ 카메라와 카메라의 기준점(Point of View)의 궤적이 보입니다. 궤적이 직선으로 되어 있어 딱딱한 움직임이 되었습니다. 🔋 Draft 3D 와 🔳를 클릭하면 컴포지션을 벗어난 공간에 있는 레이어들이 표시됩니다.

자주 사용하는 카메라 뷰는 단축키가 적용되어 있습니다. 외우면 편리합니다.
· Active Camera View | F12　　　· Front | F10　　　· Custom View 1 | F11

15 ❶ Shift + F3 을 누르거나 🔳를 클릭하여 그래프 에디터를 열고 ❷ [Value Graph]에서 키프레임이 설정된 네 개의 값을 차례로 클릭해봅니다. ❸ [Y Position]의 곡선이 중간에서 멈추었다가 다시 출발하는 것을 확인할 수 있습니다. 이러한 그래프 모양이 동작을 부자연스럽게 하는 것입니다.

16 핸들을 조절하여 중간에 곡선이 꺾이지 않고 부드러운 포물선을 그리도록 그래프의 모양을 다듬어줍니다.

17 ❶ [Z Position]도 조절해줍니다. ❷ [Composition] 패널을 보면 중간에 꺾여 있던 선이 부드럽게 곡선으로 연결된 것을 확인할 수 있습니다. [Front] 뷰 외에 다른 뷰에서도 확인해보면 좋습니다. ❸ F12 를 눌러 [Active Camera View]로 돌아오고 Draft 3D 도 비활성화합니다. ❹ Spacebar 를 눌러 애니메이션을 확인합니다. 동작이 부자연스럽다면 조금씩 다시 조절해봅니다.

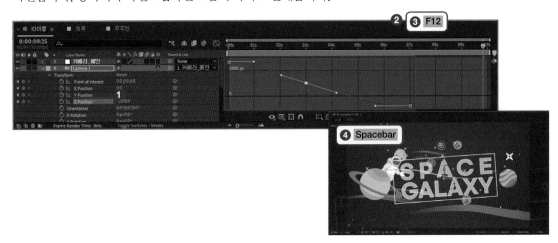

 [카메라_메인] 레이어의 [Z Rotation]과 [Z Position]에 키프레임 설정하기

18 ❶ 0초 지점으로 이동합니다. ❷ [카메라_메인] 레이어를 선택하고 ❸ 🔲을 클릭해 3D 레이어를 활성화해준 후 ❹ [Transform]을 엽니다.

19 [Z Rotation]에서 █를 클릭하여 키프레임을 설정합니다.

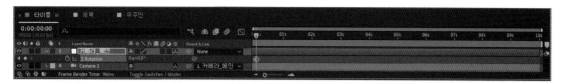

20 ❶❷❸❹ 아래 표를 참고하여 [카메라_메인] 레이어의 [Z Rotation]에 키프레임을 설정합니다. ❺ Spacebar 를 눌러 확인해보면 카메라가 왼쪽과 오른쪽으로 차례로 조금씩 회전하다가 원래의 기울기로 돌아옵니다. 카메라 워킹이 좀 더 재미있게 표현됩니다.

Time	1초 15F	3초	5초	7초 15F
Z Rotation	−5°	0°	10°	0°

카메라 애니메이션 작업에서 다수의 [Null] 레이어를 만들고 페어런트로 연결하는 방식이 주로 사용됩니다. 카메라를 단독으로 사용하지 않고 [Null] 레이어를 추가로 사용하는 이유는 이러한 방식이 카메라의 조절에 편리하기 때문입니다. 카메라는 매우 많은 좌푯값을 가지고 있으며 이것을 하나의 카메라에서 조절하면 제어가 어려운 경우가 많습니다. 따라서 카메라에 기본 궤적을 애니메이션한 후에 페어런트로 연결한 [Null] 레이어의 좌표를 다시 한 번 제어하여 [Position] 또는 [Rotation] 등을 추가적으로 제어하는 것이 다이내믹한 카메라 동작을 제어할 때 합리적인 방법입니다.

21 ❶❷ [카메라_메인] 레이어의 [Y Rotation]에 다음과 같이 키프레임을 설정합니다. ❸ **1초** 동안 카메라가 Y축을 중심으로 한 바퀴 회전합니다.

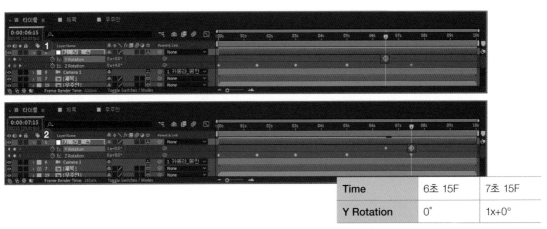

Time	6초 15F	7초 15F
Y Rotation	0°	1x+0°

22 ❶❷ [카메라_메인] 레이어의 [Position] Z 좌푯값에 다음과 같이 키프레임을 설정합니다. ❸ 카메라가 100px 만큼 뒤로 이동합니다.

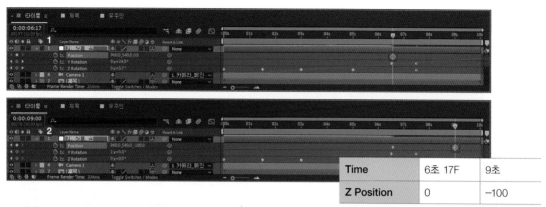

Time	6초 17F	9초
Z Position	0	−100

 [카메라_메인] 레이어에 키프레임 애니메이션 수정하기

---

23 ❶ [카메라_메인] 레이어에 설정된 모든 키프레임을 선택하고 ❷ F9 를 눌러 [Easy Ease]를 적용합니다. ❸ Spacebar 를 눌러 애니메이션을 확인합니다. 3초 지점의 동작이 다소 매끄럽지 않습니다.

[카메라_메인]레이어를 선택하고 U 를 눌러 키프레임이 적용된 모든 속성을 연 후 Ctrl + Alt + A 를 눌러 모든 키프레임을 한번에 선택하면 편리합니다.

24 ❶17과 같은 방법으로 [카메라_메인] 레이어의 [Z Rotation]의 그래프를 꺾인 부분 없이 부드러운 곡선으로 다듬어줍니다. ❷ Spacebar 를 눌러 애니메이션을 확인해보고 여전히 부자연스럽다면 다른 좌푯값의 그래프도 확인하고 다듬어보면 좋습니다.

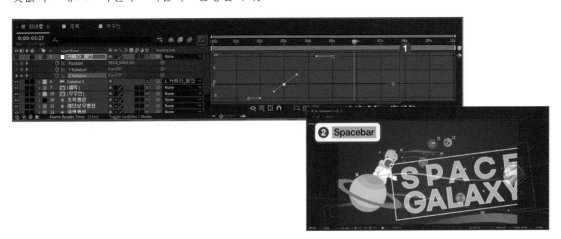

25 ❶3초 23F 지점에서 우주인의 머리 부분이 확대되면서 이미지의 해상도가 낮게 나타납니다. 뒷부분에서는 [제목] 레이어의 글씨도 에일리어싱 문제가 생깁니다. ❷[제목] 레이어와 [우주인] 레이어를 선택하고 ❸ 를 클릭합니다. ❹안티 에일리어싱(Anti Aliasing) 처리되어 해상도의 문제점이 해결됩니다.

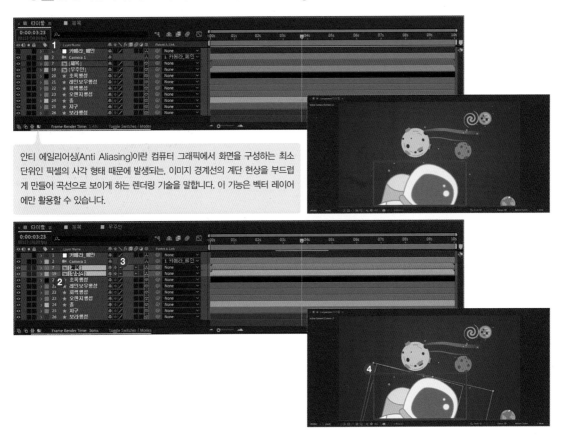

안티 에일리어싱(Anti Aliasing)이란 컴퓨터 그래픽에서 화면을 구성하는 최소 단위인 픽셀의 사각 형태 때문에 발생되는, 이미지 경계선의 계단 현상을 부드럽게 만들어 곡선으로 보이게 하는 렌더링 기술을 말합니다. 이 기능은 벡터 레이어에만 활용할 수 있습니다.

카메라 워킹 작업을 할 때에는 [Composition] 패널의 [Draft 3D]와 [3D Ground Plane], 그리고 [Extended Viewer]를 활성화하고 작업하는 것이 좋습니다. 컴포지션 밖의 오브젝트들도 함께 보면서 카메라 값을 설정하는 것이 편리할 뿐 아니라 프리뷰 시간도 절약되기 때문입니다.

🔘 [Camera 1] 레이어의 카메라 심도를 조절하여 포커스 아웃 연출하기

26 로고 타이틀이 등장하는 ❶ 8초 29F 지점으로 이동합니다. ❷ [Camera 1] 레이어의 [Camera Options]을 엽니다. ❸ [Depth of Field]를 [On]으로 설정하고 ❹ [Aperture]를 100px로 설정합니다. ❺ [Composition] 패널에서 [Left] 카메라를 선택합니다. ❻ [Timeline] 패널에서 [Camera 1]의 [Focus Distance] 값을 드래그해봅니다. ❼ [Composition] 패널에서 [Focus Distance]가 이동합니다. ❽ [Focus Distance]가 [제목] 레이어와 겹칠 때까지 수치를 조절합니다. 1750 정도면 위치가 대략 일치합니다. ❾ 🕐를 클릭하여 키프레임을 설정합니다. 카메라의 포커스가 맞는 부분은 선명하고 카메라에서 멀어질수록 흐리게 보이는 카메라 포커스 아웃이 연출됩니다.

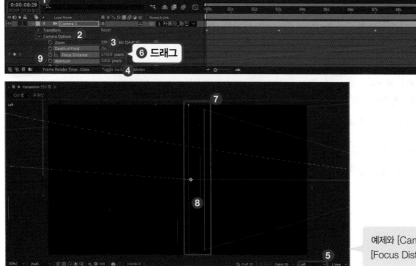

예제와 [Camera 1] 좌푯값을 다르게 했다면 [Focus Distance] 값도 달라질 수 있습니다.

27 행성들은 제목보다 화면에서 더 작게 나타나므로 카메라가 행성을 비출 때는 [Focus Distance]가 좀 더 가까워야 초점이 맞습니다. ❶ 회색 행성을 보여주는 **3초** 지점으로 이동합니다. ❷ 25와 같은 방법으로 [Focus Distance] 값을 조절하여 회색 행성과 비슷한 위치로 설정합니다. [Focus Distance]가 **1090** 정도면 초점이 회생 행성에 일치합니다. ❸ F12 를 눌러 [Active Camera View]로 돌아오고 회색 행성에 카메라 초점이 잘 맞았는지 확인해봅니다.

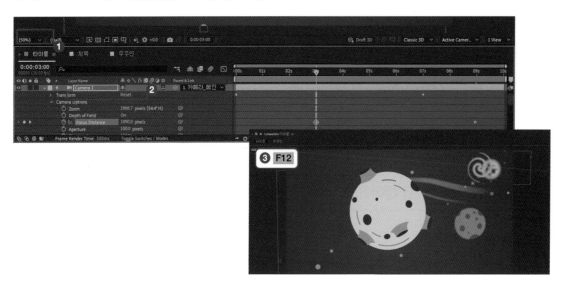

28 우주를 다이내믹하게 이동하며 넓은 공간을 보여주는, 카메라 워킹을 활용한 타이틀 제작이 완성되었습니다. Spacebar 를 눌러 애니메이션을 확인합니다.

애프터 이펙트에서 3D 레이어 기능을 이용하여 공간을 만들어도 조명이 없다면 오른쪽과 같이 입체감이 제대로 표현되지 않을 수 있습니다. 그러므로 3D 애니메이션에서 조명 작업은 필수라고 할 수 있습니다. 애프터 이펙트에서는 Parallel, Spot, Point, Ambient 조명을 사용할 수 있습니다. Ambient Light를 제외한 나머지 조명은 모두 그림자를 만들 수 있으며, 세부 옵션은 조명 특성에 따라 차이가 있습니다.

▲ 조명이 없는 이미지

그림자는 메모리(Ram)를 많이 사용하므로 꼭 필요할 때만 설정하는 것이 좋습니다. 그림자를 만들려면 조명을 만들 때 [Light Settings] 대화상자에서 [Casts Shadows]에 체크해야 하며, 추가로 그림자를 표현할 레이어의 [Material Options] 속성에서 [Casts Shadows]를 [On]으로 설정해야 합니다. 그림자의 어두운 정도(Shadow Darkness)와 그림자의 확산 정도(Shadow Diffusion)는 [Light Settings] 대화상자의 옵션에서 조절할 수 있습니다.

조명의 종류와 특징

• 스포트 라이트(Spot Light)

흔히 말하는 집중 조명(스포트 라이트)입니다. 주목 효과가 높기 때문에 메인 조명으로 가장 많이 선택합니다. 원 뿔(Cone) 모양으로 조명이 표현되며 빛의 세기는 물론, 색상, 그림자 등 세부 옵션을 포함합니다

▲ Spot Light | Casts Shadows Off   ▲ Spot Light | Casts Shadows On

• 패러렐 라이트(Parallel Light)

3D 소프트웨어에 있는 Directional 조명과 같습니다. 대표적인 지향성 조명으로 Spot Light처럼 빛의 세기는 물론, 색상, 그림자 등 세부 옵션을 포함합니다. 단, 그림자의 확산 정도(Shadow Diffusion)는 조절할 수 없습니다.

- 포인트 라이트(Point Light)

방향성이 없는 조명으로 빛의 세기, 색상, 그림자 등 세부 옵션을 포함합니다. 메인 조명보다는 특정 부분을 강조하는 용도로 사용합니다.

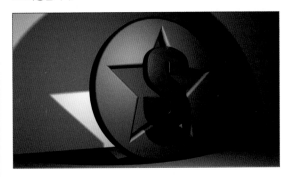

- 앰비언트 라이트(Ambient Light)

2D 조명과 같습니다. 빛의 색상과 세기만 조절할 수 있습니다. 입체를 무시하고 같은 빛의 세기로 일정하게 빛을 적용하므로 빛의 세기를 100%로 설정하면 조명이 없는 것과 똑같은 환경이 됩니다. 메인 조명보다는 세기를 약하게 설정하여 보조 조명으로 활용할 때가 많습니다.

조명 다양하게 활용하기

실무에서는 하나의 조명만으로 환경을 설정하지 않습니다. 다양한 조명을 추가하여 주광과 보조광을 연출하고 반사광을 추가하기도 하며, 포인트 조명을 추가하여 명시성을 높이는 형태로 작업합니다. 애프터 이펙트에서의 조명은 메모리(Ram)를 많이 사용하므로 조명의 특성을 잘 파악하고 적절히 필요한 조명을 선택해 삽입하는 것이 중요합니다.

LESSON
02

Keying 효과와
Track Camera로 영상 합성하기

바다 위에서 컵을 타고 여행하는 캐릭터 애니메이션 만들기

□ CC 이상 버전 ☑ **CC 2024 버전**

준비 파일 활용/Chapter 05/Key시작.aep
완성 파일 활용/Chapter 05/Key완성.aep

PREVIEW

PLAY

이 예제를 따라 하면

크로마키 기법으로 촬영한 캐릭터 비디오 클립을 불러와 키잉(Keying) 효과를 사용해 초록색 배경을 제거합니다. 그리고 드넓은 바다를 촬영한 배경 비디오 클립에서 Track Camera 기법으로 카메라 값을 추출하고 캐릭터를 배경과 합성하여 캐릭터가 바다 위를 여행하는 장면을 연출해봅니다. 현실과 상상의 이미지를 합성하여 좀 더 창의적인 장면을 연출할 수 있습니다.

- 크로마키 촬영한 비디오 소스에 Keylight 효과를 적용하여 컬러 키를 추출할 수 있습니다.
- Simple Choker 효과를 적용하여 키 작업을 한 비디오 소스의 가장자리를 축소할 수 있습니다.
- Photo Filter 효과를 적용할 수 있습니다.
- Track Camera 기법으로 3D Tracker Camera를 추출할 수 있습니다.

aep 파일 열고 프로젝트 시작하기

01 ❶ [File]−[Open Project] `Ctrl`+`O` 메뉴를 선택하여 **key시작.aep** 준비 파일을 엽니다. ❷ [Project] 패널에서 [키잉] 컴포지션을 더블클릭하여 실행합니다. ❸ `Spacebar`를 눌러 비디오를 확인합니다. 초록색 배경에서 촬영한 캐릭터 인형이 회전하는 비디오 클립입니다. 컴포지션의 배경 색상은 빨간색으로 설정되어 있습니다.

기능 꼼꼼 익히기 🏷 ### 크로마키(Chromakey) 촬영

화면 합성 등의 특수 효과를 이용하기 위해 배경으로 초록색이나 파란색(그린 또는 블루 스크린)을 사용하는 촬영 기법입니다. 초록색이나 파란색을 주로 사용하는 이유는 피부색과 대비되기 때문에 인물 촬영 시 색상 차이를 이용하여 키(Key)를 가장 잘 추출할 수 있기 때문입니다. 보통 크로마키 전용 스튜디오에서 촬영하지만 전용 스튜디오가 아니어도 색지만 있으면 쉽게 촬영할 수 있습니다. 이렇게 촬영한 비디오 클립을 애프터 이펙트로 불러와 [Keying] 이펙트를 적용하여 배경을 삭제하고 다른 배경과 합성할 수 있습니다. 키잉(Keying) 작업을 할 때는 비디오 클립의 배경색과 보색인 색상을 컴포지션의 배경색으로 설정해두면 키잉 작업의 정확도를 높일 수 있습니다. 따라서 예제의 컴포지션 배경 색상은 초록색의 보색인 빨간색으로 설정했습니다.

02 ❶ [Timeline] 패널에서 [cup.mp4] 레이어를 선택합니다. ❷ [Effects & Presets] 패널에서 **Key**를 검색한 후 ❸ [Keying]-[Keylight(1.2)] 메뉴를 더블클릭하여 효과를 적용합니다.

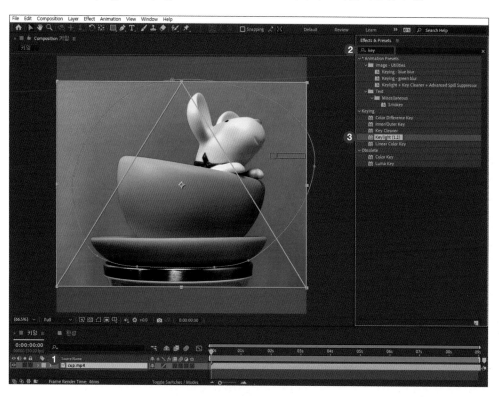

03 [Effect Controls] 패널이 열립니다. ❶ [Screen Colour] 옆의 스포이드 ◼️▬️를 클릭하고 ❷ [Composition] 패널에서 초록색의 한 부분을 클릭하면 초록색 부분이 사라집니다. ❸ [Keylight] 효과의 [Screen Matte] 옵션을 아래 표와 같이 설정합니다. 밝기를 낮추고 부드러움은 더했습니다.

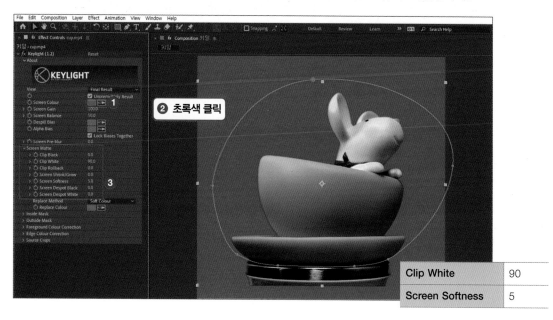

| Clip White | 90 |
| Screen Softness | 5 |

Simple Choker를 적용하여 가장자리 수축하기

04 [Timeline] 패널에서 ❶ [cup.mp4] 레이어를 선택하고 ❷ [Effect]−[Matte]−[Simple Choker] 메뉴를 선택해 적용합니다. ❸ [Effect Controls] 패널에 [Simple Choker]가 등록됩니다. ❹ [Choke Matte]를 1로 설정합니다. 가장자리가 1px만큼 안으로 수축되며 가장자리 영역의 그림자가 부드럽게 사라집니다.

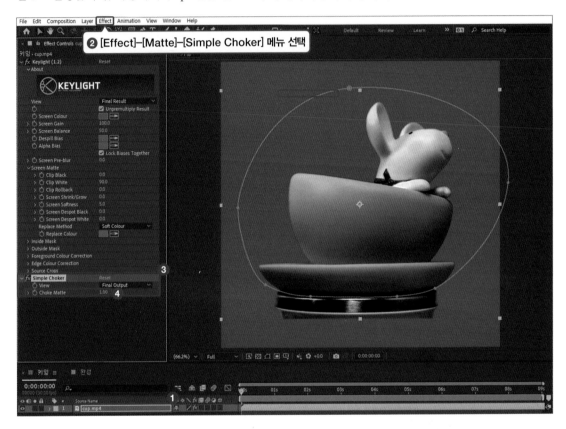

05 ❶ [cup.mp4] 레이어를 선택하고 ❷ M 을 눌러 [Mask] 옵션을 열고 마스크 모드를 ❸ [None]에서 [Add]로 변경합니다.

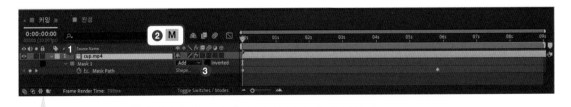

비디오 푸티지에서 캐릭터만 다른 비디오와 합성하기 위하여 돌림판 부분에 마스크를 설정해두었습니다.

컴포지션을 레이어로 포함한 새로운 컴포지션 만들기

06 [Projrct] 패널에서 ❶ [키잉] 컴포지션을 마우스 오른쪽 버튼으로 클릭하고 ❷ [New Comp from Selection]을 선택합니다. ❸ [키잉] 컴포지션을 레이어로 포함한 [키잉 2] 컴포지션이 열립니다.

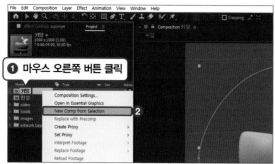

07 ❶ [키잉] 레이어를 선택하고 ❷ Ctrl + D 를 눌러 복제합니다. ❸ 아래 위치한 [키잉] 레이어에서 [Scale]의 🔗를 클릭해 해제하고 ❹ [Position]과 [Scale]을 다음 표와 같이 설정합니다. 이미지가 반전됩니다.

Position	500, 1130
Scale	100, -100%

08 아래 위치한 ❶ [키잉] 레이어를 선택합니다. ❷ 도형 도구▣를 클릭하고 ❸ [Composition] 패널에서 사각형을 그려줍니다.

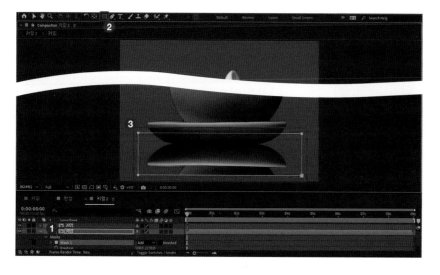

09 ❶ F 를 눌러 [Mask Feather]를 열고 ❷ 50으로 설정합니다.

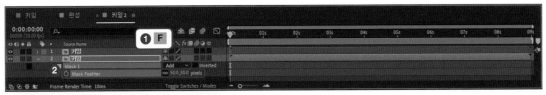

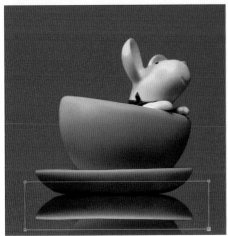

10 아래 위치한 [키잉] 레이어의 ❶ [Opacity]를 30%로 설정합니다. ❷ 바닥에 은은히 반사되는 이미지를 연출했습니다.

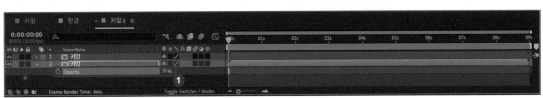

11 ❶ [Timeline] 패널에서 [완성] 탭을 눌러 [완성] 컴포지션을 엽니다. [bluesky.mp4] 비디오 클립을 레이어로 포함한 [bluesky] 컴포지션이 열립니다. ❷ 0F 지점에서 ❸ [bluesky.mp4] 레이어를 선택하고 ❹ [Animation]−[Track Camera] 메뉴를 선택합니다.

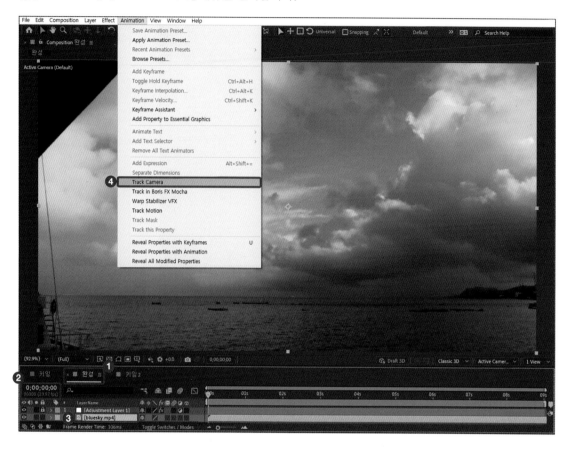

12 [3D Camera Tracker] 효과가 등록되고 자동으로 카메라 값을 분석합니다.

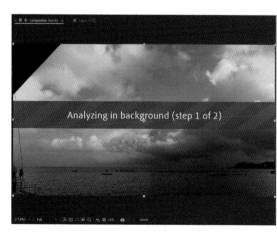

13 ❶ 분석이 완료되면 화면에 수많은 트래커 포인트가 표시됩니다. ❷ [Effect Controls] 패널에서 [3D Camera Tracker]의 [Create Camera]를 클릭해 추출한 카메라 값을 가지는 카메라를 생성합니다. ❸ [Timeline] 패널에 [3D Camera Tracker] 레이어가 등록됩니다.

14 [Project] 패널에서 ❶ [키잉 2] 컴포지션을 선택하고 ❷ Ctrl + / 를 눌러 현재 [bluesky] 컴포지션에 등록하고 [bluesky.mp4] 레이어 위로 위치시킵니다. 그리고 ❸ [키잉 2] 레이어의 📦를 클릭해 3D 레이어로 변환합니다. [Position]은 1630, 800, 2000으로 설정합니다. ❺ [Timeline] 패널과 레이어의 🔘를 클릭하여 모션 블러를 활성화합니다.

15 Spacebar 를 눌러 애니메이션을 확인해보면 캐릭터가 바다 위에 자연스럽게 둥실둥실 떠있습니다.

[Adjustment Layer 1] 레이어에는 [Color Correction]-[Photo Filter] 효과가 적용되어 있습니다. 서로 다른 환경에서 촬영된 비디오 푸티지를 합성할 때에 컬러의 무드를 유사하게 맞추어 보다 자연스러운 합성을 연출할 수 있습니다.

16 [Timeline] 패널에서 ✥를 클릭해 숨겨 놓은 레이어들을 보이게 합니다. 숨겨둔 레이어가 표시되지만 ◉가 비활성화되어 있어 보이지 않습니다. ❶ [나뭇잎] 레이어의 라벨 아이콘▇을 마우스 오른쪽 버튼으로 클릭하고 ❷ [Select Label Group]을 클릭합니다. [Orange] 컬러의 라벨이 설정된 모든 레이어가 한번에 선택됩니다.

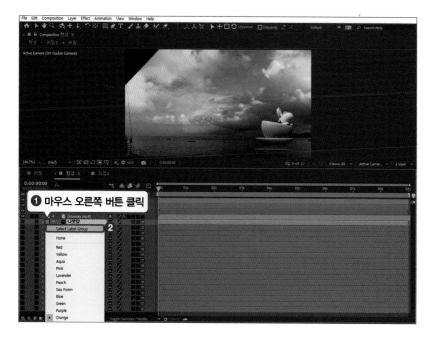

17 ◉를 클릭해 비디오를 활성화합니다. 하지만 비디오 푸티지 레이어인 [bluesky.mp4] 레이어에 가려져 보이지 않습니다.

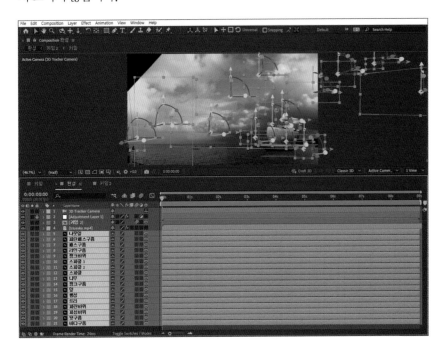

18 [bluesky.mp4] 레이어를 선택하고 가장 아래로 드래그하여 내려줍니다. 포토샵에서 드로잉한 일러스트 이미지들이 표시됩니다. 3D 레이어로 변환되어 있으며 위칫값이 적절하게 설정되어 있습니다. 원하는 위치로 마음대로 조절해보세요.

[Timeline] 패널에서 레이어를 선택하고 Shift + Ctrl + Alt + ↓ 를 누르면 레이어를 가장 아래로 배치시킬 수 있습니다

19 Spacebar 를 눌러 애니메이션을 확인해보면 배경을 촬영한 비디오 위에 크로마키 촬영을 한 캐릭터, 그리고 포토샵에서 드로잉한 일러스트가 합성되어 있어 현실과 가상의 세상이 결합된 흥미로운 영상이 완성되었습니다.

에센셜 그래픽 기능으로
애니메이션 템플릿 만들기

나라와 도시별로 기상 예보 템플릿 만들기

☑ **CC 이상 버전** ☐ CC 2024 버전

준비 파일 활용/Chapter 05/에센셜그래픽_시작.aep
완성 파일 활용/Chapter 05/에센셜그래픽_완성.aep

WORLD WEATHER FORECAST

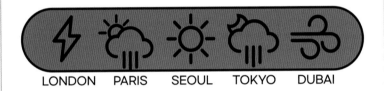

LONDON　PARIS　SEOUL　TOKYO　DUBAI

─ **PREVIEW** ─

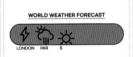

P L A Y

이 예제를 따라 하면

에센셜 그래픽은 애프터 이펙트의 매우 강력한 기능 중 하나입니다. 제작할 때마다 새로운 창의성을 요구하는 오프닝 시퀀스나 광고 영상에서는 활용이 적지만, 디자인 포맷을 그대로 유지하면서 수시로 수치나 색상 등을 변경해야 하는 영상에서는 최고의 솔루션이 됩니다. 대표적인 예로는 기상 예보, 선거 방송 등에서 볼 수 있는 각종 차트나 그래프, 로어 써드(Lower Third), 회차별 인트로 등이 있습니다. 온라인을 통해서 무료 또는 유료로 다운로드할 수 있는 대부분의 템플릿 프로젝트 파일도 에센셜 그래픽 기능으로 제작됩니다. 에센셜 그래픽으로 제작한 후 템플릿으로 내보낸 프로젝트 파일을 열고 필요한 텍스트나 이미지를 변경하거나 색상 등의 속성만 변경하면 바로 애니메이션이 완성되는 구조를 가지고 있습니다. 진입 단계에는 난이도가 높게 느껴질 수 있으므로 차근차근 학습해보길 권장합니다.

- [Typewriter] 프리셋을 적용하여 글씨가 하나씩 입력되는 애니메이션을 만들 수 있습니다.
- [Keyframe Assistant]–[Sequence Layers]를 적용하여 레이어들을 시퀀스로 배열할 수 있습니다.
- [Essential Graphics] 패널에 다양한 그래픽 속성을 등록할 수 있습니다.
- [Expression Controls]–[Dropdown Menu Control]을 적용하고 활용할 수 있습니다.
- if else 표현식을 적용할 수 있습니다.
- [Essential Graphics]을 템플릿으로 내보내고 프리미어 프로와 연동하여 사용할 수 있습니다.

aep 파일 열고 프로젝트 시작하기

01 ❶ [File]−[Open Project] `Ctrl` + `O` 메뉴를 선택하여 **에센셜그래픽_시작.aep** 준비 파일을 엽니다. ❷ [Project] 패널에서 [제목+장소]를 더블클릭하여 컴포지션을 엽니다. ❸ `Spacebar` 를 눌러 애니메이션을 확인해봅니다. 상단의 제목이 아래에서 위로 올라오는 애니메이션이 적용되어 있습니다.

 [Essential Graphics] 패널을 열고 작업 시작하기

02 ❶ [Window]−[Workspace]−[Essential Graphics] 메뉴를 선택합니다. ❷ [Essential Graphics] 패널이 열립니다.

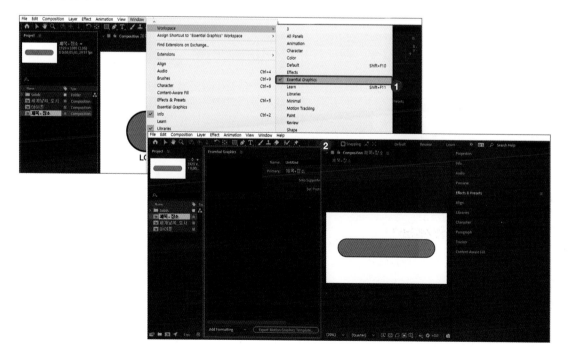

[Typewriter] 프리셋으로 글씨가 입력되는 애니메이션 만들기

03 글씨들이 나타나는 ❶ **1초 10F** 지점으로 이동합니다. ❷ [LONDON]부터 [DUBAI]까지 모든 도시 이름 레이어를 선택합니다. ❸ [Effects & Presets] 패널에서 **type**를 검색하고 ❹ [Typewriter]를 더블클릭하여 적용합니다. ❺ Spacebar 를 눌러 애니메이션을 확인해봅니다.

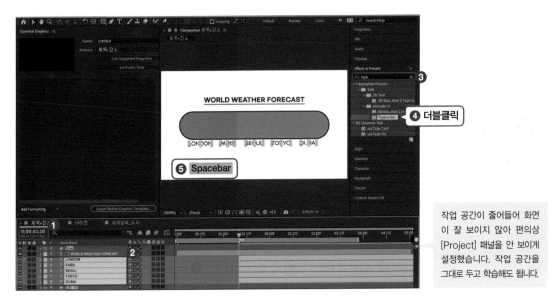

작업 공간이 줄어들어 화면이 잘 보이지 않아 편의상 [Project] 패널을 안 보이게 설정했습니다. 작업 공간을 그대로 두고 학습해도 됩니다.

04 애니메이션을 확인해보면 글자의 생성 속도가 너무 느립니다. ❶ U 를 눌러 적용된 키프레임을 열어봅니다. ❷ 오른쪽에 설정된 모든 키프레임을 선택하고 **2초 5F** 지점으로 이동합니다.

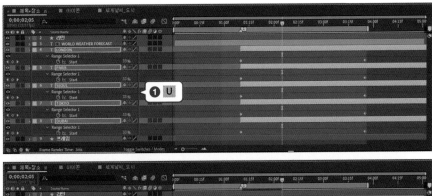

CTI(Current Time Indicator)을 **2초 5F** 지점으로 이동한 후 키프레임을 선택하고 CTI 지점으로 드래그하면 스냅 기능이 활성화되어 정확한 시간으로 이동할 수 있습니다.

[Sequence Layers] 적용하여 도시 이름이 순차적으로 나타나게 하기

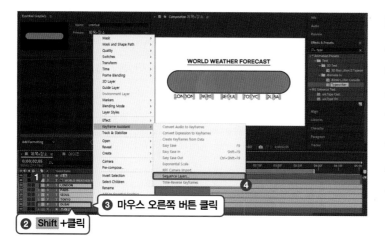

05 ❶ [LONDON] 레이어를 선택하고 ❷ `Shift`를 누른 상태에서 [DUBAI] 레이어를 클릭하여 모든 도시 이름 레이어를 선택합니다. ❸ 마우스 오른쪽 버튼을 클릭하고 ❹ [Keyframe Assistant]-[Sequence Layers]를 선택합니다.

06 [Sequence Layers] 대화상자가 열리면 ❶ [Overlap]에 체크하고 [Duration]을 **0;00;04;20**으로, [Transition]은 [Off]로 설정한 후 ❷ [OK]를 클릭합니다. ❸ `Spacebar`를 눌러 애니메이션을 확인합니다. 도시 이름들이 하나씩 시차를 두고 타이프되는 애니메이션이 만들어졌습니다. ❹ 컴포지션의 길이가 5초이므로 10F을 간격으로 차례로 배치됩니다.

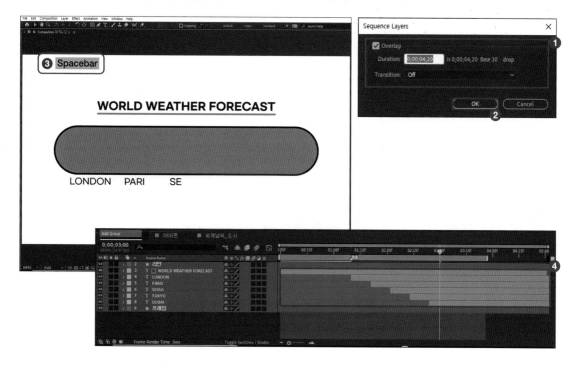

[Essential Graphics] 패널에 그룹 만들고 그래픽 속성 등록하기

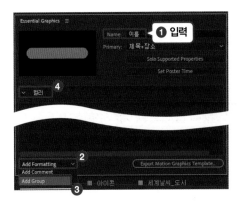

07 [Essential Graphics] 패널에서 ❶ [Name]에 **이름**을 입력합니다. 하단에 ❷ [Add Formatting]를 클릭하고 ❸ [Add Group]을 클릭하여 그룹을 만들고 ❹ 그룹의 이름을 **컬러**로 설정합니다.

08 [Essential Graphics] 패널에서 ❶ [Solo Supported Properties]를 클릭하면 에센셜 그래픽에 등록할 수 있는 모든 속성들이 펼쳐집니다. ❷ [라인] 레이어의 [Contents]–[Shape 1]–[Stroke 1]–[Color]를 마우스 오른쪽 버튼으로 클릭하고 ❸ [Add Property Essential Graphics]를 선택합니다. [Essential Graphics] 패널에 [Stroke 1 Color]가 등록됩니다.

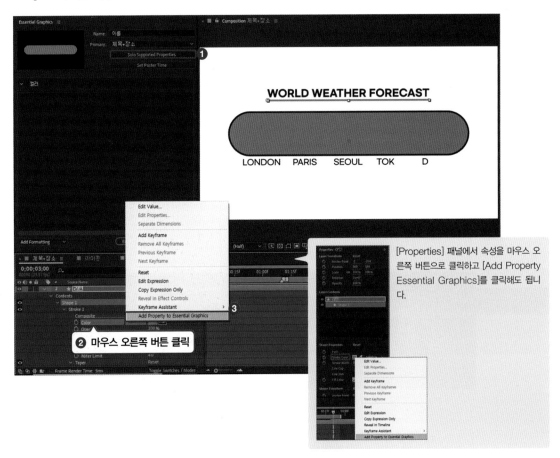

[Properties] 패널에서 속성을 마우스 오른쪽 버튼으로 클릭하고 [Add Property Essential Graphics]를 클릭해도 됩니다.

09 ❶[프레임] 레이어의 [Contents]–[Group 1]–[Stroke 1]–[Color]를 마우스 오른쪽 버튼으로 클릭하고 ❷[Add Property Essential Graphics]를 선택합니다. [Essential Graphics] 패널에 [Stroke 1 Color]가 등록됩니다.

10 09와 같은 방법으로 [프레임] 레이어의 [Contents]–[Group 1]–[Fill 1]–[Color]를 [Essential Graphics] 패널로 드래그하는 방법으로도 등록할 수 있습니다. [Essential Graphics] 패널에 [Fill 1 Color]가 등록됩니다.

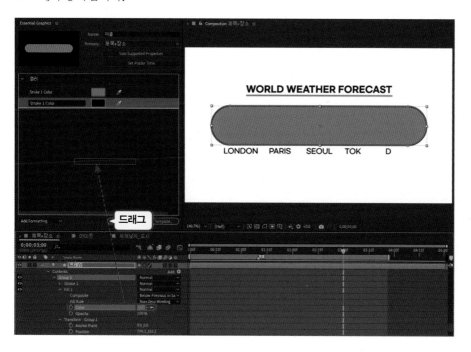

11 이름이 유사하므로 식별할 수 있도록 이름을 변경하는 것이 좋습니다. 위에서부터 차례로 **상단라인, 프레임스트로크, 프레임필**로 각각 변경합니다.

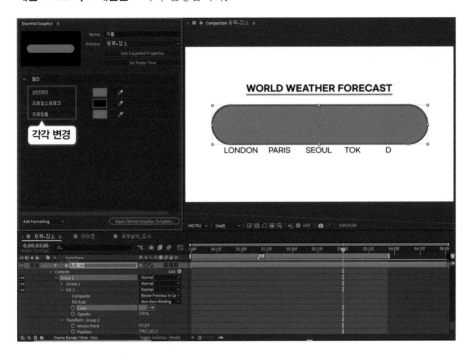

12 [상단라인], [프레임스트로크], [프레임필]을 드래그하여 [컬러] 그룹 안에 넣어줍니다.

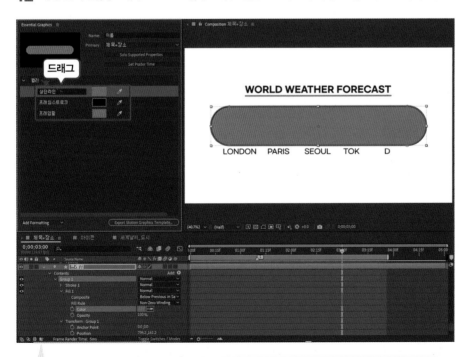

이름의 순서가 변경될 수 있으며 드래그하는 방식으로 순서는 다시 변경할 수 있습니다. 꼭 변경해야 하는 것은 아닙니다.

[Essential Graphics] 패널에 그룹 만들고 [Source Text] 속성 등록하기

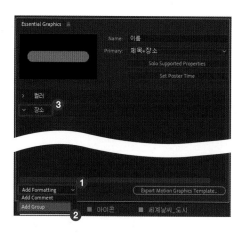

13 [Essential Graphics] 패널에서 하단에 ❶ [Add Formatting]을 클릭하고 ❷ [Add Group]을 클릭해 그룹을 만듭니다. ❸ 그룹의 이름을 **장소**로 설정합니다.

14 ❶ [LONDON] 레이어의 [Text]−[Source Text]를 마우스 오른쪽 버튼으로 클릭하고 ❷ [Add Property Essential Graphics]를 선택합니다. ❸ [Essential Graphics] 패널에 [LONDON] 텍스트가 등록되었습니다.

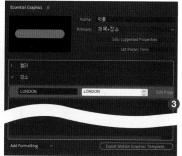

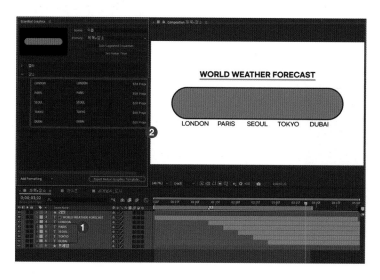

15 ❶ 14와 동일한 방법으로 [PARIS], [SEOUL], [TOKYO], [DUBAI] 레이어의 [Text]−[Source Text]도 [Essential Graphics] 패널에 등록하고 [장소] 그룹으로 드래그하여 포함시킵니다. ❷ [제목+장소] 컴포지션의 에션셜 그래픽 등록 작업이 완료되었습니다.

Parent 기능으로 [Null] 레이어와 날씨 아이콘 연결하기

16 [Timeline] 패널에서 ❶ [아이콘] 컴포지션 탭을 클릭하여 [아이콘] 컴포지션을 엽니다. 여덟 개의 날씨 아이콘 그래픽이 등록되어 있습니다. ❷ Spacebar 를 눌러 애니메이션을 확인합니다. 가장 아래 있는 [Null 1] 레이어의 [Y Position]에 키프레임이 설정되어 있습니다. 별도의 움직임은 없습니다.

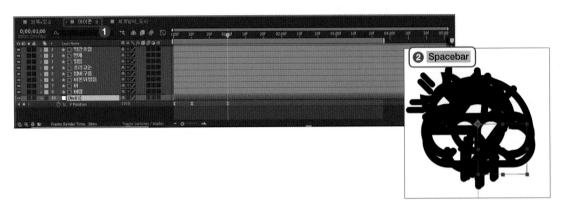

17 ❶ 1초 지점에서 ❷ 여덟 개의 날씨 아이콘 레이어를 선택하고 ❸ 🔘를 드래그해 [Null 1] 레이어와 연결합니다. ❹ Spacebar 를 눌러 애니메이션을 확인해보면 날씨 아이콘들이 모두 같은 움직임을 가집니다.

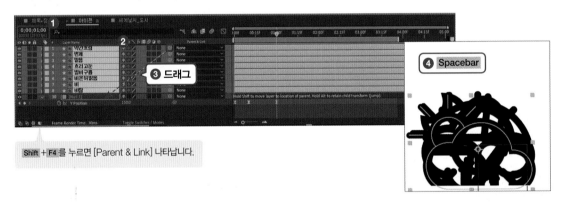

Shift + F4 를 누르면 [Parent & Link] 나타납니다.

18 [Essential Graphics] 패널에서 [Primary]를 [아이콘] 컴포지션으로 선택합니다.

[Null 1] 레이어에 Dropdown Menu Control 이펙트 적용하기

19 ❶ [Timeline] 패널에서 [Null 1] 레이어를 선택하고 ❷ [Effect]-[Expression Controls]-[Dropdown Menu Control] 메뉴를 클릭합니다.

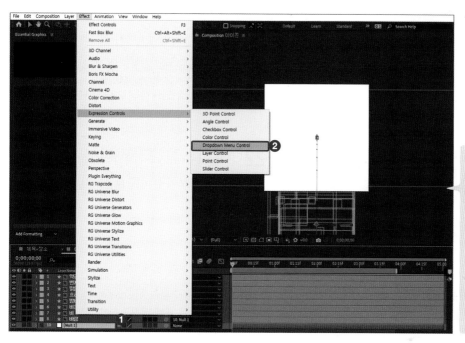

[Dropdown Menu Control]은 표현식을 제어하는 효과 중 하나입니다. 기본 드롭다운 메뉴가 생성되면 레이어의 식별 순서에 따라서 필요한 표현식으로 제어할 수 있으며 애프터 이펙트 CC 2018 이전 버전에서는 사용할 수 없습니다.

20 [Effect Controls] 패널에 등록된 ❶ [Dropdown Menu Control] 효과의 [Edit]을 클릭하면 [Dropdown Menu] 대화상자가 열립니다. ❷ ➕를 다섯 번 클릭해 ❸ [Item 8]까지 추가합니다.

[Dropdown Menu] 대화상자에 표시되는 #은 [Timeline] 패널에서 표시되는 레이어의 순서를 의미하며 이것을 인덱스(index) 넘버라고 합니다. 예를 들어 [#1. item 1]은 [Timeline] 패널에서 가장 위에 있어 인덱스 넘버가 1로 지정되어 있는 [약간흐림] 레이어를 지정하는 것입니다.

21 왼쪽 그림을 참고하여 1번부터 차례로 [Timeline] 패널의 날씨 아이콘 레이어 이름을 입력해줍니다.

이름의 변경이 필수적인 것은 아니지만 식별의 편의상 변경하는 것이 좋습니다. 유의할 점은 레이어의 # 번호와 동일한 순서여야 합니다. 현재 [Timeline] 패널에서 #1 레이어가 [약간흐림]이므로 [Dropdown Menu]의 [#1]도 [약간흐림]으로 변경한 것입니다. 레이어의 순서에 따라 이름을 변경해주세요.

22 [Effect Controls] 패널의 Toggle Viewer Lock⬚를 클릭하여 뷰어를 잠급니다.

현재 효과가 적용된 레이어의 효과 속성을 다른 레이어의 속성과 연결하려면 [Effect Controls] 패널의 뷰를 잠급니다. 다른 레이어를 선택하면 [Effect Controls] 패널의 해당 효과가 표시되지 않기 때문입니다.

🌀 [약간흐림] 레이어의 [Opacity]에 표현식 입력하기

23 ❶ [약간흐림] 레이어를 선택하고 ❷ T 를 눌러 [Opacity]를 엽니다. ❸ Alt 를 누른 상태에서 ⬚를 클릭해 익스프레션 에디터 창을 열고 ❹ var icon =를 입력합니다.

24 커서가 = 뒤에 위치한 상태에서 ❶ [Expression Opacity]의 🌀를 드래그해 [Effect Controls] 패널에 등록된 [Dropdown Menu Control]의 [Menu]와 연결합니다. 자동으로 다음과 같이 입력됩니다. thisComp.layer("Null 1").effect("Dropdown Menu Control")("Menu") ❷ 뒤에 ;를 입력하고 ❸ Enter 를 눌러 다음 행으로 커서를 내립니다.

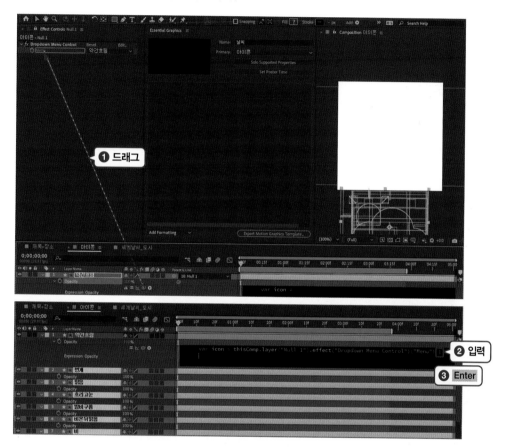

25 ❶ 이어서 if (icon == index) {100} else {0}를 입력합니다. ❷ 입력한 후에는 빈 곳을 클릭하여 익스프레션 에디터를 나옵니다.

입력 방법이 어렵다면 익스프레션 에디터에 아래와 같이 직접 입력해도 됩니다.
var icon = thisComp.layer("Null 1").effect("Dropdown Menu Control")("Menu");
if (icon == index) {100} else {0}

익스프레션에서 icon은 임시 지정한 단어로 큰 의미는 없습니다. 다만 첫 줄에서 icon으로 지칭했다면 두 번째 줄에서도 icon으로 입력해야 합니다. 이 표현식은 이 레이어의 [Opacity]의 설정은 [Null 1] 레이어의 효과인 [Dropdown Menu Control]-[Menu]에서 지정한 인덱스(index)에 따라 100% 또는 0%로 설정된다는 의미입니다. 즉, [Dropdown Menu Control]-[Menu]에서 #1[약간흐림]을 선택하면 [Timeline] 패널에서 #1에 있는 [약간흐림] 레이어의 [Opacity]가 [100%]로 설정된다는 의미입니다.

26 [약간흐림] 레이어의 ❶ [Opacity]를 마우스 오른쪽 버튼으로 클릭하고 ❷ [Copy Expression Only]를 선택합니다.

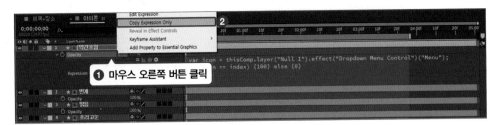

27 나머지 날씨 아이콘 레이어인 ❶ [번개]~[바람] 레이어를 모두 선택하고 ❷ Ctrl + V 를 눌러 붙여 넣습니다. 동일한 표현식이 등록되었습니다. ❸ [Composition] 패널을 보면 [약간흐림] 아이콘만 보이고 나머지 레이어들은 안 보입니다. 현재 ❹ [Dropdown Menu Control]-[Menu]에서 #1 [약간흐림]이 선택되어 있기 때문입니다.

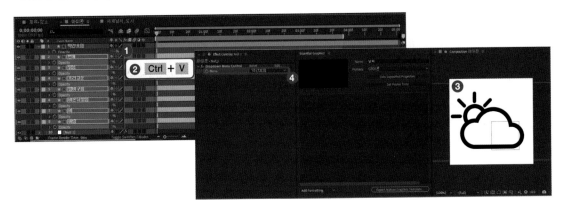

28 [Effect Controls] 패널에 등록된 ❶ [Dropdown Menu Control]-[Menu]에서 [약간 흐림]을 제외한 다른 날씨를 선택해봅니다. ❷ 선택된 날씨 아이콘만 화면에 나타납니다.

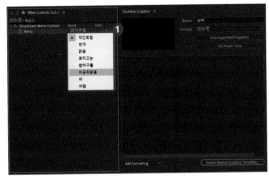 

Dropdown Menu Control 이펙트 메뉴 등록하기

29 ❶ [Null 1] 레이어의 [Effects]-[Dropdown Menu Control]-[Menu]를 마우스 오른쪽 버튼으로 클릭하고 ❷ [Add Property Essential Graphics]를 선택합니다. ❸ [Essential Graphics] 패널에 [Dropdown Menu Control]이 등록됩니다.

 ## [세계날씨_도시] 컴포지션에 앞서 작업한 두 개의 컴포지션 삽입하기

30 ❶ [Timeline] 패널에서 [세계날씨_도시] 컴포지션 탭을 클릭해 [세계날씨_도시] 컴포지션을 엽니다. [Project] 패널에서 ❷ [아이콘]과 [제목+장소] 컴포지션을 같이 선택하고 ❸ Ctrl + / 를 눌러 [세계날씨_도시] 컴포지션에 삽입합니다. ❹ [아이콘] 레이어가 위로 가도록 배치합니다. ❺ Spacebar 를 눌러 애니메이션을 확인합니다. 중앙에 하나의 아이콘이 나타납니다.

31 ❶ [아이콘] 레이어를 선택하고 ❷ Ctrl + D 를 네 번 눌러 레이어를 네 개 더 복제합니다.

32 ❶ 다섯 개의 [아이콘] 레이어를 보라색 프레임 안에 차례로 배치시킵니다. 1번 레이어를 가장 왼쪽에 배치하고 차례로 오른쪽으로 배치합니다. 시작과 끝을 적절하게 배치한 후 ❷ 다섯 개의 레이어를 선택하고 ❸ [Align] 패널에서 ▌▌를 클릭하여 아이콘의 간격을 균일하게 맞춥니다.

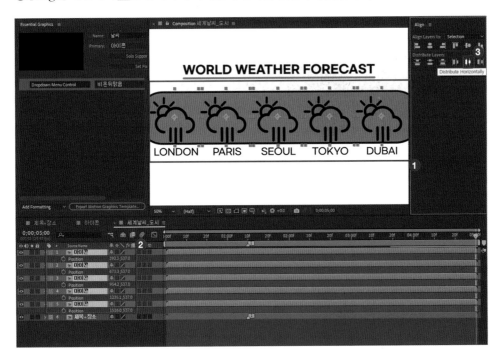

33 ❶ 다섯 개의 [아이콘] 레이어를 선택하고 ❷ `Ctrl` + `F` 를 눌러 검색창을 활성화한 후 ❸ drop을 입력합니다. ❹ [Essential Properties]−[Dropdown Menu Control]이 나타납니다.

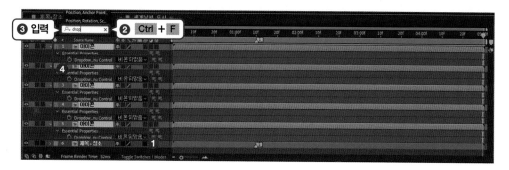

34 ❶ [Dropdown Menu Control] 메뉴를 클릭하여 날씨 아이콘을 다양하게 변경해봅니다. ❷ 여덟 개의 날씨 아이콘을 언제든 바꿀 수 있습니다.

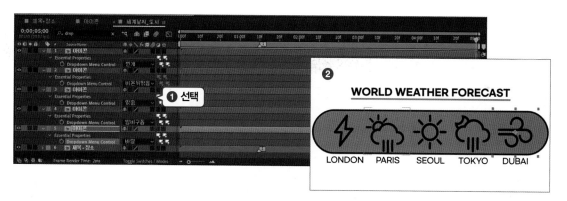

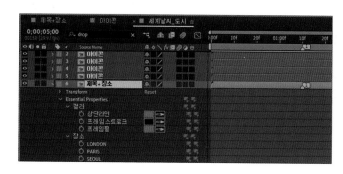

35 앞서 [Essential Graphics] 패널에 등록했던 색상 속성도 변경할 수 있습니다. [제목+장소] 레이어를 선택합니다.

베이직 애니메이션

다양한 기법의 애니메이션

캐릭터 애니메이션

이펙트 애니메이션

3D와 VFX 테크닉

36 [Essential Properties]에 등록되어 있는 선과 프레임의 색상을 자유롭게 변경해봅니다.

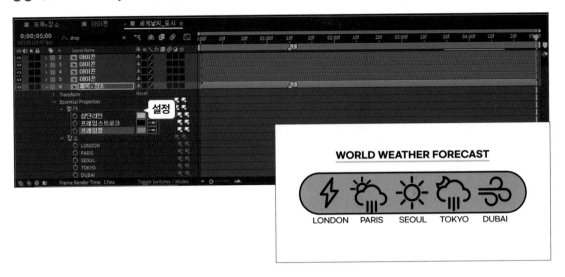

[Essential Properties] 메뉴에서 텍스트 내용 변경하기

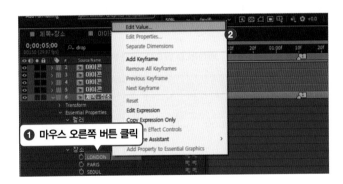

37 도시 이름도 [Essential Graphics] 패널에 등록했으므로 변경할 수 있습니다. ❶ [장소] 아래에서 도시 이름을 마우스 오른쪽 버튼으로 클릭하고 ❷ [Edit Value]를 선택합니다.

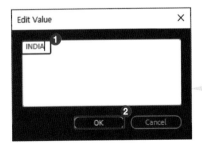

38 ❶❷ 이번에는 도시 이름을 나라 이름으로 변경해보겠습니다. 나라 이름을 자유롭게 입력해봅니다.

[Properties] 패널에서도 [Essential Properties]를 설정할 수 있습니다. 보다 간편하게 수정할 수 있습니다.

39 ❶❷ 38과 같은 방법으로 다른 도시 이름들도 나라 이름으로 변경해봅니다.

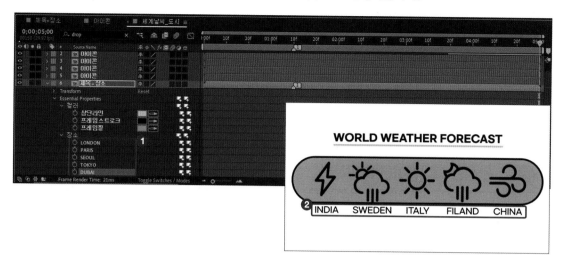

[Sequence Layers] 적용하여 순차적으로 등장하게 하기

40 아이콘이 한꺼번에 등장하는 것보다 글씨처럼 순차적으로 등장하는 것이 자연스럽습니다. ❶ 다섯 개의 아이콘 레이어를 모두 선택하고 ❷ 1초 10F 지점으로 시작점을 이동합니다.

41 선택된 [아이콘] 레이어 중 하나를 ❶ 마우스 오른쪽 버튼을 클릭하고 ❷ [Keyframe Assiatnat]-[Sequence Layers]를 선택합니다.

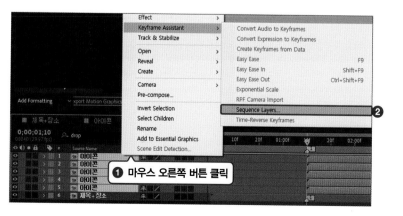

42 [Sequence Layers] 대화상자가 열리면 ❶ [Overlap]에 체크하고 [Duration]을 **0;00;04;20**으로, [Transition]은 [Off]로 설정한 후 ❷ [OK]를 클릭합니다. 도시 이름들이 하나씩 시차를 두고 타이프되는 애니메이션이 만들어졌습니다. 컴포지션의 길이가 5초 이므로 10F을 간격으로 차례로 배치됩니다.

 완성한 애니메이션 확인하기

43 애니메이션이 완성되었습니다. `Spacebar` 를 눌러 애니메이션을 확인합니다. 색상과 아이콘, 글씨는 바뀌었지만 모든 동작은 동일하게 유지됩니다. 이처럼 동일한 패턴의 애니메이션이 계속해서 반복적으로 요구되는 작업은 그때마다 새로운 컴포지션을 만들고 속성을 복사하는 등의 번거로운 작업 없이 [Essential Graphics]을 활용하면 매우 효율적으로 작업할 수 있습니다.

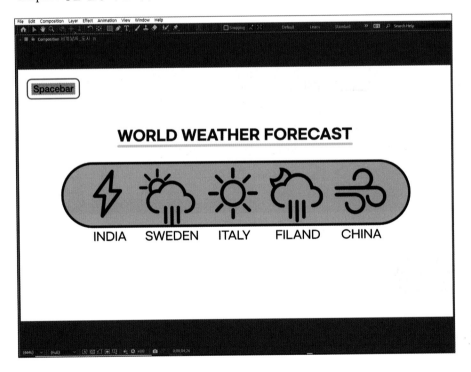

01 [Essential Graphics]에 등록한 모든 결과물은 템플릿으로 만들어 프리미어 프로에서 열고 수정할 수 있습니다. ❶ 먼저 [Essential Graphics] 패널에서 내보내고자 하는 그래픽을 선택하고 ❷ [Export Motion Graphics Template]을 클릭합니다. ❸ [Export As Motion Graphics Template] 대화상자가 나타나면 저장 위치를 지정하고 ❹ [Keywords]를 입력한 후 ❺ [OK]를 클릭합니다. 키워드 입력이 필수는 아니지만 다수의 템플릿을 사용할 때 검색에 용이하므로 입력하는 것이 좋습니다. 여기서는 **기상예보**라고 입력했습니다.

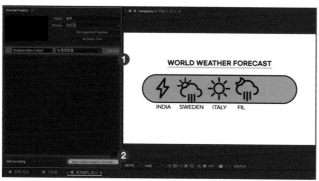

02 ❶ 프리미어 프로 CC를 실행하고 ❷ [Essential Graphics] 패널을 엽니다. ❸ 기상예보로 검색하면 내보내기한 템플릿을 쉽게 찾을 수 있습니다. ❹ [Sequence]에 드래그하여 삽입합니다. ❺ [Essential Graphics] 패널에서 [Edit]을 열고 [Dropdown Menu]에서 여덟 개의 날씨 아이콘을 선택할 수 있습니다.

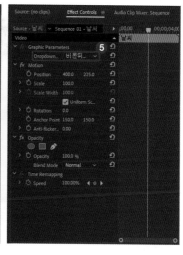

애프터 이펙트 **실속 단축키**

일반(General)

Ctrl + **A** 모두 선택하기

F2 또는 **Ctrl** + **Shift** + **A** 선택 모두 해제하기

Enter 레이어나 폴더 등의 이름 변경하기

Ctrl + **D** 레이어나 효과 등 복제하기

Ctrl + **Q** 작업 종료하기

Ctrl + **Z** 실행 취소하기(Undo)

Ctrl + **Shift** + **Z** 최종 작업 다시 실행하기(Redo)

Ctrl + **Alt** + **/** (키패드) 모든 메모리 제거하기

Ctrl + **C** 레이어나 효과, 키프레임 등을 복사하기

Ctrl + **V** 복사된 레이어나 효과 등을 붙여넣기

프로젝트(Project)

Ctrl + **Alt** + **N** 새로운 프로젝트 만들기

Ctrl + **O** 프로젝트 열기

Ctrl + **F** [Project] 패널에서 검색 기능 사용하기

Ctrl + **Alt** + **Shift** + **N** [Project] 패널에서 새 폴더 만들기

패널, 뷰어, 작업 영역 및 창(Panels, Views, Workspace and Windows)

Ctrl + **0** [Project] 패널 열기 또는 닫기

Ctrl + **1** [Tool] 패널 열기 또는 닫기

Ctrl + **2** [Info] 패널 열기 또는 닫기

Ctrl + **3** [Preview] 패널 열기 또는 닫기

Ctrl + **4** [Audio] 패널 열기 또는 닫기

Ctrl + **5** [Effects & Presets] 패널 열기 또는 닫기

Ctrl + **6** [Character] 패널 열기 또는 닫기

Ctrl + **7** [Paragraph] 패널 열기 또는 닫기

F3 또는 **Ctrl** + **Shift** + **T** 선택한 레이어의 [Effect Controls] 패널 열기 또는 닫기

` 마우스 포인터 아래의 패널 최대화 또는 복원하기

**** 현재 컴포지션의 [Composition] 패널과 [Timeline] 패널 간에 활성화 전환하기

Ctrl + **F** [Project], [Timeline], [Effects & Preset] 등의 패널에서 검색 기능 사용하기

툴 활성화(Activate tools)

V 선택 도구 활성화하기

H 손바닥 도구 활성화하기

Spacebar 또는 **마우스 휠 버튼 클릭** 일시적으로 손바닥 도구 활성화하기

Z 확대 도구 활성화하기

Alt (확대 도구 활성화 시) 축소 도구 활성화하기

W 회전 도구 활성화하기

Alt + **W** 로토 브러쉬 도구 활성화하기

Y 중심점 도구 활성화하기 　　　　　　**Ctrl** + **T** 문자 도구 활성화 및 순환하기(가로 및 세로)

Q 모양 도구 활성화 및 순환하기(사각형, 둥근 사각형, 타원, 다각형, 별)

G 펜 및 마스크 페더 도구 활성화 및 두 도구 간 순환하기

Ctrl + **B** 브러시, 복제 도장, 지우개 도구 활성화 및 순환하기

Ctrl + **P** 퍼펫 도구 활성화 및 순환하기

컴포지션 및 작업 영역(Compositions and the work area)

Ctrl + **N** 새 컴포지션 만들기

Ctrl + **K** 선택한 컴포지션의 [Composition Settings] 대화상자 열기

B 또는 **N** 작업 영역의 시작 또는 종료 부분을 현재 시간으로 설정하기

Tab 활성 컴포지션의 컴포지션 미니 흐름도 열기

Ctrl + **Shift** + **X** 컴포지션을 작업 영역으로 다듬어 자르기

시간 탐색(Time Navigation)

Shift + **Home** 또는 **Shift** + **End** 작업 영역의 시작 또는 종료 부분으로 이동하기

J 또는 **K** 시간 눈금자에서 표시되는 이전 항목 또는 다음 항목으로 이동하기

Home 또는 **Ctrl** + **Alt** + **←** 컴포지션의 시작 부분으로 이동하기

End 또는 **Ctrl** + **Alt** + **→** 컴포지션 종료 부분으로 이동하기

PageDown 또는 **Ctrl** + **→** 1프레임 뒤로 이동하기

Shift + **PageDown** 또는 **Ctrl** + **Shift** + **→** 10프레임 뒤로 이동하기

PageUp 또는 **Ctrl** + **←** 1프레임 앞으로 이동하기

Shift + **PageUp** 또는 **Ctrl** + **Shift** + **←** 10프레임 앞으로 이동하기

I 레이어 시작 지점으로 이동하기 　　　　　**O** 레이어 종료 지점으로 이동하기

D [Timeline] 패널에서 타임 룰러 확대 시 현재 시간으로 스크롤하기

= [Timeline] 패널 타임 룰러 시간 표시 확대하기 　　　**-** [Timeline] 패널 타임 룰러 시간 표시 축소하기

미리 보기(Previews)

Spacebar 미리 보기 시작 또는 중지하기

Shift + **F5** , **Shift** + **F6** , **Shift** + **F7** , **Shift** + **F8** 스냅사진 만들기

F5 , **F6** , **F7** , **F8** 활성 뷰어에 스냅사진 표시하기

보기(Views)

`.` [Composition] 패널에서 확대하기   `,` [Composition] 패널에서 축소하기

`/` [Composition] 패널에서 100%로 확대 및 축소하기

`Shift` + `/` [Composition] 패널에서 크기에 맞게 확대 및 축소하기

`;` [Timeline] 패널에서 1프레임을 최대로 크게 보기   `'` [Safe Guides] 보이기 또는 숨기기

`Caps Lock` [Composition] 패널에서 이미지가 미리 보기용으로 렌더링되지 않도록 방지하기

`Ctrl` + `'` 그리드 보이기 또는 숨기기   `Alt` + `'` 비례 격자 표시 또는 숨기기

`Ctrl` + `R` 눈금자 보이기 또는 숨기기   `Ctrl` + `;` 가이드라인 보이기 또는 숨기기

`Shift` + `Ctrl` + `H` 레이어 컨트롤 표시 또는 숨기기   `Tab` 미니 흐름도(Flowchart) 표시하기

`Ctrl` + `Alt` + `Shift` + `N` [Composition] 또는 [Layer] 패널을 두 개로 분할하여 보기

푸티지(Footage)

`Ctrl` + `I` 한 파일 또는 이미지 시퀀스 가져오기   `Ctrl` + `Alt` + `I` 여러 파일 또는 이미지 시퀀스 가져오기

`Alt` + **[프로젝트] 패널에 있는 푸티지 항목을 선택한 레이어로 드래그** 선택한 레이어의 소스 바꾸기

`Ctrl` + `H` 선택한 푸티지 항목 바꾸기

레이어(Layers)

`Ctrl` + `Y` 새로운 Solid Layer 만들기   `Ctrl` + `Alt` + `Shift` + `Y` 새로운 Null Layer 만들기

`Ctrl` + `Alt` + `Y` 새로운 Adjustment Layer 만들기   `Ctrl` + `↓` [Timeline] 패널에서 하위 레이어 선택하기

`Ctrl` + `↑` [Timeline] 패널에서 상위 레이어 선택하기   `F2` 또는 `Ctrl` + `Shift` + `A` 모든 레이어 선택 해제하기

`X` 선택한 레이어를 [Timeline] 패널 목록의 가장 위로 표시하기

`Shift` + `F4` [Parent & Link] 표시 또는 숨기기   `F4` 레이어 스위치 및 모드 전환 및 돌아오기

`Ctrl` + `Shift` + `Y` 선택한 Solid Layer, Light, Camera, Null Layer, Adjustment Layer의 설정 대화상자 열기

`Ctrl` + `Shift` + `D` 현재 시간에서 선택한 레이어 분할하기

`Ctrl` + `Shift` + `C` 선택한 레이어 Pre-compose(사전 구성)하기

`[` 또는 `]` 시작 지점 또는 종료 지점이 현재 시간이 되도록 선택한 레이어 이동하기

`Alt` + `[` 또는 `Alt` + `]` 선택한 레이어의 시작 지점 또는 종료 지점을 현재 시간으로 자르기

타임라인 패널에 속성 및 그룹 표시 확인하기(Showing properties and groups in the Timeline panel)

`A` [Anchor Point] 옵션만 펼치기

`F` [Mask Feather] 옵션만 펼치기

`M` [Mask Path] 옵션만 펼치기

`M` `M` [Mask] 속성 그룹만 표시하기

`T` [Opacity] 옵션만 펼치기

`P` [Position] 옵션만 펼치기

`R` [Rotation]과 [Orientation] 옵션만 펼치기

`S` [Scale] 옵션만 펼치기

`E` [Effects] 옵션만 펼치기

`A` `A` [Material] 옵션만 펼치기

`E` `E` [Expressions] 옵션만 펼치기

`L` `L` [Audio Waveform] 옵션만 펼치기

`U` `U` 기본값에서 변경되거나 키프레임 적용한 옵션만 펼치기

`U` 키프레임 적용된 옵션만 펼치기

레이어 속성 수정(Modifying layer properties)

`Ctrl` + `Home` 선택한 레이어를 중앙에 배치하기

`Ctrl` + `Alt` + `Home` 선택한 레이어나 콘텐츠의 가운데에 기준점 설정하기

`Alt` + `PageUp` 또는 `Alt` + `PageDown` 1프레임 앞이나 뒤로 이동하기

`Alt` + `Shift` + `PageUp` 또는 `Alt` + `Shift` + `PageDown` 10프레임 앞이나 뒤로 이동하기

3D 레이어(3D Layers)

`F10` 3D View를 [Front]로 설정

`F11` 3D View를 [Custom View 1]로 설정

`F12` 3D View를 [Active Camera]로 설정

`1` 카메라 회전 도구로 전환하기

`2` 카메라 이동 도구로 전환하기

`3` 돌리 도구로 전환하기

`Ctrl` + `Alt` + `Shift` + `L` 새 조명(Light) 레이어 만들기

`Ctrl` + `Alt` + `Shift` + `C` 새 카메라(Camera) 레이어 만들기

`4` Position 조절 기즈모로 전환하기

`5` Scale 조절 기즈모로 전환하기

`6` Rotation 조절 기즈모로 전환하기

`Alt` + `Shift` + `C` Casts Shadows 켜고 끄기

`F` (카메라 도구 선택 시)선택한 3D 레이어를 볼 수 있도록 Camera 및 Point of Interest를 이동하기

`Ctrl` + `Shift` + `F` 모든 3D 레이어를 볼 수 있도록 Camera 및 Point of Interest를 이동하기

키프레임 및 그래프 편집기(Keyframes and the Graph Editor)

`Shift` + `F3` 그래프 에디터 창 전환 및 돌아오기 `Ctrl` + `Alt` + `A` 표시되는 모든 키프레임 및 속성 선택하기

`Shift` + `F2` 또는 `Ctrl` + `Alt` + `Shift` + `A` 모든 키프레임, 속성 및 속성 그룹 선택 해제하기

`Alt` + `→` 또는 `Alt` + `←` 키프레임을 앞 또는 뒤로 1프레임 이동하기

`Alt` + `Shift` + `→` 또는 `Alt` + `Shift` + `←` 키프레임을 앞 또는 뒤로 10프레임 이동

`F9` 키프레임에 Easy Ease 적용하기 `Shift` + `F9` 키프레임에 Easy Ease In 적용하기

`Ctrl` + `Shift` + `F9` 키프레임에 Easy Ease Out 적용하기

`Ctrl` + `Alt` + **클릭** 홀드 키프레임으로 변환하기

`Ctrl` + `Shift` + `K` Keyframe Velocity 대화상자 열기

`Ctrl` + `Alt` + `K` Keyframe Interpolation 대화상자 열기

마스크(Masks)

`Ctrl` + `Shift` + `N` 새로운 마스크 만들기

`Ctrl` + `T` (마스크 선택 시)자유 변형 마스크 편집 모드 시작하기

`Ctrl` + `Alt` + **조절점 클릭** 조절점을 부드럽게 하거나 꺾이게 변경하기

셰이프 레이어(Shape Layers)

`Ctrl` + `G` 선택한 모양 그룹화하기

`Ctrl` + `T` ([Timeline] 패널에서 [Path] 속성 선택 시) 자유 변형 패스 편집 모드 시작하기

저장, 내보내기 및 렌더링(Saving, Exporting and Rendering)

`Ctrl` + `S` 프로젝트 저장하기 `Ctrl` + `Shift` + `S` 다른 이름으로 프로젝트 저장하기

`Ctrl` + `Alt` + `M` Adobe Media Encoder 인코딩 대기열에 컴포지션 추가하기

`Ctrl` + `M` 렌더링 대기열(Render Queue)에 추가하기

• 위 목록은 모션 그래픽 실무자가 자주 사용하는 단축키 위주로 정리해놓은 것입니다.
https://helpx.adobe.com/kr/after-effects/user-guide.html/kr/after-effects/using/keyboard-shortcuts-reference.ug.html#main-pars_minitoc에서 관련된 모든 단축키를 확인할 수 있습니다.